21世纪经济管理新形态教材·金融学系列

国际金融与管理
（第2版）

叶欣　郭英 ◎ 主编

清华大学出版社

北京

内 容 简 介

本书全面阐述了国际金融的基本理论及操作实务,反映了国际金融领域的新动向和中国国际金融管理的新问题,具有系统性、理论性、实务性强的突出特点,同时具有很好的教学适用性。本书内容包括:国际收支分析、国际储备与管理、外汇汇率与汇率决定、外汇交易、外汇风险及管理、汇率制度与外汇管理、国际金融市场、国际资本流动、国际银行业与国际金融机构、国际货币体系。

本书是一本新形态教材,提供扩展阅读、教学 PPT、即测即练等教辅资料,可供各类高校的经济管理类专业作为国际金融课程的教材使用。

本书封面贴有清华大学出版社防伪标签,无标签者不得销售。
版权所有,侵权必究。举报:010-62782989,beiqinquan@tup.tsinghua.edu.cn。

图书在版编目(CIP)数据

国际金融与管理/叶欣,郭英主编. —2 版. —北京:清华大学出版社,2023.8
21 世纪经济管理新形态教材. 金融学系列
ISBN 978-7-302-64292-3

Ⅰ.①国… Ⅱ.①叶… ②郭… Ⅲ.①国际金融管理-高等学校-教材 Ⅳ.①F831.2

中国国家版本馆 CIP 数据核字(2023)第 139152 号

责任编辑:张 伟
封面设计:汉风唐韵
责任校对:王荣静
责任印制:刘海龙

出版发行:清华大学出版社
  网 址:http://www.tup.com.cn,http://www.wqbook.com
  地 址:北京清华大学学研大厦 A 座 邮 编:100084
  社 总 机:010-83470000 邮 购:010-62786544
  投稿与读者服务:010-62776969,c-service@tup.tsinghua.edu.cn
  质量反馈:010-62772015,zhiliang@tup.tsinghua.edu.cn
  课件下载:http://www.tup.com.cn,010-83470332
印 装 者:涿州汇美亿浓印刷有限公司
经 销:全国新华书店
开 本:185mm×260mm 印 张:19 字 数:423 千字
版 次:2015 年 10 月第 1 版 2023 年 8 月第 2 版 印 次:2023 年 8 月第 1 次印刷
定 价:59.00 元

产品编号:091394-01

第2版前言

国际金融是一门理论与实务一体、宏微观分析并举、经济金融学科交融的综合性较强的课程。近年来,国际金融领域出现了许多新变化与新发展,我国的国际金融管理实践也越来越丰富,由此对国际金融学的教学提出了新任务和新要求。如何从新的视野来研究国际金融的基本理论,如何以新方法和新手段培养学生分析思考现实问题的能力,以有效提升课堂教学的效果,教材的编写承担着重要的责任。

本书在编写过程中较好地体现了国际视野和本国实践相融合、理论与实务性知识相辅的特色,注重对国际金融基本知识和理论的系统性介绍,同时注重对实务操作的详细介绍。

本书的编写具有如下特点。

(1) 内容系统完整。通过合理的结构安排,较为完整地概括了国际金融研究领域的主要成果,体现出内容的系统性与完整性。学生既能够全面地学习国际金融学的内容,又可根据不同的需要对内容进行选择性的学习。

(2) 理论与实务并重。力求充分反映国际金融理论的最新研究成果以及我国金融的最新发展,注重对国际金融实务操作的详细介绍,满足不同学习目的和多种类型教学的需要。

(3) 崭新的数据与资料。充分注重选用新数据、新资料、新信息,力求充分反映国际金融领域的新动态、新发展、新观点,从而有利于学生正确把握学科发展的动向,有利于学生对本书内容的正确掌握与运用。

(4) 丰富的教学辅助内容。每章都附有教学目的和要求、重要概念、本章小结和思考题,帮助学生更好地掌握重点、难点,也有益于学生的课前预习和课后复习;同时,每章还附有相关内容的案例资料并进行点评,以有效地引导学生参与课堂讨论。作为新形态教材,每章以二维码形式提供扩展阅读资料和即测即练题目等,更好地适应线上线下融合教学的需求。

本书是国家级一流本科专业——同济大学金融学专业的重点建设教材之一,本次修订的新版教材入选同济大学"十四五"规划教材,可供各类高校的经济管理类专业作为国际金融课程的教材使用。

两位编写者为同济大学经济与管理学院经济与金融系骨干教师,在国际金融领域有扎实的研究基础和丰富的教学经验。具体编写分工如下。第一章、第二章:郭英;第三章、第四章、第五章、第六章、第七章:叶欣;第八章:郭英;第九章:叶欣;第十章:郭英。

本书出版得到同济大学本科教材出版基金的资助。国内外学者的研究成果为本书增色不少。同济大学及经济与管理学院的领导对本书的出版给予了大力支持,叶耀明教授对本书的编写给予了长期指导,经济与管理学院金融学专业的研究生为本书再版的编辑工作提供了帮助,清华大学出版社的编辑们也付出了辛勤的劳动,在此一并表示感谢。

作者水平也有限,对于书中的不足之处,恳请同行专家和读者谅解指正。

编　者

2023 年 3 月

第一章 国际收支分析 ……………………………………………… 1

第一节 国际收支与国际收支平衡表 ……………………………… 1
一、开放经济下的国民收入账户 ……………………………… 1
二、国际收支的理解 …………………………………………… 2
三、国际收支平衡表释义 ……………………………………… 4
四、国际收支平衡表的分析 …………………………………… 7

第二节 国际收支失衡与调节 ……………………………………… 10
一、国际收支失衡的原因及影响 ……………………………… 10
二、国际收支失衡的自动调节机制 …………………………… 11
三、国际收支失衡的政策调节 ………………………………… 13

第三节 国际收支理论 ……………………………………………… 14
一、弹性分析法 ………………………………………………… 15
二、吸收分析法 ………………………………………………… 17
三、货币分析法 ………………………………………………… 18

第四节 内外均衡的政策搭配 ……………………………………… 20
一、内外均衡冲突和政策搭配原则 …………………………… 20
二、支出转换政策与支出增减政策的搭配 …………………… 21
三、财政政策与货币政策的搭配 ……………………………… 22
四、蒙代尔-弗莱明模型 ……………………………………… 23

第五节 中国的国际收支 …………………………………………… 26
一、中国国际收支平衡表的沿革 ……………………………… 26
二、中国国际收支平衡表的基本格式 ………………………… 27
三、近年中国国际收支的变动 ………………………………… 27

本章小结 ……………………………………………………………… 29
思考题 ………………………………………………………………… 29
案例 中国国际收支双顺差之谜 …………………………………… 29
即测即练 ……………………………………………………………… 31

第二章 国际储备与管理 ………………………………………………………… 32

第一节 国际储备概述 ………………………………………………………… 32
一、国际储备的基本概念 ……………………………………………… 32
二、国际储备的构成 …………………………………………………… 33
三、国际储备的作用 …………………………………………………… 38

第二节 国际储备体系多元化 ………………………………………………… 39
一、国际储备体系的演变 ……………………………………………… 39
二、国际储备结构的变化 ……………………………………………… 40
三、多元化国际储备体系建立的影响 ………………………………… 43

第三节 国际储备管理 ………………………………………………………… 44
一、国际储备的规模管理 ……………………………………………… 44
二、国际储备的结构管理 ……………………………………………… 48

第四节 中国的国际储备及管理 ……………………………………………… 49
一、中国国际储备的构成及特点 ……………………………………… 49
二、中国国际储备的管理 ……………………………………………… 51
三、外汇储备与外汇占款 ……………………………………………… 53

本章小结 ………………………………………………………………………… 55
思考题 …………………………………………………………………………… 56
案例 人民币加入特别提款权"货币篮子" …………………………………… 56
即测即练 ………………………………………………………………………… 58

第三章 外汇汇率与汇率决定 …………………………………………………… 59

第一节 外汇 …………………………………………………………………… 59
一、外汇的概念 ………………………………………………………… 59
二、外汇的种类 ………………………………………………………… 61
三、外汇的作用 ………………………………………………………… 62

第二节 汇率 …………………………………………………………………… 62
一、汇率的含义 ………………………………………………………… 62
二、汇率的标价法 ……………………………………………………… 63
三、汇率的种类 ………………………………………………………… 64

第三节 汇率的决定与变动 …………………………………………………… 68
一、金本位制度下汇率的决定与变动 ………………………………… 68
二、纸币制度下汇率的决定基础 ……………………………………… 70
三、影响汇率变动的主要因素 ………………………………………… 70
四、汇率变动对经济的影响 …………………………………………… 72

第四节 汇率理论(上) ………………………………………………………… 75
一、国际借贷说和国际收支说 ………………………………………… 75

二、购买力平价说 ……………………………………………………… 77
  三、利率平价说 …………………………………………………………… 79
 第五节 汇率理论(下) ……………………………………………………… 82
  一、货币分析法 …………………………………………………………… 83
  二、资产组合分析法 ……………………………………………………… 88
  三、理性预期的汇率分析法 ……………………………………………… 91
 本章小结 ……………………………………………………………………… 92
 思考题 ………………………………………………………………………… 93
 案例 人民币"内外价值背离" ……………………………………………… 93
 即测即练 ……………………………………………………………………… 95

第四章 外汇交易 …………………………………………………………… 96

 第一节 国际外汇市场 ……………………………………………………… 96
  一、国际外汇市场的特点和类型 ………………………………………… 96
  二、国际外汇市场的主体 ………………………………………………… 98
  三、主要外汇交易系统 …………………………………………………… 99
  四、主要国际外汇交易市场 ……………………………………………… 101
 第二节 即期外汇交易 ……………………………………………………… 103
  一、即期外汇交易概述 …………………………………………………… 103
  二、套算汇率与进出口报价 ……………………………………………… 107
  三、套汇交易 ……………………………………………………………… 109
 第三节 远期外汇交易 ……………………………………………………… 111
  一、远期外汇交易概述 …………………………………………………… 111
  二、远期外汇汇率 ………………………………………………………… 112
  三、远期外汇交易实例 …………………………………………………… 116
 第四节 外汇期货交易 ……………………………………………………… 117
  一、外汇期货交易概述 …………………………………………………… 117
  二、外汇期货交易实例 …………………………………………………… 120
 第五节 外汇期权交易 ……………………………………………………… 122
  一、外汇期权交易概述 …………………………………………………… 122
  二、外汇期权交易的盈亏平衡分析 ……………………………………… 124
  三、外汇期权交易实例 …………………………………………………… 127
 本章小结 ……………………………………………………………………… 129
 思考题 ………………………………………………………………………… 129
 案例 "一带一路"中的双边本币互换 ……………………………………… 130
 即测即练 ……………………………………………………………………… 132

第五章　外汇风险及管理 ······ 133

第一节　外汇风险概述 ······ 133
一、外汇风险的含义 ······ 133
二、外汇风险的类型 ······ 134

第二节　外汇风险管理方法 ······ 136
一、外汇风险管理的含义和程序 ······ 136
二、交易风险管理的方法 ······ 137
三、换算风险管理的方法 ······ 145
四、经济风险管理的方法 ······ 146

第三节　汇率预测 ······ 146
一、汇率预测的含义 ······ 146
二、汇率预测的方法 ······ 147

本章小结 ······ 149
思考题 ······ 149
案例　艾西斯公司的外汇风险管理策略 ······ 150
即测即练 ······ 152

第六章　汇率制度与外汇管理 ······ 153

第一节　汇率制度 ······ 153
一、固定汇率制度 ······ 153
二、浮动汇率制度 ······ 155
三、货币发行局制度 ······ 156
四、IMF对各国汇率制度的划分 ······ 157
五、汇率制度的选择 ······ 158

第二节　人民币汇率制度 ······ 161
一、人民币汇率制度形成与演进 ······ 161
二、现行人民币汇率制度 ······ 163
三、人民币汇率制度的评价及未来发展 ······ 164

第三节　外汇管理和人民币可自由兑换 ······ 166
一、外汇管理概述 ······ 167
二、中国外汇管理的历史演进 ······ 170
三、人民币自由兑换实践 ······ 175

本章小结 ······ 179
思考题 ······ 180
案例　"沪伦通"正式启航 ······ 180
即测即练 ······ 182

第七章　国际金融市场 ····· 183

第一节　国际金融市场概述 ····· 183
一、国际金融市场的含义和形成条件 ····· 183
二、国际金融市场的类型 ····· 184
三、国际金融市场的发展 ····· 185
四、国际金融市场的职能 ····· 186

第二节　国际货币市场 ····· 188
一、国际货币市场的含义 ····· 188
二、国际货币市场的构成 ····· 188
三、欧洲货币市场 ····· 189

第三节　国际资本市场 ····· 192
一、国际资本市场的含义和构成 ····· 192
二、中长期国际信贷市场 ····· 192
三、国际证券市场 ····· 194

第四节　国际黄金市场 ····· 197
一、国际黄金市场的含义及分类 ····· 197
二、黄金交易的主体和客体 ····· 198
三、黄金的供应与需求 ····· 198
四、黄金的价格 ····· 199
五、世界主要黄金市场 ····· 201

第五节　国际金融衍生工具市场 ····· 204
一、金融衍生工具的概念及特点 ····· 204
二、金融衍生工具的主要类型 ····· 205
三、金融衍生工具市场的作用 ····· 206
四、金融衍生工具交易中的风险 ····· 206
五、全球主要的金融衍生市场 ····· 207

本章小结 ····· 209
思考题 ····· 210
案例　LIBOR 被"弃用"，全球基准利率改革进行时 ····· 210
即测即练 ····· 211

第八章　国际资本流动 ····· 212

第一节　国际资本流动概述 ····· 212
一、国际资本流动的含义 ····· 212
二、国际资本流动的类型 ····· 212

第二节　国际资本流动的动因和影响 ····· 215
一、国际资本流动的动因 ····· 215

二、国际资本流动产生的影响 …………………………………………… 216
　第三节　国际资本流动理论 …………………………………………………… 219
　　　一、国际间接投资理论 …………………………………………………… 219
　　　二、国际直接投资理论 …………………………………………………… 220
　第四节　国际资本流动与金融危机 …………………………………………… 224
　　　一、金融危机的定义和分类 ……………………………………………… 224
　　　二、20世纪90年代以来的国际金融危机 ……………………………… 225
　　　三、国际资本流动引发金融危机的途径 ………………………………… 227
　　　四、三代货币危机理论 …………………………………………………… 228
　第五节　中国利用外资和对外投资 …………………………………………… 230
　　　一、中国利用外资的主要方式 …………………………………………… 231
　　　二、中国利用外资的现状 ………………………………………………… 234
　　　三、中国对外投资的政策和特点 ………………………………………… 236
本章小结 …………………………………………………………………………… 239
思考题 ……………………………………………………………………………… 240
案例　中老铁路："一带一路"新标杆 …………………………………………… 240
即测即练 …………………………………………………………………………… 242

第九章　国际银行业与国际金融机构 …………………………………………… 243

　第一节　国际银行业 …………………………………………………………… 243
　　　一、国际银行业的组织结构 ……………………………………………… 243
　　　二、国际银行业的发展趋势 ……………………………………………… 245
　　　三、国际银行业的监管 …………………………………………………… 246
　第二节　国际金融机构概述 …………………………………………………… 247
　　　一、国际金融机构的产生与发展 ………………………………………… 247
　　　二、国际金融机构的作用 ………………………………………………… 248
　第三节　主要的国际金融机构 ………………………………………………… 249
　　　一、国际货币基金组织 …………………………………………………… 249
　　　二、世界银行集团 ………………………………………………………… 253
　　　三、国际清算银行 ………………………………………………………… 257
　　　四、亚洲开发银行 ………………………………………………………… 258
　　　五、中国与主要国际金融机构的关系 …………………………………… 260
本章小结 …………………………………………………………………………… 262
思考题 ……………………………………………………………………………… 263
案例　中国创立亚投行 …………………………………………………………… 263
即测即练 …………………………………………………………………………… 264

第十章 国际货币体系 ... 265

第一节 国际货币体系概述 ... 265
一、国际货币体系的含义及建立 ... 265
二、国际货币体系的基本内容及类型 ... 266

第二节 国际金本位制 ... 267
一、国际金本位制的内容和特征 ... 267
二、国际金本位制的优劣 ... 268
三、国际金本位制的崩溃 ... 269

第三节 布雷顿森林体系 ... 269
一、布雷顿森林体系的创建 ... 269
二、布雷顿森林体系的内容 ... 270
三、对布雷顿森林体系的评价 ... 272
四、布雷顿森林体系的崩溃 ... 273

第四节 牙买加体系及其改革 ... 274
一、牙买加体系的形成及主要内容 ... 274
二、牙买加体系的特点和评价 ... 275
三、国际货币体系改革讨论 ... 276

第五节 区域性货币合作 ... 279
一、区域性货币一体化及最优货币区理论 ... 279
二、欧洲货币一体化 ... 281
三、亚洲货币合作 ... 284

本章小结 ... 285
思考题 ... 285
案例 央行数字货币与国际货币体系 ... 286
即测即练 ... 287

参考文献 ... 288

第一章 国际收支分析

【教学目的和要求】

理解国际收支的概念,掌握国际收支平衡表的记账原则、主要内容和差额分析,了解我国国际收支平衡表的内容和特征,了解国际收支失衡的原因,理解并掌握国际收支的自动调节机制、内外冲突的概念以及政策搭配的原理,理解弹性分析法、吸收分析法和货币分析法的主要内容。

【重要概念】

国民收入　国际收支　国际收支平衡表　经常账户　资本和金融账户　米德冲突　马歇尔-勒纳条件　J曲线效应　蒙代尔-弗莱明模型

【引言】

随着社会经济的发展,一国对外经济交往的内容与形式越来越多样化。经济交往必然伴随着货币的收支问题及实际资源在国与国之间的流动。一国当局如何从宏观层面把握和分析对外经济交往的全貌?国际收支正是掌握这种全貌的工具。

第一节　国际收支与国际收支平衡表

一、开放经济下的国民收入账户

(一) 国民收入

国民收入(national income)是指物质生产部门劳动者在一定时期(通常为1年)所创造的价值。它反映了一国在一定时期内(通常为1年)投入的生产资源所产出的最终产品和劳务的价值,是反映整体经济活动的重要指标,因此常被使用于宏观经济学的研究中,亦是国际投资者非常关注的国际统计项目。其衡量的方法有收入法、支出法和产出(产品)法。

在封闭条件下,全部产品与劳务都是由本国居民在本国领土内生产出来的,它的国民收入只涉及国内部门,与商品的进出口、资本的国际流动无关。假设所有的产出都被用于国民消费或投资或政府支出,则这种条件下的国民收入恒等式可以表示为

$$Y = C + I + G \tag{1-1}$$

式中,Y为国民收入;C为私人消费;I为私人投资;G为政府支出。

(二) 开放经济下的国民收入及国民收入账户分析

开放经济是与封闭经济相对立的概念。在开放经济中,要素、商品与服务可以较自由

地跨国界流动,从而实现最优资源配置和最高经济效率。开放经济中一国的经济与国际市场紧紧联系在一起,与他国的经济之间存在着深刻的相互依存性。这样,开放经济的宏观经济运行拥有许多封闭条件下不具备的特征,其国民收入以及其他宏观经济变量之间的关系都发生了深刻的变化。

国民收入账户构成凯恩斯主义宏观经济分析的基础。当一国经济开放到相当程度时,就会出现生产要素的国际流动,而进行国民收入统计也就会面临是以一国领土为标准还是以一国居民为标准的问题,从而导致开放经济条件下的国民收入分为两种,即国内生产总值(gross domestic products,GDP)与国民生产总值(gross national products,GNP)。前者是以一国领土为标准,指的是在一定时期内一国境内生产的产品与服务总值;后者则是以一国居民为标准,指的是在一定时期内一国居民生产的产品与服务总值。对于一国来说,GDP的数值加上本国居民在外国生产的产品与服务的数值,再减去外国居民在本国境内生产的产品与服务的数值,就可以得出该国的GNP数值,即GNP等于GDP加上本国从外国取得的净要素收入。净要素收入包括付给工人的净报酬、净投资收入(包括直接投资和间接投资)以及一国向另一国无偿捐献的现金或其他实际资源。在开放经济下,一个完整的国民收入账户应当包括的项目如表1-1所示。

表1-1 开放经济下的国民收入账户

序 号	项 目	序 号	项 目
1	私人消费	6	减:进口
2	总投资	7	国内生产总值
3	政府商品与劳务支出	8	减:国外净要素支付
4	国内总支出	9	国民生产总值
5	出口		

由于凯恩斯主义的国民收入核算体系中并不考虑资本项目,故在考察外部经济平衡时,将略去国外净要素支付,同时假定经常账户(current account)的收支仅仅是产品进口M与出口X方面的收支,这样我们便得到了开放经济条件下的一国国民收入恒等式:

$$Y=C+I+G+(X-M) \tag{1-2}$$

$X-M=TB$即为产品和服务的出口与进口之间的差额,通常称为贸易账户余额或净出口。在经济增长过程中,贸易账户余额对国民收入增长率的贡献是很突出的。进出口总额占国民收入的比重,是衡量一国经济开放度的重要指标。

二、国际收支的理解

(一)国际收支

国际收支(balance of payments)起源于17世纪初期资本主义原始积累,由于当时的对外贸易几乎是各国进行国际经济活动的全部内容,因此国际收支等同于一个国家的贸易收支差额。20世纪20年代以后,国际资本流动(international capital movements)在国际经济中扮演着越来越重要的角色,于是出现了"外汇收支"的概念,这也就是狭义的国际收支的含义。第二次世界大战结束后,国际经济活动的内涵与外延又有了新的发展,不仅包括有外汇收支的国际借贷关系,也包括没有实际外汇收支的经济交易,如政府捐赠、补偿贸易、无偿援助等。为了便于一国当局掌握对外经济交往的全貌,出现了广义的国际收支概念。因此,国际收支有了狭义与广义之分。

从狭义来说,国际收支是建立在现金收付的基础上的,它基本上等同于一国的外汇收支。也就是说,国际收支仅仅反映在统计期内以货币来进行收付结算的那部分国际债权债务。从广义来说,一国的国际收支是一国居民在一定时期内与外国居民之间的全部经济交往的系统记录。

为了进一步统一和明确国际收支的含义,国际货币基金组织(International Monetary Fund,IMF)在《国际收支手册》中对其给出了广义的定义,即国际收支是指一国在一定时期内全部对外往来的系统的货币记录。它主要包括以下三方面内容:①某一经济体同世界其他国家或地区之间在商品、劳务以及收益方面的交易;②该经济体所持有的货币黄金、特别提款权(Special Drawing Rights,SDRs)以及对世界其他国家或地区的债权、债务所有权的变化和其他变化;③无偿转移以及在会计上需要对上述不能相互抵消的交易和变化加以平衡的对应记录。

(二) 正确把握国际收支的内涵

(1) 国际收支是一个流量概念。国际收支记录的是一段时期内(如1年、1季度)的交易内容。它强调的是一定时期内的对外经济交易的总和,而不是某个时点的持有量。不明确这一点,容易将其与国际借贷混淆。国际借贷反映的是某一时点上一国对外债权、债务的总额,是一个存量概念。

(2) 国际收支反映的内容是以货币记录的经济交易。与国际收支这一名词的字面含义不同,它不是以收支为基础,而是以交易为基础。这些交易既包括涉及货币收支的对外往来,也包括未涉及货币收支的对外往来,而这些未涉及货币收支的对外往来须折算成货币形式记录在国际收支中。因此国际收支中的经济交易是指经济价值从一个经济单位向另一个经济单位的转移。它包括:①金融资产与商品、劳务的交换;②商品、劳务与商品、劳务间的交换;③金融资产与金融资产间的交换;④无偿的、单向的金融资产转移;⑤无偿的、单向的商品、劳务转移。

(3) 国际收支反映的是一国居民与非居民之间的交易。判断一项交易是否属于国际收支,依据的不是双方国籍,而是双方的居住地。按照国际货币基金组织的说明,居民是指在某个国家(或地区)居住期限达1年以上者;否则为非居民。但一国的外交使节、驻外军事人员则除外,尽管他们在另一国居住1年以上,仍为居住国的非居民。居民与非居民都包括政府、个人、非营利团体和企业四类。国际收支的内容是各种国际经济交易,只有居民和非居民之间的各种经济交易才是国际经济交易。

(4) 国际收支是一个事后概念。国际收支一般是对过去的一个年度内已经发生的事实进行记录。

综上所述,只有广义的、建立在全部对外经济交易基础之上的货币记录才是一个完整地反映一国对外交易总量的概念。

国际收支所涉及的内容相当广泛,几乎包括一国对外经济、金融的全部内容,不仅反映该国的对外经济、贸易、金融活动水平和国际融资能力,也反映该国的经济发展水平、经济实力和竞争能力,既是一国对外经济、金融关系的缩影,也是一国在国际经济中所处地位及其消长变化的反映,国际收支已成为一国制定对外政策的依据,并成为分析一国经济和世界经济发展的重要工具,因此研究国际收支有着重要的意义。

三、国际收支平衡表释义

(一) 国际收支平衡表

国际收支平衡表(balance of payment presentation)是系统地记录一定时期内(1年、半年、1季度、1月)各种国际收支项目及其金额的一种统计报表。它是对一个国家与其他国家进行经济技术交流过程中所发生的贸易、非贸易、资本往来以及储备资产的实际动态所做的系统记录,是国际收支核算的重要工具。具体来说,国际收支平衡表是一国根据交易内容和范围设置项目与账户,并按照复式记账原理对一定时期内的国际经济交易进行系统的记录,对各笔交易进行分类汇总而编制出的分析性报表。

国际收支平衡表包括的内容相当广泛和繁杂,国际货币基金组织编制了《国际收支手册》,要求各成员国国际收支平衡表的项目分类及填写内容按此统一格式编制,以便比较和分析各国国际收支的动态。由于各国情况差异较大,许多国家编制的国际收支平衡表各具特点,但主要项目基本是一致的。

(二) 国际收支平衡表的编制原则

1. 复式记账

国际收支平衡表按照"有借必有贷,借贷必相等"的复式记账原则来系统记录每笔国际经济交易。因为绝大多数交易是商品或劳务或金融资产的双向运动,所以同时在借方、贷方记录,可以完整地反映一笔交易的全貌。少数价值做单方面转移的活动记录项目只有一方,为此设立了专门的对应账户,如记录经常转移的"二次收入"账户。

按照复式记账的要求,贷方用"+"表示,记录一切收入项目或资产的减少和负债的增加;借方用"-"表示,记录一切支出项目或资产的增加和负债的减少。具体落实到国际收支平衡表中,贷方表示国外对本国付款或负有付款义务的国际交易,借方表示本国对国外付款或负有付款义务的国际交易。例如,商品及劳务输出、国外单方面馈赠、资本输入是从国外收入款项,都作为贷方;商品及劳务输入、对国外的单方面馈赠、资本输出是对国外支付款项,都作为借方。

在具体应用过程中,复式记账方法也是有一定的规律可循的。

规律之一,凡引起本国获得外汇(foreign exchange)收入的交易记入该项目的贷方,凡引起本国对外货币支出的交易记入借方。

规律之二,凡引起本国外汇资产减少的事项记入该项目的贷方,凡引起本国外汇负债减少的交易记入借方。

更简单地说,可以将"贷方"视为"外汇流入本国的事项",而将"借方"视为"外汇流出本国的事项"。

例如,如果是以输出物资的形式进行对外援助,那么,一方面可以看成商品出口,增加外汇收入,记入贷方;另一方面是无偿转移的外汇支出,记入借方。如果是直接支付外汇进行对外援助,支出外汇应记入借方,外汇储备(foreign exchange reserve)的减少应列入贷方。

2. 权责发生制

这也就是指交易时间的记录要遵守权责发生制的原则。国际货币基金组织明确规定了国际收支平衡表的记录日期以所有权变更日期为准,即以债权债务的发生时间为准。

3. 市场价格

国际货币基金组织要求各成员国对各类国际账户实行统一计价,即使用实际市场成交价格作为交易记录的基础,而在没有既定的实际市场价格的情况下,则以代表价或其他代替方法替代市场价格。

4. 单一记账货币

为了便于全球性的报表和分析,国际货币基金组织要求各成员国建立标准的记账单位,并且要为多数国际收支数据编制人员较为熟悉的货币,所有的记账单位都要折合为同一种货币。

(三)国际收支平衡表的内容

国际收支平衡表实际上就是一国编制的、一定时期内本国对外经济交易的会计报表,尽管各国的具体账户名称有所不同,但一般来说,根据《国际收支手册》第六版(2008年)的编制要求,各国国际收支平衡表均由三大部分构成(图1-1):经常账户、资本和金融账户(capital and financial account)及误差与遗漏账户(errors and omissions account)。

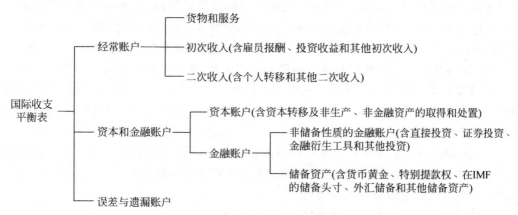

图1-1 国际收支平衡表构成示意图

1. 经常账户

经常账户(current account)是国际收支平衡表中最基本、最重要的项目,通常包括三个主要收支项目:货物和服务、初次收入和二次收入。

(1)货物和服务。货物是记录因商品进出口而产生的所有权在居民与非居民之间的变化。其中,借方记录进口总额,贷方记录出口总额。同时,根据国际货币基金组织的规定,商品的进出口价值以各国的海关统计为准,均以离岸价格(FOB)计算。服务是记录对外提供或接受国外的服务总值。贷方记录服务输出,即本国为外国提供的各种服务的总额,借方记录服务输入。该项目内容较为多样化,包括:加工服务,维护和维修服务,运输、旅行、建设、保险和养老金服务,金融服务,知识产权使用费、电信、计算机和信息服务,其他商业服务,个人文化娱乐服务以及政府服务。货物和服务进出口收支差额即为贸易差额。

(2) 初次收入。初次收入指由于提供劳务、金融资产和出租自然资源而获得的回报,包括雇员报酬、投资收益和其他初次收入三部分。其中,雇员报酬是指根据企业与雇员的雇佣关系,因雇员在生产过程中的劳务投入而获得的酬金回报。投资收益指因金融资产投资而获得的利润、股息、再投资收益和利息等,而产生红利和利息的本金流动则记录在金融账户中。由于国际金融市场一体化程度越来越高,国际上支付的利息和股息数额庞大,而且增长迅猛,投资收益在经常账户中所占比重日益增大。其他初次收入是指将自然资源让渡给另一主体使用而获得的租金收入,以及跨境产品和生产的征税与补贴。

(3) 二次收入。二次收入指居民与非居民之间的经常转移,包括现金和实物。贷方记录一国居民从非居民处获得的经常转移,借方记录一国居民向非居民提供的经常转移。在《国际收支手册》第六版(2008年)中,将经常转移规定为包括排除以下三方的其他所有转移:固定资产所有权的资产转移;同固定资产收购或放弃相联系的或以其为条件的资产转移;债权人不再追索而取消的债务。

2. 资本和金融账户

资本和金融账户(capital and financial account)记录了资本在一国与他国间的转移,包括资本流出(capital outflow)和资本流入(capital inflow)。资本流出记录在借方,指本国对外资产的增加,即本国居民对非居民所持有的债权的增加,或本国对外负债的减少,即非居民对本国居民所持有的债权的减少;相反,资本流入记录在贷方,指本国对外资产的减少或本国对外负债的增加。资本与金融账户可以划分为资本账户和金融账户两大类。

(1) 资本账户。资本账户包括资本转移和非生产、非金融资产的取得和处置。其中,资本转移即上述经常转移中排除的三项。而非生产、非金融资产的取得和处置记录不是由生产创造出来的有形资产(土地和地下矿产等)和各种无形资产(如专利、版权、商标、经销权以及租赁和其他可转让合同)的收买和出售引起的收支。

(2) 金融账户。金融账户记录一国国际投资与国际资金借贷的增减变化,与其他账户不同的是,金融账户的各个项目按照借贷方的净额而非总额来记入相应的借方或贷方,下设非储备性质的金融账户和储备资产。

非储备性质的金融账户包括直接投资、证券投资、金融衍生工具(financial derivative instrument)(除储备)和其他投资。直接投资指对另一经济体居民的企业拥有永久利益。证券投资指一经济体居民对另一经济体居民各种证券的购买和售卖。金融衍生工具记录的是除官方储备之外的金融衍生品和雇员认股权的交易。其他投资是指直接投资、证券投资和储备资产以外的投资,是一个"剩余"项目,包括贸易信贷、贷款、货币及存款等。

储备资产是指一国货币当局所拥有的,能直接用来平衡国际收支、进行市场干预以影响货币汇率(exchange rate)或达到其他目的的对外资产。它包括货币黄金、特别提款权、在IMF的储备头寸(reserve position in IMF,普通提款权)、外汇储备(包括货币、存款和有价证券)以及其他储备资产。

国际收支平衡表中经常账户与资本和金融账户的借贷余额经常是不相等的,即由以上交易引起的收支不相抵,为了满足国际收支平衡,一国的官方储备资产通常可以进行变动。当以上两种项目贷方余额大于借方余额时(称之为顺差),官方储备资产增加,记在国际收支平衡表的借方,用"－"表示;相反,出现逆差时储备资产减少,记在国际收支平衡表的贷方,用"＋"表示。变动储备资产也是一国实施汇率政策和货币政策的手段之一。

3. 误差与遗漏账户

除了经常账户、资本和金融账户外,国际收支平衡表中还存在一个误差与遗漏账户(net error and omission)。这一账户的设立是由于根据复式记账原则,国际收支平衡表中项目的借方总额和贷方总额是相等的。但实际上,由于平衡表内不同账户的统计资料来源不一、记录时间不同以及一些人为因素(如虚报出口)等,结账时会出现净的借方或贷方余额。基于会计上的需要,这时就需要人为设立一个抵消统计偏差的账户。如果借方总额大于贷方总额,误差与遗漏这一项等值金额则放在贷方;反之,误差与遗漏这一项等值金额则放在借方。

四、国际收支平衡表的分析

(一) 国际收支的平衡与不平衡

国际收支平衡表的最终差额恒等于零,这是由其复式记账方法所决定的,但不同项目分别看,其余额并不总等于零。也就是说,国际收支的平衡仅仅限于形式的整体平衡,而一般人们所称的"不平衡"是指其特定各部分的"局部不平衡",借方金额大于贷方金额的,称为赤字(deficit)或逆差;贷方金额大于借方金额的,称为盈余(surplus)或顺差。

按交易的动机不同,所有国际经济交易可分为自主性交易和补偿性交易两大类。自主性交易是指个人和企业为某种自主性目的,如追逐利润、追求市场、消费、汇款赡养亲友等,而独立进行的交易。显然,自主性交易产生的货币收支必然不相抵,由此可能导致对外汇的超额供给或超额需求,引起本国货币对外币汇价的波动。补偿性交易正是由自主性交易引起的,为了弥补或消除自主性交易的差额而进行的交易,具有被动的性质,即一国货币当局通过变动国际储备(international reserve)或从国外融资来弥补自主性交易收支不平衡造成的外汇供求缺口。

当自主性交易项目所产生的借贷金额相等时,我们称之为国际收支平衡。所以,判断一国的国际收支是否平衡,主要是看其自主性交易项目的平衡与否,如果必须以补偿性交易的调节来维持平衡,那其实就是国际收支失衡,因为这样达到的平衡仅仅是形式上的,而非真正的平衡。

可见,分析国际收支是否平衡实际上应该把自主性交易作为线上项目(在国际收支平衡表中,通常将每个项目的借方和贷方横列,各项目纵列,在一个项目与另一项目间画一条横线,横线上方列明的各项目称为线上项目,横线下方的各项目称为线下项目),看其是否平衡。但将此办法付诸实施却存在着技术性困难,因为有些账户是难以划定其性质的。比如一国为弥补自主性交易赤字,采取提高利率的紧缩货币政策,吸引了短期资本流入的增加及减少了短期资本的流出。从货币当局角度看,这些交易应属补偿性交易。但从私人交易主体角度看,这些资本流动的动机是对利润的追逐。因此,在统计上划分交易性质是很困难的,按交易动机识别国际收支差额仅仅是提供了一种思维方式。

(二) 国际收支差额

1. 贸易差额

贸易差额即货物和服务进出口收支差额。贸易收支仅是国际收支的一部分,但贸易收支在整个国际收支中占有重要地位。首先,对某些国家,进出口总额在国际收支总额中所占比重很大;其次,货物和服务的进出口情况综合反映了一国产业结构、劳动生产率、出口产品质量、出口商品的竞争能力,在国际竞争和国际分工中所处地位以及一国自我创汇的能力;最后,贸易收支的数据,尤其是货物贸易收支的数据易于通过海关途径及时收集。所以,贸易差额应用广泛。

扩展阅读 1-1
维持国际收支平衡需澄清三大误区

2. 经常账户差额

把所有的经常账户,包括贸易收支、初次收入和二次收入划为线上项目,看其收支状况。经常账户差额反映的是一旦发生就不可逆转的交易,是实际资源在一国与他国之间的转移,同时也反映了一国进出口基本状况。所以,经常账户差额是运用得最广的一个概念。经常账户顺差意味着存在货物、服务、收入方面的贷方净额,该国的海外资产净额增加,对外净投资增加;相反,若经常账户为逆差,则该国的海外资产净额减少,对外净投资减少。

3. 资本和金融账户差额

通过对一国资本和金融账户余额的分析,我们可以看出一个国家资本市场的开放程度和金融市场的发达程度,对于一国货币政策和汇率政策的调整提供了有益借鉴。一般而言,资本市场开放的国家,其资本和金融账户的流量总额较大。由于各国在利率、金融市场成熟度、本国经济发展程度和币值稳定程度等方面存在着较大差异,资本和金融账户差额往往会产生较大的波动,因此该账户余额难以保持为零。

同时,资本和金融账户的余额还可以反映出一国经常账户的状况和融资能力。根据复式记账原则,在国际收支中的一笔贸易流量通常对应一笔金融流量,如果不考虑误差与遗漏因素,经常账户中的余额必然对应着资本和金融账户在相反方向上的数量相等的余额。也就是说,当经常账户出现赤字时,将对应资本和金融账户的相应盈余,这意味着一国利用金融资产的净流入为经常账户赤字融资。

4. 综合账户差额

综合账户差额是指经常账户与资本和金融账户中的资本转移、直接投资、证券投资、金融衍生工具、其他投资账户所构成的余额,即国际收支平衡表中的官方储备账户被剔除后的余额。国际收支中的各种行为带来了外国货币和本国货币在外汇市场上的供求变化,在固定汇率(fixed rate)制下,政府必须利用官方储备介入市场实现供求平衡,而在浮动汇率(floating rate)制下,政府使用储备进行调节的任务有所减少,因此该差额的分析意义也相应弱化。但是由于综合差额比较综合地反映了自主性国际收支的状况,而且该差额必然导致官方储备的反方向变动,所以用它来衡量国际收支对一国储备造成的压力,以及将其作为全面衡量和分析一国国际收支的指标仍然具有重要的意义。

现将几个国际收支局部差额的内容及其关系列于表 1-2 中。

表 1-2　国际收支局部差额的内容及其关系

贷方(＋)	借方(－)
＋货物和服务出口	
	－货物和服务进口
＝贸易差额	
＋初次收入流入	
	－初次收入流出
＋二次收入流入	
	－二次收入流出
＝经常账户差额	
＋资本账户收入	
	－资本账户支出
(＝资本账户差额)	
＋外国对本国直接投资净额	
	－本国对外国直接投资净额
＋外国对本国证券投资净额	
	－本国对外国证券投资净额
＋外国对本国金融衍生品和雇员认股权投资净额	
	－本国对外国金融衍生品和雇员认股权投资净额
＋外国对本国其他投资净额	
	－本国对外国其他投资净额
[＝金融账户差额(剔除储备资产后)]	
＋误差与遗漏净额	
＝综合差额	
＋储备减少(－储备增加)	
＝0	

(三) 国际收支平衡表的分析方法及意义

对国际收支平衡表的分析方法有项目分析、综合分析、纵向分析和横向分析。

(1) 项目分析。项目分析是对国际收支平衡表的每一项目数据逐一进行具体分析，然后分析各个项目的局部差额及其平衡情况。

(2) 综合分析。综合分析是在分析各个项目及其局部差额的基础上，分析国际收支差额状况，国际收支平衡表中的某个或某些项目的平衡并不等于全部项目的平衡，必须通过全面、综合的分析来看国际收支是顺差还是逆差、数额多大、对经济发展的影响等。同时深入查找形成的原因并制定调整措施。

(3) 纵向分析。纵向分析是分析本期以前的相关时期的国际收支状况，以掌握国际收支变化趋势，探寻变化原因，并提出改善国际收支状况的建议。

(4) 横向分析。横向分析是分析各国的国际收支情况。世界经济处于一个整体之中，一国一定时期的国际收支状况与世界经济形势和国际金融市场的变化密切相关。通过横向分析可以了解各国对外经济发展状况，把握世界经济发展趋势。

第二节　国际收支失衡与调节

一、国际收支失衡的原因及影响

由于经济与金融的全球化发展,国与国的商品市场之间、金融市场之间相互联系和相互影响也日益深刻与广泛,由此一国国际收支失衡的原因也就多种多样,概括起来主要有以下几种。

(一) 偶发性

短期性、偶发性的因素常常造成国际收支的失衡。例如,突发性自然灾害引起的国内农作物歉收,造成对谷物进口需求增加,导致本国贸易赤字。一般来讲,这种失衡程度较轻,持续时间不长,一旦偶发性因素消失,国际收支便会恢复正常。

(二) 国民收入变动

由于各种原因造成的国民收入变动对国际收支的影响较为复杂,应针对具体情况进行具体分析。一般来说,国民收入大幅度增加,全社会消费水平就会提高,社会总需求也就会扩大,在开放型经济下,社会总需求的扩大,通常不一定表现为价格上涨,而表现为增加进口、减少出口,从而导致国际收支出现逆差。

(三) 经济周期

这是指一国经济周期波动所引起的国际收支失衡。一国在经济周期的不同阶段,其国内的经济状况会有很大不同。在繁荣阶段,国内的消费需求旺盛,使得出口减少、进口增加,国际收支可能出现逆差;相反,在衰退阶段,国内的消费需求不足,使得出口增加、进口减少,国际收支可能出现顺差。一国的国际收支不仅受本国经济周期的影响,也受他国经济周期的影响。

(四) 经济结构

这里的经济结构主要是指产业结构(含要素价格结构)和商品进出口结构。这种因素引起的国际收支失衡通常反映在贸易账户或经常账户上。一国由于自身经济条件及历史、地理、文化条件的不同,会形成不同的经济结构,并在国际经济交往中形成特定的对外经济结构。在国际市场发生急剧变化的情况下,如果一国的产业结构变动难以适应国际市场的需求,其对外贸易和国际收支就会产生失衡。同样,如果本国要素的价格变动使本国出口商品在国际市场上所具有的比较优势削弱,也会导致本国的贸易赤字。

(五) 货币价格变动

这是指在一定汇率水平下,由一国货币价值与物价水平所引起的国际收支不平衡。这种不平衡主要是由于国内的通货膨胀或通货紧缩引起的。当货币供给大于货币需求导致一国国内货币成本与一般物价上升而引起出口货物价格相对高昂、进口货物价格相对便宜时,必然使出口减少、进口增加,从而导致国际收支失衡;另外,本国利率水平也会下降,造成资本流出增加、流入减少,从而也使资本和金融账户出现赤字。

(六)外汇投机和不稳定的国际资本流动

实行浮动汇率制以来汇率变动的风险也会造成国际收支不平衡。由于各国资本市场纷纷开放,而国际金融市场上存在着巨额游资,一有风吹草动,这些资金就会在各国之间频繁转移,以寻求投机利润。这种变幻莫测的短期资本流动常常会对一国国际收支造成冲击。

在国际贸易中,数额巨大、时间较长的连续顺差或逆差都会给一国经济发展带来不利影响。如果一国国际收支出现长期或巨额盈余,该国通常面临以下几种困难:①外汇市场上的外汇供过于求,本国货币面临升值压力,货币对外升值意味着本国出口商品价格上升,在国际市场上的竞争力减弱;②本国外汇储备大量增加,从而造成国内货币供应量增加、国内物价水平上升、通货膨胀加剧;③如果盈余是由出口过多造成的,国内生产资源会减少,影响本国经济发展速度;④容易造成与主要贸易伙伴国之间的摩擦,不利于国际经济关系;⑤经济资源是有限的,本国资源的大量外流必然会导致本国经济增长乏力。相反,如果一国国际收支出现长期或巨额逆差,该国会面临以下几种困难:①外汇市场上外汇供不应求,本国货币面临贬值压力,如果政府要维持目前的汇率水平,就要耗费大量国际储备,这就意味着国内货币供应量减少,会造成国内通货紧缩,生产下降;②一国长期赤字,国际储备下降会影响一国的对外金融实力,使其国家信用下降;③如果逆差主要表现为资本账户流出大于流入,就会造成本国资金紧张,引起利率上升,本国的消费与生产下降;④如果逆差主要表现为出口收入不足以弥补进口支出,那就意味着出现对国外产品的净需求,本国的国民收入就会下降,失业就会增加。

由此可见,国际收支长期的巨额的不平衡会对一国经济发展产生不利影响,特别是在逆差的情况下,它会造成国内经济的萎缩、失业的大量增加和外汇储备的枯竭。因而,认识国际收支不平衡的原因并找出调节国际收支失衡的方法,是研究国际收支的一个重要命题。

二、国际收支失衡的自动调节机制

国际收支不平衡是一国国际收支的经常状态,即一国的国际收支在通常情况下不是顺差就是逆差,因而一旦一国出现国际收支失衡并非都要随时进行调节,因为在市场经济条件下,一国的国际收支失衡会引起国内某些经济变量的变动并影响国际收支自动趋于平衡,而这也就是国际收支失衡的自动调节的作用过程。只有当一国发生持续性的巨额的顺差或逆差时,政府才有必要采取适当的措施进行调节。因此,国际收支失衡的调节大体分为两类:自动调节和政策调节。

国际收支失衡自动调节是指由国际收支不平衡引起的国内经济变量对国际收支的反作用过程。在不同的货币制度下,自动调节机制也有所差异。

(一)金本位制度下的国际收支失衡自动调节机制

在金本位制度下,一个国家的国际收支可以通过物价的涨落和货币(黄金)的输出输入自动恢复平衡。这一自动调节规律被称为"价格-货币流动机制",是由英国经济学家大卫·休谟(David Hume)在1752年提出的。

金本位制度下,由于黄金可以自由输入,一国国际收支逆差就意味着黄金净流出,国内货币供给因此减少,引起国内物价水平下降。物价水平下降后,国内商品在国际市场的价格竞争力上升,而外国商品在本国市场竞争力下降,于是出口增加、进口减少,从而减少或消除国际收支赤字。如果国际收支出现顺差,也会得到自动调节,只是各经济变量的变动方向相反而已。

(二) 纸币本位的固定汇率制下的国际收支失衡自动调节机制

纸币本位制度下,为了维持固定汇率,一国当局通常通过变动外汇储备来干预外汇市场。这种情况下,一国国际收支不平衡时,仍有自动调节机制发挥作用,但自动调节的过程会复杂一些。

1. 利率自动调节机制

国际收支出现逆差时,当局必须减少外汇储备,以维持汇率不变,从而造成本国货币供应量下降。货币供应量的下降,会造成国内银根紧缩、利率上升。利率上升会导致本国资本外流减少,同时吸引外资流入,从而改善资本账户收支;相反,国际收支顺差会通过利率下降引起资本账户收支恶化,从而使顺差减少或消除。

2. 收入自动调节机制

国际收支逆差时,一国对外支付增加,国民整体收入下降,并直接减少了社会总需求;同时,由对外支付增加引起的货币供给减少以及利率的上升会使国内经济呈紧缩状态,由此进一步减少国内需求。随着国内需求的减少,进口需求也会减少,从而改善经常账户收支状况;相反,国际收支顺差会通过国内需求和支出增加导致的进口增加得以自动消减。

3. 价格自动调节机制

国际收支逆差时,货币供给减少造成的收入效应会引起国内物价水平的下降,本国产品在国际市场上的相对价格下降,会造成出口增加、进口减少,从而改善经常账户收支。同样,国际收支顺差则会通过物价上升得以自动削减。

总之,纸币本位的固定汇率制下,国际收支的失衡引起外汇储备、货币供应量的变化,进而影响国民收入、利息率和物价等经济变量,从而反作用于国际收支,使其趋于平衡。但是,固定汇率制下国际收支自动调节有赖于国内宏观经济变量的变动这一事实表明,对外实现均衡往往是以牺牲国内经济均衡为代价的。

(三) 浮动汇率制下的国际收支失衡自动调节机制

在浮动汇率制下,一国当局不必干预外汇市场,而是可以听任外汇市场的供求决定汇率水平的高低。如果国际收支发生逆差,外汇供不应求,外汇汇率上升,本国出口产品的外币价格就会下降,进口商品的本币价格则上升,通过相对价格机制,使得出口增加、进口减少,如果进出口商品的需求弹性符合马歇尔-勒纳条件(Marshall-Lerner condition),就能改善国际收支。同理,国际收支发生顺差,本国货币汇率上升,造成出口减少、进口增加,就能消减盈余。

需要说明的是,国际收支失衡自动调节机制在自由经济条件下才能实现,政府干预经济的宏观调控手段会干扰这种自动调节过程,使其作用下降或者失灵。

三、国际收支失衡的政策调节

国际收支失衡的自动调节存在其固有的缺点。首先,其传导与作用的过程较为缓慢;其次,其对国内经济一般会造成较大影响;最后,也是最重要的一点即自动调节机制在完全自由经济条件下才能正常发挥作用。随着政府当局对经济的宏观调控日益加强,自动调节机制已不能有效发挥作用。现实中,国际收支不平衡更多的是依靠政策调节的。

(一) 外汇缓冲政策

这是指一国政府为应对国际收支不平衡,将其黄金外汇作为缓冲体,通过中央银行在外汇市场上买卖外汇,来消除国际收支不平衡所形成的外汇供求缺口,从而使收支不平衡所产生的影响仅限于外汇储备的增减,而不至于导致汇率的急剧变动和进一步对本国经济产生不利影响。对于临时性的国际收支不平衡,这一政策简单且有效。但如果是长期、巨额的国际收支逆差,采用这一手段意味着巨额外债或大量外汇储备的消耗。所以,长期赤字必须依赖其他的调整政策。当然,在调整期间适当地辅以外汇缓冲政策,可以减小国内经济的震动强度,防止因调整过猛给经济带来的损害。

(二) 需求管理政策

从对需求的影响来看,国际收支失衡的调节政策可分为支出增减型和支出转换型两大类。

1. 支出增减型政策

支出增减型政策即支出变更政策或支出变化政策,它是指改变社会总需求或国民经济中支出总水平,从而改善国际收支的政策。这类政策通过改变社会总需求或总支出水平来改变对外国商品、劳务和金融资产的需求,从而达到改善国际收支的目的。其主要包括财政政策和货币政策。

一国出现国际收支赤字需要进行调整时,可以实行紧缩性的财政政策和货币政策。这些紧缩性政策可以通过利率效应、收入效应和相对价格效应来改善国际收支。在财政政策方面,可供选择的措施有增加税收和减少财政支出;在货币政策方面,中央银行可以提高法定存款准备金率、调高再贴现率或在公开市场卖出政府债券(government bond),以改变货币供应量平衡国际收支。然而需要注意的是,紧缩性的财政政策和货币政策往往是以牺牲国内经济为代价的,会抑制本国的生产、投资及消费,由此导致经济低迷和失业增加。只有在国际收支赤字是由总需求大于充分就业条件下的总供给引起的情况下,紧缩政策才不至于牺牲国内经济目标。

2. 支出转换型政策

支出转换型政策是指在不改变社会总需求和总支出的前提下改变需求和支出方向,从而改善国际收支的政策,也就是将对国外商品、劳务的需求转移到国内商品和劳务上来,从而减少对外支出的政策。这类政策主要包括汇率政策、补贴政策和关税政策等。

其中,汇率政策是指在固定汇率尤其是可调整的钉住汇率制度的情况下,政府以行政手段一次性地大幅度调整本外币兑换比例,使本币法定贬值或升值,汇率变动将引起进、出口商品相对价格的变动,从而引起国际收支的变动,使之恢复平衡。

但是,通过汇率改善国际收支,必须考虑几个方面的因素:①进出口商品需求弹性是否符合马歇尔-勒纳条件。②本国资源是否充分就业,因为贬值后的需求转换需要依靠本国贸易品(出口品和进口替代品)部门增加产量来满足。③贬值所带来的本国贸易品和非贸易品的较高相对价格是否能维持较长时间(在充分就业条件下,对贸易品需求的增加将引起本国贸易品价格的相对提高,并引起生产资源从非贸易品部门流入贸易品部门,从而使非贸易品的供给减少,价格有升高趋势。只有当贸易品对于非贸易品的相对较高价格维持一段时期,才可以改善国际收支)。④汇率贬值可能引起的国内物价上涨能否为社会所承受。

(三) 供给调节政策

从供给角度讲,调节国际收支的政策是通过产业政策和科技政策来改善一国的经济结构和产业结构,增加出口商品和劳务的生产,提高产品质量,降低生产成本,以达到增加社会产品(尤其是出口品和进口替代品)的供给、改善国际收支的目的。供给调节政策的特点是长期性,在短期内难以有显著的效果,但它可以从根本上提高一国的经济实力与科技水平,从而为实现内外均衡创造条件。如果国际收支不平衡是由于产业结构变动没有跟上世界市场变化而导致的,其供给调节政策就显得特别有效。

(四) 直接管制

直接管制是指政府通过发布行政命令,对国际经济交易进行干预以求国际收支平衡。直接管制包括贸易管制和外汇管制。贸易管制主要是指自动出口限制、进口押汇、进口许可、卫生检疫、国内歧视性采购等;外汇管制主要是指进口批汇制和出口结汇制、对本外币和金银等贵金属出入境的限制等。适当运用直接管制措施,可以迅速纠正国际收支而又不影响国内经济发展。但是,采用直接管制措施仅仅是把显性赤字变为隐性赤字,一旦取消这些措施,赤字仍会出现。而且实行直接管制政策会遭到国际经济组织反对以及别国的报复。

(五) 国际合作

由于一国国际收支的顺差必然对应着另一国的逆差,所以,国际收支问题的改善需要国和国之间的沟通合作与协商。此外,在这一过程中,也需要国际经济组织比如国际货币基金组织等充分发挥协调作用。

(六) 国际借贷

国际借贷通过国际金融市场、国际金融机构或政府间贷款的方式来调节国际收支不平衡。借用外国资金来弥补国际收支失衡逆差,已成为西方国家调节国际收支失衡最常用的方法。

第三节 国际收支理论

西方国际收支理论是国际金融学的重要内容。20世纪三四十年代后,经济学界先后出现了弹性分析法(elasticity approach)、吸收分析法(absorption approach)、货币分析法(monetary approach)、乘数论、结构论等有关国际收支的学说。这些学说的出现,各有独自的历史背景,为各国的均衡发展提供了一定的理论依据。本节对代表性的国际收支理论进行阐述。

一、弹性分析法

弹性分析法产生于20世纪30年代,由英国经济学家阿尔弗雷德·马歇尔(Alfred Marshall)提出,后经过阿巴·勒纳(Abba Lerner)和琼·罗宾逊(Joan Robinson)的补充与完善。它假定没有国际资本流动,国际收支被简化为贸易收支,其基本思想是:在其他条件不变的情况下,汇率的变动对国内外产品之间相对价格的变动产生影响,从而影响国际收支。由于该理论是围绕进出口商品的供求弹性来研究和分析国际收支问题的,故被称为国际收支弹性分析理论。

(一)马歇尔-勒纳条件(Marshall-Lerner condition)

现实经济运行状况是很复杂的。为了简化分析,我们先做如下假设:①收入大小不变,这样,进出口数量就不受收入的影响,而单纯取决于进出口弹性。②不考虑国际资本流动。汇率变动实际上对资本的流动会产生影响,不考虑这个因素实际就是考察汇率变化对贸易收支的影响。③进出口供给弹性无穷大。这种情况下,进出口商品数量取决于进出口需求量,而且,以生产国货币表示的进口和出口商品的价格保持不变。④贸易收支最初是平衡的。

在以上限定的各前提条件下,贸易差额TB可以表示为

$$TB = X - eM \tag{1-3}$$

出口商品的需求弹性可以表示为

$$e_X = (dX/X)/(de/e) \tag{1-4}$$

进口商品的需求弹性可以表示为

$$e_M = -(dM/M)/(de/e) \tag{1-5}$$

其中,X表示出口总值,M表示进口总值,e表示直接标价法(direct quotation)下的汇率,本币的贬值将导致进口商品的需求减少,出口商品的需求增加。

由于贸易收支最初是平衡的,故

$$X = eM$$

对贸易差额的式(1-3)求导得出 $dTB/de = dX/de - edM/de - M = e_X X/e + e_M M - M = e_X M + e_M M - M$,由于$M>0$,如要想 $dTB/de>0$,则必须有 $e_X + e_M - 1 > 0$,即 $e_X + e_M > 1$,所以,一国能够通过汇率贬值改善国际收支需要满足的条件是

$$e_X + e_M > 1 \tag{1-6}$$

式(1-6)称为马歇尔-勒纳条件。

马歇尔-勒纳条件首次提出货币贬值只有在一定条件下才能改善贸易收支,并且就此作出定量分析,使得人们对汇率调节的手段有了更加清楚的认识。但是,应该看到,马歇尔-勒纳条件成立的前提与实际情况相差较大。首先,汇率的贬值必然会影响到国民收入,收入的变化会对进出口数量有影响;其次,弹性分析法假设进出口供给价格弹性无穷

大,这种假设只适用于非充分就业阶段;最后,弹性分析理论未考虑资本的流动。事实上,汇率变动对资本账户是有影响的。如果人们预期货币发生贬值,资本会纷纷外逃;贬值一旦实际发生,如果人们认为货币贬值已到位,外逃的资本会逐步回流,但如果人们认为这只是一系列贬值的开端,资本会加速外流。综上所述,弹性分析理论是一种贸易收支的理论,对利用贬值改善贸易收支具有一定指导意义,但它只适用于没有资本活动的情况。

(二) J曲线效应(J-curve effect)

在弹性分析法问世之后,经济学家们便开始用统计的方法来检验马歇尔-勒纳条件的正确性。然而许多事实表明,即使货币的贬值国能很好地满足马歇尔-勒纳条件,其货币贬值带来的经常账户的改善也需要1年或更长的时间才能达到,而且在贬值的初期,经常账户往往伴有恶化的现象。货币贬值后一国贸易收支的变化轨迹类似于英文字母"J"(图1-2),故将这个过程称为J曲线效应(J-curve effect)。

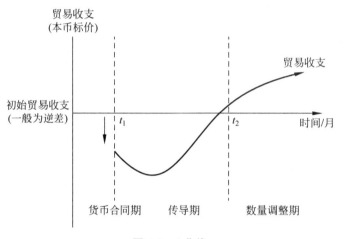

图 1-2　J 曲线

国际金融学将贸易收支调整的过程划分为三个阶段:货币合同期、传导期和数量调整期,如图1-2所示。

在货币合同期,因为进出口合同已经生效,进出口商品的价格和数量不会因贬值而发生变化,以外币表示的贸易差额就取决于进出口合同所使用的货币。如果进口合同以外币计价,出口合同以本币计价,那么本币贬值会恶化贸易收支。

在传导期,进口商和出口商会将汇率变化传导至产品价格上,进口商品的价格相对而言更贵,因此进口商品的需求数量减少。出口商品价格相对而言更便宜,因此出口商品的需求数量会增加。本国的贸易收支渐渐改善。在最后阶段,需求的价格弹性经过了一段时间得以见效(数量调整期),理论上贸易收支才会优于其起始水平。

这三个调整阶段不是一夜之间发生的,而是需要经过相当长一段时间。实证研究表明,对于工业化国家而言,$t_1 \sim t_2$的时段在3个月到12个月不等,甚至可以更长。调整期结束之前,如果进行新的汇率调整,时间估计将更加困难。

二、吸收分析法

吸收分析法是20世纪50年代英国的詹姆斯·米德(James Meade)和德国的西德尼·亚历山大(Sidney Alexander)在凯恩斯理论的国民收入方程的基础上提出的。该理论建立在对弹性分析法批判的基础之上,认为弹性分析法只强调了贬值的相对价格效应,而忽视了其收入效应。贸易收支的变化应视作整个经济社会的活动后果,而不是特定经济部门的行为后果,贬值的影响应该从生产和支出两方面来考察。

(一)吸收分析法的基本模型

吸收分析法是研究花费在国内产品上的支出如何相对于国内产出而变化的理论。换言之,贸易差额被看成一国的产出与该国的使用量或吸收量之间的差距。我们用 Y 代表总生产,在开放经济条件下,有

$$Y = C + I + G + (X - M) \tag{1-7}$$

其中,C、I、G 分别为消费、投资和政府支出;X、M 分别为出口和进口;我们定义吸收量为 A,它等于 $C+I+G$,$X-M$ 即为出口净额,现在有

$$Y = A + X - M \tag{1-8}$$

或

$$Y - A = X - M \tag{1-9}$$

吸收量 A 代表国内总支出,这样,如果国内总生产 Y 大于吸收量,则该国将出口剩余的产出,贸易收支出现盈余,即 $X-M$ 大于 0;另外,如果吸收量超过国内的总生产,超过部分将通过进口来满足,贸易收支将出现赤字,即 $X-M$ 的值小于 0。

(二)收入效应和吸收效应分析

吸收法的分析实际上分为两种情况:当经济尚未实现充分就业、资源配置尚未优化时,贬值的收入效应较为显著;相反,当经济已经达到充分就业,资源完成优化配置,则贬值主要表现为吸收效应。

具体来说,贬值的收入效应主要包括闲置资源效应、贸易条件效应和资源配置效应(图1-3)。本币贬值后,由于出口增加和进口减少,在国内的闲置资源开始被利用,国内的产量增加,国民收入增加,国际收支得到改善;本币贬值也会带来贸易条件的恶化,即一单位国内商品可交换的国外商品的数量减少,国民收入下降,国内总支出(吸收量)减

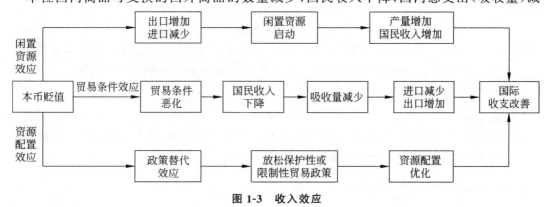

图1-3 收入效应

少,使得进口减少、出口增加,最终改善国际收支;本币贬值使政府考虑采取放松保护性或限制性贸易政策,资源配置得到优化,国际收支改善。

吸收效应则由现金余额效应、收入再分配效应和货币幻觉效应等构成(图1-4)。本币贬值引起国内物价上涨,人们持有的货币实际价值下降,从而减少消费和进口,国际收支改善;国内物价上涨后,由于收入再分配效应,国民收入向政府部门转移,国内总支出(吸收量)下降,进口减少,改善了国际收支;此外,物价上涨后,人们也会出现货币幻觉,将贬值后的货币收入的名义价值作为实际价值,从而不愿意消费与投资,国内吸收量减少,国际收支得到改善。

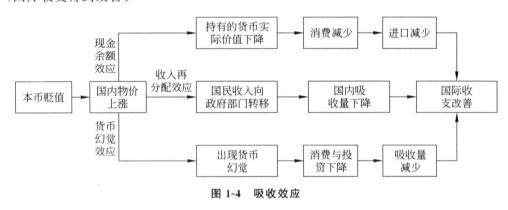

图1-4 吸收效应

三、货币分析法

弹性分析法和吸收分析法都强调实际商品的贸易,不涉及资本项目。而当今世界的特点之一就是高度发达的金融市场和大规模的国际资本流动。为了充分了解国际经济关系,国际收支的分析有必要超越商品贸易,体现金融资产的重要性。正是基于这一点,国际收支的货币分析法在20世纪70年代中期兴起,认为国际收支差额可以用货币因素来解释,而且国际收支的调节应依赖货币政策和汇率调整政策。

(一)货币分析法的假定前提

货币分析法有如下三个基本假定。

(1) 货币需求是收入、价格的稳定函数。根据欧文·费雪(Irving Fisher)的交易方程式:

$$M_d = KPY \tag{1-10}$$

式中,M_d 为货币需求;P 为价格水平;Y 为总产量;PY 等于名义国民收入;K 为常数。

(2) 一国处于充分就业状态,国内价格水平的提高不能引起国内产量的提高。

(3) 购买力平价说在长期内成立,即

$$P = EP_f \tag{1-11}$$

式中,P 为国内价格水平;P_f 为外国价格水平;E 为外汇汇率,即外币的国内货币价格。

(二)货币分析法的基本理论

货币供给量可用式(1-12)表示:

$$M_s = m(D+R) \tag{1-12}$$

式中，M_s 为货币供给量；D 为流通中货币和商业银行在中央银行的存款；R 为一国国际储备资产；$D+R$ 为基础货币，它是一国银行体系凭以扩大货币供给量的基础；m 为货币乘数，用来说明银行体系通过派生存款创造信用货币的能力。

当 $M_s = M_d$，即货币供给与需求均衡时，国际收支处于均衡状态，即

$$m(D+R) = KPY \tag{1-13}$$

为简便起见，令 $m=1$，则

$$R = KPY - D \tag{1-14}$$

式(1-14)是货币分析法的基本方程式，它告诉我们：国际收支是一种货币现象，国际收支逆差，实际上就是一国国内的名义货币供应量 D 超过了货币需求量，由于实物产量没有增加，在价格不变的情况下，多余的货币要寻找出路，对个人来讲，就会增加货币支出，大量购买外国商品，以降低过量的货币余额。对整个国家来讲，实际货币余额的调整就表现为货币外流，即国际收支逆差。相反，当一国国内名义货币供应小于名义货币需求时，在价格不变的情况下，货币供应的缺口要寻找来源，对个人来讲，要减少货币支出，使实际货币余额维持在所希望的水平上，对国家来讲，减少支出维持实际货币余额的过程，就表现为货币内流、国际收支盈余。

（三）货币分析法关于国际收支不平衡的调节

货币分析法把国际收支失衡的原因归结为国内货币供给与需求的不平衡，那么，恢复收支平衡的办法就在于恢复这种平衡。当国际收支出现顺差时，说明国内货币需求大于供给，这时可提高国内货币供应量，例如中央银行在公开市场上买入国家债券或外汇等。国际收支出现逆差，说明国内货币供给大于货币需求，其调节方法在固定汇率制和浮动汇率制下是有区别的。

在固定汇率制下，消除逆差有两种方法：一是缩减国内货币供应量；二是设法增加货币需求。缩减国内货币供应量意味着采取紧缩性的货币政策，对国内经济会产生不利影响。增加货币需求则有赖于两个因素：价格水平和实际产量。实际产量的增加是一个长期的过程，在短期内对调节国际收支没什么作用；提高国内物价水平虽然可以提高货币需求量，但在自由贸易条件下，由于购买力平价的约束，一国物价水平无法长期高于国际价格，而且，物价的提高对出口是不利的，有可能加大国际收支逆差；进口限额、关税等保护措施有助于增加货币需求，但也会引起物价上涨，因此，这一办法也是暂时性的。

扩展阅读 1-2
国际收支调节理论的应用

在浮动汇率制下，国际收支逆差可以通过汇率贬值纠正。由于购买力平价 $P = EP_f$，从式(1-14)可以得到

$$R = KEP_f Y - D \tag{1-15}$$

汇率贬值意味着 E 值上升，即单位外币的本币价格上升，从而引起国内价格水平 P 上升，货币需求量相应上升，从而使逆差减少。这个过程可以理解为：贬值引起国内价格水平上升，实际货币余额减少，人们减少了对外支付，国际收支因而得以改善。当然，贬值

的同时,国内的名义货币供应量 D 不能增加;否则,货币需求扩大的作用会被国内信贷的扩大所抵消。

第四节 内外均衡的政策搭配

一、内外均衡冲突和政策搭配原则

在开放经济条件下,一国宏观经济政策目标包括内外均衡的实现:外部均衡为国际收支均衡;内部均衡为经济增长、充分就业、物价稳定。

一般来说,以财政政策和货币政策实现内部均衡,以汇率政策实现外部均衡。但在固定汇率制度(fixed exchange rate system)下,汇率工具无法使用,内外均衡便存在着矛盾。

(一)米德冲突

英国经济学家米德(J. Meade)最早提出了固定汇率制下的内外均衡冲突问题。他指出,在固定汇率时,政府主要运用影响社会总需求的政策来调节内外均衡,由此,在开放经济运行的特定区间就会出现内外均衡的难以兼顾,经济可能面临如表1-3所示的内外经济状况的组合。

表1-3 固定汇率制下内部均衡与外部均衡的搭配和矛盾

种 类	内部经济状况	外部经济状况
1	经济衰退/失业增加	国际收支顺差
2	经济衰退/失业增加	国际收支逆差
3	通货膨胀	国际收支顺差
4	通货膨胀	国际收支逆差

表中第1种和第4种情况意味着内外均衡的一致。如在第1种情况下,为实现经济的内部均衡,政府以增加社会总需求的措施予以调控,由此导致进口相应增加,如果出口不变,那就会使原有的国际收支顺差状况得以改变而趋于平衡。可见,政府在采取措施实现内部均衡的同时,也实现了内外均衡的一致。而第2、第3种情况则意味着内外均衡的冲突,因为政府在通过调节社会总需求实现内部均衡的同时,也会引起外部经济状况远离均衡目标。这也就是经济学上称作的米德冲突。

其实,无论是在固定汇率制下还是在浮动汇率制下,内外均衡冲突的问题都始终存在。在汇率变动受到政府一定管理的条件下,通过改变国内社会总需求实现内外均衡仍然是很普遍的做法,因此浮动汇率制下内外均衡冲突现象也就仍然存在,并且其冲突的情况会更复杂、更深刻。由此也可见,内外均衡的冲突是开放经济面临的重要问题。

(二)丁伯根原则

荷兰经济学家简·丁伯根(Jan Tinbergen)提出的"经济政策理论"被称为"丁伯根原则",即实现几种目标就需要有相互独立的几种有效的政策工具。根据这一原则,在一国可以灵活调整汇率的条件下,辅以其他政策搭配,可以同时实现内外均衡目标。一般认为,应以汇率政策(支出转换政策)来完成外部目标,以支出增减政策来完成内部目标。

按照丁伯根原则,政策制定者必须掌握不少于目标数量的政策手段,但是,存在足够的政策工具只是有效实现政策目标的必要条件而不是充分条件,有效地实现政策目标还需要将不同的政策工具进行合理的搭配。丁伯根最早提出了将政策目标和工具联系在一起的思想,对于开放经济而言,这一结论具有鲜明的政策含义,当然付诸实践还是有难度的。

二、支出转换政策与支出增减政策的搭配

澳大利亚经济学家斯旺(Swan)以支出转换政策与支出增减政策搭配来讨论政府对内外均衡的政策协调。斯旺的分析认为政府的支出增减政策可以明显影响国内支出水平,本国货币的实际汇率的升贬值可以明显地影响国际收支状况。斯旺认为应采用支出增减政策应对国内均衡问题,而外部均衡的任务则应交给支出转换型的汇率政策。

斯旺的政策搭配思想见图1-5,横轴表示国内支出,纵轴表示本国货币的实际汇率(直接标价法)。IB为内部均衡线,代表实际汇率与国内支出的结合以实现均衡,其斜率为负,因为本国货币升值,即本币的实际汇率降低,出口减少,进口增加,净出口减少,只有增加国内支出才能使国内支出与净出口之和维持在充分就业水平,实现内部均衡。IB线右上方任意一点代表通货膨胀,左下方任意一点代表失业和衰退。EB为外部均衡线,表示实际汇率与国内支出的结合以实现外部均衡,其斜率为正,因为本币升值,即本币的实际汇率降低,出口减少,进口增加,经常项目出现逆差,如果要保持外部均衡,必须减少国内支出以减少进口。EB线左上方任意一点代表国际收支顺差,右下方任意一点代表国际收支逆差。

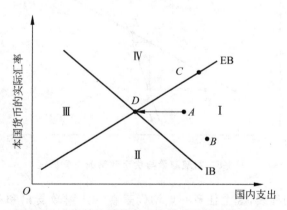

图1-5 支出转换政策与支出增减政策的搭配原理

图1-5中,IB曲线比EB曲线更陡峭,说明支出增减政策对内部均衡的影响力相对更大,而支出转换政策对外部均衡的影响力相对更大。

当开放宏观经济处于失衡,比如在区间Ⅰ的A点时,削弱国内支出,降低总需求,通货膨胀和国际收支逆差的压力将同时下降,点A向点D方向移动;但如果开放宏观经济的失衡不是对称地处于EB曲线和IB曲线之间,比如在区间Ⅰ的点B上,政策搭配就变得十分必要,在点B上,为达到国际收支平衡,就必须实行汇率贬值的支出转换政策,使点B向点C移动,这样虽说外部失衡趋于减少,但内部经济却进入通货膨胀恶化,因此必

须同时大幅度削减支出以实现内部均衡,如此交替使用两种政策,最终达到内外部均衡的 D 点。

三、财政政策与货币政策的搭配

丁伯根提出了政策搭配原则,认为开放型经济下政策的工具数不能少于政策的目标数。美国经济学家罗伯特·蒙代尔(Robert Mundell)进一步进行了研究,认为必须把政策与政策能产生最大作用的目标结合起来,才能达到较好的内部均衡和外部均衡,他提出了"有效分类原则",认为财政政策用于内部均衡的调节,货币政策则用于外部均衡的调节,只有适当地搭配使用财政政策和货币政策,才能发挥各自的优势,实现整个经济均衡。

蒙代尔认为,每一种政策应实施在其最具影响力的目标上。图 1-6 的横轴表示利息率,代表货币政策;纵轴表示财政支出,代表财政政策。FF 线为外部均衡线,线上每一点表示由一定的利率与财政支出的组合而达到的国际收支平衡状态。当利息率上升时,实行紧缩性货币政策,进口减少,同时资金净流入增加,为保持国际收支平衡,须扩大政府支出以增加进口。FF 线左上方任意一点均表示国际收支逆差,右下方任意一点均表示国际收支顺差。

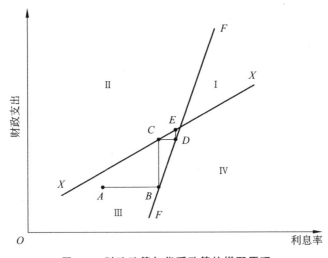

图 1-6 财政政策与货币政策的搭配原理

XX 线为内部均衡线,线上任意一点均代表在一定财政支出和利率水平结合下达到的内部均衡状态。利息率的提高会引起国内需求下降,为保持总需求与总供给的平衡,须扩大财政支出以抵消利率提高对需求的影响。XX 线左上方任意一点代表通货膨胀,右下方任意一点代表国内存在失业。

FF 线较 XX 线陡峭,因为利率对国际收支影响较大,而财政支出对国民收入、就业等国内经济变量影响较大。E 点代表同时实现内、外部均衡的状态。

现假设一国经济处于 A 点,即赤字与失业共存,可以先实行紧缩性货币政策,达到 B 点,此时国际收支平衡,国内失业加重,再实行扩张性财政政策,达到内部均衡的 C 点,如此交替使用紧缩性货币政策与扩张性财政政策,最终达到内外部均衡的 E 点。但如果是另一种搭配方法,即用财政政策解决国际收支问题,用货币政策解决失业问题,经济状态将远离 E 点而去。

四、蒙代尔-弗莱明模型

在封闭经济条件下分析宏观经济的一个重要工具是 IS-LM 模型,在此基础上引进国际收支(BP),并以此表示不同的资本流动状况,就构成了 IS-LM-BP 模型(图 1-7)。IS-LM-BP 模型是一个一般均衡分析框架,用于分析开放经济和不同汇率条件下的宏观经济均衡。IS 曲线表示商品市场均衡,LM 曲线表示货币市场均衡,BP 曲线表示国际收支均衡。当 IS 曲线、LM 曲线、BP 曲线恰好交于一点时,便会有唯一的一组利率 r_0、国民收入 y_0 和汇率 E,使得内部均衡、外部均衡同时实现。

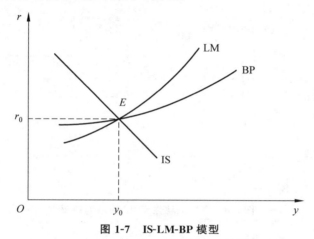

图 1-7　IS-LM-BP 模型

美国经济学家罗伯特·蒙代尔(Robert Mundell)和英国经济学家马库斯·弗莱明(Marcus Fleming)运用 IS-LM-BP 模型分别对固定汇率和浮动汇率制度(floating exchange rate system)条件下的财政政策和货币政策对收入、利率和国际收支的影响进行了分析,其中蒙代尔的研究更为完整,由此形成著名的蒙代尔-弗莱明模型。

(一)资本流动性对国际收支的影响

资本流动具有规模大、迅速、投机性强、不易控制的特点。为了维护本国经济安全,绝大多数发展中国家都采取资本管制措施,在一定范围内、一定程度上限制资本跨境流动。由于存在资本管制,各国资本的流动性呈现较大差异:没有资本管制的国家,资本流动性较大;资本管制程度越大,资本流动性越小。资本流动性的差异直接决定了 BP 曲线的斜率。

图 1-8 直观反映了资本流动性与 BP 曲线斜率之间的关系。图 1-8(a)表示资本不流动时,BP 曲线等同于经常账户平衡,BP 曲线与利率无关,形态上表现为一条与收入水平垂直的直线。BP 曲线的左侧区域表示国际收支顺差,右侧区域表示国际收支逆差。图 1-8(d)显示,在资本完全流动情形下,BP 曲线表现为一水平线,因为本国利率与世界利率的些许差别都会引起资本的大规模流动。图 1-8(b)和图 1-8(c)反映了资本部分流动时 BP 曲线的形态,资本的流动性越大,BP 曲线越平缓。

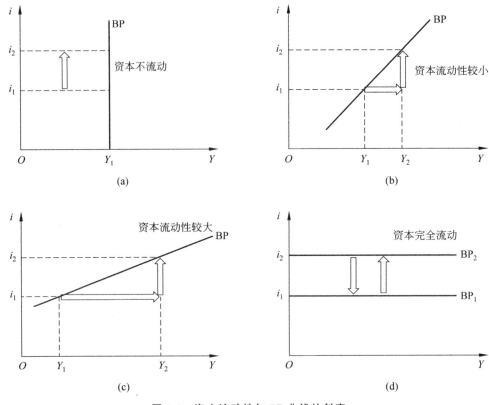

图 1-8 资本流动性与 BP 曲线的斜率

（二）蒙代尔-弗莱明模型分析举例

1. 固定汇率制度下货币政策和财政政策的效应

假设 IS 曲线、LM 曲线、BP 曲线的交点 E_0 对应的收入为 Y_0。当中央银行实行扩张性货币政策时，LM 曲线移动至 LM_1，市场均衡点从 E_0 移动到 E_1，对应的收入水平从 Y_0 增加到了 Y_1，并在这一点实现了国内商品市场和货币市场的均衡。但是在资本完全流动条件下，由于利率水平下降到了低于外国的水平上，必然导致国际资本的大量外流，在外汇市场上产生本币贬值的压力。为了维持固定的汇率，中央银行只能以卖出外汇、买入本币的方式对外汇市场进行干预，从而使本币供给减少，LM 曲线左移，这种干预直至 LM_1 曲线再次回到 LM 曲线的位置为止[图 1-9(a)]。此时，均衡状态再度恢复到 E_0 点。此过程意味着在固定汇率和资本完全流动下，货币政策无效。

而当政府采取扩张性财政政策时，IS 曲线向右移动至 IS_1，国内均衡点从 E_0 移动到 E_1，导致利率水平从 r_0 上升到 r_1，国内收入从 Y_0 增加到 Y_1，同时，因为利率上升增加了资本项目盈余，国际收支出现盈余。外汇市场上产生本国货币升值压力，为了阻止本币升值，维持固定汇率，中央银行必须增加货币供给，用本币购买外汇。货币供给增加，使 LM 曲线向右移动至 LM_1，均衡点在 E_2 重建，利率回归至 r_0，收入水平进一步增加至 Y_2[图 1-9(b)]。可见，扩张性财政政策在影响国民收入和产量水平方面起到了积极的效果。在固定汇率和资本完全流动下，财政政策有效。

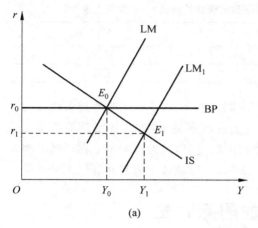
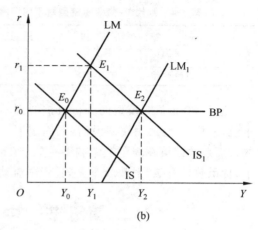

图 1-9　固定汇率制度下货币政策和财政政策的效应

2. 浮动汇率制度下货币政策和财政政策的效应

在浮动汇率制度下,当货币当局采取扩张性货币政策时,引起货币供给增加,LM 曲线右移到 LM_1,并与 IS 曲线相交于 E_1 点,产生国际收支赤字,造成汇率上升压力。在浮动汇率制度下,随着货币对外贬值,出口增加,则 IS 曲线向右移动,直至 IS_1 为止,并在 E_2 点形成新的均衡[图 1-10(a)]。由此,在浮动汇率和资本完全流动下,货币政策有效。

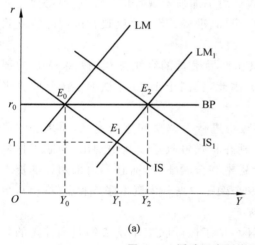
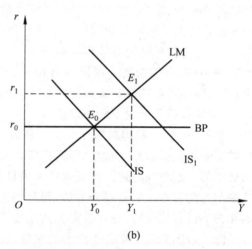

图 1-10　浮动汇率制度下货币政策和财政政策的效应

而当政府实行扩张性财政政策时,IS 曲线右移到 IS_1,国内经济在 E_1 点建立一个过渡均衡,该均衡是存在国际收支盈余的国内均衡。在浮动汇率制度下,国际收支盈余导致本币升值,引起出口减少,进口增加,起着对国内投资的抑制作用,导致 IS_1 曲线向左移动,直至 IS 曲线回到原来状态为止。最终,均衡状态仍然恢复到 E_0 点[图 1-10(b)]。可见,在浮动汇率和完全资本流动条件下,财政政策在对收入的影响方面是完全无效的。

资本完全流动下,上述四种情况得出的结论可以归纳为表 1-4。

表1-4　蒙代尔-弗莱明模型对不同汇率制度下政策有效性的分析（资本完全流动）

政　　策	固 定 汇 率	浮 动 汇 率
货币政策	无效	有效
财政政策	有效	无效

蒙代尔-弗莱明模型的分析可扩展到不同汇率制度和不同资本流动类型条件。总的来说，蒙代尔-弗莱明模型说明，在固定汇率制下，无论资本是否流动，货币政策都是无效的。而财政政策在固定汇率制下有效，资本流动程度越高，财政效果越好；在浮动汇率制下，货币政策有效，财政政策无效，资本流动性程度越低，财政政策效果越好。

第五节　中国的国际收支

一、中国国际收支平衡表的沿革

自1949年新中国成立到1979年的30年间，我国实行的是高度集中的计划经济体制，市场经济的调节作用被完全摒弃，同时我国与西方国家间资金借贷很少，这使当时我国的有关部门一直只是编制外汇收支平衡表，以反映对外贸易的收支状况，而没有单独编制对国外资金的收支情况报表。

改革开放以后，随着我国对外经济交往内容日渐增多及日益广泛，原来的外汇收支统计已不能全面、综合地反映对外经济交往的面貌。为了加强宏观管理与控制，有必要建立一套适合我国实际需要的国际收支统计制度，以全面、准确、及时地反映我国国际收支状况，并以此为依据制定对外经济政策。

1980年，我国恢复了在国际货币基金组织和世界银行的合法席位，按照IMF的要求，会员国必须定期向其报送国际收支平衡表。因此，我国于1980年试编了国际收支平衡表，并于以后几年中不断加以修改与完善。

1997年之后，我国对国际收支平衡表中各账户进行了调整和重新定义，原来经常账户的服务项包括运输、旅游、保险、投资收益等，现在将投资收益项从中划出，与职工报酬同属于另一账户"收益"。将资本往来项目改为资本和金融账户，而且不再采用长期资本往来与短期资本往来的划分方法，而是将资本和金融账户划分为资本账户和金融账户，金融账户下设直接投资、证券投资和其他投资等账户。

除了对国际收支平衡表内容的调整，我国还增加了国际收支平衡表编制和披露的频率，在1997年以前，我国只编制年度的国际收支平衡表；1998年开始编制季度国际收支平衡表，但仅供内部使用；2001年，我国开始对外公布半年度的国际收支平衡表，并对外债统计口径进行了调整，提高了外债数据的透明性和可比性。2006年5月，我国首次对外公布中国国际投资头寸表。我国国际收支平衡表和国际投资头寸表记账单位为美元。2009年8月首次公布中国国际收支平衡表（初步数），并于2009年10月发布相关修订数，正式引进国际收支发布数据修正机制。2013年，李克强签署国务院第642号令（《国务院关于修改〈国际收支统计申报办法〉的决定》），公布修改后的《国际收支统计申报办法》。此后，国家外汇管理局发布了《对外金融资产负债及交易统计制度》，取代原有各类直接申报制度,并修订间接申报和贸易信贷调查等制度。

2016年,随着加入国际货币基金组织协调证券投资调查(CPIS)和国际银行业统计的本地银行业统计(LBS),我国完全弥合了二十国集团(G20)签署的数据缺口第一阶段倡议,标志着我国国际收支统计迈向新的发展阶段。

二、中国国际收支平衡表的基本格式

我国1997年以前的国际收支平衡表的基本格式是根据国际货币基金组织1977年公布的《国际收支手册》(第四版)中的标准格式进行编制的,但是也有本国的国情特点。因此,其既包括经常账户、资本往来项目、误差与遗漏、储备资产增减额四大部分,又根据我国对外经济交往情况的特点来确定每一部分中各个细目的内容和统计口径。

为了与国际货币基金组织1993年公布的《国际收支手册》(第五版)中的标准格式相一致,从1997年起,我国国际收支平衡表的格式做了调整,四大部分构成为:经常账户、资本和金融账户、净误差与遗漏、储备资产变动。我国国际收支平衡表的贷方项目是:货物和服务的出口、收益收入、接受的货物和资金的无偿援助、金融负债的增加和金融资产的减少;借方项目是:货物和服务的进口、收益支出、对外提供的货物和资金无偿援助、金融资产的增加和金融负债的减少。

2008年,国际货币基金组织公布了《国际收支手册》(第六版),2015年起,我国按照《国际收支手册》(第六版)原则编制国际收支平衡表和国际投资头寸表,达到数据公布特殊标准(SDDS)。

三、近年中国国际收支的变动

根据国家外汇管理局对外公布的数据,1982年以来,我国的国际收支结构演进历程大致可分为三个阶段:顺逆差交替出现、双顺差和一顺一逆。1982年到1993年,我国经常账户、资本和金融账户在顺差和逆差之间持续性波动,并逐渐平稳。交易形成的外汇储备逐年增长;1994年到2013年,中国的对外开放格局进一步扩大,在此期间,央行外汇储备得到了大幅增长和持续性积累,同时经常账户和非储备性质的金融账户保持稳定的"双顺差"(仅1998年和2012年除外);2014年开始,经常账户仍然保持顺差,非储备性质金融账户由顺转逆,国际收支出现了一顺一逆现象。2017年到2019年又连续经历3年双顺差,2020年到2021年我国国际收支重返一顺一逆。

我国国际收支的变化情况,与我国的经济发展周期、经济体制改革及人民币汇率的安排都有着十分密切的关系。总体而言,我国的经常账户在20世纪90年代中期以后,始终呈现出顺差态势。受2008年金融危机等重大全球性和区域性事件影响,我国经常账户差额开始有所收缩但始终保持顺差。从子项目来看,货物贸易项目的顺差对经常账户长期保持顺差起着至关重要的作用,1994年我国外汇体制改革之后,官方汇率(official rate)与市场汇率(market rate)合并为市场汇率,本国产品的价格竞争力增强,我国货物贸易就一直呈顺差状态,加入世界贸易组织(World Trade Organization,WTO)之后,货物贸易更是高速增长。而服务贸易连年逆差,其中加工服务、维护和维修服务、金融服务和建设以及电信、计算机和信息服务均保持顺差记录,而服务贸易的其他子项目总体差额则一直为逆差。再看初次收入项目,由于占比较大的投资收益多数年份均为负值,初次收入项自

1994年以来基本维持负值。但是,由于我国居民从非居民处获得的经常转移大于我国居民向非居民提供的经常转移,因此二次收入项在大多数年份保持正值。

我国的资本和金融账户余额在整个国际收支中所占的比重不断增加。其中,金融账户中的直接投资子账户在2014年以前保持了较高水平的顺差,这主要是由于我国始终致力于吸收外国直接投资。但是,随着国家"走出去"战略的实施,我国的对外直接投资逐渐增多,2015年起该项顺差有所减少。金融账户下的另一子账户证券投资的地位随着QFII制度(在国内证券市场投资的合格境外机构投资者制度)的进一步施行和QDII制度(特许国内机构投资者制度,指的是在资本项目未完全开放的国家,允许本地投资者投资境外资本市场的投资者制度)的推出也正在不断提高,由此该子账户的重要性进一步得到提高。金融账户下的金融衍生工具子项目从2015年起开始统计,大多数年份处于负值状态。除了直接投资、证券投资和金融衍生工具外的所有金融交易都包括在其他投资账户中,表现为贸易信贷、货币和存款、贷款、保险和养老金、其他股权、特别提款权和其他资产七种形式。我国国际收支中的其他投资项目持续较大规模净流出。

扩展阅读1-3
中国外汇收支管理进入全新模式

表1-5为2011—2021年我国国际收支平衡表。

表1-5　2011—2021年我国国际收支平衡表　　　　　　　　　　　　　　　　亿美元

项　目	2011年	2012年	2013年	2014年	2015年	2016年	2017年	2018年	2019年	2020年	2021年
一、经常账户差额	1 361	2 154	1 482	2 360	2 930	1 913	1 887	241	1 029	2 488	3 529
A. 货物和服务差额	1 819	2 318	2 354	2 213	3 579	2 557	2 170	879	1 318	3 586	4 615
1. 货物差额	2 287	3 116	3 590	4 350	5 762	4 889	4 759	3 801	3 930	5 111	5 627
2. 服务差额	−468	−797	−1 236	−2 137	−2 183	−2 331	−2 589	−2 922	−2 611	−1 525	−1 012
B. 初次收入	−703	−199	−784	133	−522	−549	−165	−614	−392	−1 182	−1 245
C. 二次收入	245	34	−87	14	−126	−95	−119	−24	103	85	159
二、资本和金融账户	−1 223	−1 283	−853	−1 692	−912	272	179	1 532	263	−901	−2 184
A. 资本账户差额	54	43	31	0	3	−3	−1	−6	−3	−1	1
B. 金融账户差额	−1 278	−1 326	−883	−1 691	−915	276	180	1 538	266	−900	−2 185
1. 非储备性质的金融账户	2 600	−360	3 430	−514	−4 345	−4 161	1 095	1 727	73	−611	−303
1.1 直接投资	2 317	1 763	2 180	1 450	681	−417	278	923	503	994	1 653
1.2 证券投资	196	478	529	824	−665	−523	295	1 069	579	955	514
1.3 金融衍生工具				0	−21	−54	4	−62	−24	−108	102
1.4 其他投资	87	−2 601	722	−2 788	−4 340	−3 167	519	−204	−985	−2 452	−2 572
2. 储备资产	−3 878	−966	−4 314	−1 178	3 429	4 437	−915	−189	193	−289	−1 882
三、净误差与遗漏	−138	−871	−629	−699	−2 018	−2 186	−2 066	−1 774	−1 292	−1 588	−1 345

资料来源:国家外汇管理局网站。

本章小结

国际收支是一国居民在一定时期内与外国居民之间的全部经济交往的系统记录。国际收支平衡表则是记录各种国际收支项目及其金额的一种统计报表，通常由经常账户、资本和金融账户及误差与遗漏账户三大部分构成。在复式记账原则下，国际收支平衡表总是保持平衡的，而通常所称的"国际收支不平衡"是指其特定部分的"局部不平衡"。在具体分析国际收支平衡表时，可以考察以下几种差额的不平衡：贸易差额、经常账户差额、资本和金融账户差额与综合差额。

造成一国国际收支失衡的原因包括偶发性因素、国民收入变动因素、经济周期因素、经济结构因素、货币价格变动因素与外汇投机和不稳定的国际资本流动等。在金本位制度、纸币本位的固定汇率制、浮动汇率制下，国际收支失衡得以实现自动调节。但是，自动调节机制存在很多缺点，这就需要政府通过政策来调节国际收支失衡状态。这些政策包括：外汇缓冲政策、需求管理政策、供给调节政策和直接管制、国际借贷，同时，还要重视国际合作。

国际收支理论主要有弹性分析法、吸收分析法、货币分析法等。弹性分析法是分析贬值如何影响取决于外汇和商品供求弹性的贸易收支的；吸收分析法是研究花费在国内产品上的支出如何相对于国内产出而变化的理论；货币分析法把国际收支失衡的原因归结为国内货币供给与需求的不平衡。

在开放经济条件下，一国宏观调控的经济目标是同时实现内部与外部均衡。内、外部均衡之间存在一定的矛盾，这就需要合适的政策搭配。蒙代尔提出把内部均衡目标分派给财政政策，把外部均衡目标分派给货币政策；斯旺提出可以通过支出转换政策和支出增减政策的搭配达到经济的全面均衡。

中国的国际收支平衡表编制工作已日益完善，信息披露频率也逐渐提升。国际收支平衡表有助于了解中国历年的国际收支情况、发展状况和特点。这些年来，中国基本上保持了经常账户和资本与金融账户双顺差状态。

思考题

1. 封闭条件与开放条件下的国民收入恒等式有何区别？
2. 国际收支平衡表的记账方法是什么？
3. 国际收支失衡的原因有哪些？
4. 如何理解国际收支的平衡和不平衡？
5. 开放经济下如何进行政策的搭配以解决内外部均衡的冲突？
6. 分析各种国际收支调节理论的异同。

中国国际收支双顺差之谜

自20世纪90年代中期至2014年，中国的国际收支出现了持续的经常账户顺差与资本账户顺差。如果排除1997年东南亚金融危机导致国际资本流出、2012年国际经济复苏堪忧导致"热钱"跨境大幅流出所致的资本金融账户逆差,中国从1994年起就出现了双顺差。2009年开始,由于受到全球金融危机的影响,我国的经常账户顺差大幅缩水。但是我国坚持积极的财政政策与适度宽松的货币政策,吸引外资仍然保持稳定的增长态势,2009年开始资本和金融账户顺差大幅上升。中国1994—2014年经常账户差额与资本和金融账户差额如图1-11所示。大约从2015年起,中国国际收支形成了自主平衡的总体格局,经常账户与资本和金融账户呈现出镜像关系,国际收支双顺差现象逐渐消失。

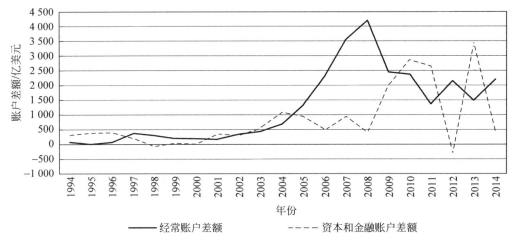

图1-11 中国经常账户差额与资本和金融账户差额(1994—2014年)

一般而言,双顺差的国际收支格局是不合理的,也难以长期维系。历史上,世界上也没有一个国家像中国这样在长达10多年的时间里一直是双顺差,这很大程度上反映了中国经济结构的不平衡。

为什么中国保持"双顺差"的现象长达10多年之久呢?这一直是学术界探讨的问题,有争议也有共识。对于中国的经常账户顺差,首先,比较通行的一个解释是我国经济中储蓄大于消费的结构性失衡。长期以来,我国国内经济的主要特点之一是低消费、高储蓄。消费不足带来储蓄过高,而高储蓄带来的则是高放贷和高投资。在国内消费不旺的状况下,高投资形成的过剩产能只能通过对外出口来释放,由此导致了不断扩大的贸易顺差。其次,我国长期实施出口导向政策。改革开放以来,为解决资金、外汇短缺与经济发展的矛盾,我国采取了一系列鼓励出口的优惠政策,发展沿海外向型经济,包括外汇自求平衡的限制政策、汇率政策和退税政策。这些有利于外向型经济发展的政策措施的实施和体制环境的形成,都使我国出口商品竞争优势得以进一步发挥,出口高速增长。最后,中国在国际分工中扮演加工者和组装者的角色。中国的比较优势和外资的主导作用决定了中国在国际生产网络的价值链条中所扮演的是加工者和组装者的角色。在这10多年中,随着国际生产网络的发展,加工贸易在发展中国家占据越来越重要的地位。鼓励加工贸易的政策进一步推动中国融入国际生产网络。中国在国际生产网络价值链中的地位决定了加工贸易必然是创造贸易顺差的贸易。随着加工贸易在中国贸易中所占份额的不断上升,中国经常账户盈余必然持续增长。

而关于中国的资本项目顺差,主要观点认为是因为中国经济的强劲增长、巨大的市场潜力以及其他诸多优势吸引着外国投资者,而更重要的是由于我国长期实行对外资的优惠政策。鼓励外资进入的各种优惠政策使国外资金可以通过合资和直接投资的方式进入中国。外商直接投资的进入带来的外汇流入并不是以购买外国资本品的方式,即通过经常账户逆差的形式流出,而是这些外商将直接投资带来的外汇简单地卖给中国人民银行,然后用换来的人民币购买国内资本品,投资生产的产品进一步通过出口产生经常账户顺差,从而产生了"双顺差"的格局。

点　　评

这样一种不符合经济发展规律的持续的双顺差和外汇储备的不断积累不符合中国的长期利益。

首先,持续的双顺差造成了资源的错配。中国的双顺差是与严重的市场扭曲相联系的。一方面,FDI(foreign direct investment,外商直接投资)是同各种优惠政策相联系的,为了吸引FDI,中国付出了过高的代价。另一方面,中国净出口的增长在许多情况下是在人为压低成本的条件下获得的。此外,随着中国出口规模的扩大,特别是单项产品出口规模的扩大,中国企业之间的恶性竞争使得中国的贸易条件不断恶化。

其次,国际收支双顺差造成的巨额外汇储备使我国在相当程度上丧失了货币政策操作的主导权,并陷入人民币升值压力与货币供给增长的双重困境。要减轻外汇占款(position for forex purchase)造成的过多基础货币发行对国内货币市场的影响,中国人民银行必须加大回笼现金力度或提高利率,这些都会加大人民币升值压力。如果为了缓解人民币升值压力而增加货币供给或降低利率,那么原本很宽松的货币市场将变得过度宽松。这可能会刺激国内资产市场形成泡沫。

最后,中国持续的经常账户顺差将导致贸易摩擦升级。中国的出口成为许多国家攻击的目标,例如美国、欧盟各国,还有许多发展中国家,如墨西哥、巴西等。贸易保护主义会给中国经济增长造成很大的损害。中国如果不能及早纠正自己的贸易不平衡,由此导致的冲突必将进一步加剧。

长期的国际收支失衡不利于我国经济可持续发展。随着我国经济进入高质量发展阶段,经济结构调整、新一轮高水平对外开放和日趋复杂的外部环境给我国的国际收支状况带来了新变化,国际收支平衡管理也需顺应我国高质量发展的要求,探索建立长效的国际收支平衡机制。

第二章 国际储备与管理

【教学目的和要求】

掌握国际储备的概念、构成及其作用,了解国际储备体系的演变,理解并掌握国际储备适度规模的影响因素、常用衡量标准以及国际储备结构管理的基本原则;了解中国国际储备的特点。

【重要概念】

国际储备　国际清偿能力　黄金储备　外汇储备　普通提款权　特别提款权
国际储备体系　特里芬难题　储备货币多元化　国际储备规模管理　国际储备结构管理
外汇占款

【引言】

国际储备与一国的国际收支、货币汇率等方面均有着千丝万缕的联系,它不仅关系各国调节国际收支和稳定汇率的能力,而且会影响世界物价水平和国际贸易的发展。国际储备数量的多寡、结构体系是否合理、管理是否科学,对国家的金融稳定会产生重大影响,由此备受各国政府和国际金融组织的普遍重视。现行以美元主导的国际储备货币体系存在较大缺陷和系统性风险,如何稳定和完善国际储备货币体系是全球探讨分析的焦点。

第一节　国际储备概述

一、国际储备的基本概念

(一)国际储备的定义与特征

国际储备(international reserve)是指一国货币当局所持有的,能够随时用于弥补国际收支逆差、维持本国货币汇率稳定以及应付各种紧急支付的,为世界各国所普遍接受的一切资产。

国际储备具有以下三个典型特征:①官方持有性,即作为国际储备的资产必须是由一国货币当局持有并予以使用的,而不是由其他机构或经济实体所持有,非官方金融机构、企业和个人持有的黄金、外汇等资产不能算作国际储备,因此,国际储备又被称为官方储备,该特点使得国际储备与国际清偿力区分开来;②充分流动性,即作为国际储备的资产能在各种形式之间转移和转换,能够随时动用以弥补国际收支逆差或干预外汇市场;③自由兑换性(亦称为普遍接受性),即作为国际储备的资产必须能自由地同其他国家货币相兑换,为各国所普遍接受,充分体现储备资产的国际性,从而使其发挥弥补国际收支逆差等作用。

（二）国际储备与国际清偿能力

与国际储备相联系的另一概念是国际清偿能力（international liquidity）。国际清偿能力是指一国的对外支付能力，即一国政府无须采用任何影响本国经济正常运行的特别调节措施即能平衡国际收支逆差、维持汇率稳定的能力。

具体而言，国际清偿能力由自有国际储备、借入储备及诱导性储备构成（表2-1）。自有国际储备包括官方直接掌握的黄金、外汇及在IMF的储备头寸和特别提款权。借入储备主要包括备用信贷、互惠信贷和支付协议等。其中，备用信贷是指成员国在国际收支发生困难或预计发生困难时，与国际货币基金组织签订的一种备用借款协议。互惠信贷和支付协议是指两个国家签订的使用对方货币的协议。当其中一国发生国际收支困难时，可按协议规定的高低限额和最长使用期限，自动地使用对方的货币，然后在规定的期限内偿还。互惠信贷和支付协议是双边的，而备用信贷是多边的。诱导性储备是指在离岸金融市场（off-shore financial market）或欧洲货币市场（Eurocurrency market）上的资产。这些资产的所有权非政府所有，但因其具有高流动性、投机性和政策性，一国政府可以通过政策的、新闻的、道义的手段来诱导其流动方向，从而间接达到调节国际收支的目的。所以，这些资产又可称为本国商业银行的对外短期可兑换货币资产。

表2-1　国际清偿能力的构成

国际清偿能力	自有国际储备	黄金储备	国际储备
		外汇储备	
		在IMF的储备头寸	
		在IMF的特别提款权	
	借入储备	备用信贷	
		互惠信贷	
		支付协议	
		其他类似的安排	
	诱导性储备	商业银行的对外短期可兑换货币资产	

国际清偿能力与国际储备都是一国对外的支付能力和金融实力的标志，两者既相联系又相区别：第一，国际清偿能力的概念涵盖了国际储备，国际储备是国际清偿能力的核心部分；第二，国际储备强调现实持有性和无条件性，而国际清偿能力强调可能性和条件性。

二、国际储备的构成

国际储备的构成是指用于充当国际储备资产的资产种类。在不同历史阶段，国际储备的构成有所不同。布雷顿森林体系下，美元和黄金是最主要的国际储备资产。布雷顿森林体系崩溃之后，逐渐形成现今的四种国际储备构成形式。根据国际货币基金组织的表述，一国的国际储备主要包括黄金储备（gold reserve）、外汇储备、国际货币基金组织中的储备头寸和特别提款权四个部分。

（一）黄金储备

黄金储备（gold reserve）是指一国货币当局所持有的作为金融资产的货币黄金。需要明确的是,除货币当局以外的经济实体所拥有的黄金一般视为非货币黄金,不能作为黄金储备。而且并非一国货币当局所持有的全部黄金都可以充当国际储备资产,因为某些国家往往规定将黄金作为国内货币发行的准备,因此,充当国际储备资产的黄金储备只是货币当局持有的全部黄金储备扣除充当国内发行准备后的剩余部分。

黄金作为国际储备资产已有较长的历史。在国际金本位制下,黄金储备是国际储备的典型形式。在布雷顿森林体系时期,黄金是重要的国际储备资产和国际支付与清算手段。但是,第二次世界大战后,黄金世界储备总量以及在国际储备中所占的比重都呈现不断下降的趋势。

表2-2显示的是1989年至2021年世界黄金储备量变动情况。从绝对数量上讲,世界黄金储备总量在2008年之前整体呈减少趋势,2009年后整体呈上升趋势。1950年,黄金占国际储备的69.1%,居于主导地位。国际货币基金组织的数据显示,2021年年底黄金在国际储备中的份额为12.9%左右。份额下降的原因主要体现在以下几点:①世界黄金的产量增长有限,无法满足储备和各方面的需要;②黄金储备的流动性有所欠缺,黄金非货币化条款使黄金成为与普通商品一样的商品,其货币职能逐渐退化,不再具有直接的国际支付手段和购买手段的能力,这也削弱了黄金的储备地位;③黄金市场价格波动频繁,使得货币当局既不敢轻易增加黄金储备也不敢减少黄金储备,从而导致黄金储备的支付功能日渐丧失;④黄金自身不会增值,持有黄金需支付储藏和保险等费用,机会成本较高。

表2-2 1989年至2021年世界黄金储备量变化情况　　　　吨

年份	1989	1990	1991	1992	1993	1994	1995	1996	1997	1998	1999
储备量	35 605	35 582	35 545	35 187	34 878	34 711	34 691	34 558	33 945	33 536	33 524
年份	2000	2001	2002	2003	2004	2005	2006	2007	2008	2009	2010
储备量	33 212	32 933	32 564	32 006	31 487	30 884	30 519	30 014	30 002	30 527	30 848
年份	2011	2012	2013	2014	2015	2016	2017	2018	2019	2020	2021
储备量	31 214	31 689	32 037	32 271	33 018	33 594	33 998	34 233	34 782	35 244	35 516

资料来源:世界黄金协会(World Gold Council)。

但从另一个角度看,2021年全球央行黄金储备提升至近30年的最高水平。黄金作为储备资产仍然具有以下优势:①黄金本身是一种价值实体,具有体积小、价值大、易分割和可久藏的特点,是社会财富的象征;②黄金无国籍,黄金储备完全属于国家主权范围,可以自动控制,不受任何超国家权力的干预;③其他货币储备具有"内在的不稳定性",须受承诺国家或金融机构的信用和偿付能力的影响,债权国家处于被动地位,远不如黄金可靠。表2-2显示,2008年金融危机后,黄金的保值和避险特征使得全球央行大量增持黄金。所以,尽管黄金作为货币的职能已大大降低了,但黄金仍是一国最后的支付手段,它对于稳定国家的金融安全、提高国际资信等方面有着特殊的作用,其作为国际储备的历史使命还会有相当长的一个时期。

扩展阅读2-1
打造稳定金融的黄金之锚

（二）外汇储备

外汇储备（foreign exchange reserve）是指各国货币当局所持有的以储备货币（reserve currency）表示的流动资产，其形式表现为现钞、银行存款、政府证券、中长期债券、货币市场工具、外汇衍生品合约等。它占国际储备的绝大部分，已经成为目前国际储备中最主要、最活跃的部分。全球外汇储备状况见表2-3。

表 2-3　全球外汇储备状况　　　　　　　　　　　　万亿美元

年　份	2010	2013	2014	2015	2016	2017	2018	2019	2020
所有国家	9.27	11.70	11.60	10.93	10.72	11.45	11.43	11.82	12.69
发达国家	3.13	3.84	3.87	3.98	4.13	4.56	4.57	4.73	5.31
发展中国家	6.14	7.86	7.73	6.95	6.59	6.89	6.86	7.09	7.38

资料来源：国际货币基金组织"外汇储备货币构成"（COFER）数据库。

与黄金储备相比，外汇储备的优势是：①外汇储备供应的增长不受生产条件的限制，容易满足国际经济发展的需要；②外汇储备具有较强的流动性；③外汇储备的机会成本较低。其缺陷主要在于：①外汇储备的使用受到货币发行国主权的限制；②外汇储备的价值不稳定，在浮动汇率制条件下尤其突出；③外汇储备的供应缺乏约束和保障，容易产生供应过多或不足的问题。

储备货币是指被各国广泛用作外汇储备的货币，如美元、欧元、英镑和日元等。一国货币要成为储备货币，必须具备以下几个条件：①必须是可兑换货币，即能自由兑换成其他货币；②币值稳定，其购买力具有稳定性；③在国际货币体系（international monetary system）中占重要地位，具有干预货币能力，能在国际外汇市场上发挥其干预和稳定市场的作用。第一次世界大战以前，英镑曾作为最主要的储备货币。第二次世界大战后，由于布雷顿森林体系的建立，美元成为唯一可兑换黄金的货币，因此，被最广泛地用作储备货币。20世纪70年代以后，随着美国经济实力相对削弱和严重的国际收支逆差，德国和日本的经济实力相对增强，美元在国际货币体系中的地位逐步削弱，而德国马克和日元的地位开始上升，出现了国际储备货币多元化的趋势。根据国际货币基金组织公布的标准，1994年以前，多样化的储备货币主要包括美元、德国马克、日元、英镑、法国法郎、瑞士法郎和荷兰盾七种，而从1994年起，国际货币基金组织将"欧洲货币单位"（European currency unit, ECU，欧元的前身）列为国际储备货币。自1999年1月1日起，欧元（Euro）取代欧洲货币单位成为一种新的储备货币。欧元的引入较大程度上改变了全球的外汇储备状况。但从目前来看，美元仍是最重要的储备货币。

（三）国际货币基金组织中的储备头寸

国际货币基金组织中的储备头寸也称普通提款权（general drawing rights），是指在国际货币基金组织普通账户中可自由提取使用的资产。

国际货币基金组织犹如一个股份制性质的储蓄互助会。当一个国家加入该组织时，须按一定的份额向该组织缴纳一笔钱，称为份额。根据规定，各国认缴份额的25%必须以可兑换货币缴纳，其余75%用本国货币缴纳。一国在国际货币基金组织的储备头寸包括：①储备档提款权,即会员国向国际货币基金组织认缴份额中 25% 的可兑换货币;②IMF 为满足会员国借款需要而使用掉的该国货币,这形成该国对 IMF 的债权;③IMF 向该国借款的净额。

当成员国发生国际收支困难时,有权以本国货币抵押的形式向该组织申请提用可兑换货币。提用的数额分五档,每档占其认缴份额的 25%。由于第一档提款额就等于该成员国认缴的可兑换货币额,因此,条件最为宽松,该档提款权为储备部分提款权,其余四档为信用提款权,条件逐档严格。普通提款权是国际货币基金组织最基本的一项贷款,不能用于成员国贸易和非贸易的经常账户支付,主要用于解决会员国国际收支不平衡。

总体而言,普通提款权占国际货币基金组织成员国国际储备总额的比重较小。一国持有的普通提款权与其份额相关。发展中国家由于份额很少,所持有的储备头寸远远低于发达国家(表 2-4)。

表 2-4　成员国在 IMF 的储备头寸　　　　　　　　10 亿美元

年　份	所有成员国	发达国家	发展中国家
2005	40.82	31.03	9.79
2008	38.66	27.89	10.77
2011	150.86	113.48	37.38
2012	158.68	119.34	39.34
2013	150.16	112.73	37.43
2014	118.42	87.85	30.57
2015	87.93	63.91	24.02
2016	106.27	70.66	35.61
2017	96.70	63.55	33.15
2018	113.32	76.86	36.46
2019	125.35	83.95	41.40
2020	166.99	113.89	53.10

资料来源：国际货币基金组织出版的《国际金融统计》。

(四) 特别提款权

一国国际储备中的特别提款权(Special Drawing Rights, SDRs),即该国在国际货币基金组织特别提款权账户上的贷方余额,它作为一种记账方式,是由国际货币基金组织于 1969 年创设的分配给会员国的一种使用资金的权利。它作为普通提款权的一种补充,可用于会员国间和会员国同国际货币基金组织之间的支付,因而也被称为"纸黄金"。其特点主要体现在：①它是一种凭信用发行的资产,其本身不具有内在价值;②它不像黄金和外汇那样通过贸易或非贸易交往取得,也不像普通提款权那样以所缴纳的份额为基础,而是由国际货币基金组织按一定比例不定期地、无偿分配给各成员国,接受者无须付出代价;③特别提款权只能在 IMF 及各政府之间发挥作用(向成员国换取可自由兑换货币、支付国际收支逆差或偿还国际债务等),任何私人和企业不能持有和使用,不能直接用于贸易或非贸易的支付,因此对其用途具有严格的限定。

与普通提款权相比,特别提款权主要有以下三点不同：①特别提款权是国际货币基金组织根据份额分给会员国的一种资产,会员国可自由支配和使用;普通提款权是国际货币基金组织根据会员国缴纳份额给予提款的权力,最大额度不超过所缴份额的125%,其信用部分不能自由提取。②使用特别提款权等于在行使使用资金的权力,是种支出,是资产的减少;使用普通提款权等于在使用信贷的权力,是种借入,是负债的增加。③使用特别提款权后不用偿还;普通提款权通常3~5年后须偿还。

特别提款权没有固定的市值,它的定价经历了从与美元挂钩到与"一篮子"货币挂钩的转变过程。在设定之初,特别提款权与美元是等值的。此后,随着黄金与国际货币制度的脱钩以及美元危机不断出现,从1974年7月1日起,国际货币基金组织采用了"一篮子"货币定价的方法,即通过加权平均来确定特别提款权的价值。早期的"货币篮子"由美元、德国马克、法国法郎、英镑、日元五种货币组成,各种货币的权重由这5个国家的商品、劳务出口数值和国际货币基金组织各成员国官方持有这些货币的总额来确定。每隔5年,国际货币基金组织对"货币篮子"进行一次调整,以确保"篮子"中的货币是国际交易中所使用的具有代表性的货币,各货币所占权重反映了其在国际贸易和金融体系中的重要程度。如1996年,特别提款权中美元比重为39%,德国马克为21%,日元为18%,英镑和法国法郎各为11%。自2001年起,欧元取代德国马克和法国法郎成为"货币篮子"的组成部分。2016年10月1日,人民币正式加入"货币篮子",成为"篮子"中的第五种货币。2022年,人民币权重由10.92%上升至12.28%。1981—2022年部分年份特别提款权的货币组成见表2-5。

表2-5　特别提款权的货币组成　　　　　　　　　　　　　　　　　%

年　份	美　元	德国马克	法国法郎	英　镑	日　元
1981	42	19	13	13	13
1986	42	19	12	12	15
1991	40	21	11	11	17
1996	39	21	11	11	18
年　份	美　元	欧　元		英　镑	日　元
2001	45	29		11	15
2006	44	34		11	11
2011	41.9	37.4		11.3	9.4
年　份	美　元	欧　元	英　镑	日　元	人民币
2016	41.73	30.93	8.09	8.33	10.92
2022	43.38	29.31	7.59	7.44	12.28

资料来源:国际货币基金组织出版的《国际金融统计》。

从总量看,特别提款权在国际储备中所占比重还相当低。从世界分布来看,特别提款权存在着分配极不平衡的状况(表2-6)。在SDR持有量前10名的国家中,多为发达国家,其中美国持有的SDR占全球总量的18%。此外,缺乏内在价值、创设的数量有限、只能在官方之间使用等特性也限制了SDR的发展,由此可以预计在未来相当长时期内,特别提款权不可能成为主要国际储备资产。

表 2-6 世界主要国家 SDR 持有量情况(2020 年 12 月)

排名	国家	数量/10 亿 SDR	占世界总量之比/%
1	美国	36.76	18.00
2	日本	14.04	6.87
3	德国	11.89	5.82
4	英国	9.94	4.87
5	法国	8.02	3.93
6	中国	7.98	3.91
7	加拿大	6.17	3.02
8	沙特阿拉伯	5.83	2.85
9	意大利	5.82	2.85
10	荷兰	4.91	2.40

资料来源：国际货币基金组织出版的《国际金融统计》。

三、国际储备的作用

国际储备是体现一国国际金融实力的重要标志之一。近年来，随着国际金融市场的发展，各种风险和危机层出不穷。1994 年年末的墨西哥金融危机，1996 年美元、日元的波动，1997 年的亚洲金融危机，2008 年的金融危机等，都警示了保持充分国际储备的重要性。从世界范围来说，国际储备起到了推动国际商品流动和世界经济发展的作用。从一国角度来看，其作用主要包括以下三个方面。

(一) 维持对外支付能力，弥补国际收支逆差

当一国发生国际收支困难时，政府需要采取措施加以纠正，否则将不利于本国国内经济和对外经济关系的发展。对于短期性、季节性或偶然性国际收支逆差，如一国受到国际价格的变化导致出口锐减，可以动用国际储备来弥补逆差，而无须采用压缩进口等限制性措施，从而能在不影响国内宏观经济政策目标实现的前提下消除赤字，实现外部平衡；对于中长期的、巨额的或根本性的国际收支不平衡，如一国的国际收支发生结构性失衡，需要采用各种调整政策进行紧急的或长期的调整时，国际储备可以作为辅助措施起到缓和作用，减小调整措施对国内供求均衡造成的不利影响，能有效避免经济的动荡，为政府部门推进财政政策和货币政策赢得时间。因此，维持对外支付能力，弥补国际收支逆差是国际储备的首要和基本职能。

(二) 干预外汇市场，维持本国货币汇率的稳定

国际储备是一国维持其货币汇率稳定的"干预资产"。一国的货币当局可以用国际储备来干预外汇市场，影响外汇供求，从而达到将汇率维持在政府所希望的某一合理的水平上的目的。当本国货币汇率在外汇市场上发生剧烈动荡时，尤其是投机因素引起汇率波动时，政府就可动用国际储备来缓和汇率的波动或改变汇率变动的方向。当外汇汇率上升、本币汇率下跌超出政府的目标区间时，货币当局可在市场上抛出储备，购入本币，从而抑制本币汇率下跌；相反，当外汇汇率下降、本币升值过快时，就可在市场上购入储备，放出本币，通过增加市场上的本币供给，抑制本币汇率上升。但是，国际储备作为干预资产

的效能是有限的,必须以本国货币的自由兑换和外汇市场的充分发达为前提,并且只能在短期内对汇率产生有限的影响。

(三) 充当国家对外借款和偿还外债的信用保证

一国拥有充足的国际储备,政府才有足够的实力实施灵活的汇率政策,从而在激烈的国际竞争中获得优势。国际储备的信用保证包括两方面的含义:第一,它是政府向外借款的保证。国际储备的多寡,体现一国的国际信誉,它是一国政府国际资信状况的标志,也是债务国债务到期还本付息的基础和保证。储备雄厚的国家有较高的国际信誉,便于以较低的成本在国际上更容易地筹到借债;相反,储备枯竭的国家,由于其较低的国际信誉,国际上筹集资金的难度高,且借款条件也较恶劣。第二,它可以用来支持对本国货币价值稳定性的信心。充足的国际储备能够提高公众的心理预期,有助于提高本国货币的信誉以及对货币稳定性的信心。

目前,为确定国际贷款的安全系数,有专门机构和金融期刊定期对各国的举债风险进行评估。评估的内容包括目标国的经常账户收支趋势、负债额占该国当年出口的比重以及国际储备状况等。因此,国际储备业已成为国际上通行的资信调查与国际风险评价的重要指标。

第二节 国际储备体系多元化

一、国际储备体系的演变

(一) 国际储备体系的发展变化

国际储备体系是指在一种国际货币制度下,国际储备货币或资产的构成与集合的法律制度安排,其核心问题是中心储备货币或资产的确定,以及与其他货币或资产之间的相互关系。

国际储备体系的演变,就是中心货币或资产在国际经济交往中的延伸与变迁。其演变过程包括:①第一次世界大战前单元化的储备体系,即黄金-英镑储备体系,以英镑为中心,黄金在国际流通并被广泛储备,在该阶段,黄金是最主要的储备资产;②第一次世界大战和第二次世界大战之间过渡性的储备体系,外汇储备出现多元化发展的趋势,当时充当国际储备货币的有英镑、美元、法国法郎等,以英镑为主,但美元已呈现出逐步取代英镑之势;③第二次世界大战后至 20 世纪 70 年代初以美元为中心的储备体系,又称美元-黄金储备体系,随着布雷顿森林体系的建立,形成了以美元为中心的货币制度,在各国国际储备中,黄金储备逐渐下降,而美元超过黄金成为最重要的国际储备资产;④20 世纪 70 年代后至今的多元化国际储备货币体系,国际储备多元化是指国际储备构成要素的多样化和国际储备货币多样化的发展趋势。黄金、外汇、特别提款权和储备头寸共同构成储备资产。欧元的启动打破了某一货币一统天下的局面,国际储备受多种硬货币支配,但美元仍是当今世界最主要的储备货币。

(二) 储备货币从单一化向多元化转变的原因

国际储备多元化产生的原因是多方面的,主要体现在以下几点。

1. 储备货币职能的矛盾——"特里芬难题"（Triffin Dilemma）

储备货币具有双重的职能，它既是一种国家货币，又是一种国际货币。作为国家货币，为适应本国宏观经济的政策目标，促进本国经济增长，要求货币发行国维持货币稳定和坚挺，避免赤字发行。作为国际货币，一方面，为满足世界各国对储备货币的需求，货币发行国会通过国际收支逆差发行储备货币，但逆差的出现会削弱人们对该货币的信心及其地位，诱发储备货币危机；另一方面，为维持储备货币的信誉，货币发行国需要保证国际收支顺差，而顺差会断绝储备货币的供给，导致世界储备的短缺，最终使国际清偿能力受到影响。这就是由美国经济学家罗伯特·特里芬（Robert Triffin）提出的"特里芬难题"。这一矛盾是理论上一国货币无法独占国际储备货币地位的根本原因。

2. 美国和其他国家相对经济地位的变化

一国在选择储备货币时，一般都要权衡货币汇价和利息的关系，并且总是希望储备资产的收益大而风险小。20世纪60年代由于美国经济衰落，经济实力相对下落，美元在国际储备体系中的地位不断下降。为减少外汇风险，保持外汇储备的价值，许多国家逐步采用了分散储备资产的方式。德国、日本经济的逐步恢复以及经济实力上升，使得德国马克和日元的地位不断提高，一度形成了以美元为主、德国马克和日元并行的国际储备货币格局。随着1999年欧元的启动，以及当时日本经济的持续疲弱不振，欧元地位上升，20世纪90年代末期外汇储备货币的竞争主要表现为美元和欧元的竞争。

3. 固定汇率制的垮台

1971年8月，美元停止按固定价格兑换黄金及美元危机的爆发，导致了固定汇率制的垮台。1973年起，浮动汇率制取而代之，成为国际汇率制度的主体。在浮动汇率制下，汇率剧烈波动，且波幅很大。20世纪70年代初，美元的两次贬值更使许多国家的美元储备遭受大量损失。为此，各国开始抛售一部分美元，换成其他硬通货。

4. 国际货币基金组织创设的"篮子货币"

为了缓和美元危机，弥补国际清偿能力的不足，国际货币基金组织于1970年创设了特别提款权，并分配给各成员国。1979年，欧洲共同体为了推进欧洲货币（Eurocurrency）一体化进程创设了"欧洲货币单位"。这些"货币篮子"的出现，使国际储备资产更加多样化。

此外，世界经济贸易的发展对国际储备资产的需求，国际金融市场的发展使主要货币在国际流动便利，也为多元化国际储备体系的形成创造了条件。

二、国际储备结构的变化

随着国际经济的发展，全球国际储备规模迅速扩张，尤其是储备结构发生深刻变化，主要表现在以下几个方面。

（一）国际储备结构整体的变化

第二次世界大战结束以来，全球储备资产的整体结构发生显著的变化，最主要的表现形式是外汇储备份额的大幅增长和黄金储备份额的大幅下降。根据国际货币基金组织的数据，1950年全球官方黄金储备所占比重为69%，外汇储备占比为27.6%。2008年，虽然黄金价格的上涨扩大了黄金储备的价值量规模，但2021年数据显示，全球黄金储备占国际储备的份额收缩到12.9%。特别提款权和普通提款权的规模没有太大变化，其份额被压缩到1%以下,因此,目前全球国际储备中,绝大部分属于外汇储备。由于普通提款权和特别提款权的数量并不能由政府决定,所以二者无法在储备资产中占据主导地位。从世界范围看,外汇储备是主体,其实际使用的频率最高,规模最大。

(二)黄金储备结构的变化

按照世界黄金协会的统计,世界官方黄金储备的主体有三类:①以美欧国际为主体的发达国家政府;②以"金砖五国"为代表的发展中国家政府;③国际货币基金组织、世界银行、国际清算银行(Bank for International Settlements,BIS)等国际金融机构。

表2-7中的数据显示,全球黄金储备主要集中于发达国家,发展中国家的黄金储备份额有所增长,于2017年突破全球总量的1/4。表2-8进一步显示,黄金储备在1 000吨以上的国家主要是美国、德国、法国、意大利、瑞士等发达国家,发展中经济体仅俄罗斯、中国黄金储备超过1 000吨。黄金储备是发达国家国际储备的主体,其中美国的黄金储备占国际储备份额高达66.6%。德国、意大利的黄金储备占国际储备份额都超过60%。在"金砖五国"中,俄罗斯和中国黄金储备量都超出1 000吨,其他三国的黄金储备量较低。黄金储备占国际储备份额数据显示,中国的比例偏低,仅为3.3%。

表2-7 2009—2020年部分年份全球黄金储备的结构变化 %

年 份	2009	2010	2015	2016	2017	2018	2019	2020
发达国家	71.80	71.03	66.57	65.40	64.61	64.14	63.06	62.25
发展中国家	17.85	18.22	24.59	24.50	25.50	26.53	27.66	27.93
国际金融机构	10.35	10.75	8.84	10.10	9.89	9.33	9.28	9.82
世界总计	100	100	100	100	100	100	100	100

资料来源:国际货币基金组织出版的《国际金融统计》。

表2-8 世界主要国家和机构黄金储备情况(2022年9月)

排名	国家/机构	数量/吨	黄金储备占国际储备份额/%
1	美国	8 133.5	66.6
2	德国	3 355.1	65.4
3	国际货币基金组织	2 814.0	—
4	意大利	2 451.8	62.4
5	法国	2 436.6	57.3
6	俄罗斯	2 298.5	19.9
7	中国	1 948.3	3.3
8	瑞士	1 040.0	5.9
9	日本	846	3.7
10	印度	785.3	7.9
11	荷兰	612.5	55.4
31	巴西	129.7	2.1
33	南非	125.3	11.4

资料来源:世界黄金协会。

(三)外汇储备结构的变化

在金本位制下,外汇储备处于极其次要的地位。在以后的年代里,外汇储备占国际储备总额的比重迅速提高,逐渐上升为最主要形式的国际储备资产。图2-1、表2-9和表2-10分别说明了2001年至2020年部分年份发达国家和发展中国家外汇储备占比变化、2020年12月世界前十大外汇储备经济体和2012—2021年主要国际储备货币占比。

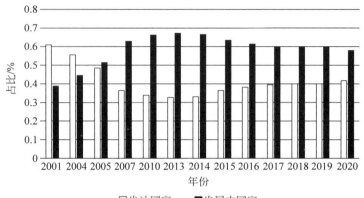

图2-1 发达国家和发展中国家外汇储备占比(2001—2020年部分年份)

表2-9 世界前十大外汇储备经济体情况(2020年12月)

全球排名	经济体	外汇储备总值/10亿美元	占全球外汇储备份额/%	全球排名	经济体	外汇储备总值/10亿美元	占全球外汇储备份额/%
1	中国内地	3 216.52	25.34	6	中国香港	491.63	3.87
2	日本	1 312.79	10.34	7	俄罗斯	444.49	3.50
3	瑞士	1 013.19	7.98	8	韩国	430.12	3.39
4	印度	542.16	4.27	9	新加坡	359.34	2.83
5	中国台湾	529.91	4.17	10	巴西	342.71	2.70

资料来源:国际货币基金组织。

表2-10 2012—2021年主要国际储备货币占比   %

年份	2012	2013	2014	2015	2016	2017	2018	2019	2020	2021
美元	61.49	61.27	65.17	65.74	65.36	62.72	61.74	60.72	59.02	58.81
欧元	24.07	24.21	21.21	19.15	19.14	20.17	20.67	20.58	21.24	20.59
日元	4.09	3.82	3.54	3.75	3.95	4.90	5.19	5.89	6.03	5.52
英镑	4.04	3.99	3.70	4.72	4.35	4.54	4.43	4.64	4.69	4.81

资料来源:根据国际货币基金组织"外汇储备货币构成"数据库整理。

从全球外汇储备分布结构看,具有如下明显特征。

(1) 发展中经济体的外汇储备规模和增长速度超过发达国家。图2-1显示,从2005年开始,在全球的外汇储备分布中,发展中国家持有的外汇储备占全球储备总额的比重一直高于发达国家。从表2-9看,2020年12月前十大外汇储备经济体中,发展中经济体占了多数席位。

(2) 发展中经济体的外汇储备增长主要集中于亚洲国家或地区。在发展中经济体新增的外汇储备中,亚洲国家或地区的储备

扩展阅读2-2
如何看待美元的国际地位

增长引人注目,多个经济体跻身世界前十大外汇储备经济体之列。

(3) 美元的霸权地位并没有根本扭转。表 2-10 显示的全球外汇储备币种结构的变化说明,美元份额虽然有所下降,但其仍是最主要的储备货币。国际储备货币表现为美元和欧元相抗衡为主轴的多元化竞争格局,另外,日元国际化进度较为缓慢。

(四) 特别提款权和普通提款权结构的变化

SDR 主要用来补充成员国的储备资产。IMF 规定,每隔 5 年评估全球对于储备资产的长期需求情况以决定是否进行 SDR 分配,这被称为普遍分配。除此之外,IMF 还会进行 SDR 的特别分配。SDR 从创立到 2022 年,总共进行过四次普遍分配和一次特别分配:第一次普遍分配是在 1970—1972 年;第二次普遍分配是在 1979—1981 年;第三次普遍分配是在 2009 年,与此同时还完成了一次特别分配;最近一次普遍分配是在 2021 年。其中,最近两次的分配都是在全球面临严重危机冲击的背景下完成的。特别是新冠疫情暴发之初,国际社会就纷纷呼吁 IMF 进行大规模的 SDR 分配以增强全球流动性。最终在 2021 年 8 月,IMF 理事会批准规模为 6 500 亿美元的 SDR 普遍分配。这是 IMF 历史上规模最大的一次 SDR 分配。在当前全球风险不断加大的背景下,SDR 分配有利于满足全球对储备资产的长期需求,有助于巩固经济信心,提升全球经济的抗风险能力和稳健性。通过历次分配,SDR 的累积总额达到 6 607 亿美元。

在当代国际储备中,特别提款权和普通提款权规模都很小,结构也不合理,严重影响了国际社会赋予它们的职能的实现。特别提款权和与特别提款权挂钩的投票权过分集中于美国和其他极少数发达国家,导致新兴市场经济体在国际货币基金组织中没有足够话语权。IMF2010 年宣布份额和治理改革方案,该方案于 2016 年 1 月 27 日开始生效,美国在 IMF 中占有 16.5% 左右的投票权,中国则占 6.4% 左右。IMF 重大议题都需要 85% 的通过率,因此美国享有实际否决权。2021 年 SDR 新的分配方案实施后,58% 资金将流向发达经济体,42% 将流向新兴和发展中经济体。

三、多元化国际储备体系建立的影响

在当前的国际金融环境下,多元化国际储备体系显示出一系列优缺点。

其有利方面主要表现为:①对非储备货币发行国来说,多元化国际储备体系打破了美元一统天下的局面,摆脱对美元的过分依赖,减小了美国经济变化对各国经济产生的影响;②多元化国际储备体系缓和了国际储备资产供不应求的矛盾,能够满足各国多样化的需求和灵活调节储备资产的需要;③多元化国际储备体系有利于防范汇率风险,避免了在单一储备体制下,外汇贬值造成的储备损失,各国可选择外汇储备货币,根据外汇市场变化适当调整外汇储备的货币结构,从而达到防范或减轻外汇风险的目的。对储备货币发行国来说,多元化国际储备体系化解了"特里芬难题",改变了储备货币职能的两难矛盾;多元化国际储备体系使各货币发行国可以进行公平竞争,避免了国际金融秩序被一国或几国操纵的情况,使国际金融具有较强的独立性,有助于促进国际合作与协调。

当然,多元化国际储备体系也存在着以下弊端:首先,多元化国际储备体系降低了国际货币制度的稳定程度。可以调换的资金增多,使得国际货币制度的稳定须依赖几个储备中心的经济和政治稳定,而当今储备多元化的有效协调和约束机制的缺失,加大了国际

货币制度的不稳定性。其次,多元化国际储备体系加剧了外汇市场的动荡,各国金融当局根据储备货币的外汇风险和利息收益在国际金融市场上不断调整币种结构,从而加剧了汇率的波动。如1995年日元大幅度升值,曾突破1美元兑80日元大关,波幅如此之大,一个重要的原因就是各国政府尤其是亚洲国家和地区大量抛售美元、抢购日元,改变了国际储备结构。同时,货币当局巨额吞吐某种货币会引起较大不稳定性,也诱使外汇投机者闻风而动,追随货币当局买卖货币。再次,多元化国际储备体系也不利于经济的稳定发展。汇率的不断变化导致软、硬货币经常易位。货币当局通过买卖本币和外币进行干预,会造成膨胀性或紧缩性的经济影响,破坏一国经济的稳定与发展。最后,国际储备资产分散化,还在一定程度上加剧了世界性通货膨胀。一些硬通货和传统的储备资产一起被广泛地用作国际储备,国际流通手段正以一种无计划的方式不断增长,加剧了世界性通货膨胀。

第三节　国际储备管理

国际储备管理,是指一国政府或货币当局根据一定时期内本国的国际收支状况和经济发展的要求,对国际储备的规模、结构及储备资产的运用等进行计划、调整、控制,以实现储备资产规模适度化、结构最优化、使用高效化的整个过程。

国际储备管理包括量的管理和质的管理两个方面。量的管理就是对国际储备规模的选择与调整,即国际储备的规模管理;质的管理是指对国际储备结构的确定与调整,即国际储备的结构管理,目的在于解决储备资产结构上的最优化问题。随着国际储备规模的不断扩大以及国际储备在国际经济活动中作用的加强,各国已日益重视对国际储备的管理,并根据各国不同的具体情况,采取不同的管理措施。

一、国际储备的规模管理

规模管理是确定和维持一国适度的国际储备水平。一国之所以需要国际储备,在于持有国际储备的所得利益。但是这并不意味着一国持有的国际储备多多益善。国际储备规模管理的主要任务是确定和维持适度的国际储备水平,既能满足一国国民经济发展对国际储备的需求,又能使国际储备充分发挥作用,并且使国际储备的机会成本损失最小。

(一)决定适度国际储备规模的因素

1. 一国的经济发展水平

这是决定一国适度国际储备量最基本因素。一国的经济规模越大,对外开放程度越高,则其进口规模越大,利用外资越多,从而需要越多的国际储备量。衡量一国经济的发展水平的常用尺度是该国的国民生产总值。综观世界各国国际储备量的增加,基本上是和各国国民生产总值联系在一起的。由于国际储备量是货币供应量的一部分,国民生产总值的增加就意味着所需货币供应量的增加,因而国际储备也必然增加,在贸易收支平衡的情况下,国际储备量与国民生产总值的比值保持在15%~30%。

2. 国际收支的差额状况及管理效率

国际储备的主要作用是弥补国际收支逆差,因此,一国的国际收支状况对该国的储备需求有重要影响。一般来说,一国的国际储备量与其国际收支顺差呈反方向变化。如果一国国际收支持续顺差,对国际储备的需求就相应地减少;反之则多。而一国的政策调节国际收支差额的效率越高,储备需求就越小,储备需求与调节效率呈反方向变化。

3. 一国的对外开放程度

当今的世界经济由各国的相互对外开放而走向一体化,通常衡量一国开放程度的指标是对外贸易依存度,即进出口总额与国民生产总值的比例。一国的经济越开放,国民经济对外依存度越大,所需的国际储备量越多;反之,则越少。

4. 汇率制度的安排与外汇管制

由于国际储备的一大作用就是干预汇率,因此国际储备和外汇制度有着密切的联系。如果一国采取的是固定汇率制或钉住汇率制,并且政府不愿经常性地改变汇率水平,就需要持有较多的储备,作为干预外汇市场的物质基础;在浮动汇率制或弹性汇率制下的国家可利用汇率的自发调节机制,适当减少国际储备量。如果一国对外实行严格的外汇管制,如发展中国家对外汇收支进行严格的管理,则其用汇量必然受到限制,国际收支逆差的可能性小,对外汇储备的需求就小;相反,外汇管制较松或已取消外汇管制的国家就需要较多的国际储备。

5. 一国在国际市场上的融资能力

在国际市场上的融资能力,包括获取外国政府和国际金融组织贷款的能力、获取外国商业银行贷款的能力以及在国际债券市场上的融资能力。如果一国在国际金融市场上具有较高的信誉,能迅速方便地获得国际金融机构或外国政府的贷款,并且贷款来源稳定,则对储备量的需求相对较少。相反,若一国国际资信较差,融资能力低,则对储备量的需求较高,两者呈反方向变化。当然,若一国的国际储备水平过低,会影响其国际信誉,降低其借用外债的能力;而且,借款的成本较高,因此靠借款来维持国际清偿能力需要付出一定的代价。

6. 货币在国际储备货币中的地位

如果一国货币是国际储备货币,那么该国就可以用本币来偿付国际债务,通过增加本国货币的对外负债来弥补国际收支逆差,因此,对国际储备量的需求就少。目前,国际储备货币主要来自发达国家,这使它们能维持较低的国际储备水平。众多的发展中国家,作为非储备货币发行国,只能用国际储备货币来偿付国际债务,则不得不维持较高比例的储备量。而一国国际储备需求也与该国货币是否可自由兑换密切相关,要实现本币的自由兑换需要较多的国际储备。

7. 国际货币合作状况及政策协调

如果一国货币当局与他国或国际金融机构(如 IMF 等)在经济、金融、货币等方面有着良好的合作关系,可以通过签订互惠信贷、备用信贷协议等互为支持帮助,各国间实行政策协调,既可缩小国际收支不平衡的缺口幅度,又可增强调节国际收支的实力,则可减少国际储备的需求;反之,会增加储备需求。如欧洲经济货币联盟,各成员国在关税、金融、货币等方面有着较好的协调合作,其国际储备需求较小。

综上所述,影响国际储备量的因素涉及政治、经济、社会等多个方面,确定适度的国际储备规模需要综合考虑这些因素。

(二) 确定适度国际储备的常用标准

一国国际储备的规模并不存在一个确切的标准,更不存在一个各国通用的模式。在不同的国家,同一国家的不同发展阶段,对国际储备水平的需求各不相同。目前常见的确定一国国际储备最适度量的方法主要有以下几种。

1. 比率分析法

比率分析法是指以有关外汇储备的经济指标之间的比率为研究对象,通过对比率合理范围的界定,来确定外汇储备的适度规模的方法。其主要指标包括外汇储备与进口比率、外汇储备与外债比率、外汇储备与货币供给量比率等。

外汇储备与进口比率是由特里芬提出的。他在1960年出版的《黄金与美元危机》(Gold and Dollar Crisis)一书中提出:一国的国际储备额与其贸易进口额的比例关系一般在40%为适度,该比例小于30%就需采取调节措施,实施外汇管制的国家,因政府能有效控制进口,所以储备可少些,但以20%为最低限;外汇管制宽松的国家,储备应多些,但一般不超过50%。如按全年储备对进口额的比例计算,约为25%,即一国的储备量应以满足3个月的进口需求为宜。这一方法以其简单易行的优点,成为许多国家用来测算国际储备合理性的一种标准方法,自20世纪60年代以来一直沿用至今。

外汇储备与外债比率认为外汇储备应与外债保持一定的比率关系。这项指标是从满足国际社会对国内经济的要求角度设计的。衡量外汇储备与外债比率的指标有两个:外汇储备与短期外债比率和外汇储备与外债总额比率。前者的国际警戒线不得低于100%,低于警戒线就会影响该国经济信心。后者的国际标准保持在30%~50%。

外汇储备与货币供给量比率是从货币供应角度来分析外汇储备的适度规模问题。该方法的依据是:国际收支不平衡本质上是一种货币现象。当国内货币供应量超过需求时,货币就会流向国外,从而引起国内现金余额的减少。因此,储备的需求主要取决于国内货币供应量的增减。该值的合理区间一般在10%~20%。

其他指标还包括外汇储备与国内生产总值的比率、外汇储备与国际收支差额的比率等。总体而言,比率分析法是静态分析法,直接以影响外汇储备的因素为基础建立指标,简单易行,便于统计和比较。但比率分析法只考虑影响外汇需求的单一因素,不可避免地具有片面性。

2. 成本-收益分析法

这是20世纪60年代以来西方学者用以研究适度国际储备量的一种方法,主要代表人物为罗伯特·海勒(Robert Heller)和J.P.阿加洛尔(J.P. Agarwal)。它主要应用边际分析的方法,认为持有国际储备的机会成本就是国内投资的收益率,所以适度国际储备量是能够使储备边际生产率与储备增量机会成本相等的储备数量,见图2-2。

图2-2中,横轴Q表示国际储备量,纵轴R表示边际生产率;C表示实际资源边际生产率,它不受储备数量变化的影响,因而为一条水平线;MP表示国际储备边际生产率,它向右下方倾斜,表明国际储备的边际生产率随储备量的增加而递减。上述两条线的交点E为均衡点,其对应的储备量Q_0为适度国际储备量,Q_1表示储备不足,Q_2则为储备过量。在Q_1处,储备的边际生产率A_{Q_1}>实际资源的边际生产率B_{Q_1},表明储备增量的

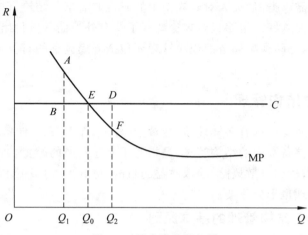

图 2-2 适度国际储备量

边际收益大于其边际成本,政府应增加国际储备量。在 Q_2 处,储备的边际收益小于边际成本,则应减少储备量。当储备为 Q_0 时,达到适度储备。

该方法常用于研究发展中国家的最适度储备量,它以发展中国家常见的经济条件为前提,如外汇短缺、资源闲置、融资能力有限等,在这些前提下,计算一国持有一定国际储备所需要花费的成本和可能获得的收益。但这种方法忽视了实际调节中储备融资与政策调节的可替代性以及对储备资产收益性的探讨。

3. 回归分析法

20 世纪 60 年代以后,雅各布·弗兰克尔(Jacob Frenkel)等经济学家开始广泛使用各种经济计量模型,对影响一国储备需求的各种变量进行回归与相关性分析。回归分析法引入国民收入、货币供应量、国际收支变量、进口水平、边际进口倾向、持有储备的机会成本(如长期利率)等诸多经济变量,使得最优储备量的衡量更加数量化和精确化。但是回归模型的建立主要依赖过去的经验数据,而过去的变动趋势是否适用于将来则难以证明,而且该模型在分析储备需求函数的变量方面也存在不足,因此预测未来储备量还要和其他理论结合进行综合分析。

4. 定性分析法

该理论在 20 世纪 70 年代中期由罗伯特·J. 凯伯(Robert J. Carbaugh)和 C. D. 范(C. D. Fan)等经济学家提出。他们认为,影响一国外汇储备需求量因素有六个方面:一国储备资产量、各国经济政策的合作态度、一国国际收支调节机制的效力、一国政府采取调节措施的谨慎态度、一国所依赖的国际清偿能力的来源及稳定程度和一国国际收支的动向及一国经济状况。定性分析法大大丰富了储备适度规模理论的研究,主张从宏观经济政策和经济变量的状况来判断储备规模是否适度。但由于其中很多因素难以量化,因而在具体实施时难以提供指导。

5. 完全摒弃理论

该理论认为应该完全摒弃有关外汇储备适度规模的分析和研究,又称"衣柜效应论",它由著名的国际经济学家弗里兹·马克卢普(Fritz Machlup)提出。他认为,一国货币当局对于外汇储备的需求类似"夫人对其衣柜中的时装的需求",结论是多多益善,即认为一国外汇储备规模越大越好。很明显该理论忽视了持有外汇储备所付出的机会成本。

需要注意的是,一国国际储备的规模管理还包括规模调整的时机、方式及其对经济的影响等诸多方面。

二、国际储备的结构管理

国际储备资产的构成具有多样性,包括黄金、外汇、在 IMF 的储备头寸和特别提款权等四个部分。国际储备资产的结构管理,是指对于上述资产的配置,通过确定这些资产之间的最佳构成比例,达到分散风险、获取收益的目的,更好地发挥国际储备的作用。因此,国际储备的结构管理也十分重要。

(一)国际储备结构管理的基本原则

一国调整国际储备结构,特别是外汇储备结构的基本原则是进行"三性"管理,即统筹兼顾各种储备资产的安全性、流动性和盈利性。

1. 安全性

安全性,是指国际储备的内在价值必须具有相当的稳定性,储备存放风险低,不易受损。首先,在选择储备货币时,应尽量使储备货币与进口支付所需货币以及干预市场所需要的货币保持一致,从而减小汇率变动对储备货币所产生的影响,确保达到干预外汇市场、维持本币汇率稳定的目的。其次,选择的储备货币的币值应相对稳定且有上升趋势,可减小贬值风险,降低购买力损失。再次,储备资产存放需可靠,各国在确定外汇资产存放的国家及银行,选择信用工具时,一定要事先进行充分了解,将外汇资产投放到外汇管理宽松的国家、资信卓著的银行以及安全的信用工具上。最后,应保证储备货币的多样化,能通过不同币种间汇率升降的此消彼长,抵消或分散汇率风险,稳定储备价值,实现趋利避害。

2. 流动性

流动性,指储备资产可以随时动用,有较强的变现能力。国际储备的流动性差,则难以满足贸易收支和清偿国际债务的需要,会导致一国的国际信誉降低。流动性原则的基本要求首先是在流动性与收益性之间权衡,两者兼顾,若相矛盾,应选择流动性;其次,一国应拥有足够的高流动性储备资产,随时满足交易性需求,充当干预外汇市场的手段;最后,在保证一定的流动性条件下,获取尽可能高的收益。

3. 盈利性

盈利性,指储备资产必须具有保值增值的功能。从储备的职能出发,中央银行对储备资产管理的侧重点不同于一般的商业银行。国际储备资产的安排必须要求储备资产具有较强的流动性,只有在安全性和流动性得到充分保障的前提下,才考虑其投资的盈利性。

在现实中,国际储备结构管理的三项原则往往是相互矛盾的。外汇储备的流动性最高,但面临汇率和利率风险,价值不稳定,安全性较差。黄金储备安全性较好,但流动性差。各国货币当局一般只有在黄金市价对其有利时,才肯将其变为储备货币。特别提款权兼具外汇储备和黄金储备的优点,比外汇储备的价值稳定,流动性又高于黄金储备,但它只能用于会员国政府对国际货币基金组织与会员国政府之间的支付。因此,要合理安排储备资产的结构以达到最优组合。

（二）外汇储备的管理

国际储备的结构管理不仅包括国际储备资产四个组成部分的比例确定,也涵盖各部分储备资产内部构成要素之间比例确定的问题。外汇储备占国际储备的绝大部分,由此看来,国际储备结构管理主要归结为外汇储备管理。外汇储备管理主要归结为储备货币的币种管理和外汇储备资产的结构优化。

1. 储备货币的币种管理

币种管理要求确定并调整各种储备货币在外汇储备中所占的比重。为减小汇率风险,一国的币种管理需要考虑该国对外贸易支付所使用的币种,偿还外债所需的币种,政府干预外汇市场、稳定汇率所使用的币种,保持储备货币的多元化。

2. 外汇储备资产的结构优化

外汇储备资产的结构,是指外币现金、外币存款、外币有价证券等资产在外汇储备中的比例组合。按照变现能力,可将外汇储备分为三级：①一级储备,包括现金或准现金,如活期存款、短期国库券(treasury bills)、商业票据等,具有收益低、流动性高的特点,主要用于一国经常性或临时性对外支付；②二级储备,是指中期债券(treasury notes),作为补充的流动性资产,应付临时、突发性对外支付的需要；③三级储备,主要是指各种长期投资工具,具有收益高、流动性差的特点,各国货币当局一般在前两级储备的规模确定后,才考虑将余下的部分进行长期投资。

第四节 中国的国际储备及管理

一、中国国际储备的构成及特点

作为 IMF 的创始成员国,我国的国际储备同样由黄金储备、外汇储备、在 IMF 的储备头寸以及特别提款权四部分组成。改革开放前,我国实行计划经济体制,没有建立与国际经济接轨的国际储备制度。1980 年我国恢复在 IMF 的合法席位后,开始正式公布国际储备各组成部分的情况。截至 2021 年 12 月,我国黄金储备达 6 264 万盎司(1 盎司=29.57 立方厘米),外汇储备达 32 501.66 亿美元。就规模而言,我国的国际储备高居全球第一,占世界的份额接近 25%。

我国的国际储备构成如表 2-11 所示。

表 2-11 我国的国际储备构成

年 份	黄金储备/万盎司	外汇储备/亿美元	IMF 储备头寸/亿美元	特别提款权/亿美元
1979	1 280	21.54	—	—
1980	1 280	22.62	1.91	0.92
1990	1 270	285.94	4.30	5.62
1996	1 270	1 050.29	13.96	6.14
2000	1 270	1 655.74	19.05	7.98
2001	1 610	2 121.65	25.90	8.51

续表

年 份	黄金储备/万盎司	外汇储备/亿美元	IMF储备头寸/亿美元	特别提款权/亿美元
2004	1 929	6 099.32	33.20	12.47
2009	3 389	23 991.52	43.82	125.10
2010	3 389	28 473.38	63.97	123.45
2011	3 389	31 811.48	97.85	118.56
2012	3 389	33 115.89	81.75	113.56
2013	3 389	38 213.15	70.60	111.73
2014	3 389	38 430.18	56.96	104.55
2015	5 666	33 303.62	45.47	102.84
2016	5 924	30 105.17	95.97	96.61
2017	5 924	31 399.49	79.47	109.81
2018	5 956	30 727.12	84.79	106.90
2019	6 264	31 079.24	84.44	111.26
2020	6 264	32 165.22	107.65	114.95
2021	6 264	32 501.66	106.89	530.65

资料来源：IMF，《中国统计年鉴》，中国国际投资头寸表，中国人民银行网站。

结合表2-11，可以对我国的国际储备构成做如下分析。

（一）长期以来，我国一直奉行稳定的黄金储备政策

我国黄金储备主要是依据国家黄金库存的增长以及对外经贸发展的需要逐步调整的。事实上，从1981年至2000年长达20年的时间内，我国的黄金储备量始终保持在1 270万盎司的水平上；2001年增至1 610万盎司，2004年又增加319万盎司，达到1 929万盎司的储备规模，并一直保持到2008年。2009年，为应对国际金融危机，以减小美元贬值和未来通货膨胀的冲击，我国大幅增加了黄金储备存量。黄金储备在应对各类危机和美元贬值中发挥了分散风险的重要作用。2015年，中国黄金储备大幅增加至5 666万盎司，随后几年保持稳定增加态势，至2021年12月，我国黄金储备已达6 264万盎司。从目前来看，我国虽然是世界第六大黄金储备国，但黄金储备只占我国国际储备的3.3%（2022年9月），与世界平均持有量14%相比，比例仍然较低。

（二）外汇储备是我国国际储备的最主要部分，其构成发生了变化，规模先扩大后缩小

我国外汇储备的统计口径曾发生变化。由表2-11可知，1992年以前，我国外汇储备由国家外汇库存和中国银行外汇结存两部分组成。国家外汇库存，是指国家对外贸易和非贸易外汇收支的差额累计，正差额说明外汇收入大于支出，形成外汇储备。中国银行外汇结存，是指我国从国外各条渠道中吸收的外汇资金与将这些资金运营后形成的累计差额，其实质是中国银行的营运资金，计算公式如下。

中国银行外汇结存＝中国银行自有外汇资金＋中国银行在国内外吸收的外币存款＋
中国银行以发行债券或其他方式在国际金融市场筹集的外汇资金－
中国银行在国内外发放的外汇贷款和投资

随着中国银行向自主经营、自负盈亏的商业银行转变，自1992年起，我国对外汇储备

的统计进行调整,确立了符合国际惯例的、以国家外汇库存为核心的新口径。

就总量而言,外汇储备规模增长迅速。持有量从 1979 年的 21.54 亿美元增长到 2014 年的 38 430.18 亿美元,总计增长了 1 700 多倍。2015 年起,我国开始减持外汇储备,维持在 3 万亿美元左右。目前我国外汇储备仍为全球第一。我国外汇储备变动情况如图 2-3 所示。

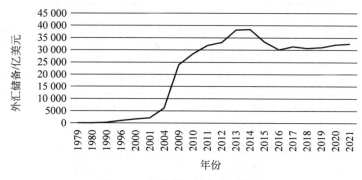

图 2-3 我国外汇储备变动情况

1994 年以来,我国外汇储备出现了连续多年的迅速猛涨。外汇体制和人民币汇率制度的改革,国民经济的高速增长,国际收支的连年顺差,外国资本的大量流入,都推动我国外国储备规模的超常增长。2015 年起,中国的外汇储备明显下降,主要由非储备性质的金融账户逆差增大和经常项目顺差减少共同所致。美国联邦储备系统于 2015 年末加息和美国经济复苏使美元走强,人民币汇率下降,加之中国加大对外投资,国际资本流出我国。2017 年起,由于中国央行加强了资本外流的管制,资本和金融账户的逆差得以改善,外汇储备趋于稳定。

扩展阅读 2-3 理性看待外汇储备规模波动

(三) 我国的国际储备中,在 IMF 的储备头寸和特别提款权的比重很小

我国于 1980 年恢复在国际货币基金组织的合法席位后,我国在国际货币基金组织的储备头寸,随着向国际货币基金组织缴纳份额的增加而相应增加,而特别提款权是国际货币基金组织按份额比例分配给会员国的账面资产。截至 2021 年,我国在 IMF 的普通提款权和特别提款权分别是 106.89 亿美元、530.65 亿美元。相对于我国的整体外汇储备规模来说,这两部分权重非常低。

二、中国国际储备的管理

能否合理进行我国国际储备的管理,既关系到我国的储备资源能否得到有效的运用,又涉及国家内部的经济稳定和外部的信誉。和其他国家一样,我国的国际储备管理也包含国际储备的规模管理和结构管理两个方面。

(一) 国际储备的规模管理

巨额的国际储备显示了我国经济的快速发展和综合国力的不断提升,意味着我国有充裕的国际支付能力,在一定程度上也彰显出我国足以影响世界的经济实力。但是国际储备的持续过快增长也会对经济发展造成不利影响。以我国国际储备占比最高、最主要的外汇储备来说，外汇储备过剩（表 2-12）为经济发展带来种种负面影响。

表 2-12　中国 2005—2020 年反映外汇储备充足性的各指标值　　%

项　　目	2005 年	2011 年	2015 年	2016 年	2017 年	2018 年	2019 年	2020 年	合理区间
储备/进口	124.08	182.46	157.46	147.57	135.85	115.48	120.51	156.48	25～50
储备/外债余额	276.14	457.72	240.81	212.64	178.61	154.97	151.07	133.98	30～50
储备/短期外债	477.09	635.09	405.05	375.66	286.70	252.07	271.03	260.19	100
储备/GDP	35.82	42.13	30.11	26.80	25.51	22.11	21.67	21.56	15～20
储备/M2（广义货币供应量）	22.32	23.54	15.53	13.47	12.14	11.54	10.91	10.02	10～20

资料来源：根据国家外汇管理局网站资料整理。

1. 加大通货膨胀和人民币汇率升值压力

外汇储备的增加，促使外汇占款形式的基础货币被动增加并通过货币乘数的作用相应增加货币供应量，随着外汇占款持续增加，可供央行进行冲销干预的空间已越来越小。这给央行带来了相当大的困扰：一是货币政策的稳健性受到挑战，货币政策面临中长期的通货膨胀压力；二是由于货币政策和汇率政策事实上的一体化，因此以汇率政策调节外部均衡，以财政和货币政策调节内部均衡的政策分配空间将可能丧失，内外部均衡难以同时达成。

中国外汇储备在贸易顺差和外商直接投资的共同推动下迅速上升，这恰恰使人民币汇率承受更大的升值压力。在现有的人民币汇率制度下，如果央行没有有效的资产来对冲过多的外汇占款，外汇储备的迅速增加则会推动人民币不断升值。

2. 造成高额的外汇储备成本

外汇储备是一种实际资源的象征，它的持有是有机会成本的。我国持有巨额外汇储备并借入大量外债，等于是以低价将国内资金转到国外给外国人使用，同时还以高价从国外借入资金，其潜在的损失不容忽视。目前，我国外汇储备主要是以活期存款和国库券等方式，放在海外生息保值、套利套汇。这种行为的实质就是国际货币流通国无偿或是低息长期使用外汇储备国资源，使我国变相地成为资本输出国。因此，过量的外汇储备规模实际上也是一种资金的闲置，即放弃了国内众多的较高投资收益，形成外汇储备的巨额机会成本，无法实现货币这种经济资源的最优配置。

3. 增加储备资产管理的难度和风险

巨额的外汇储备并不等于中国经济高枕无忧，高额的外汇储备不仅积累了巨大的汇率风险，增加了中国配置这些资金的难度，还增加了央行和国家外汇管理局对国内各个微观主体的外汇管理难度，稍有不慎，前功尽弃不说，整个国民经济的风险也将暴露于外。在现行外汇管理体制下，央行负有无限度对外汇资金回购的责任。随着外汇储备的增长，外汇占款投放量的不断加大，这不仅从总量上制约了宏观调控的效力，还从结构上削弱了宏观调控的效果，使得央行调控货币政策的空间越来越小。

因此，从经济长期稳定发展来看，保持我国国际储备的适度规模十分必要。

（二）国际储备的结构管理

中国国际储备的结构管理主要是黄金和外汇储备的管理。我国一直奉行稳定的黄金储备政策。而21世纪世界局势多变，美国"9·11"事件、2008年金融危机、2020年新冠疫情等事件，使人们提高了对金融资产安全性的重视。黄金可成为金融资产的"避难所"。目前我国黄金占总储备的比例不到4%，因此，考虑到我国的整体经济实力和未来人民币国家化的趋势与发展方向，可以适度增加我国的黄金储备。

中国的国际储备主要由外汇储备构成，高额的外汇储备可能对中央银行货币政策的运用效果形成制约。高额储备形成的外汇压力，客观上要求加强我国外汇储备的结构管理。我国储备结构的不合理性表现在：第一，外汇储备币种结构不合理，美元占的比例过大，而国际外汇市场的动荡、近年来美元的贬值等因素，使我国储备资产大幅缩水；第二，国际储备资产的运作缺乏流动性、盈利性。

因此，我国的国际储备结构管理必须注意储备币种结构和储备资产结构这两个方面：首先，要保持多元化的币种储备，采用"一篮子货币"的方式，以分散汇率的压力；其次，要根据进口产品和劳务及其他支付的需要，确定币种的数量、各种货币的比例和品种。选择外汇储备资产的形式，既要考虑收益率，还要考虑灵活性、安全性和流动性。要注意汇率变化，不定期调整各种货币的比例。目前有不少国家把部分外汇储备交给有能力的国际知名投资基金管理公司进行代管。这些基金管理的收益率相对比较乐观，它们会根据市场变化，按照不同的比例进行资产组合来获得更多收益。据了解，我国有关部门也在关注和研究这种操作方式。

三、外汇储备与外汇占款

外汇占款是指金融机构收购外汇资产而相应投放的本国货币。若外汇占款为负，这意味着金融机构卖出外汇的数额大于买入的数额，因此形成本币的回笼。

中国人民银行每月都会通过"金融机构人民币信贷收支表"发布外汇占款的总额，即存量。这里的金融机构包括中国人民银行、银行业存款类金融机构（银行、信用社和财务公司）、银行业非存款类金融机构（信托投资公司、金融租赁公司、汽车金融公司和贷款公司）。因此，金融机构的外汇占款（又称全口径外汇占款）主要由两部分组成，即央行的外汇占款和其他金融机构的外汇占款。由于央行买卖外汇的行为会导致其资产和负债发生变化，因此，央行的外汇占款会通过其每月发布的"货币当局资产负债表"中以人民币表示的国外资产中的"外汇"得到体现。另外，除银行以外，信用社、财务公司、信托投资公司、金融租赁公司、汽车金融公司和贷款公司的外汇交易数量极为有限，所以其他金融机构的外汇占款可近似地看作银行外汇占款。

外汇占款的来源与国际收支密切相关：国际收支若出现顺差，跨境资金收入就大于支付，企业和个人向银行结汇的数额也就大于银行的售汇数额，银行代客结售汇出现顺差，银行的外汇占款相应增加，因此，以人民币表示的银行代客结售汇差额与银行的外汇占款的变化在数量上是相等的。银行为平衡外汇头寸，就会通过银行间外汇市场卖出外汇。这时，若中国人民银行为避免汇率出现变动而在银行间市场买入外汇，就形成银行向央行的结汇行为，进而导致银行的外汇占款减少而央行的外汇储备和外汇占款同步增加。从长期看，由于银行的外汇头寸总体上是相对稳定的、平衡的，变动量较小，因此银行的外汇占款数量变动相对较小，央行的外汇占款数量变动相对较大。上述关系可由以下等式表示：

以人民币表示的银行等金融机构代客结售汇差额
＋以人民币表示的银行对央行的结售汇差额
＝金融机构外汇占款

或

银行等金融机构的外汇占款
＋央行的外汇占款
＝金融机构外汇占款

需要说明的是,无论是个人、企业还是银行,都有可能增加或减少持有的外汇,并不一定维持外汇头寸的平衡。所以,国际收支差额与跨境收付和银行的代客结售汇差额不一定完全一致,银行的结售汇差额与银行向央行的结售汇差额也未必完全相等。例如,如果本国居民存在本币贬值预期,那么即使国际收支出现顺差,企业和个人也可能增加外汇持有量,并不通过银行结汇;同时,银行也可能增加外汇头寸,导致银行向央行的结汇减少;此外,央行的外汇储备还会基于汇率变动等与外汇收支无关的因素发生变化。上述因素都会造成国际收支顺差额与外汇储备增加额不等的现象,在这种情况下,国际收支就只能通过误差与遗漏项目得到平衡,同时,外汇储备增减额中有部分因素(例如外汇储备的投资收益和中外央行的货币互换)并不涉及银行向央行的结售汇,因而两者之间也可能不等(图2-4)。但是,鉴于在通常情况下与银行向央行的结售汇相比,其他因素对外汇储备增减的影响相对较小,因此可以粗略地将外汇储备的增减等同于银行向央行的结售汇差额。

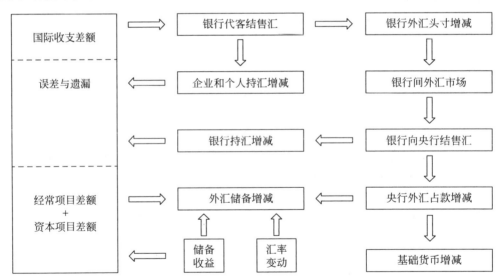

图2-4 外汇储备、外汇占款及其影响因素

我国长期以来一直实行强制性的结售汇制度,企业不得自行保留外汇,获得的外汇必须通过银行结汇,而银行超出央行核定的结售汇综合头寸上限的外汇必须向央行结汇,企业需要购汇时必须通过合法途径经由银行售汇获得,因此,在国际收支出现顺差并形成跨境资金收付顺差的情况下,这部分差额几乎会全部转化为外汇储备,进而导致外汇占款的增加。可见,在强制结售汇制度下,国际收支差额大致上完全转化为央行的外汇储备和外

汇占款。近年来,随着我国外汇储备的不断积累,政府逐步放宽并取消了强制结汇的要求,形成了所谓的意愿结汇制度,即企业和个人可以按照自己的意愿决定是持有外汇还是结汇。于是,国际收支差额与外汇储备的增减在数量上的偏差有所增大。

综上所述,外汇占款及其各种影响因素的关系表述如下:经常项目和资本项目差额→跨境收付差额→银行代客结售汇差额→银行向央行结售汇差额→外汇储备增减→央行外汇占款增减→金融机构外汇占款。

2006—2020年的统计数据表明,2006年至2009年,央行外汇占款与基础货币的比率日渐上升,并在2009年达到121.65%的峰值。这意味着外汇占款日益成为我国基础货币投放的重要影响因素,甚至是主要影响因素,央行为了避免外汇占款造成基础货币的过度投放,进而引发严重的通胀,不得不采取提高存款准备金比率等收缩银根的做法,回笼一定数量的基础货币,以致外汇占款与基础货币的比率达到100%以上。2010年至2020年,央行外汇占款与基础货币的比率总体呈下降趋势,在2012年首度跌破100%,2020年处于近15年的历史最低水平,这归因于央行外汇占款数额的减少和储备货币的增加,央行外汇占款不再是基础货币投放的主要途径(表2-13)。

表2-13 央行外汇占款与基础货币(2006—2020年)

年 份	央行外汇占款 /亿元	储备货币余额 /亿元	外汇占款/储备货币 /%	外汇占款增量 /亿元	储备货币增量 /亿元
2006	84 360.8	77 757	108.49	22 220.7	13 414
2007	115 168.7	101 545	113.42	30 807.9	23 788
2008	149 624.3	129 222.3	115.79	34 455.6	27 677.3
2009	175 154.6	143 985	121.65	25 530.3	14 762.7
2010	206 766.7	185 311.1	111.58	31 612.1	41 326.1
2011	232 388.7	224 641.8	103.45	25 622.03	39 330.7
2012	236 669.93	252 345.17	93.79	4 281.23	27 703.37
2013	264 270.04	271 023.09	97.51	27 600.11	18 677.92
2014	270 681.33	294 093.02	92.04	6 411.29	23 069.93
2015	248 537.59	276 377.49	89.93	−22 143.74	−17 715.53
2016	219 425.26	308 979.61	71.02	−29 112.33	32 602.12
2017	214 788.33	321 870.76	66.73	−4 636.93	12 891.15
2018	212 556.68	330 956.52	64.22	−2 231.65	9 085.76
2019	212 317.26	324 174.95	65.49	−239.42	−6 781.57
2020	211 308.1	330 428.14	63.95	−1 009.16	6 253.19

资料来源:中国人民银行。

本章小结

国际储备是一国货币当局所持有的,能够随时用于弥补国际收支逆差、维持本国货币汇率稳定以及应付各种紧急支付的,为世界各国所普遍接受的一切资产。它必须具有官方持有性、充分流动性和自由兑换性三大特征。国际储备的构成包括:黄金储备、外汇储备、国际货币基金组织中的储备头寸和特别提款权。它具有弥补国际收支逆差、维持本国货币汇率稳定以及充当信用保证等作用。

国际清偿能力是指一国的对外支付能力,即一国政府无须采用任何影响本国经济正常运行的特别调节措施即能平衡国际收支逆差、维持汇率稳定的能力。国际清偿能力由自有国际储备、借入储备及诱导性储备构成。

国际储备多元化,是指国际储备构成要素的多样化和国际储备货币多样化的发展趋势。多元化国际储备货币的结构为国际经济提供了多种清偿货币,摆脱了布雷顿森林体系下对美元的过分依赖;多样化的汇率安排适应了多样化的、不同发展程度国家的需要,为各国维持经济发展提供了灵活性与独立性;灵活多样的调节机制,使国际收支的调节更为有效与及时。

国际储备管理包括量的管理和质的管理两个方面,前者是指对国际储备规模的管理,后者是指对国际储备结构的管理。一国的国际储备规模既不能过大,也不能过小,应找到最适度的储备量。国际储备的结构管理不仅包括国际储备资产四个组成部分的比例确定,也涵盖了各部分储备资产内部构成要素之间比例确定的问题。调节一国的国际储备结构,需遵循安全性、流动性和盈利性三项基本原则。

中国的国际储备构成奉行稳定的黄金储备政策;外汇储备是国际储备的最主要部分,规模增长迅速,波动性也较明显;在IMF的储备头寸和特别提款权占我国国际储备的比重很小。基于巨额国际储备对经济发展造成的不利影响,保持适度的国际储备规模十分必要。我国国际储备的结构管理必须注意储备币种结构和储备资产结构这两个方面,通过坚持储备货币分散化策略和恰当确定同一货币储备的资产结构,实现储备结构的优化,促进国民经济的健康发展。央行外汇占款近年来有下降趋势,不再是基础货币投放的主要途径。

思考题

1. 简述国际储备和国际清偿能力的区别与联系。
2. 国际储备主要由哪几部分构成?
3. 简述储备货币从单一化向多元化转变的原因及其影响。
4. 影响一国国际储备适度规模的主要因素有哪些?
5. 试述国际储备结构管理的原则。
6. 在当前情况下,应如何加强中国的国际储备的管理?

人民币加入特别提款权"货币篮子"

2015年11月30日,国际货币基金组织宣布,自2016年10月1日起人民币加入特别提款权货币篮子，SDR货币篮子相应扩大至美元、欧元、人民币、日元、英镑五种货币。五种货币的初始权重分别为：美元41.73%、欧元30.93%、人民币10.92%、日元8.33%、英镑8.09%。这是自欧元采用以来第一次将一种货币增添到篮子中，更是第一次纳入新兴市场国家的货币。

国际货币基金组织时任总裁克里斯蒂娜·拉加德（Christine Lagarde）当天在执行董事长结束之后发表演讲，表示人民币入篮是中国经济融入全球金融体系的重要的里程碑，也是国际货币基金组织对中国过去几年改革货币和金融体系取得进展的认可。持续和深化这些努力，将会带来更加稳定的国际货币和金融体系，反过来也会支持中国与全球经济的增长和稳定。

国际货币基金组织每5年对SDR货币篮子进行评估，早在2010年就曾评估过人民币。评估的标准有两个：一是出口是否排在世界主要经济体前列；二是货币是否为可自由使用货币。当时中国已经符合第一个标准，但不符合第二个标准，人民币因此未能入篮。之后的5年里，中国不断深化金融领域改革开放，积极推动人民币跨境使用，主动发展人民币离岸金融业务，人民币国际化成效显著，成为全球跨境支付、外汇交易和外汇储备的重要货币之一。因此，人民币入篮意味着人民币已经是可自由使用货币，且被国际组织和世界上绝大多数国家所认可。

人民币入篮以后，IMF开始公布全球人民币外汇储备持有情况，如图2-5所示，人民币入篮后在各国官方储备中稳步增长，2020年第四季度达到创新高的2.25%，位于美元、欧元、日元、英镑之后，成为国际第五大储备货币。据不完全统计，目前全球已有70多个央行或货币当局将人民币纳入外汇储备。

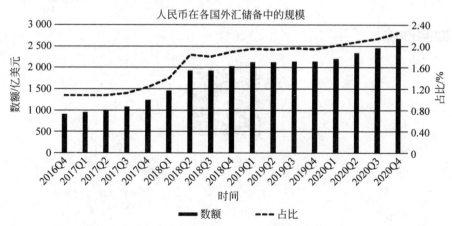

图2-5 人民币入篮后在各国官方储备中稳步增长
资料来源：国际货币基金组织。

点　评

事实上，人民币入篮对中国的短期实质性影响很小。入篮就是人民币成为SDR的定价货币，而SDR只是一种用途有限的补充性国际储备资产，人民币入篮更多的是象征性意义。尽管人民币入篮本身直接影响不大，但入篮的间接长远影响不可忽视，尤其是对人民币国际化、中国金融改革开放的推动效应。

人民币入篮提升人民币的国际接受程度。入篮后人民币国际化进程将加快,程度也会进一步提高。此次货币篮子权重的确定主要依据出口和国际金融指标,两者各占一半,其中金融指标包括各货币在外汇储备、外汇交易、国际银行负债、国际债券(international bond)发行中的规模。人民币获得的10.92%权重主要来自出口的贡献,金融指标的贡献不到1个百分点,远低于其他四种货币。这表明目前人民币国际化程度还不高,而经济规模和实力决定人民币国际化还有很大的潜力。

人民币入篮有助于中国更自主地进行资本项目可兑换等金融改革开放。中国对国际资本流动存在较多的管理,资本项目开放面临较大国际压力。本次对可自由使用的评估是由国际货币基金组织工作人员根据货币在全球跨境支付和外汇交易中使用情况进行量化,再交由执董会表决。评估对可自由使用与可兑换的界定做了明确区分,这有助于减小中国资本项目开放面临的不必要的国际压力,从而降低过度过早开放的风险,有助于有序实现资本项目可兑换,也在一定程度上"倒逼"我们循序渐进地加快金融改革开放的进程。

此外,人民币入篮能够完善现行国际货币体系,缓解现有少数储备货币独大的现状,增强SDR作为国际储备资产的代表性和稳定性。人民币入篮还能够促进国际货币和资产配置的多元化,增加发展中国家的发言权,促进国际货币体系向更加公正、有序及更加多元化的方向改革。

人民币入篮是人民币国际化道路上的一个重要里程碑,同时也是增强国际储备资产的代表性与继续完善国际货币体系以及维护世界经济稳定发展的客观需要,可以说对中国和世界是一个双赢的选择。

第三章 外汇汇率与汇率决定

【教学目的和要求】

了解外汇的概念,掌握外汇汇率的标价法与汇率的种类,理解影响汇率变动的主要因素以及汇率变动对经济的影响,掌握铸币平价、国际借贷、购买力平价、利率平价、货币分析、资产组合分析等主要的汇率决定理论。

【重要概念】

外汇　汇率　直接标价法　间接标价法　美元标价法　套算汇率　远期汇率　实际汇率　有效汇率　铸币平价　一价定律　购买力平价　利率平价　套补套利　非套补套利　汇率超调　资产组合

【引言】

以国际货币形式在世界范围内发挥着货币的价值尺度、交易媒介、支付手段、储藏手段和社会财富的作用,它们就是通常所说的外汇。由于不同的货币在价值上不同,所以各种货币在交换过程中存在不同的交换比率。汇率理论是国际金融学的重要理论,从传统的汇率决定理论到现代汇率决定理论,各种学说接踵而至。但迄今为止,汇率如何决定仍是充满挑战的研究领域。

第一节 外　　汇

一、外汇的概念

(一)外汇的两种基本定义

外汇(foreign exchange)是国际汇兑的简称。国际发生的经济往来都会引起各国债权债务关系的变化,债权债务的结清又会导致在国家间货币的收支。由于各国实行的货币制度不同,流通领域中流通的币种也不同,国际债权债务的结清以及货币的收支又必然与国内企业间的债权债务清偿有所不同,它需要通过银行将本国货币兑换成外国货币,或把外国货币兑换成本国货币,最终以国际通用的支付手段来实现债权债务的结算活动,这种活动就叫作国际汇兑。

外汇具有动态和静态两种含义。

1. 动态的含义

外汇的动态是指一种活动,即把一国货币兑换成另一国货币,以清偿国际债权债务关系的一种专门性经营活动。从历史上看,外汇最早是指国际汇兑。"汇"指资金的移动,"兑"指通过金融机构进行的货币兑换。"汇"和"兑"就是把一国的货币兑换成另一国货币,然后以一定的方式(如汇款或托收),借助各种信用流通工具对国际的债权债务关系进行结算的专门性经营活动。随着世界经济的发展,国际经济活动日益活跃,国际汇兑也逐渐由一个动态的概念演变为静态的概念,成为一种国际性的支付手段或资产。

2. 静态的含义

外汇的静态是指一种以外国货币表示的、用于国际结算的支付手段。它可以是外币现钞或银行存款,也可以是各种票据和有价证券。在日常生活中使用的"外汇"多指其静态的含义。

国际货币基金组织所给出的外汇定义,也是从静态的含义出发的。国际货币基金组织对外汇的含义做了如下规定:"货币行政当局(中央银行、货币管理机构、外汇平准基金组织和财政部)以银行存款、财政部国库券、长短期政府债券等形式保有的、在国际收支逆差时可以使用的债权。"根据此规定,外汇具体包括:①可以自由兑换的外国货币,包括纸币、铸币等;②长短期外币有价证券,即政府公债、国库券、公司债务、金融债券、股票等;③外币支付凭证,即银行存款凭证、商业汇票、银行汇票、银行支票、银行支付委托书、邮政储蓄凭证等。

《中华人民共和国外汇管理条例》规定,外汇是指下列以外币表示的可以用作国际清偿的支付手段和资产:①外币现钞,包括纸币、铸币;②外币支付凭证或者支付工具,包括票据、银行存款凭证、银行卡等;③外币有价证券,包括债券、股票等;④特别提款权;⑤其他外汇资产。因此,我国政府规定的外汇内容也是从静态角度出发的。

(二)外汇的特点

1. 外币性

外汇是以外币表示的货币资产。如前所述,各国实行不同的货币制度,一国货币不能用于清偿他国债务,只能用外国货币或以外国货币表示的国际支付手段才能进行债权债务的清偿。

2. 可兑换性

一种外币要成为外汇,必须能自由兑换成其他形式的资产或支付手段。如果一种货币不能自由兑换,就不能将一国的购买力转换为另一国的购买力,就无法偿付对外债务,不具备作为国际支付手段的条件。

3. 普遍接受性

外汇必须能在国外得到偿付。因为国际债权债务的清偿比较复杂,币种的要求、支付手段的形态、支付地点等都不同。只有为各国所普遍接受并能在外汇市场上自由买卖的外币及外币支付手段,才能兑换成各国货币,满足复杂的清偿要求,才能称作外汇。

表3-1列出了国际上主要货币的符号及其国际标准化组织(ISO)代码,这些货币都是可自由兑换并被普遍接受的货币。

表 3-1　国际主要货币的符号及其国际标准化组织代码

货币名称（中文）	货币简称（英文）	货币符号	ISO 代码
澳大利亚元	Dollar	A＄	AUD
欧元	Euro	€	EUR
加拿大元	Dollar	C＄	CAD
日元	Yen	￥	JPY
新加坡元	Dollar	S＄	SGD
新西兰元	Dollar	NZ＄	NZD
瑞士法郎	Franc	SF	CHF
英镑	Pound	£	GBP
美元	Dollar	＄	USD

二、外汇的种类

外汇可以根据不同的划分标准分成不同的种类。

（一）按外汇是否可以自由兑换划分

按外汇是否可以自由兑换，外汇可分为自由外汇（free convertible exchange）和记账外汇（exchange of account）。

自由外汇是指不需货币发行国当局批准，可以自由兑换成其他货币，或者向第三国办理支付的外国货币及其支付手段，如美元、英镑、日元等，这些货币的国家基本上取消了外汇管制，持有这些外汇，可以自由兑换成其他国家的货币或者向第三国办理支付。

记账外汇也称清算外汇或双边外汇，是指记载在两国指定银行账户上的、不能自由兑换成其他货币或对第三国办理支付的外汇。因此，从外汇的性质来看，记账外汇不能算是完全意义上的外汇，一般不计入各国的外汇储备。例如，我国和一些发展中国家发生经济往来，为了节约双方的自由外汇支出，往往签订双边支付协定，运用记账外汇办理清算。

（二）按外汇的来源和用途划分

按外汇的来源和用途，外汇可分为贸易外汇和非贸易外汇。

贸易外汇是指商品的输入、输出所收付的外汇，是一国外汇收入的主要来源。

非贸易外汇是指劳务的进出口，例如，运输、保险、利息、股息、利润、旅游等收益及广告、电信等其他劳务，加上侨汇等途径收付的外汇。这对多数国家来说，是次要的外汇来源。

（三）按外汇的交割期限划分

按外汇的交割期限，外汇可分为即期外汇和远期外汇。

即期外汇又称现汇，是指在外汇买卖成交后，买卖双方当日或在两个营业日内进行交割的外汇。

远期外汇又称期汇，是指在外汇买卖成交后，买卖双方于约定的未来某一时刻交割的外汇。

三、外汇的作用

随着国际经济、政治、文化交往的发展,外汇的作用也日益显著,主要表现在以下几个方面。

(一)促进了国际贸易的发展

以外汇清算国际的债权、债务关系,大大节省了运送现金的费用、减小了风险、加速了资金周转。更重要的是,通过各种信用工具的运用,国际贸易中的进出口商之间的信用接受成为可能,因而促进了国际贸易的发展。

(二)促进了国际交往,扩大了国际经贸合作

由于各个国家的货币制度不同,因此本国的货币不能在国外进行流通使用。如果没有外汇的存在和使用,要清算国际的债权、债务,必须用国际共同认可的清偿手段——黄金。但随着外汇的产生以及银行经营的外汇业务的发展,在国际大量利用代表外汇的各种信用工具,就可能使不同国家间的货币购买力实现,促进国际货币流通的发展,扩大商品流通的范围,有利于国际交往的发展和扩大国际经济合作。

(三)调节国际资金供求的不平衡

世界各国的经济发展很不平衡,资金余缺有别,客观上存在着调剂资金余缺的必要。有些国家经济发展水平很高且资本雄厚,可国内缺乏有利的投资场所,而另一些经济技术落后的国家又急需加速经济发展和提高科技水平的资金。利用外汇作为国际的支付手段,可以办理国际长短期信贷,促进投资活动与资本的转移,有利于国际资金供求关系的调节,促进世界经济的发展。

此外,外汇还可以作为国际储备的手段,起到暂时保存货币国际购买力的作用,以便日后国际支付需要时对外进行支付。

第二节 汇 率

一、汇率的含义

汇率(exchange rate)又称汇价或外汇行市,是一个国家的货币折算成另一个国家货币的比率,也就是一国货币用另一国货币表示的价格。由于世界各国货币的名称不同,币值不一,所以一国货币对其他国家的货币要规定一个兑换率,这就产生了汇率问题。

汇率是国际商品交换与国际结算制度不断发展的产物。汇率的产生使外汇买卖有了相应的折算标准。它可以将不同名称、不同计算单位、不同价格标准的货币,按一定兑换比率进行相互折算,方便了国际经济交往中汇兑结算。汇率能表现出货币的相对价值。因为现实中货币的价值很难通过自身表现出来,但当经济交往涉及不同国别和不同的货币制度时,借助汇率,一国的货币价值就可以清楚地用另一国的货币表现出来,使汇率成为一种表现货币相对价值的特殊度量标记。汇率还能够充当国际价格的转换手段。通过汇率可以把以本币表示的国内商品和劳务价格转换成以外币表示的价格,当然也能把以

外币表示的外国商品和劳务的价格转换成以本币表示的价格。由于汇率充当了媒介,因而在本国物价同外国物价和世界市场价格之间建立了"桥梁"。汇率又是一国经济状况的指示器。这是因为一国的经济状况及其发展前景,可以从汇率的变化中反映出来。一般来说,一国经济日趋繁荣,其货币的对外汇率必然上扬或呈稳定状态;反之,汇率则必然下跌或不稳定。

二、汇率的标价法

折算两个国家的货币,首先要确定以哪个国家的货币为标准。由于标准不同,汇率就有两种标价法,即直接标价法(direct quotation)和间接标价法(indirect quotation)。

(一) 直接标价法

直接标价法也称应付汇价法。用1个单位或100个单位外国货币作为标准,折算为一定数额的本国货币。目前,我国和世界上大多数国家都采用这种标价法。比如在中国香港市场上,美元汇率为

$$US\$1 = HK\$7.7501$$

直接标价法有两个特点:①外币是常数,本币是变数,即外币的数额固定不变,折合成本币的数量随外币和本币币值的变化而变动;②汇率的涨跌以本币数额的变化表示,如果一定数额的外币折合的本币数额比以前增多,就是外汇汇率升高,说明外国货币上涨,本国货币下跌;反之,就是外汇汇率下跌。所以,在直接标价法中,外汇汇率的升降与汇价中本国货币数额的增减成正比。

(二) 间接标价法

间接标价法也称为应收汇价法。用1个单位或100个单位本国货币作为标准,折算为一定数额的外国货币。世界上只有少数发达国家和地区采用间接标价法,主要是英国、美国、澳大利亚、欧元区等。英国一直使用间接标价法,美国从1978年9月1日起也改用间接标价法(对英镑等少数几种货币除外)。比如在英国市场上美元汇率为

$$\pounds 1 = US\$1.5344$$

间接标价法有两个特点:①本币是常数,外币是变数,折合成外币的数额则随着本币和外币币值的变化而变化;②汇率的涨跌以外币数额的变化表示,当1个单位本国货币可以多换外国货币的时候,说明外汇汇率下跌,即本国货币上涨,外国货币下跌,反之亦然。所以,在间接标价法中,外汇汇率的升降与汇价中外币数额的增减成反比。谈到外汇汇率的高低或涨跌,首先要明确标价的方法,然后才能判断汇率的上涨或下跌,否则容易发生错误。

(三) 美元标价法

无论是用直接标价法还是用间接标价法,对于某一特定国家来说,都只能表明本币与外币之间的折算比率。这在银行与进出口商等客户之间进行本币与外币之间的兑换时是可以满足要求的,但对于国际金融市场银行间的外汇交易来说都是不方便的。随着国际金融市场之间外汇交易迅速发展,为便于在国际进行外汇交易,银行间的报价均以美元为标准来表示各国货币的价格,即"美元标价法"(US dollar quotation),至今已成为习惯。

例如,从瑞士苏黎世向德国法兰克福询问欧元的汇率,法兰克福经营外汇银行的报价不是直接报瑞士法郎对欧元的汇率,而是报美元对欧元的汇率。世界各金融中心的国际银行所公布的外汇牌价,都是美元对其他主要货币的汇率。非美元货币之间的汇率则通过各自对美元的汇率进行套算,以作为报价的基础。表3-2为目前世界上最常见的六大货币对汇率报价。

表3-2 目前世界上最常见的六大货币对汇率报价(2022年12月30日)

货币对	涨跌额	开盘	收盘	最高	最低
澳元美元 AUDUSD	0.604 7	0.678 78	0.682 12	0.682 41	0.675 37
欧元美元 EURUSD	0.384 5	1.066 14	1.070 42	1.071 38	1.063 87
英镑美元 GBPUSD	0.340 1	1.205 8	1.209 69	1.210 81	1.201 02
美元加元 USDCAD	−0.014 8	1.355 22	1.354 73	1.358 15	1.351 38
美元瑞郎 USDCHF	0.227 5	0.923 35	0.925 2	0.926 86	0.920 04
美元日元 USDJPY	−1.435 7	133.019 5	131.124	133.095 25	130.774 75

三、汇率的种类

汇率是两国货币的比价,在实际的外汇业务中,由于买卖双方当事人从各种不同的角度来处理汇率问题,故产生了各种不同种类的汇率。汇率可以按不同的标准来划分。

(一)按国际货币制度的演变划分

1. 固定汇率

固定汇率(fixed rate)是指一个国家的货币与另一个国家的货币的汇率基本固定,汇率仅在一定的幅度内波动。例如,在金本位制度下的汇率变化的幅度很小,几乎是固定的,汇率只在黄金输送点(gold points)以内波动;在布雷顿森林体系下,汇率也仅在规定的幅度以内上下波动。

2. 浮动汇率

浮动汇率(floating rate)是指一国货币当局不规定本国货币对外国货币的官方汇率,而听任外汇汇率随市场供求关系的变化而上下波动。当外币供过于求时,外汇汇率就下浮;反之,则上升。

当今世界上各国根据各自国情选择汇率制度。大多数发展中国家实行钉住汇率制(即固定汇率制),将本国货币钉住某一货币或"一篮子"货币;发达国家中的美国、日本、加拿大等实行单独浮动;英国先是实行单独浮动,1990年加入欧洲货币体系(European monetary system,EMS)的联合浮动,两年后又退出欧洲货币汇率机制。

(二)按汇率计算方法划分

1. 基本汇率

基本汇率(base rate)是根据一国货币与其关键货币(key currency)的对比来制定出来的汇率。关键货币是指在本国的国际收支中使用最多、在本国外汇储备中所占比重较大,并且可以自由兑换、国际上普遍接受的货币,如美元。一个国家在制定外汇汇率时,由于外国货币种类繁多,不可能也没有必要一一用本国货币和外国货币的实际价值进行对比,往往只制定本国货币与关键货币的汇率即基本汇率,与其他外国货币的汇率则根据基本汇率进行套算。

2. 套算汇率

套算汇率(cross rate)是根据基本汇率和国际外汇市场行市套算出来的汇率。各国通常都以本国货币同关键货币所确定的基本汇率为依据,再套算出与其他货币的汇率。我国所公布的人民币汇率,就是先确定人民币对美元的基本汇率,然后再套算出与其他货币的汇率。

(三) 按银行买卖外汇的角度划分

1. 买入汇率

买入汇率(buying rate)也称买入价(bid price),是经营外汇的银行向同业或客户买入外汇时所使用的汇率。在直接标价法下,外币折算为本币较少的那个汇率是买入价;在间接标价法下,本币折算为外币较多的那个汇率是买入价。

2. 卖出汇率

卖出汇率(selling rate)又称卖出价(ask price),是经营外汇的银行向同业或客户卖出外汇时使用的汇率。在直接标价法下,外汇买入价在前,卖出价在后;在间接标价法下则相反,卖出价在前,买入价在后。买入价和卖出价的差价是银行经营外汇买卖的收益,两者的差价一般在 1‰~5‰。银行同业之间买卖外汇时使用的买入汇率和卖出汇率也称同业买卖汇率。在正常情况下,银行同业买卖汇率的差价比银行同一般客户的买卖差价要小一些。

3. 中间汇率

买入汇率和卖出汇率的平均值叫作中间汇率(middle rate)。有关报纸杂志报道汇率消息时常用中间汇率,套算汇率也用有关货币的中间汇率套算得出。

4. 现钞汇率

现钞汇率(cash rate)又称钞价,是指外币现钞的价格。外币现钞的价格又分现钞买入价和现钞卖出价。由于外币现钞不能在其发行国以外流通,故需将外币现钞送到各发行国才能充当支付手段,这必然涉及为运送外币现钞而产生的运费、保险费,银行在收兑现钞时使用的汇率,要从外汇汇率中扣除这些费用。因此,现钞买入价要低于外汇买入价;卖出外钞时的汇率和外汇卖出价相同。

(四) 按不同的外汇支付工具划分

1. 电汇汇率

电汇汇率(telegraphic transfer rate, T/T rate)是以电讯方式(电报、电话、电传)买卖外汇时使用的汇率。使用这种汇率付款很快,银行不能利用汇款资金,令外汇售出银行在国外的存款利息很少,加之国际电话、电话收费较高,故电汇汇率一般较高。由于电汇调拨资金迅速,既可加速国际资金周转,又可避免汇率风险,故电汇在外汇交易中占有绝对比重,电汇汇率也便成为基础汇率。其他汇率都以电汇汇率为基础计算制定,一般外汇市场公布的汇率,也是电汇汇率的买卖价。

2. 信汇汇率

信汇汇率（mail transfer rate, M/T rate）是用信函方式通知付给客户外汇时使用的汇率。由于运用信函通过邮局传递外汇凭证（如支付委托书）需要一定的时间，从外汇售出银行售出外汇到其国外分支机构或代理行付出外汇这段时间内外汇银行可以占用客户的资金，故信汇汇率比电汇汇率要低。

3. 票汇汇率

票汇汇率（demand draft rate, D/D rate）是从事以汇票为支付工具的外汇交易时所使用的汇率。同信汇汇率一样，由于票汇从卖出到支付外汇有间隔时间，票汇汇率也比电汇汇率要低。票汇有短期票汇和长期票汇之分，其汇率也不同。长期票汇汇率比短期票汇汇率要低，其原因是银行可以更长时间地占用客户资金。

（五）按外汇买卖期限划分

1. 即期汇率

即期汇率（spot rate）也叫现汇汇率，即买卖即期外汇时所使用的汇率。外汇市场汇率和官方汇率未注明远期字样者，都是即期汇率。

2. 远期汇率

远期汇率（forward rate）又叫期汇汇率，是买卖远期外汇时所使用的汇率。即期汇率和远期汇率间有一个差额。这一差额叫作远期差价。远期差价一般用升水（premium）、贴水（discount）和平价（par）来表示。升水表示远期汇率比即期汇率高，贴水表示远期汇率比即期汇率低，平价则表示两者相等。

（六）按外汇市场营业时间划分

1. 开盘汇率

开盘汇率（opening rate）是外汇银行在一个营业日刚开始营业进行外汇买卖时使用的汇率。开盘汇率通常由报价银行根据正在营业的异地外汇市场的汇率报出。

2. 收盘汇率

收盘汇率（closing rate）是外汇银行在一个营业日的外汇交易终了时使用的汇率。

随着外汇交易设备的现代化，世界各大金融中心的外汇市场的联系更加密切，时差因素也将世界各地的外汇市场连为一体。如伦敦市场的营业时间是格林尼治时间9:00—17:00，纽约市场的营业时间是格林尼治时间14:00—22:00，香港市场的收盘时间正值伦敦市场的开盘时间，在时差上正好填补了伦敦开市前、纽约收市后的空档。这样，世界各大外汇市场的汇率相互影响，一个外汇市场的开盘汇率往往受到上一时区外汇市场收盘汇率的影响。开盘汇率和收盘汇率虽只相隔几个小时，但在汇率变化频繁的今天，也往往有很大的出入。

（七）按对外汇管理的宽严程度划分

1. 官方汇率

官方汇率（official rate）是一国货币当局规定并予以公布的汇率。它大多数比较稳定，为了维持本国货币汇率不致下跌，在外汇管制的国家，官方汇率一般都偏向于高估本国货币的价值。实行官方汇率时，一般对外汇买卖、资金转移等都规定所有外汇收入须按官方汇率结售给外汇银行,所需外汇须向国家或其指定银行申请批给。

2. 市场汇率

市场汇率(market rate)是外汇市场上进行外汇买卖的实际汇率,随市场的外汇供求关系而自由浮动。它一般高于官方汇率,但由于政府干预,它又不会太多地偏离官方汇率。若外汇管制较松,官价常常有行无市,实际外汇交易均按市场汇率进行。

(八) 按汇率的统一性划分

1. 单一汇率

单一汇率(single rate)是指本币对同一种外币只存在一种汇率,并适用于该国所有的对外经济交易。

2. 复汇率

复汇率(multiple rate)又称多重汇率,指本币对同一种外币存在两种或两种以上的汇率,不同的经济交易须根据政府的规定,使用不同的汇率。若只存在两种汇率,则称为双重汇率(dual rate)。

(九) 按经济含义划分

1. 名义汇率

名义汇率(nominal exchange rate)是外汇买卖交易时使用的汇率,由于其不一定体现不同国家的价格水平变动,不一定体现货币购买力变化的情况,不一定真正反映货币的实际价值,所以称为名义汇率。

2. 实际汇率

实际汇率(real exchange rate)是指在名义汇率基础之上剔除了价格因素后的汇率,比名义汇率更能反映不同货币实际的购买力水平。从计算方法来看,它是在现期名义汇率的基础上用过去一段时期两种货币各自的通货膨胀率(物价指数的上涨幅度)来加以校正,从而得到实际的而不是名义的汇率水平及汇率变化的程度。

3. 有效汇率

有效汇率(effective exchange rate)是一国货币对"一篮子"货币(a basket of currencies)经过加权平均计算后得出的汇率,因此,它不是反映两种货币之间的汇率,即双边汇率的指标,而是综合反映一种货币兑多种货币的多边汇率平均值。利用有效汇率指数,即不同时期的有效汇率比值,还可以考察一国货币在不同时期的变动幅度。

扩展阅读 3-1
美元指数

扩展阅读 3-2
人民币汇率指数

计算有效汇率时可根据需要选择不同的指标,由于汇率与一国的贸易有着极为紧密的联系,因此,贸易值是最常用的权数,以此为权数的有效汇率计算公式为

$$A 币有效汇率 = \sum_{i=1}^{n} A 币兑 i 币的汇率 \times \frac{A 国与 i 国的贸易值}{A 国的贸易总值} \qquad (3-1)$$

根据有效汇率是否反映了价格变动的情况,可以将其分为名义有效汇率(nominal

effective exchange rate,NEER)和实际有效汇率(real effective exchange rate,REER),前者是不考虑价格对比的多边汇率,后者是纳入相对价格变动因素的多边汇率,也就是多边实际汇率。

第三节 汇率的决定与变动

货币所代表的价值是决定汇率的基础,汇率在这一基础上受其他各种因素的影响而变动,形成现实的汇率水平。而在不同的货币制度下,各国货币所具有或所代表的价值不一样,故汇率的决定基础和变化规则也不相同。

一、金本位制度下汇率的决定与变动

(一) 金本位制度下汇率的决定基础

金本位制度是以黄金为本位货币的货币制度,是 19 世纪初到 20 世纪初资本主义国家实行的货币制度。其具体包括金铸币本位制(gold specie standard)、金块本位制(gold bullion standard)和金汇兑本位制(gold exchange standard)三种形式,其中,金铸币本位制是典型的金本位制度。金铸币本位制具有如下几个特点:①各国货币均以黄金铸成,金铸币有一定重量和成色,有法定含金量;②金币可以自由流通、自由铸造、自由输出输入,具有无限清偿能力;③辅币和银行券可以按其票面价值自由兑换为金币;④黄金可以自由输出输入国境。

各国货币均以黄金为统一的币材、统一的价值衡量标准,尽管它们在重量、成色等方面有不同的规定,但在国际结算和国际汇兑领域中都可以按各自的含金量加以对比,从而确定货币比价。因此,金本位制度下汇率的决定基础是两国货币的含金量之比,即铸币平价(mint par)。下面用一个典型例子来说明。在 1929 年经济危机以前的金本位制时期,英国规定 1 英镑含金量为 113.00 格令,美国规定 1 美元含金量为 23.22 格令。其中,含金量=铸币重量×成色。其具体计算如下:

	重量	成色	含金量
£1:	123.274 47 格令	×22/24	=113.00 格令
$1:	25.8 格令	×90/100	=23.22 格令

英镑与美元的铸币平价即各自含金量之比等于 4.866 5(=113.00 格令/23.22 格令),即 1 英镑金币的含金量等于 1 美元金币含金量的 4.866 5 倍,这就是英镑与美元之间汇率的决定基础。

(二) 金本位制度下汇率的变动

铸币平价决定的汇率并不是外汇市场上从事外汇交易所使用的实际汇率,外汇市场上的实际汇率随着外汇供求关系的变化而变化,围绕平价上下波动。当某种货币供不应求时,其汇价会上涨,超过铸币平价;当某种货币供大于求时,其汇价会下跌,低于铸币平价。金本位制度下,外汇供求关系变化的主要原因在于国际债权债务关系的变化,尤其是由国际贸易引起的债权债务清偿。当一国在某个时期出口增加、有大量贸易顺差时,外国

对该国货币的需求旺盛,同时本国的外汇供给增加,导致本币升值;相反,当一国在某个时期进口增加、出口减少,有大量贸易逆差时,该国的外汇需求增大,同时外国对该国货币需求减少,从而导致本币贬值。

但金本位制度下由供求关系变化造成的汇率变动并不是无限制地上涨或下跌,而是被确定在铸币平价上下各一定界限内,这个界限就是黄金输送点。黄金输送点的存在,并作为汇率波动的界限,是由金本位制度的特点决定的。金本位制度下黄金可以自由熔化、自由铸造和自由输出输入,使黄金可以代替货币用于国际债务清偿。当外汇汇率上涨达到或超过某一界限时,本国债务人用本币购买外汇的成本会超过直接输出黄金支付的成本,于是引起黄金输出,引起黄金输出的这一汇率界限就是"黄金输出点";当外汇汇率下跌,达到或低于某一界限时,本国拥有外汇债权者用外汇兑换本币所得会少于用外汇在国外购买黄金再输回国内所得,从而引起黄金输入,引起黄金输入的这一汇率界限就是"黄金输入点"。黄金输出点和黄金输入点共同构成了金本位制下汇率波动的上下限。

如上例,假设英国向美国出口商品多于美国向英国出口商品,英国对美国有贸易顺差,那么外汇市场上对英镑的需求增加,英镑对美元汇率上涨,高出其铸币平价(4.866 5)。当外汇汇率进一步上涨、超过一定幅度时,便会使美国进口商直接采取向英国运送黄金的方法支付商品货款。当时,从美国向英国输出黄金的成本约合黄金价值的0.6%,即支付1英镑债务需附加费用0.029 2美元(=4.866 5×0.6%)。那么,当英镑兑美元汇率超过4.895 7美元(即铸币平价4.866 5加黄金运费0.029 2)时,输出黄金显然比在外汇市场上以高价购买英镑更便宜,外汇市场上就不再有对英镑的购买,而直接用黄金支付,1英镑=4.895 7美元就成了英镑上涨的上限,这一上限即美国的"黄金输出点"(英国的"黄金输入点")。相反的情况,假如美国对英国有贸易顺差,英镑对美元下跌,跌至4.837 3美元(即铸币平价4.866 5减黄金运送费用0.029 2)以下,持有英镑的美国债权人也就不会再用贬值的英镑在外汇市场上兑换美元,而是将英镑在英国换成黄金运回国内。这样,外汇市场上不再有以高价购买美元的交易,而是购买黄金,1英镑=4.837 3美元就成了英镑下跌的下限,这一下限也就是美国的"黄金输入点"(英国的"黄金输出点"),具体见图3-1。

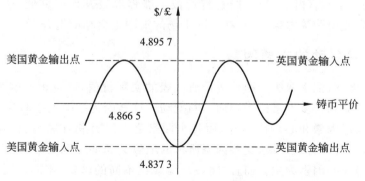

图3-1 金本位制下的汇率变动

由此可见,金本位制度下,汇率建立在两国货币法定的含金量基础上,而法定的含金量一经确定,一般是不会轻易改动的。因此,作为汇率基础的铸币平价是比较稳定的。同时,由于黄金输送点的制约,外汇市场上汇率波动总是被限制在一定范围内,最高不超过黄金输出点,最低不低于黄金输入点。因此,由供求关系导致的外汇市场汇率波动是有限度的,汇率制度是相对稳定的。

二、纸币制度下汇率的决定基础

纸币制度在金本位制度崩溃之后出现,包括法定含金量时期和1978年4月1日以后的无法定含金量时期两个阶段。纸币作为价值符号,是金属货币的替代物,在金属货币退出流通之后,执行流通手段和支付手段职能,这种职能是各国政府以法令形式赋予它并保证实施的。在纸币流通的初期,建立了布雷顿森林体系后,各国政府都参照过去流通中金属货币的含金量,规定了单位纸币的含金量,各国货币都以固定汇率与美元挂钩,即实行美元与黄金挂钩、各国货币与美元挂钩的双挂钩固定汇率制度。人们以两国货币所代表的含金量之比作为决定汇率的基础,这种以两国货币的法定含金量之比确定的汇率是法定汇率。市场汇率受到供求关系的影响而以法定汇率为中心上下波动,但是市场汇率波动有一个人为规定的上下限,如果市场汇率波动超越了波动的上下限,各国政府有义务进行干预。国际货币基金组织在1944年规定汇率波动的幅度不能超过黄金平价的1%,1971年底又将波动幅度扩大为2.25%,直至布雷顿森林体系瓦解。

随着布雷顿森林体系的瓦解,各国纷纷实行了浮动汇率制。这时各国货币间的汇率由外汇供求状况决定而完全自由浮动。各国纸币间的汇率就不再以其含金量之比来确定,而是以纸币所代表的实际价值来确定。此时,两国货币之间的汇率取决于它们各自在国内所代表的实际价值,也就是说货币对内价值决定货币对外价值,而货币的对内价值又是通过购买力来衡量的,货币的购买力对比就成为纸币制度下汇率决定的基础。这种论点在第二次世界大战后的纸币制度下被广泛地接受和运用,它也是西方汇率理论中一个重要流派的思想。这里所讲的纸币购买力是指单位纸币购买商品或劳务的能力,它的高低是纸币所代表的价值与商品价值对比的结果。在商品价值不变的条件下,单位纸币购买的同种商品越多,其购买力就越大。货币购买力用能表明通货膨胀程度的物价指数计算。一国物价指数上涨,通货膨胀水平提高,该国货币购买力就相应下降,它在国际市场的汇率也会相应下跌;相反,当一国物价指数上涨程度较其他国家低,通货膨胀水平较低,意味着该国货币购买力提高,它在国际市场的汇率也会相应上升。

三、影响汇率变动的主要因素

在纸币制度下,汇率取决于两种货币所代表的实际价值,即货币的购买力,但汇率的变动,还要同时受到许多因素的影响而不断变动。这是因为一国汇率的变动,既包括经济因素,又包括政治因素和心理因素等,而各个因素之间又有相互联系、相互制约的关系。随着世界政治经济形势的发展,这些因素所占的地位又经常发生变化,有时以这些因素为主,有时又以另一些因素为主。而且,同一个因素在不同的国家、不同的时间所起的作用也不相同,所以汇率变动是一个极其错综复杂的问题。

(一)汇率变动的主要经济因素

1. 国际收支

国际收支状况对一国汇率的变动产生直接影响。一国国际收支发生顺差,就会引起外国对该国货币需求的增长与外国货币供应的增加,顺差国的货币汇率就会上升;相反,一国国际收支发生逆差,本国对外国货币需求增长且外国货币供应量减少,外国货币汇率上升,本国货币汇率就会下降。在固定汇率时期,国际收支是影响外汇汇率的重要因素,大量国际收支逆差,往往是货币贬值的符号。随着浮动汇率取代了固定汇率,通货膨胀和利率成为重要的影响因素。

2. 通货膨胀

一国货币价值的总水平是影响汇率变动的一个重要因素,它影响一国商品、劳务在世界市场的竞争能力。由于通货膨胀,国内物价上涨,从而削弱出口商品在国际市场上的价格竞争力,进而引起出口商品的减少,又由于此时进口商品的价格相对便宜,进口商品增加,这些变化将对汇率市场上的供求关系产生影响,从而导致汇率的变动。从本质来看,当一国出现通货膨胀时,货币所代表的价值量减少,若其他国家货币所代表的价值量不变,要兑换同等数额的外国货币就要付出更多的本币,即外汇汇率上涨。

3. 利率

国际利率的差距将会引起短期资本在国际的移动,高利率国家发生资本内流,低利率国家则发生资本外流。资本移动会引起外汇市场供求关系的变化,从而对外汇市场产生影响。在一般情况下,一国提高利率,表示信用紧缩,将导致该国货币的升值;反之,则导致货币的贬值。当然,这一结论是建立在其他主要经济因素正常的前提下的,如果一国的国际收支和国际储备状况已经恶化,经济增长前景不佳,那么,即便再提高利率,也只能在短期内维持本国货币稳定,随之而来的将是严重的本币贬值。1997年亚洲金融危机中的"泰铢"就是证明。

4. 经济增长率

一般来说,一国在经济增长的初期,若出口保持不变,国内需求水平增加,将增加该国的进口,从而导致经常账户逆差;若一国经济是以出口为导向的,经济增长率的提高可以使出口的增长弥补进口的增加,则不会导致本币汇率下跌。由于经济增长率的变化反映了该国经济实力的变化,经济实力强的国家可以增强外汇市场上对其货币的信心,因而货币汇率的基本趋势是上升的。但是,还应考虑,经济增长率的变化并不是一个独立的因素,而是与国际收支状况、通货膨胀的高低和利率的变化相互联系、相互影响。

5. 财政赤字

如果一个国家的财政预算出现巨额赤字,其货币汇率必将下降。因为巨额财政赤字必然会用发行货币来弥补,从而导致通货膨胀的加剧和国际收支的恶化,汇率自动出现下浮。如果巨额的财政赤字不是通过发行货币,而是通过提高利率来吸引国外资本流入,举借内、外债来弥补,则会使本国货币短期内趋于坚挺,但今后还本付息的巨额负担会使到时发生相反的情况。

6. 外汇储备

中央银行持有的外汇储备可以表明一国干预外汇市场和维持汇价的能力,所以外汇储备对稳定汇率有一定的作用。然而,外汇干预只能在短期内对汇率产生一定的影响,它无法从根本上改变决定汇率变化的基本因素。

(二) 汇率变动的主要非经济因素

1. 心理预期

按照汇兑心理学，一国货币之所以有人需求，是因为它有价值，其价值的大小就是人们对其边际效用所做的评价。当人们持有某种货币不但可以满足消费需要，还可以进行投资或投机获取利益时，就会在市场上买入货币，则对该种货币的需求就会上升，汇率上浮；相反，卖出该种货币，该货币汇率下降。心理预期对货币汇率的影响极大，甚至已成为外汇市场汇率变动的关键影响因素，只要人们对某种货币的心理预期改变，就可能引起资金的大规模流动。

2. 政府干预

尽管第二次世界大战后西方各国政府纷纷放松了对本国的外汇管制，但政府的市场干预仍是影响市场供求关系和汇率水平的重要因素。当外汇市场汇率波动对一国经济、贸易产生不良影响或政府需要通过汇率调节来达到一定政策目标时，货币当局便可以参与外汇买卖，在市场上大量买进或抛出本币或外汇，以改变外汇供求关系，促使汇率发生变化。为进行外汇市场干预，一国需要有充足的外汇储备，或者建立专门的基金，如外汇平准基金、外汇稳定基金等。政府干预汇率往往是在特殊情况下（如市场汇率剧烈波动、本币大幅度升值或贬值等），或者为了特定的目标（如促进出口、改善贸易状况等）而进行的，它对汇率变动的作用一般是短期的。

3. 市场投机

市场投机者逐利的投机行为，必然影响汇率的稳定。投机行为的基本特征是，市场参与者在预测到经济政策或诸如汇率和利率等经济变量不能维持时，突然进行大幅度的资产重组。投机活动量的上升直接导致外汇需求规模的扩大和不稳定性的上升，从而使金融动荡增加。

4. 政治局势

当一国出现政局不稳，政府经常变更，国内叛乱、战争，和其他国家的外交关系恶化以及遇到严重的自然灾害时，国内经济就会萎缩或瘫痪，导致投资者信心下降，从而引发资本外逃，其结果就是该国货币汇率下降。

四、汇率变动对经济的影响

汇率受到国内外多种因素的影响而不断变动，而汇率的变动又会反过来对经济领域产生广泛的影响。根据其影响效果，汇率变动对经济的影响可分为两个大的方面：一是汇率变动对一国对外经济活动的影响；二是汇率变动对一国国内经济的影响。此外，汇率变动对一国的外汇储备和国际经济关系也会产生重要影响。

(一) 汇率变动对一国对外经济活动的影响

汇率变动会对一国的进出口贸易和资本流动产生重要影响，从而影响该国的贸易收支和资本账户状况。下面以本币贬值为例进行分析。

1. 对进出口贸易的影响

汇率变动一个最为直接也最为重要的影响就是对贸易的影响。本币贬值后，对出口会产生两种影响：一是等值本币的出口商品在国际市场上会折合比以前（贬值前）更少的外币，使国外销售价格下降，竞争力增强，出口扩大；二是出口商品在国际市场上的外币价格保持不变，则本币贬值会使等值外币兑换成比以前（贬值前）更多的本币，国内出口商品的出口利润增加，从而促使国内出口商积极性提高，出口数量增加。这都会使出口规模扩大，如果出口数量增加的幅度超过商品价格下降的程度，则本国出口外汇收入净增加。本币贬值对进口产生的影响与出口正相反，贬值后，以外币计价的进口商品在国内销售时折合的本币价格比贬值前提高，进口商成本增加，利润减少，进口数量相应减少。如果维持原有的国内销售价，则需要压低进口商品的外币价格，这又会招致外国商人的反对，因此，本币贬值会自动地抑制商品的进口。总之，一国货币贬值降低了该国产品相对于外国产品的价格，国外居民增加对本国产品的需求，本国居民减少对外国产品的需求，从而有利于增加本国产品的出口量，减少进口量。但货币贬值对贸易收支的影响并非这么简单，主要取决于三个因素：一是本国进出口商品的需求弹性；二是本国有无闲置的可供用于出口部门扩张的资源；三是贸易伙伴国有无采取相应的报复措施。如果说本国进出口商品的弹性符合马歇尔-勒纳条件的要求，国内具有闲置的资源及贸易伙伴国不采取同样的货币贬值措施，本国货币贬值有助于贸易收支状况的改善。

2. 对资本流动的影响

汇率变动对中长期资本流动与短期资本流动的影响是不同的。在其他情况基本不变时，一国货币贬值会改善该国中、长期资本流动状况：一方面，外国投资者在该国的投资成本下降，有利于外资流入；另一方面，货币贬值使本国居民对外投资的成本增加，可以抑制资本的外流。一般来说，一国货币贬值对短期资本流动的影响是不利的。短期资本以套利资本为主，当一国货币贬值而短期资本在利率上的差额利息收入有可能被汇率下跌所抵消时，外国投资者会抽出或缩减投放在货币贬值国的资本。同时，货币贬值还将影响人们对该货币未来变动趋势的预测，人们为了资产的安全性，会抛弃贬值货币，抢购外汇，短期资本加速外流（或外逃），促使该货币进一步贬值。因汇率变动带来的资本流出流入的变化可以体现在资本投资，也可以体现在旅游、商品采购等。这些变化最终体现在国际收支的不同项目上，其中主要体现在资本项目差额的变化上。汇率变动对于资本流动影响程度有多大，还要受其他因素的制约，其中最主要的因素是一国政府的资本管制。资本管制严的国家，汇率变动对资本流动影响较小；资本管制松的国家，汇率变动对资本流动影响较大。

（二）汇率变动对一国国内经济的影响

汇率变动对国内经济的影响是多方面的，主要包括物价水平、资源配置、社会总需求等方面。以下仍以本币贬值为例进行分析。

1. 对物价水平的影响

本币贬值对国内经济的影响集中体现在对物价水平的影响上。贬值对物价水平的影响主要表现在两方面：一方面，通过刺激出口增加，贸易收支改善而引发的乘数效应，引起需求拉上型的物价上升；另一方面，提高了国内生产成本，推动物价的上涨。因为本国货币贬值以后，进口商品以本币表示的价格会立即上涨，其中进口消费品的价格上升会直接引起国内消费物价某种程度的上升，进口原材料、中间品和机器设备等的价格上升，还会造成国内使用这些进口投入品的生产成本提高,推动这类商品的价格上升。同时,进口品和进口替代品的价格上升,会造成使用这些产品作为投入品的非贸易品生产成本上升,也推动了非贸易品的价格上升,这样贬值对物价的影响就会扩展到所有商品。

2. 对资源配置的影响

本币贬值对国内资源配置也会产生影响。一是贬值引发资源的重新配置。货币贬值能刺激贸易品部门的扩张,使得贸易品的价格相对于非贸易品价格上升,从而诱发生产资源从非贸易部门向贸易部门转移。二是贬值有助于资源配置效率的提高。这主要是针对发展中国家而言的。因为货币贬值可以使一国相应取消对本国的商品及产业的过高保护措施,如关税、配额等,这样有利于培养和增强本国进口替代品与相关产业的竞争能力和效率,同时也使得更多的产品参与国际市场竞争,推动资源配置效率的提高。

3. 对社会总需求的影响

本币贬值对社会总需求的影响是比较复杂的,这种影响中既存在着诱发社会总需求扩张的一面,又存在着诱发社会总需求萎缩的一面。从诱发社会总需求扩张的角度来讲,货币贬值可以刺激出口的扩张,通过贸易收支的改善和乘数效应而使国民收入得到多倍的增长,社会总需求膨胀。但从诱发社会总需求萎缩的角度看,货币贬值会诱发物价水平的上涨,在货币幻觉效应的作用下,人们会减少消费,增加储蓄,从而使社会总需求下降;另外,货币贬值还会使本国居民将更多的本国购买力转移到外币资产上,从而也导致社会总需求的萎缩。因此,货币贬值对社会总需求的最终影响效果应该综合分析,不能简单而论。

(三) 汇率变动对外汇储备的影响

首先,储备货币的汇率变动影响一国外汇储备的实际价值。储备货币升值,一国外汇储备的实际价值提高;反之则降低。其次,本国货币汇率变动,通过资本转移和进出口贸易额的增减,间接影响本国外汇储备的增加或减少。例如,当外汇汇率下跌、本币汇率上升时,出口减少,进口大量增加,从而使本国的国际收支恶化,导致本国的外汇储备减少。同时,外国人持有的本币资产会相应升值,增加了本国的外债负担,导致本国外汇储备的进一步减少。而本币的升值长期内减少国际投资资本流入,导致一国外汇储备减少,短期内则会吸引国际投机资本流入,这将增加本国外汇储备的数量。本币的大幅贬值在短期内会导致资本的大量外逃,政府就要动用大量的外汇储备以弥补资本出逃的缺口,对固定汇率制国家而言,还要为稳定汇率而动用外汇储备进行干预,从而使外汇储备减少。

(四) 汇率变动对国际经济关系的影响

汇率变动会加剧发达国家与发展中国家之间的矛盾,同时也加剧发达国家之间的矛盾。首先,在国际贸易结算中,主要发达国家的货币仍然起着国际支付手段和国际储备手段的作用,发展中国家的进出口贸易和对外借、贷都是以这些货币计价结算的,多数发展中国家都是原材料、初级产品的出口国,发达国家货币汇率下跌,就会使发展中国家的货币收入和外汇储备受到损失,而当发达国家的货币汇率上升时,又会使发展中国家的贸易条件恶化,进一步加剧了它们之间的矛盾。其次,在发达国家之间,由于竞争的日益加剧,各国纷纷用降低本币汇率的方法来刺激出口和限制进口,实行外汇倾销,进行货币战与贸易战,使国际金融领域的混乱局面加剧、贸易保护主义抬头,并通过建立区域性经济集团,以区域性货币体系来加强各自的地位。

第四节 汇率理论(上)

汇率理论主要是对汇率决定的依据及汇率变动的影响因素进行理论说明,也称为汇率决定理论,是国际金融学的理论基石。从对汇率问题研究的角度,可将汇率理论划分为从国际收支流量角度进行研究的传统汇率理论和从资产市场存量角度进行研究的现代汇率理论。传统汇率理论主要有国际借贷说、国际收支说、购买力平价说、利率平价说等;现代汇率理论主要有货币分析法、资产组合分析法和理性预期的汇率分析法等。本节对传统汇率理论进行阐述和简评。

一、国际借贷说和国际收支说

(一) 国际借贷说

1. 基本观点

英国经济学家乔治·乔基姆·葛逊(George Joachim Goschen)于1861年在《外汇理论》一书中提出国际借贷说。该理论认为汇率是由外汇市场上的供求关系决定的,而外汇的供给和需求是由国际借贷决定的,因此国际借贷关系是影响汇率变化的主要因素。这里所讲的国际借贷关系不仅包括贸易往来,还包括资本的输出和输入。在国际借贷关系中,只有已经进入支付阶段的借贷,即流动借贷才会影响外汇的供求关系。至于尚未进入支付阶段的借贷,即固定借贷则不会影响当前的外汇供求。用现代国际金融术语来讲,反映债权债务存量的国际投资情况并不影响外汇供求,因为这些存量并没有得到清算,没有转化为事实上的外汇供应或需求;而反映债权债务流量的国际借贷状况才影响外汇供求,因为它们确实导致了外汇收入与支出的发生。当一国的流动债权(外汇收入)大于流动债务(外汇支出)时,外汇的供应大于需求,因而外汇汇率下降,本国货币升值;一国的流动债务大于流动债权时,外汇的需求大于供应,因而外汇汇率上升,本国货币贬值。一国的流动借贷平衡时,外汇收支相等,于是汇率处于均衡状态,不会发生变动。

2. 简评

该理论只说明了汇率短期变动的原因,并不能解释在外汇供求均衡时汇率为何处于这一点位,更没有揭示长期汇率的决定因素。另外,这一理论只强调国际借贷关系对汇率的影响,忽略了影响汇率变动的许多其他具体因素,尤其是没有说明借贷关系变化的成因,因而不能完整地描述汇率的决定过程。葛逊所说的流动债权和流动债务实际上就是国际收支,所以该理论又被视作早期的国际收支论。但因为葛逊的理论并没有阐述清楚具体哪些因素影响到外汇的供求,后人又在其基础上发展了相对完善的国际收支说。

(二) 国际收支说

国际收支说是从国际收支角度分析汇率决定的一种理论,该理论的早期形式就是国际借贷说。国际借贷说的实质是汇率的供求决定论,但并没有指出具体影响外汇供求和国际收支的因素。第二次世界大战后,随着凯恩斯主义的宏观经济分析被广泛运用,很多学者应用凯恩斯模型来说明影响国际收支的主要因素,分析了这些因素如何通过国际收支作用到汇率,从而形成了国际收支说的现代形式。1981年,美国学者维克托·阿尔盖(Victor Argy)对此进行了系统的总结。

1. 基本形式

假定汇率完全自由浮动,政府不对外汇市场进行任何干预。在这一前提下分析有哪些因素通过作用于国际收支而影响汇率的变动。进一步假定国际收支仅包括经常账户(CA)与资本和金融账户(KA),这里的资本和金融账户不含储备资产。国际收支(BP)平衡可以表示为

$$BP = CA + KA = 0 \tag{3-2}$$

如将经常账户简单视为贸易账户,则它主要是由商品与劳务的进出口决定的。其中,进口主要是由本国国民收入 Y 和两国相对价格之比 $\frac{eP^*}{P}$ 决定的(e 是直接标价法下的汇率),出口主要是由外国国民收入 Y^* 和两国相对价格之比决定的,则有

$$CA = f_1(Y, Y^*, P, P^*, e) \tag{3-3}$$

假定资本和金融账户的收支取决于本国利率 i、外国利率 i^*,还有对未来汇率水平变化的预期 $\frac{E_e^f - e}{e}$(E_e^f 为预期外国汇率),则有

$$KA = f_2(i, i^*, e, E_e^f) \tag{3-4}$$

综合上述各种因素,如果将除汇率外的其他变量均视为已给定的外生变量,则汇率将在这些因素的共同作用下变化至某一水平,从而起到平衡国际收支的作用,即

$$e = f(Y, Y^*, P, P^*, i, i^*, E_e^f) \tag{3-5}$$

以下简单分析各变量的变动对汇率的影响。

第一,国民收入的变动。当其他条件不变时(下同),本国国民收入的增加将通过边际进口倾向带来进口的上升,这导致经常账户的恶化,外汇需求上升,本币贬值。外国国民收入的增加将带来本国出口的上升,本币升值。

第二,价格水平的变动。本国价格水平的上升将使本国产品竞争力下降,经常账户恶化,外汇需求上升,本币贬值。外国价格水平的上升将使本国产品竞争力上升,本国经常账户改善,本币升值。

第三,利率的变动。本国利率的提高将吸引更多的资本流入,本币升值。外国利率的提高将造成本币贬值。

第四,对未来汇率预期的变动。如果预期本币在未来将贬值,资本将会流出以避免汇率损失,这带来本币即期的贬值;如果预期本币在未来将升值,则本币币值在即期就将升值。

2. 简评

国际收支说是带有浓厚凯恩斯主义色彩的汇率决定理论,它是凯恩斯主义的国际收支理论在浮动汇率制下的应用。对于国际收支说的评价主要有两点:第一,国际收支说指出了汇率与国际收支之间存在的密切关系,有利于全面分析短期内汇率的变动和决定;

第二,国际收支说是关于汇率决定的流量理论,其核心思路是国际收支引起的外汇供求流量决定了短期汇率水平及其变动。这一特点导致其很难解释现实中的一些经济现象,例如,利率上升在很多情况下并不能持续吸引资本流入,从而引起汇率的相应变动。再比如,汇率常常在外汇市场交易流量变动很小的情况下发生大幅变动。可见,该理论没有揭示长期汇率的决定因素,同时忽略了影响汇率变动的许多其他具体因素。

二、购买力平价说

购买力平价说简称"PPP"理论(the theory of purchasing power parity),由瑞典经济学家古斯塔夫·卡塞尔(Gustav Cassel)于1922年在《1914年以后的货币和外汇》一书中提出,它是一种研究和比较各国不同的货币之间购买力关系的理论,解释了纸币流通条件下汇率决定与其剧烈波动的原因。该理论的基本观点是:人们之所以需要外国货币,是因为需要在外国市场上购买外国人生产的商品与劳务,对货币的需要既然与购买商品和劳务相联系,所以货币的价格取决于它对商品的购买力。一国汇率变动的原因在于购买力的变化,而购买力变动的原因在于物价的变动。

(一)一价定律

在开放经济条件下,可把商品分为两种类型:第一种是不同地区间的价格差异可以通过套利活动消除的商品,称为可贸易商品;第二种是不可移动的商品以及套利活动的交易成本无限高的商品,主要包括不动产与个人劳务项目,其区域间的价格差异不能通过套利活动消除,称为不可贸易商品。两国之间的可贸易商品交易实际上存在着一种套利行为,对同类商品来说,如果不同的国家之间存在着价格差异,套利者就会从低价地区买入,在高价地区卖出,以取得套利的利润。随着套利活动的进行,这种市场竞争的结果使价格差异越来越小,最后使同类商品在不同国家表现为趋同。如果不考虑交易成本等因素,则以同一货币衡量的不同国家的某种可贸易商品的价格应是一致的,这就是开放经济条件下的一价定律(the law of one price)。其用公式可以表示为

扩展阅读 3-3
巨无霸指数

$$p = e \cdot p^* \qquad (3-6)$$

其中,p 为本国某可贸易商品的价格;p^* 为外国某可贸易商品的价格;e 为直接标价的汇率。

(二)基本形式

购买力平价理论有两种形式:绝对购买力平价和相对购买力平价。绝对购买力平价被称为严格的购买力平价,因为它更符合购买力平价的原始解释,而相对购买力平价则被称为弱化的平价形式。

1. 绝对购买力平价

绝对购买力平价是一价定律的宏观表现,成立的前提包括:第一,对于任何一种可贸易商品,一价定律都成立;第二,在两国物价指数的编制中,各种可贸易商品所占的权重相等。绝对购买力平价认为,通过物价表现的两国货币的购买力之比,就是两国的均衡汇率水平。

设 $P_t = \sum_{i=1}^{n} a_i p_t^i$ 为 t 时期本国 n 种商品构成的物价水平,则 $\frac{1}{P_t}$ 为本国单位货币的购买力;$P_t^* = \sum_{i=1}^{n} a_i^* p_t^{i*}$ 为 t 时期外国 n 种商品的物价水平,则 $\frac{1}{P_t^*}$ 是外国单位货币的购买力;e 为购买力决定的汇率水平,则

$$e = \frac{P_t}{P_t^*} = \frac{\sum_{i=1}^{n} a_i p_t^i}{\sum_{i=1}^{n} a_i^* p_t^{i*}} \tag{3-7}$$

这就是绝对购买力平价的一般形式,它说明汇率取决于两国货币的价值(一般物价水平的倒数)之比。外国物价水平越低(高),或者外国货币的购买力越高(低),则外汇汇率越高(低);相反,本国物价水平越低(高),或本国货币的购买力越高(低),则外汇汇率越低(高)。

2. 相对购买力平价

相对购买力平价认为各国间存在交易成本,同时各国的可贸易商品和不可贸易商品在物价指数中的权重存在差异,因此各国的一般物价水平以同一种货币计价时并不完全相等,而是存在着一定的偏离。在上述条件下,购买力平价的绝对形式将不再成立,但只要这些条件不发生改变,购买力平价的相对形式成立,即

$$\Delta e = \frac{\Delta P_t}{\Delta P_t^*} \tag{3-8}$$

式(3-8)即为相对购买力平价的一般形式。相对购买力平价意味着汇率的升值与贬值是由两国的通胀率的差异决定的,如果本国通胀率超过外国,则本币将贬值。

若以下标 0、1 分别表示基期和报告期的有关数据,则

$$e_1 = e_0 \cdot \frac{\sum_{i=1}^{n} a_i p_1^i \big/ \sum_{i=1}^{n} a_i p_0^i}{\sum_{i=1}^{n} a_i^* p_1^{i*} \big/ \sum_{i=1}^{n} a_i^* p_0^{i*}} \tag{3-9}$$

式(3-9)表明,当两国都存在通货膨胀时,名义汇率等于过去的汇率乘以两国通货膨胀之比。与绝对购买力平价相比,相对购买力平价更具有应用价值,因为它避开了前者过于严格的假定,并且通胀率的数据更加易于获得。

(三)简评

购买力平价说以货币数量理论为基础,以货币数量变化引起的价格以及单位货币购买力的变化来解释汇率的变化,比较适合研究汇率在中长期范围内的决定及变化过程。由于购买力平价说抓住了货币内在的特性——货币的购买力,即价格水平这一影响汇率的核心因素,并首次使理论汇率的确定得到了量化的尺度,因而被普遍用作长期均衡汇率的确定标准。在严重的通货膨胀时期,如 20 世纪 20 年代,购买力平价说的可靠性更为突出。

尽管如此,购买力平价说也存在许多缺陷:首先,就绝对形式而言,购买力平价说所

表明的一价定律很难成立。一价定律的根本前提是在国际上存在着完全的商品套购,而由于运输成本和其他阻碍自由国际贸易的障碍使得购买力平价的绝对形式难以成立,但只要这些不利条件始终不变,相对形式依然成立。其次,就相对形式而言,物价指数的构造不同、基期选择的不同,均会影响分析的结果。最后,购买力平价说将商品价格作为决定汇率的唯一因素,实际上影响汇率的因素很多,许多宏观经济因素的变化都会对汇率的变动产生重大影响,因此将物价作为决定汇率的唯一因素是不完整的。

三、利率平价说

利率平价说的基本思想可以追溯到19世纪下半叶,20世纪20年代末到30年代初由约翰·梅纳德·凯恩斯(John Maynard Keynes)等予以完整阐述。它的核心思想是:在开放经济的前提下,在有效率的金融市场上,理性的投资者要不断地在本币资产投资与外币资产投资之间进行选择,选择的依据就是不同资产的收益率。本、外币资产之间的转换会带来外汇市场供求关系的变化,从而对汇率产生影响。而不同资产收益率的差异直接表现在两种货币的利率差异上,因此,汇率的预期变化与其两种货币的短期利率紧密相关。根据资金在移动过程中对风险是否规避,利率平价可以分为套补利率平价(covered interest-rate parity,CIP)和非套补利率平价(uncovered interest-rate parity,UIP)两种情形。

(一)套补利率平价

1. 基本形式

套补利率平价成立的前提有:国与国之间资本能够完全流动,没有任何资本控制;不考虑交易成本;套补的资金是无限的;本国和外国的金融资产可以完全替代;存在有效的外汇市场等。

与购买力平价关系商品套购机制相似,利率平价关系的机制也是一价定律,即资金在不同国家的流动产生于寻求利率差额收益的套利活动。假定一个甲国投资者,手中有一笔可以自由支配的资金,可以自由进出甲国和乙国的金融市场,国家之间没有外汇管制,实行资本项目自由化的外汇政策,资金在各国内流动不存在任何限制与交易成本,资本完全替代。如果投资者把这笔资金投资于1年期的存款,则要考虑将其投资于甲国的金融市场还是乙国的金融市场,显然,投资决策取决于哪种投资方式能在相同的风险状况下带来较大的利润。假定甲国金融市场上1年期存款利率为i,乙国金融市场上同种利率为i^*,即期汇率为e(直接标价法)。

以下对A、B两种不同的投资方案进行比较。A方案为:将资金在甲国银行储蓄1年,则每一单位的甲国货币在12个月以后到期时可获得利息i,即这一单位的甲国货币期末就增值为$(1+i)$,此时,收益是确定的,没有任何风险。B方案为:将资金在乙国银行储蓄1年,要实现这一投资,要有三个步骤,先将甲国货币在外汇市场上兑换成乙国货币,这样,1单位的甲国货币兑换成$1/e$单位的乙国货币;再将所获得的乙国货币存入一家乙国银行,12个月后获得以乙国货币表示的利息i^*/e,于是期末投资者所持有的乙国货币增值为$(1+i^*)/e$;最后,将这一以乙国货币为面值的资金在外汇市场上兑换成甲国货币,假定此时的汇率为 e_f,则这笔乙国货币可兑换回的甲国货币为 $\frac{1}{e}(1+i^*) \times e_f = \frac{e_f}{e} \cdot (1+i^*)$。由于 1 年后的即期汇率 e_f 是不确定的,因此,这种投资方案与前者相比增加了一定的外汇风险,也就是说,1 年后的投资收益是不确定的。为了避免这种汇率变动带来的风险,投资者通常会将套利活动与掉期交易结合进行,即在即期买进外币的同时,购买 1 年后交割的远期合约,实施套补套利,以保证赚取的是无风险收益。假定这一远期合约约定的远期汇率为 f(直接标价),这样,1 单位本国货币最终可增值为 $\frac{f}{e}(1+i^*)$。

通过 A、B 两个方案的分析,分别得出投资于甲、乙两国金融市场的最终货币持有额。选择哪种投资方式取决于两种方式收益率的比较。如果 $1+i<\frac{f}{e}(1+i^*)$,则应将资金投资于乙国金融市场;若 $1+i>\frac{f}{e}(1+i^*)$,则应将资金投资于甲国金融市场;如果 $1+i=\frac{f}{e}(1+i^*)$,则投资于两个市场的收益是相同的。

国际金融市场上存在着众多的投资者,他们都同时面临着同样的决策问题。如果 $1+i<\frac{f}{e}(1+i^*)$,众多投资者都将资金投资于乙国金融市场,并同时购买 1 年期的远期合约,导致外汇市场上出现了即期购入乙国货币以及远期卖出乙国货币的行为。大量的外汇掉期交易使乙国货币的即期汇率上升,远期汇率下降;而甲国货币的即期汇率下降,远期汇率上升。这意味着甲国货币远期升水,乙国货币远期贴水。大量套利资金流动的结果是,投资于乙国金融市场的收益率下降,投资于甲国金融市场的收益率上升,直到这两种投资方式的收益率相同时,市场才处于均衡状态。

将公式 $1+i=\frac{f}{e}(1+i^*)$ 进行变形,改写为

$$\frac{f}{e} = \frac{1+i}{1+i^*} \tag{3-10}$$

从式(3-10)可知,如果 $i>i^*$,则 $f>e$;如果 $i<i^*$,则 $f<e$。也就是说,如果甲国利率高于乙国利率,则在外汇市场上甲国货币远期贴水,乙国货币远期升水。相反,如果甲国利率低于乙国利率,则在外汇市场上甲国货币远期升水,乙国货币远期贴水。

将式(3-10)两边减 1,改写为

$$\frac{f-e}{e} = \frac{1+i-1-i^*}{1+i^*} = \frac{i-i^*}{1+i^*} \tag{3-11}$$

令 ρ 代表外币的远期升水率,即

$$\rho = \frac{f-e}{e} = \frac{i-i^*}{1+i^*} \tag{3-12}$$

进一步整理,可以得到

$$\rho(1+i^*) = \rho + \rho i^* = i - i^* \tag{3-13}$$

若忽略 ρi^*(数值很小),则可以得到

$$\rho \approx i - i^* \qquad (3\text{-}14)$$

这就是套补利率平价公式,它建立了升贴水趋向于两种货币之间的利差的约等式,表明了即期汇率、远期汇率与利差之间的关系。由此,可以得出套补利率平价的基本观点:远期差价是由各国的利率差异决定的,并且高利率货币在外汇市场上表现为远期贴水,低利率货币在外汇市场上表现为远期升水。汇率的变动会抵消两国之间的利率差异,从而使国际金融市场处于平衡状态。

2. 简评

套补利率平价具有很高的实践价值,在外汇交易中作为市场创造者的大银行基本上就是根据各国间的利率差异来确定远期汇率的升贴水率的。套补利率平价也作为指导公式被广泛应用于交易之中,对于理解远期汇率的决定,理解各国利率、即期汇率、远期汇率之间的关系有着重要的意义。在实证检验中,除了外汇市场激烈动荡的时期,套补利率平价基本上能够较好地成立。

但是这一理论也存在一些缺陷,具体表现为:第一,套补利率平价没有考虑交易成本。在实际的交易过程中,由于存在交易成本,国际套利活动的预期收益会受到影响。交易成本一般包括:国内筹资的交易成本、购买即期外汇的交易成本、出售远期外汇的交易成本等。因此,套利活动会在利率平价达到前停止。第二,套补利率平价假定国家间没有资本管制,资本可以在不同的国家间高度地自由流动,国家间形成了统一的货币市场。但事实上,在资本流动高度发展的今天,也只有少数发达国家存在完善的、开放的远期外汇市场,资金流动不受政府管制。第三,套补利率平价还假定用于套利的资金是无限的。当两国存在利差时,套利者可以以无限的资金进行套补套利,直到利率平价成立为止。然而,套利资金并不是无限的,因为持有外币资产本身具有一定的风险,以及套利本身存在一定的机会成本。随着套利资金的增加,这种风险和成本也会递增,这就限制了资金的套利活动。因此,在现实中,套补利率平价并非何时何处都成立。

(二)非套补利率平价

1. 基本形式

非套补利率平价与套补利率平价相同,投资者的投资决策取决于不同投资方案预期收益的比较。与套补利率平价不同的是,进行非套补套利的投资者是风险中立的,即对提供相同收益但风险不同的资产不加区分,在投资的初期不对国外投资资产进行远期套保,不进行风险规避。

套补利率平价是基于比较 A、B 两种投资方案得出的。假定还存在第三种投资方案,也就是将 1 单位的甲国货币投资于乙国,在投资初期,不进行掉期交易,也就是不同时卖出乙国货币远期而进行风险规避,在 1 年到期时,如果投资者预期 1 年后的汇率是 Ee_f,则在乙国金融市场投资的最终收入为 $\dfrac{Ee_f}{e}(1+i^*)$。

与套补利率平价相同,投资者的投资决策取决于不同投资方案预期收益的比较。沿用上例甲国投资者,当其成为非套补套利者的时候,持有甲国本币资产的预期收益率同样是甲国 1 年期的利息率 i,但持有乙国货币资产的预期收益率不再是外币利息率 i^* 加上远期外汇升水率 ρ,而是外币利息率加上预期的汇率变动率,用 E_ρ 表示。而预期汇率的

变动率为

$$E_\rho = \frac{Ee_f - e}{e} \tag{3-15}$$

非套补套利的投资者与套补套利的投资者的风险偏好不同。对于两种利率相同而风险不同的资产,风险厌恶型的投资者要求风险更大的资产提供更高的收益率作为风险补偿;风险中立型投资者则对风险持中立态度,对提供同等收益率而风险不同的资产不加以区分。进行非套补套利的投资者,是风险中立的。

如前文所述,投资者期末在乙国金融市场上得到的最终收入为 $\frac{Ee_f}{e}(1+i^*)$,这一结果是基于其对 1 年后即期汇率的预期,如果这一收入与投资甲国金融市场的收入存在差异,即 $\frac{Ee_f}{e}(1+i^*) \neq (1+i)$,则非套补的套利活动就会产生。随着套补利率平价活动的持续进行,国内外利率和即期汇率就会发生调整,最终使套利者无利可图,此时市场处于平衡状态,即 $\frac{Ee_f}{e}(1+i^*) = (1+i)$,经过类似于套补利率平价的推导,可以得到

$$E_\rho \approx i - i^* \tag{3-16}$$

式(3-16)就是非套补利率平价的一般表现式,它的经济含义是:预期的远期汇率变动率等于两国货币利率之差。当非套补利率平价成立时,如果本国利率高于外国利率,则意味着市场预期本币将贬值。

2. 简评

20 世纪 60 年代末布雷顿森林体系下固定汇率制的崩溃,使外汇投机活动日趋兴盛。投资者在外汇市场上的交易,更多的是出于外汇投机而不是资本保值的目的。因此,人们越来越关注非套补利率平价。由于非套补套利者为风险中性者,投资者投资时要承担汇率风险,如果未来即期汇率与投资者原先的预测不相符合,投资者就要承担额外的汇兑损益。此时,风险中立的投资者若对其采取无所谓的态度,那么非套补利率平价自然会成立。但事实上,投资者往往是厌恶风险的,在持有外币资产的时候就要求有额外的风险补贴,这一补贴的存在会导致非套补利率平价不成立。另外,由于汇率的预期变动率是一个心理变量,一般很难获得精确的数据进行分析。

第五节 汇率理论(下)

资产市场说是在 20 世纪 70 年代国际资本流动高度发展的背景下发展起来的。它的基本思想是将汇率看作两国资产市场供求存量保持均衡时两国货币的相对价格。与传统理论相比,资产市场说具有两个显著特点:一是将过去的汇率决定理论中的流量分析转为存量分析;二是将商品市场、货币市场和资本市场结合起来分析,形成了一般均衡分析。

资产市场说的假定前提有:外汇市场有效,国际资本完全流动,一国的资产市场包括本国货币、本币资产和外币资产。依据本国资产与外国资产是否完全替代,引出货币分析

法与资产组合分析法的差异。货币分析法假定本币资产和外币资产可完全替代,两个市场的供求平衡可以同时达到;资产组合分析法则认为本币资产和外币资产不可完全替代,两个市场的供求平衡需要分别予以考察。对商品市场价格是否存在黏性的假设,引出货币分析法中弹性分析与黏性分析的差异。本节主要对以资产市场说为代表的现代汇率理论进行介绍。

一、货币分析法

汇率的货币分析法是把汇率定义成两种货币的相对价格,并以此为出发点,研究两种货币的相对供给和需求的变化如何影响汇率。其中,具有代表性的是弹性价格货币分析法(flexible price monetary approach)和黏性价格货币分析法(sticky-price monetary approach)。

(一)弹性价格货币分析法

弹性价格货币分析法是资产市场理论中最简单的形式。该理论形成于20世纪70年代浮动汇率制开始出现的时候,由以色列经济学家雅各布·弗兰克尔(Jacob Frenkel)于1975年提出。开放的宏观经济学实际上是研究商品市场、劳动力市场、货币市场、外汇市场、本国债券市场和外国债券市场六个总量市场的学说。该模型假定本外币资产[本国债券和外国债券(foreign bond)]是完全可替代的,本国债券市场已经和外国债券市场融合成一个统一的市场,因此,六个市场变为五个市场。完全弹性的价格和完全弹性的工资已经保证了商品市场和劳动力市场的均衡。在浮动汇率制下,外汇可以自由地调整,使外汇市场达到供给和需求的均衡状态。货币市场均衡,即五个市场中第四个市场若达到均衡,则整个市场体系也将达到均衡。因此,货币模型把重点放在分析货币市场上货币供求的变动对汇率的影响上。

1. 基本模型

弹性货币分析模型的假设包括:商品总供给曲线是垂直的;商品价格具有完全弹性;货币供给是外生的;货币需求是稳定的;国际资本完全自由流动,非套补利率平价成立;购买力平价成立;本外币资产完全可替代。

由于货币市场的均衡决定了整个市场体系的均衡,因此,从本国和外国的货币市场均衡关系中开始分析。货币市场包括本国和外国的货币需求与货币供给。货币需求函数可写成

$$m_t^D - p_t = \alpha y_t - \beta i_t \quad (\alpha, \beta > 0) \tag{3-17}$$

$$m_t^{D*} - p_t^* = \alpha y_t^* - \beta i_t^* \tag{3-18}$$

方程(3-17)和方程(3-18)是以对数形式表示的广义货币需求方程。其中,m^D是对数形式的货币需求,p是对数形式的价格水平,y为对数形式的国民收入,i为利率水平,t代表时间下标,*代表外国变量参数。

假定本国和外国货币需求的收入弹性与利率弹性相等,并假定货币供给是由货币当局外生决定的,那么货币市场的均衡,即货币供给等于货币需求,可以表示为

$$m_t^D = m_t^S = m_t \tag{3-19}$$

$$m_t^{D*} = m_t^{S*} = m_t^* \tag{3-20}$$

联立方程(3-17)、方程(3-18)、方程(3-19)、方程(3-20),用国内表达式减去国外表达式,可以得到

$$p_t - p_t^* = (m_t - m_t^*) - \alpha(y_t - y_t^*) + \beta(i_t - i_t^*) \tag{3-21}$$

购买力平价在弹性货币分析中是持续成立的,它提供了本国价格水平与外国价格水平之间的关系:

$$e_t = p_t - p_t^* \tag{3-22}$$

将式(3-22)代入式(3-21)得到

$$e_t = (m_t - m_t^*) - \alpha(y_t - y_t^*) + \beta(i_t - i_t^*) \tag{3-23}$$

以上即为弹性价格货币分析法的基本模型。从模型中可以直观地看到,汇率是由本国和外国的货币供给水平、实际国民收入水平和利率水平通过对物价水平的影响决定的。

2. 各因素变动分析

弹性价格货币模型框架下,当经济中的某种因素发生变动时,汇率以及经济中的其他因素也会相应发生变动。以下分别以三种因素的变动来分析其对经济中汇率等因素的影响。

第一,本国货币供给增加。如图 3-2 所示,本国货币供给相对于外国货币存量增加,会导致外汇汇率上升,本国货币贬值。这是因为,当其他因素不发生变化时,本国货币供给增加[图 3-2(a)],造成现有价格水平上的超额货币供给,公众将增加支出来减少所持有的货币余额,由于产出不变,最终现有价格水平同比例上升[图 3-2(b)]。由于购买力平价的持续成立,在外国价格水平不发生变动的情况下,只有汇率上升才能维持货币市场的均衡[图 3-2(d)]。与以上分析相反,如果外国货币供给一次性增加,在其他因素不发生变动的条件下,外国价格水平将同比例上升,根据购买力平价,外汇汇率下降,本国货币升值。

第二,实际国民收入增加。从货币需求的角度考虑,在弹性价格货币分析法中,影响货币需求的因素为实际国民收入水平和利率水平。当本国的实际国民收入水平上升时,外汇汇率下降,本国货币升值。这是因为,在其他因素不发生变化的条件下,本国的实际国民收入上升,会导致本国货币需求增加,在名义货币供给不变的情况下,货币市场上出现供不应求的现象,为了使货币市场保持均衡,价格水平必须下降,直至实际货币余额恢复到原有的水平。根据购买力平价持续成立的条件,本国价格水平下降,会导致外汇汇率水平下降和本国货币升值。与此分析相反,外国实际国民收入水平上升,导致外国价格水平下降,根据购买力平价,外汇汇率将上升,本国货币贬值。

第三,本国利率水平上升。如果本国利率水平上升,外汇汇率水平也将会上升,本国货币贬值。这是因为,在货币供给等其他因素保持不变的条件下,本国利率上升会降低货币需求,货币市场上出现供大于求的局面。为了维持货币市场的均衡,物价水平必须上涨,从而降低公众手中持有的实际货币余额,直至达到初始状态。根据购买力平价持续成立的要求,本国物价上涨,将引起汇率上升和本币贬值。与此分析相反,外国利率上升,将会导致外国物价水平上涨以及汇率下降和本币升值。

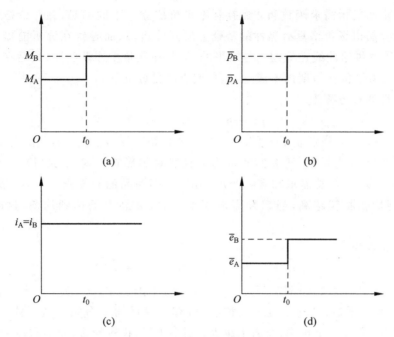

图 3-2 本国货币供给一次性增加对经济的影响
(a) 本国货币供应；(b) 本国价格水平；(c) 本国利率；(d) 本国汇率（直接标价法）

3. 简评

弹性价格货币分析法是建立在购买力平价持续成立的假定前提下的，它将购买力平价这一形成于商品市场的汇率决定理论创造性地运用于资产市场，并将汇率看作一种资产价格进行分析，对交易量很少情况下汇率频繁波动的现象具有很强的解释能力，为20世纪七八十年代西方国家政府在日益开放的金融市场上加强货币政策的协调和稳定汇率提供了重要的理论依据。模型中引入货币供给量、实际国民收入、利率等经济变量，能够比较全面地分析现实经济生活。然而，由于理论模型形成的假定条件相对比较严格，因此模型还存在一些不足之处，具体表现在：①它以购买力平价为理论前提，如果购买力平价在实际中难以成立的话，其理论的可信度就会大大降低；②它假定货币需求是稳定的，这一点在实证研究中存在争议；③它假定价格水平具有充分弹性，这一点尤其受到众多研究者的批评。事实上，商品市场上的价格调整不同于金融资产市场上的价格变动，它一般是比较缓慢的，在短期内表现为黏性，坚持上述观点的研究者将黏性价格引入货币模型。

（二）黏性价格货币分析法

黏性价格货币分析法又称为超调模型（overshooting model），由美国经济学家鲁迪格·多恩布什（Rudiger Dornbush）于1976年提出。多恩布什是在扩展的蒙代尔-弗莱明模型基础上推导出超调模型的，该模型的显著特点是将凯恩斯主义的短期分析与货币主义的长期分析结合起来。

1. 基本模型

与弹性价格货币分析法相同，黏性价格货币分析法也以对外开放的小国为分析对象，并假定有稳定的货币需求函数和非抛补利率平价成立。不同的是,黏性价格货币分析法是在短期内商品市场价格具有黏性的基础上展开分析,从而导致在分析前提下存在两方面的不同:①总供给曲线在短期内是水平的,但是在调整中逐渐变陡,最后在长期内变成垂线;②购买力平价在短期内不成立,但长期仍然是成立的。

价格黏性调整方程为

$$p_t - p_{t-1} = \delta(d_t - y_t) \tag{3-24}$$

其中,p_t 和 p_{t-1} 分别表示 t 和 $t-1$ 时刻的价格水平,d_t 为 t 时刻的总需求,y_t 为 t 时刻的实际产出,δ 为系数,所有的变量均为自然对数形式。式(3-24)说明,价格差或通货膨胀率 $p_t - p_{t-1}$,与总需求和实际产出的缺口,即商品的超需求 $d_t - y_t$ 成比例,超额需求越大,通货膨胀就越高,当超额需求等于零时,商品市场达到均衡,这时的通胀率为零。

总需求方程为

$$d_t = \gamma y_t - v i_t + \omega(e_t - p_t + p_t^*) \tag{3-25}$$

其中,e_t 为 t 时刻的即期汇率,i_t 为 t 时刻的本国利率,p_t^* 为 t 时刻外国的价格水平,γ、v 和 ω 均为系数,其他变量定义如前,所有的变量均为自然对数形式(利率除外)。式(3-25)表明:实际产出越高,总需求越大;利率越低,投资越多,总需求越大;本国货币汇率越低(直接标价法下汇率的数值越大),本国商品的国际竞争力就越强,外国对本国商品的需求就越多,因此总需求也越大。

汇率预期方程为

$$E_t e_{t+1} - e_t = \lambda(\bar{e}_t - e_t) \tag{3-26}$$

其中,e_t 为 t 时刻的即期汇率,$\bar{e}_t$ 为由购买力平价决定的长期均衡汇率,$E_t e_{t+1}$ 为 t 时刻预期的 $t+1$ 时刻的即期汇率,λ 为系数,所有的变量均为自然对数形式。式(3-26)表明:在短期内即期汇率可能会偏离均衡汇率,但即期汇率的变化趋势是向长期均衡汇率收敛。

因此,预期的汇率与即期汇率的差额($E_t e_{t+1} - e_t$)与长期均衡汇率和即期汇率的差额($\bar{e}_t - e_t$)成比例。

在此基础上通过推导,多恩布什得出了他的汇率模型:

$$e_t = b_0 + b_1(m_t - m_t^*) + b_2(y_t - y_t^*) + b_3(p_{t-1} - p_{t-1}^*) \tag{3-27}$$

其中,$b_i(i = 0, 1, 2, 3)$ 为系数。与一般货币模型相比,黏性价格货币模型的显著特点是:汇率除了取决于相对货币供应量和相对实际产出外,还与前期的物价水平有关。

同时得到汇率超调模型:

$$e_t - \bar{e}_t = -\frac{1}{\lambda \beta}(p_t - \bar{p}_t) \tag{3-28}$$

其中,$\bar{e}_t$ 和 $\bar{p}_t$ 为 t 时刻的长期均衡汇率和均衡价格水平,$-1/\lambda\beta$ 为系数。式(3-28)表明,即期汇率对均衡汇率的偏离程度 $e_t - \bar{e}_t$,与商品价格对其均衡价格的偏离程度 $p_t - \bar{p}_t$ 成比例。价格偏离越大(即价格黏性越大),汇率偏离也越大。由于商品市场价格黏性的存在,当货币供给一次性增加以后,本币汇率的瞬时贬值程度大于其长期贬值程度,称这一现象为汇率超调。当价格偏离等于零,即价格呈完全弹性时,汇率偏离也等于零,这时就不存在汇率超调了。

2. 因素变动分析

这里仅分析货币供应永久性增加对价格与汇率造成的长期与短期影响。图 3-3 显示了货币供应、价格、利率与汇率的变化轨迹。虽然货币供应出现了跳跃式增加[图 3-3(a)],但具有黏性的价格无法呈跳跃式上涨,而是逐渐缓慢地调整到新的长期价格水平[图 3-3(b)]。利率则出现跳跃式下降,以此使货币需求出现大幅度增加,从而吸收突然增加的货币供应。当经济达到新的长期均衡时,通过价格上涨正好使货币市场重新取得均衡,因此利率恢复到原来的均衡水平[图 3-3(c)]。汇率则出现了超调现象(overshooting),即本币的瞬间贬值(由 $\bar{e}_A$ 点跳跃至 e_C 点)超过其长期贬值的幅度(即 $e_C > \bar{e}_B$),然后通过逐渐升值回到新的长期均衡水平[图 3-3(d)]。货币扩张导致本币在长期内存在贬值压力,但由于在调整过程中本国利率一直低于外国利率,按照利率平价说,本币又面临升值压力。要使这两种现象互相兼容,唯一可能的做法就是让本币汇率一开始过度下跌,即出现过调,然后逐渐上升回归到新的长期均衡水平。

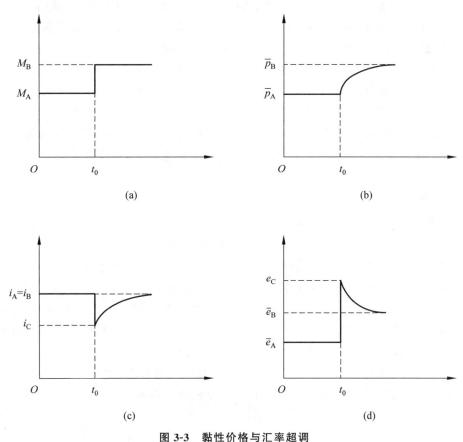

图 3-3 黏性价格与汇率超调

(a) 本国货币供应;(b) 本国价格水平;(c) 本国利率;(d) 本国汇率(直接标价法)

3. 简评

黏性价格货币分析法是在货币模型的基础上展开的,同时又采用了商品价格黏性这一切合实际的凯恩斯主义的传统分析方法,对开放经济条件下的宏观经济进行了较为全面的论述。黏性价格货币模型研究了汇率的动态调整问题,可以被用于解释某些经济现象以及对汇率的长期变动趋势进行说明。通过模型分析得到,在浮动汇率制下,资金的自由流动会导致汇率的超调,而这一过程会给金融市场和实际经济带来巨大的冲击与破坏。完全的浮动汇率制并不是最合理的汇率制度,政府应该加强对经济运行特别是资本流动方面的干预与管理。因此,黏性价格货币分析法具有较强的政策含义。

黏性价格货币分析法和弹性价格货币分析法都是建立在货币模型分析基础之上的,因此具有一些相同的缺陷。比如:作为存量理论,超调模型同样忽视了对国际收支流量的分析,因此,还不是一个完整的汇率决定模型。资产组合模型在流量因素与存量因素的综合方面做出了努力。

二、资产组合分析法

1975年,美国普林斯顿大学教授威廉姆·布朗森(William Branson)提出了资产组合的汇率决定模型。资产组合分析法和货币分析法一样,也是将汇率看成外汇资产的价格,因此也是用资产市场分析方法来解释汇率的决定与变动情况。但资产组合分析法与货币分析法存在两点不同:①假定不同国家的货币资产之间并非完全替代关系,投资者不是风险中性的,因此非套补利率平价不存在,从而需要对本币资产与外币资产的供求平衡在两个独立的市场上进行考察;②将本国资产总量引入分析模型,本国资产总量制约着对各种资产的持有量,而经常账户的变动会对这一资产总量造成影响,因此经常账户的均衡或失衡在汇率决定的资产市场动态调整过程中起到重要作用,从而将流量因素与存量因素结合了起来。

(一) 基本模型

资产组合的汇率模型认为,本国居民可以持有三种资产:本国货币、本国政府发行的以本币表示的债券、外国政府发行的以外币为面值的资产(具体可包括外币存款、外币债券等)。持有以本国货币表示的债券,可以获得收益或利息,同时也要承担拒付和债券市场价值波动的风险;持有本国货币没有风险,但也没有收益,持有本国货币的机会成本就是放弃的持有债券的收益;持有以外币表示的资产还要承担一些其他的风险,如外国货币贬值,则持有的外国债券以本国货币表示的资产价值下降,同时,持有外国债券也使持有者可以分散风险,因为使本国债券收益或利息下降的因素不一定同时存在于其他国家。在任何一时点上,投资者可以依据其对风险的偏好或厌恶程度、财产、国内外利率等因素选择其满意程度最大的资产组合。基本模型由下列方程构成:

$$W \equiv M + B + eF \tag{3-29}$$

$$M = m(i, i^* + \hat{e})W \tag{3-30}$$

$$B = b(i, i^* + \hat{e})W \tag{3-31}$$

$$eF = f(i, i^* + \hat{e})W \tag{3-32}$$

式(3-29)表明本国投资者拥有的金融财富(W)由本国货币(M)、本币债券(B)和外国发行的外币债券(F)组成。e代表一单位外币兑换本币的汇率。式(3-30)、式(3-31)、式(3-32)代表投资者对三种资产的需求函数,其中,m、b、f分别表示本国居民对本国货币、本币债券和外币债券的需求占全部财富的比例,满足财富分配约束,$m+b+f\equiv1$。$\hat{e}$代表当期到下一期本国货币的预期贬值率,因此$i^*+\hat{e}$代表外币债券以本币表示的收益率。存在风险溢价,无抵补利率平价不成立,所以$i^*+\hat{e}$不等于本币债券收益率(i)。

从货币市场来看,货币供给是由政府控制的,货币需求则是本国利率、外国利率和资产总量的函数。当本国利率及外国利率上升时,投资者都倾向于减少货币的持有,造成货币需求的降低;而资产总量增加时,对货币的需求也会增加。所以,货币需求是本国利率、外国利率的减函数,是资产总量的增函数。从本国债券市场看,本国债券供给同样是由政府控制的。本国利率水平提高时,投资者会更倾向于持有本国债券;外国利率水平提高时则相反。因此,对本国债券的需求是本国利率的增函数、外国利率的减函数、资产总量的增函数。从外币资产市场看,外币资产的供给是通过经常账户的盈余获得的,在短期内,假定经常账户状况不发生变动,因此外币资产的供给是外生的固定值。同理,对外币资产的需求是本国利率的减函数、外国利率的增函数,以及资产总量的增函数。

将式(3-30)、式(3-31)和式(3-32)代入式(3-29),经恒等变换可得

$$eF=W(1-m-b) \tag{3-33}$$
$$e=W/F(1-m-b) \tag{3-34}$$

将式(3-34)右边的变量归纳在一起可得

$$e=f(i,i^*,B,M,F,\hat{e}) \tag{3-35}$$

由式(3-35)可知,汇率(e)是本国和外国的利率(i,i^*)、本币债券和外币债券的持有量(B,F)、本国的货币存量(M)和本币的预期贬值率($\hat{e}$)的函数。

不同资产供求的不平衡都会带来相应变量——主要是本国利率与汇率的调整。由于各个市场是相互关联的,因此只有当三个市场都处于平衡状态时,该国的资产市场整体才处于平衡状态。这样,在短期内各种资产的供给量既定的情况下,资产市场的平衡会确定本国的利率与汇率水平。在长期内,对于既定的货币供给与本国债券供给,经常账户的失衡会带来本国持有的外币资产总量变动,这一变动又会引起资产市场的调整。因此,在长期内,本国资产市场的平衡还要求经常账户处于平衡状态。这样,本国的资产总量就不会发生变化,由此确定的本国利率与汇率水平亦将保持稳定。

在图3-4中,MM代表货币市场均衡曲线,表示货币市场处于均衡状态下的汇率和利率的点的轨迹。如果e上升,财富的实际价值上升(外国债券的价值上升)将增加对实际货币的需求。在给定的货币供给下,对货币需求的上升会提高利率。对给定的债券支付,更高的利率也会由于债券价格的下降从而减少财富。这种利率的变动对财富的影响也会降低货币的需求,从而重新回到均衡。所以MM曲线向上倾斜,斜率为正。本国债券市场的均衡曲线是BB曲线,表示在本国债券市场均衡状态下的汇率和利率的点的轨迹。

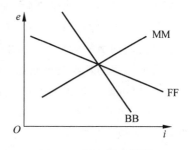

图3-4 资产组合模型

如上所述，e 上升会增加财富，而财富的增加会导致本国债券需求的增加，从而使本国债券的价格上升，而利率 i 随之下降，BB 曲线因此向下倾斜，斜率为负。外国债券市场的均衡曲线是 FF 曲线，表示在外国债券市场均衡状态下利率与汇率的点的轨迹。e 上升会增加财富总量，财富的增加会分散到三项资产中，在对本国债券需求大于外国债券需求的前提下，外国债券会出现超额供给。为了平衡外国债券市场，本国利率下降，从而增加对外国债券的需求，FF 曲线因此向下倾斜。因为利率既作为一个收益率，也作为一个财富效应，F 需求对它的敏感度较小，而 B 需求对它的敏感度较大，需要利率有较大的变动才能使 F 市场达到均衡，所以 FF 曲线比 BB 曲线要平滑。MM、BB、FF 三条线相交的点，代表三个市场同时达到均衡时决定的汇率和利率。

（二）资产组合的变动

均衡汇率在资产组合模型下是经过资产市场的动态调整得以形成的。任何资产组合发生变动都会打破这种平衡，汇率也会因此发生变动。资产组合的变动可以分成总量变动和结构变动，其中总量变动指一种（或两种）资产的供给量增加（或减少）而其他资产的供给量不变，结构变动是指两种不同资产之间的互换。资产组合模型可以进行短期分析也可以进行长期分析，短期分析主要针对资产存量，长期分析引入经常账户变化的流量分析。这里仅分析资产供给变动与资产市场的短期调整。

1. 资产总量变动的分析

这里举一个例子说明对资产总量变动的分析。例如：央行为财政赤字融通货币，此时货币供给量增加，私人部门财富增加，对本国债券、外国债券的需求增加。本国货币供给增加，MM 曲线左移到 MM′；本国债券与外国债券的供给不变、需求增加，于是在原有平衡点会出现两个市场的超额需求。在本国债券市场上，既定汇率下，对本国债券的超额需求会导致利率下降，BB 曲线左移至 BB′；在外国债券市场上，对于既定的本国利率，外国债券需求的上升将导致外币汇率升值、本币汇率贬值，FF 曲线右移至 FF′。三线相交，本币汇率贬值，本国利率水平降低，如图 3-5 所示。

2. 资产结构变动的分析

这里也举一个例子说明对资产结构变动的分析。例如：央行在本国债券市场进行公开市场业务，此时中央银行买入本国债券，私人部门持有本国货币增加，私人部门持有本国债券减少。货币供给增加时 MM 曲线左移至 MM′，本国债券供给相应减少时 BB 曲线左移至 BB′。由于外国债券供给不发生变动，因此 FF 曲线不变。新的平衡点表现为本币汇率贬值、本国利率水平下降，如图 3-6 所示。

以上分析的都是资产市场短期平衡时汇率的决定因素。资产市场的短期均衡必然有一个向长期均衡的调整，直至出现国际收支经常账户的余额为零。

至于汇率的长期均衡过程，可以描述为：当经济处于短期均衡时，经常账户可能表现出顺差，也可能表现出逆差；在浮动汇率制和政府对外汇市场不干预的条件下，经常账户的顺差（或逆差）意味着资本账户的逆差（或顺差），同时也意味着本国居民持有外国资产的增加（或减少），在重新平衡资产组合时，人们就会适当减少（或增加）国外资产，增大（或减小）本国资产的持有比例，从而使外汇汇率下降（或上升），而汇率的变动又会影响到经

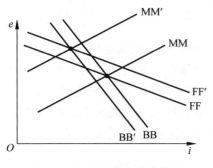

图 3-5 资产总量变动的分析

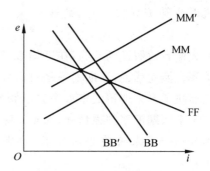

图 3-6 资产结构变动的分析

常账户差额的变动,正是这种反馈过程的持续反复进行,实现了汇率由短期均衡向长期均衡的过渡。当汇率的变动使经常账户出现平衡时,此时的经济也处于长期的平衡状态。

(三) 简评

资产组合的汇率模型以资产市场为分析重点,区分了本币资产与外币资产的不完全替代性,又将经常账户这一流量因素纳入存量分析之中,从而提高了汇率模型对各种因素的包容程度。另外,该模型对货币政策对经济产生的效应进行了较为精细的分析,因此还具有突出的政策分析价值。该模型的不足之处在于这一模型过于复杂,在很大程度上制约了运用。而且,该模型的某些变量(如本国资产总量)很难获得统计数据,使得实证分析格外困难。另外,经常账户本身还受到很多因素的制约,模型仅将经常账户长期必然为零作为均衡的条件,而实际的经济状况更为复杂。同时,资本与金融账户的自由流动也会极大地影响一国外币资产、本国债券以及货币存量的变动,而资产组合模型没有充分分析这个问题。

三、理性预期的汇率分析法

鉴于资产组合汇率模型难以检验的不足,以及货币主义汇率决定的长期特征,人们更关心的是寻找解释外汇市场及其汇率瞬间变化的规律和原因,以及预测即期汇率的方法。到目前为止,除利率平价说之外,其他汇率理论在这方面似乎都显得无能为力。市场有效性与理性预期的汇率分析法正是在这种条件下产生的。该理论不是从决定汇率的根本因素出发,而是把人们对金融市场上随时出现的信息作出的反应作为切入点,运用统计学和计量经济学的手段来研究即期汇率变化的规律。

理性预期的汇率分析法主要包括两个假说:随机漫步假说和无偏有效假说。

在市场有效、理性预期和投资者风险中立的假设前提下,运用统计学手段研究汇率运动规律时发现,即期汇率是按照被称为随机漫步的方式运动的,将来的即期汇率等于现在的即期汇率加上一个随机误差项。换句话说,随机漫步假说认为,各个时期即期汇率的变化是随机的、不可预测的,明天汇率水平高于或者低于今天水平的可能性是一样的。因此,对于明天汇率水平的最好预测就是今天的汇率。如式(3-36)所示:

$$e_{t+1} = e_t + u_{t+1} \tag{3-36}$$

其中,e_{t+1} 为 $t+1$ 时刻的即期汇率;e_t 为 t 时刻的即期汇率;u_{t+1} 为序列不相关的

随机误差项，$E(u_{t+1})=0$，则有

$$Ee_{t+1}=e_t \tag{3-37}$$

无偏有效假说则认为，在平均水平上，当前的远期汇率是远期合同到期日时适用的即期汇率。换句话说，远期汇率是对未来即期汇率的无偏有效预测。这是因为，远期汇率被认为反映了未来即期汇率水平的市场预期。这并不意味着在任何特定情况下用远期汇率预测未来即期汇率都很精确，而是意味着远期汇率不会持续高于或低于未来的即期汇率，即不断趋向于未来的即期汇率，预测误差变动是随机的，误差之和为零。如式（3-38）所示：

$$e_{t+1}=f_t+u_{t+1} \tag{3-38}$$

其中，e_{t+1} 为 $t+1$ 时刻的即期汇率；f_t 表示第 t 期市场上第 $t+1$ 期的远期汇率；u_{t+1} 为序列不相关的随机误差项，$E(u_{t+1})=0$，则有

$$Ee_{t+1}=f_t \tag{3-39}$$

随机漫步假说暗示即期市场是弱式有效的，而无偏有效假说则表明即期市场和远期市场都是有效的。虽然在对外汇市场的分析中，有效市场假说得到广泛的应用，但对理性预期理论的检验呈现出高度的不一致性，这是因为检验都是高技术性的，同时会遇到一些棘手的统计学问题。总之，对理性预期的汇率理论不能简单地接受或者拒绝，应以发展的观点来看待。

随着世界经济的发展与金融理论的演变，汇率决定理论经历了不同的发展阶段。从传统的国际收支说、购买力平价说、利率平价说到较新的资产市场说、随机漫步模型等，不同理论均从不同的角度分析了一国汇率的决定和影响因素，每种理论在解释汇率决定时又都不同程度地存在着不足。正是这些理论的相互补充，形成了多姿多彩的汇率理论体系。

本章小结

外汇是指以外国货币表示的、用于国际债权债务结算的支付手段。而汇率就是两种不同货币之间的折算比率。汇率有两种基本标价方法：直接标价法与间接标价法。对于某一特定国家来说，无论是采用直接标价法还是采用间接标价法，都只能表明本币与外币之间的折算比率，但对于国际金融市场上银行间的外汇交易来说，都是不方便的。为便于国家间进行外汇交易，银行间均采用美元标价法。

在金本位制度下，决定汇率的基础是铸币平价；在纸币制度下，决定汇率的基础是两种货币所具有的货币购买力。汇率的变动受到多种因素的影响，包括经济的和非经济的。经济因素主要有国际收支、通货膨胀、利率、经济增长率、财政赤字、外汇储备等；非经济因素主要涉及人的心理预期、政府干预、市场投机和政治局势等。这些因素交织在一起，使汇率变动具有很大程度的不确定性。同时，汇率的变动会对一国的物价、进出口贸易、资本流动、国际储备、国际经济关系等产生重大影响。

汇率决定理论是国际金融学的理论基石。各种汇率理论从不同的角度出发，阐述了

不同的学术观点。从对汇率问题研究的角度,可将汇率理论划分为从国际收支流量角度进行研究的传统汇率理论和从资产市场存量角度进行研究的现代汇率理论。传统汇率理论有国际借贷说、国际收支说、购买力平价说、利率平价说等,现代汇率理论主要包括货币主义的弹性价格货币模型、黏性价格货币模型、资产组合的汇率模型等。

传统汇率理论的代表学说有购买力平价说和利率平价说。购买力平价说认为两种货币之间的汇率取决于它们单位货币购买力之间的比例,包括绝对购买力平价和相对购买力平价两种形式,前者严格遵守一价定律,后者考虑了交易成本。利率平价说揭示了即期汇率和远期汇率与利差之间的关系,根据资金在移动过程中对风险是否规避,利率平价可以分为套补利率平价和非套补利率平价两种情形。

资产市场说是在20世纪70年代国际资本流动高度发展的背景下发展起来的。依据本国资产与外国资产是否完全替代,引出了货币分析法与资产组合分析法的差异。根据对商品市场价格是否存在黏性的假设,引出了货币分析法中弹性分析与黏性分析的差异。理性预期的汇率分析法主要包括两个假说:随机漫步假说和无偏有效假说。从传统汇率理论到较新的资产市场说和理性预期假说,虽然汇率决定理论得到了长足的发展,但迄今为止,汇率如何决定仍是充满挑战的研究领域。

1. 汇率是怎样标价的?根据不同的标价方法,应如何理解一国货币价值的升降?
2. 金本位制下,汇率决定的基础是什么?
3. 纸币本位制下,影响汇率变动的经济因素有哪些?
4. 什么是购买力平价的绝对形式和相对形式?
5. 套补利率平价理论和非套补利率平价理论的主要内容及应用价值有哪些?
6. 黏性价格货币模型和弹性价格货币模型的主要区别是什么?

人民币"内外价值背离"

自2005年7月人民币第二次汇率形成机制改革起,在实行参考"一篮子"货币、有管理的浮动汇率制度的同时,人民币汇率进入"小幅快升"的渐进升值轨道。2014年1月,人民币对美元名义汇率最高已经达到6.05的关口,8年多来人民币名义汇率升幅超过35%,实际有效汇率也升值超过30%。2005年开始,中国的物价水平步入上升趋势,8年多来,中国CPI(消费者价格指数)年均增幅为3.1%,人民币的国内购买力缩水较明显。在中国经济快速发展的过程中,确实存在着人民币"对外升值,对内贬值"的内外价值背离现象,图3-7和图3-8直观地说明了这一现象。

2015年"8·11"汇改调整了人民币汇率中间价的形成机制,人民币单边升值的态势逆转,贬值压力得到释放。"8·11"汇改后实施了一系列汇率市场化改革措施,人民币汇

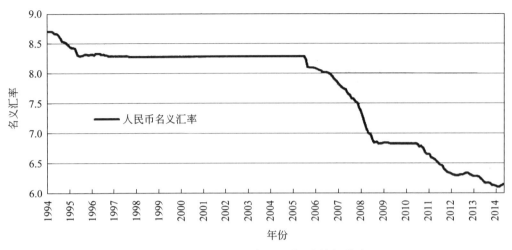

图 3-7　人民币对美元名义汇率（直接标价法）

图 3-8　中国 CPI 环比定基指数（1992 年＝100，截至 2014 年 4 月）

资料来源：CEIC。

率开始出现双向波动的新特征，人民币"内外价值背离"有所缓解。

国内外各界对于人民币"外升内贬"这一价值背离现象的认知和判断，一定程度上来自相对 PPP 理论对货币内外价值之间联系的阐述。相对 PPP 理论应用于人民币可以表述为：一方面，当中国的通货膨胀率（CPI 增幅）高于美国的通货膨胀率，人民币名义汇率应当贬值；另一方面，当人民币名义汇率升值时，由于外国物价水平提升，则国内的物价水平应当下降。事实上，2005—2014 年这段时期，无论 CPI 环比或 CPI 同比增幅，中国都要高于美国，同时人民币对美元汇率却在持续升值，因此出现了经典理论无法解释的悖论（图 3-7 和图 3-8）。

点　评

相对 PPP 理论无法解释人民币"外升内贬"这一价值背离现象的主要原因在于，相对 PPP 成立暗含了初期的汇率水平与绝对 PPP 所确定的均衡汇率相等或非常接近，但根据中国社会科学院世界经济与政治研究所测算的人民币PPP汇率,人民币汇率自1994年以来较PPP汇率存在大幅低估,则这一初始条件不成立。中国的通货膨胀率高于美国只能逐渐削弱这种低估,而无法完全填补低估缺口从而使人民币汇率的升值压力消失。因此,经典PPP理论失效,应该从其他视角来解释这一问题。

1. 巴拉萨-萨缪尔森效应的视角

根据巴拉萨-萨缪尔森假说的论述,通常本国和外国非贸易部门的劳动生产率增速接近,那么当本国贸易部门的劳动生产率增速大于外国时,本币实际汇率的升值幅度应当等于两国贸易部门生产率增速之差。然而,发展中国家多数实行低弹性汇率制,名义汇率波动幅度非常小或固定不变,而其国内物价上涨幅度无法达到本币实际汇率升值的幅度要求,因此名义汇率需要同时升值以弥补实际汇率被低估的幅度。2005—2013年,中国劳动生产率的年均增速约为9.3%,而美国的劳动生产率年均增速不超过1.4%,由于实际汇率升值由名义汇率升值和物价上涨共同实现,同期人民币名义汇率年升值幅度不足5%,且中国的通胀率涨幅高于美国。因此,巴拉萨-萨缪尔森效应从生产率增速和实际汇率联系的角度较好地解释了人民币"外升内贬"的现象。

2. 发达经济体QE政策和中国输入性通胀的视角

2008年后,美国、欧元区、日本、英国各自出台和实施了几轮不同数量的QE(quantitative easing,量化宽松)政策。发达经济体的QE政策,一方面,造成其货币供应量的大增,压低其汇率指数,并且各QE国家接近于0的利率水平会导致国际资本和热钱流向中国,从利率平价的渠道推动人民币汇率升值;另一方面,国际市场流动性泛滥,引发国际大宗商品和能源价格预期与事实的上涨,导致中国的输入性通胀。由于中国的利率水平高于各主要经济体,为避免国际热钱逃离和损害经济动力,短期内无法通过加息来抑制通胀,人民币汇率升值也可以成为防范和治理通货膨胀预期的措施之一。但如果人民币的升值幅度相比进口品价格上升幅度显著更小,则无法完全消除输入性通胀,从而人民币对外升值和对内贬值会同时存在。

3. 中国经济非均衡增长路径的视角

我国过于依赖投资的经济增长模式,导致货币和财政政策的重要工具——贷款和财政支出逐年递增,这对中国经济注入巨额的货币,在一定程度上造成超额流动性,加速了人民币价值的对内下降。同时,中国的经常账户和资本金融账户多年持续"双顺差",导致巨量的外汇储备积累,因此,人民币汇率需要升值以修正国际收支的失衡,并且中国多年来过于依赖出口导向和吸引FDI的政策,国际收支长期失衡造成人民币在外汇市场上长期需求大于供给,从而推动人民币汇率升值。中国经济发展方式的非平衡路径从一系列相互关联的方面影响着人民币汇率和国内物价水平,持续多年的累积效应造成了人民币内外价值背离。

第四章 外汇交易

【教学目的和要求】

了解外汇市场的特点,掌握汇率套算的方法,理解并掌握直接套汇和间接套汇的方法,掌握外汇远期汇率报价法,理解利率平价的含义,掌握套利的概念与基本方法,理解外汇期货交易和外汇期权交易的含义及特点。

【重要概念】

即期外汇交易 远期外汇交易 外汇掉期 升(贴)水 套汇 套利 外汇期货交易 套期保值 投机 外汇期权交易 看涨期权 看跌期权

【引言】

随着国际经济与贸易的发展,国际外汇交易也不断扩展。特别是浮动汇率制确立以后,国际汇率频繁而剧烈地波动,使得外汇交易中的风险日益增大。为规避各种汇率风险,外汇交易工具和技术也不断被创新。正确运用各种交易工具对于金融资产的升值和保值具有重要意义。

第一节 国际外汇市场

国际外汇市场是指在居民与非居民之间或非居民与非居民之间,按照市场机制进行外汇买卖的交易场所或营运网络。

一、国际外汇市场的特点和类型

(一)国际外汇市场的特点

国际外汇市场与其他国际金融市场相比,具有以下几个特点。

(1)国际外汇市场主要是无形市场。国际外汇市场通常没有固定的交易场所,在现实中是一个由电话、电传、电报、计算机终端和其他通信工具所构成的复杂的信息网络。国际外汇交易大都通过这一网络进行。计算机终端将各个市场连接起来,显示各个银行即时所报出的汇率。外汇交易员根据信息安排交易,交易结果立刻进入系统显示在计算机终端上。

(2)国际外汇市场是全日制市场。国际外汇市场是一个国际性的市场,不仅没有空间上的限制,而且也不受时间的限制。由于时差的存在,各个国际外汇市场随着地球的自转,一个市场收市,另一个市场开市,如此循环往复,形成一个 24 小时全天候运作的市场。

从北京时间看,11月至次年3月,凌晨5时起,大洋洲的惠灵顿和悉尼外汇市场相继开市,8时亚洲的东京外汇市场开市,9时起中国香港和新加坡外汇市场相继开市,下午3时起欧洲的法兰克福、苏黎世、巴黎和伦敦外汇市场相继开市,晚上9时半纽约外汇市场开市,凌晨5时芝加哥外汇市场收市而惠灵顿、悉尼外汇市场相继又开市,如此周而复始。另外,由于英国已放弃使用传统的格林尼治时间而改行欧洲标准时间,英国与欧洲大陆国家之间原来存在的1小时时差消失了,整个西欧的外汇市场统一了营业时间,而且与北美洲和亚洲的外汇市场的营业时间相衔接,并有部分重叠(表4-1)。

表4-1 全球主要外汇交易时间表

(北京时间周一上午5:00开始交易至星期六早晨5:00全球交易结束,周六、周日全球各市休息)

主要市场	当地时间	(11月至次年3月)北京时间	(4—10月)北京时间
惠灵顿	9:00—17:00	5:00—13:00	4:00—12:00
悉尼	9:00—17:00	7:00—15:00	6:00—14:00
东京	9:00—15:30	8:00—14:30	8:00—14:30
香港	9:00—16:00	9:00—16:00	9:00—16:00
新加坡	9:00—16:30	9:30—16:30	9:30—16:30
苏黎世	8:30—15:00	14:30—21:00	13:30—20:30
法兰克福	9:00—16:00	15:00—22:00	14:00—21:00
巴黎	9:00—16:00	17:00—00:00	16:00—23:00
伦敦	9:30—15:30	17:30—(次日)1:30	16:30—(次日)00:30
纽约	8:30—15:00	21:30—(次日)4:00	20:30—(次日)3:00
芝加哥	9:00—16:00	22:00—(次日)5:00	21:30—(次日)4:00
旧金山	8:30—15:00	23:00—(次日)6:00	00:00—(次日)7:00
洛杉矶	8:30—15:00	23:00—(次日)6:00	00:00—(次日)7:00

(3)国际外汇市场上的交易货币种类相对集中。由于美元作为一种主要的国际货币发挥着独特作用,美元被广泛地用作国际计值货币、储备货币、支付货币和干预货币,所以在国际外汇交易中,涉及美元的交易占据榜首。1999年1月1日欧元问世后,欧元在国家外汇市场的交易额迅速增长,取代了欧盟各国货币和日元,在国际外汇市场上与美元形成了并驾齐驱的局面。根据国际清算银行2022年的统计报告,按场外外汇市场交易规模排名的前六大货币对为美元欧元、美元日元、美元英镑、美元人民币、美元加元、美元澳元,其中,美元欧元的交易量占到22.7%。

(二)国际外汇市场的类型

按不同的划分标准,国际外汇市场可以分为以下几类。

1. 按存在形态划分

按存在形态,国际外汇市场可分为有形外汇市场和无形外汇市场。

有形外汇市场又称欧洲大陆式外汇市场。这种外汇市场有具体的外汇交易所,有固定的营业场所和规定的交易时间。除瑞士外,欧洲大陆的德国、法国、荷兰、意大利等国均有这种固定的外汇交易所。

无形外汇市场又称英美式外汇市场。这种外汇市场无具体的外汇交易场所。在无形外汇市场中,交易双方并不面对面地直接成交,而是通过电话、电传、计算机等通信网络来达成外汇交易。国际外汇市场以无形外汇市场为主。

2. 按外汇交易的主体划分

按外汇交易的主体,国际外汇市场可分为广义外汇市场和狭义外汇市场。

广义外汇市场是指进行一切外汇交易的市场,这里的一切外汇交易既包括银行间的外汇交易,也包括银行与一般客户之间的交易。

狭义外汇市场仅指银行同业之间进行外汇交易的市场。这种外汇市场又称批发市场,通常有最小成交金额的限制。与此相对应,银行与一般客户之间进行外汇交易的市场又称零售市场,无最小成交金额的限制。

3. 按外汇交易的种类划分

按外汇交易的种类,国际外汇市场可分为即期外汇市场和远期外汇市场。

即期外汇市场是进行即期外汇交易(spot exchange transaction)的市场,其交易客体是现汇。远期外汇市场是进行远期外汇交易(forward exchange transaction)的市场,其交易客体是期汇。

二、国际外汇市场的主体

国际外汇市场的主体包括外汇银行、外汇经纪商、外汇交易商、顾客和中央银行等五大类。

(一)外汇银行

外汇银行是国际外汇市场最核心的主体,在一些国家被称为外汇指定银行或外汇授权银行,是指经过本国中央银行批准或授权经营外汇业务的银行。外汇银行可分为专营或兼营外汇业务的本国银行、设在本国的外国银行分行和其他金融机构。外汇银行既是国际外汇市场上联结外汇供求双方的中介纽带,也是国际外汇市场上的造市者(market maker),经常地、大规模地从事某种国际货币的交易或某种类型的外汇交易,使该种国际货币或该种外汇交易得以形成市场。

外汇银行在国际外汇市场上主要进行两方面的活动:①代其客户在市场上进行外汇买卖,即办理代客买卖业务;②以自己的账户直接进行外汇买卖,即为了自身的利益,主动地参与银行同业市场上的外汇买卖,以调节外汇头寸,也称自营业务,其目的是规避汇率风险。目前,外汇银行外汇交易中的自营业务比重远远大于代客买卖业务的比重。

(二)外汇经纪商

外汇经纪商是指专门在外汇交易中介绍成交,充当中介,从中收取佣金的中间商。其主要任务是提供正确迅速的交易情报,以促进外汇交易的顺利进行。外汇经纪商并不是为自己的利益买卖外汇或持有头寸,而只是媒介客户成交,并依中介多寡收取佣金。由于外汇经纪商之间相互竞争激烈,现在外汇经纪商也纷纷开始自营外汇买卖。

(三)外汇交易商

外汇交易商本身经营外汇买卖业务。其运用自身的外汇,根据汇率在时间和空间上存在的差异,通过先买后卖,或先抛后补,或同时进出,来获得贱买贵卖的差额利润。其交易或者通过外汇经纪商接洽,或者直接向银行买卖,但以通过外汇经纪商的交易占大部分。

(四)顾客

外汇银行的顾客根据其交易目的可分为三类:①交易性的外汇买卖者。例如,进出口商为买入支付的外汇和卖出收入的外汇而进行外汇交易;投资者向国外投资而进行外汇交易;跨国公司为把海外投资的利润、股息、红利或利息收入汇回而进行外汇交易等。②保值性的外汇买卖者。例如,公司企业为避免汇率风险或国家风险而从事外汇交易。③投机性的外汇买卖者,即外汇投机者。他们参加国际外汇市场活动的目的是利用外汇市场汇率的变动,通过对汇率波动的预测,根据贱买贵卖的原则进行外汇交易,借以谋取利润。

(五)中央银行

中央银行是国际外汇市场的重要参与者。由于汇率变动会对本国国际收支和国内经济政策的实施产生重要影响,因此,中央银行在国际外汇市场上涉及本币的汇率发生剧烈波动时,便介入外汇市场交易,通过买卖有关外汇来干预外汇市场,借以缓和外汇市场的供求关系,稳定汇率,防止国际短期资本的大量流动对外汇市场产生猛烈冲击,保证政府实施既定的经济目标,并维持一个"有秩序的市场"。因此,中央银行既是国际外汇市场的参与者,又是国际外汇市场的操纵者。作为国际外汇市场交易的一员,多数中央银行与商业银行一样对某些货币只保留其营运余额,并为了清算而进行交易。与商业银行不同的是,中央银行一般不与公司企业直接进行外汇交易。

三、主要外汇交易系统

为了满足广大外汇交易者的需要,一些机构适时推出了一批先进的通信和信息处理工具。目前,世界上运用最广泛的是路透社(Reuters)终端、美联社(The Associated Press)终端和德励财经(Telerate System)终端。这是美国的路透新闻社、联合新闻社和德励财经资讯有限公司,利用自己分散在世界各地的信息员,广泛采集各种信息,并通过卫星、交易机、电传机、电话机及录音机,主要是信息终端机等先进的通信工具,以最快的速度向用户提供的服务。

(一)路透社终端

路透社终端机的操作很简单,其主要设备相当于一套带有打印机和传真机的计算机系统。用户通过邮电部门,将自己的终端机与路透社交易机联网后,交易员只需启动机器,通过键盘输入自己的终端密码,即可与对方银行联系。全世界参加路透社交易系统的银行达数千家,每个银行都有一个指定的代码,如中国银行总行的代码为BCDD。路透社终端提供的服务主要有:①即时信息服务;②即时汇率行情;③趋势分析;④技术图表分析;⑤外汇交易。交易员若想与某银行进行交易,在键盘上输入对方银行的代号,叫通后即可询问交易价格,并可与其还价。双方的交易过程全部显示在终端机的荧光屏上,交易完毕后即可通过打印机打印出来。这种由终端机打印出来的文件,既是双方交易的文字记录,也是最主要的交易依据。目前,路透社拥有世界上最大的私人租用的卫星和通信网络。

(二) 美联社终端

美联社终端的性质与路透社终端的性质大体一样,只是在提供的服务项目上略有不同。美联社终端提供的服务包括:①汇率服务;②外汇市场消息;③期货服务;④资本市场服务;⑤股票服务。

(三) 德励财经终端

德励财经终端是美国德励财经资讯有限公司提供的。参与德励财经终端的专家系统,包括世界各大交易中心的数千家外汇银行、外汇经纪商、证券公司、研究机构等。其每天24小时为用户提供外汇、证券、期货、商品等方面的价格行情,以及美联社的全球性新闻服务,还有市场评论、图表分析、走势预测等材料,信息内容广泛。

图表终端服务是德励财经的重要服务项目。图表终端服务是结合统计、电脑绘图而成的一套金融价格趋势图表技术分析工具,可供外汇交易人员和研究人员分析价格变动的走势,从而降低汇率风险和利率风险。

(四) 彭博资讯终端

彭博(Bloomberg)系统是美国的全球性资讯服务商推出的,总部在普林斯顿,彭博官网显示,截至2022年,全球共有32.5万彭博终端用户,该系统为多媒体实时系统,提供外汇、股票、期货、期权等金融产品的实时报价、图表分析和新闻,具有即时性、多媒体载体、历史性的特点。

(五) 美国银行间清算系统和环球银行金融电信协会系统

外汇市场上可供交易者利用的交易工具除了上述几种应用最广的交易工具外,比较著名的还有美国银行间清算系统(Clearing House Interbank Payment System, CHIPS)和环球银行金融电信协会(Society for Worldwide Interbank Financial Telecommunication, SWIFT)系统。

美国银行间清算系统创建于1970年,是全球最大的私营支付清算系统之一,主要进行跨国美元交易的清算。该系统将国内外各大银行的转账编入,主要处理大额转账。CHIPS的转账效率高,早已实现同日清算。

环球银行金融电信协会系统可在全球范围内帮助实现结算。SWIFT系统共有四个运行中心,其中一个正式运行,另外三个备用。该系统于1977年投入运行,SWIFT官网显示,截至2023年,该系统已发展为一个覆盖世界上200多个国家和地区,联结11 000多家金融机构,日处理报文84亿笔的金融通信网络。

SWIFT系统的业务范围按照电讯内容可分为九大类:①客户汇款;②头寸调拨;③外汇买卖和存放款业务;④托收;⑤证券和债券交易;⑥信用证;⑦特种付款,如信用卡;⑧借贷记账确认及寄送对账单;⑨文件资料。SWIFT系统的特点是内容标准化,处理电脑化,服务安全、可靠、迅速。

中国银行于1983年加入SWIFT,并于1985年5月正式开通使用,之后我国的各国有商业银行及上海和深圳的证券交易所,也先后加入SWIFT。进入20世纪90年代后,我国所有可以办理国际银行业务的外资银行以及地方性银行纷纷加入 SWIFT。SWIFT 系统、CHIPS 等构成了美元支付结算体系。为了应对国际金融风险,中国建立了自己的 CIPS(人民币跨境支付系统)和 CNAPS(中国现代化支付系统),构成人民币支付结算系统。

扩展阅读 4-1
中国建立 CIPS 和 CNAPS

四、主要国际外汇交易市场

国际清算银行(BIS)每 3 年发布的统计报告显示,2022 年 4 月,全球场外外汇交易市场日平均交易量为 7.51 万亿美元,自 2010 年同期以来,交易量已经增长了 89%。近 3 年里,从外汇交易的币种来看,美元作为全球外汇交易的主导货币地位不可撼动,其占比仍然保持在 88% 左右;交易活动量排名第二的欧元的作用有所下降,占比为 30.5%;人民币交易活动量增幅最大,占比从 4.3% 上升至 7.0%。

从外汇交易的市场来看,在过去的 12 年中,越来越集中于主要国际金融中心——英国伦敦、美国纽约、新加坡等,前六大外汇市场交易额占比由 2010 年的 75.8% 升至 2022 年的 82.0%。按日交易量排序世界六大外汇交易市场分别为伦敦外汇市场、纽约外汇市场、新加坡外汇市场、东京外汇市场、香港外汇市场和苏黎世外汇市场。

(一)伦敦外汇市场

伦敦外汇市场是历史最悠久的外汇市场,迄今仍然是世界上规模最大的外汇市场。据国际清算银行统计,伦敦外汇市场的日成交额占比从 2010 年的 37% 增至 2019 年 43.2%,达到历史最高点,2022 年回落至 38.1%。外汇日交易量逐步攀升,截至 2022 年 4 月,外汇日交易规模已达 3.755 万亿美元。

伦敦市场由英格兰银行核准的 300 多家外汇指定银行和 60 多家外汇经纪人组成,并分别属于外汇银行公会和外汇经纪人公会。外汇指定银行包括商业银行、清算银行和外国银行伦敦分行,其中全世界 100 家最大的商业银行几乎都在伦敦设立了分行。

伦敦外汇市场的主要特点:一是交易币种多,几乎包括所有可兑换货币;二是拥有世界上最先进的技术设备,并拥有一批训练有素的专门人才;三是地理位置适中。

(二)纽约外汇市场

纽约外汇市场是第二次世界大战后发展起来的国际外汇市场,是重要的国际外汇市场之一。其日交易量仅次于伦敦。根据 BIS 统计,截至 2022 年 4 月,纽约外汇市场的日成交额为 1.912 万亿美元,占比为 19.4%。

纽约外汇市场也是一个无形市场。外汇交易通过现代化通信网络与电子计算机进行,其货币结算都可通过纽约地区银行同业清算系统和联邦储备银行支付系统进行。由于美国没有外汇管制,对经营外汇业务没有限制,政府也不指定专门的外汇银行,所以几乎所有的美国银行和其他金融机构都可以经营外汇业务。但纽约外汇市场的参加者以商业银行为主,包括 50 余家美国银行和 200 多家外国银行在纽约的分支机构、代理行及代表处,它们是外汇市场的领导者。

纽约外汇市场上的外汇交易分为三个层次:银行与客户间的外汇交易、本国银行间的外汇交易以及本国银行和外国银行间的外汇交易。其中,银行同业间的外汇买卖大都通过外汇经纪人办理。纽约外汇市场有八家经纪商,虽然有些专门从事某种外汇的买卖,但大部分还是同时从事多种货币的交易。外汇经纪人的业务不受任何监督,对其安排的交易不承担任何经济责任,只是在每笔交易完成后向卖方收取佣金。

纽约外汇市场交易活跃,但和进出口贸易相关的外汇交易量较小。相当部分外汇交易和金融期货市场密切相关。美国的企业除了进行金融期货交易而同外汇市场发生关系外,其他外汇业务较少。它是世界上最大的美元结算中心。世界各地的美元交易,最后都必须在纽约的银行办理收付划拨和清算。由美国银行和外国银行分支机构组成的美国银行间清算系统每天处理数万笔同业间的美元收付,占世界银行同业间美元收付金额的90%左右。

(三) 新加坡外汇市场

新加坡外汇市场是在20世纪70年代初亚洲美元市场成立后,才成为国际外汇市场。据国际清算银行的统计数据,2013年新加坡超过日本成为世界第三大外汇交易活动中心。截至2022年4月,新加坡外汇市场日成交额达9 290亿美元,占比为9.4%。

新加坡地处欧亚非三洲交通要道,时区优越,上午可与香港、东京、悉尼进行交易,下午可与伦敦、苏黎世、法兰克福等欧洲市场进行交易,中午还可与中东的巴林进行交易,晚上与纽约进行交易。根据交易需要,一天24小时都同世界各地区进行外汇买卖。新加坡外汇市场除了保持现代化通信网络外,还直接同纽约的CHIPS和欧洲的SWIFT系统连接,货币结算十分方便。

新加坡外汇市场的参加者由经营外汇业务的本国银行、经批准可经营外汇业务的外国银行和外汇经纪商组成。其中外资银行的资产、存放款业务和净收益都远远超过本国银行。

新加坡外汇市场是一个无形市场,大部分交易由外汇经纪人办理,并通过他们把新加坡和世界各金融中心联系起来。新加坡外汇交易以美元为主,根据BIS的统计,截至2022年,美元交易约占交易总额的17.6%,人民币交易约占交易总额的21.7%,大部分交易都是外汇掉期及远期交易,两者合计占交易总额的2/3。汇率均以美元报价,非美元货币间的汇率通过套算求得。

(四) 香港外汇市场

香港外汇市场是20世纪70年代以后发展起来的国际性外汇市场,自1973年取消外汇管制后,国际资本大量流入,经营外汇业务的金融机构不断增加,外汇市场越来越活跃,发展成为国际性的外汇市场。

香港外汇市场是一个无形市场,没有固定的交易场所,交易者通过各种现代化的通信设施和计算机网络进行外汇交易。中国香港地理位置和时区条件与新加坡相似,可以十分方便地与其他国际外汇市场进行交易。根据国际清算银行2022年的统计数据,中国香港外汇市场是世界第四大外汇交易中心,其日成交额达到6 940亿美元,占比为7.1%。

(五) 东京外汇市场

2013年之前,东京外汇市场是仅次于伦敦、纽约的第三大国际外汇市场,2013年被新加坡超越,位居第四。2019年,中国香港超过东京成为世界第四大外汇交易中心,东京为世界第五大外汇交易中心。根据BIS统计,截至2022年,东京外汇市场日交易量达到4 330亿美元。

1964年,日本加入国际货币基金组织,日元成为可兑换货币,东京外汇市场逐步形成。1980年,日本政府颁布《新外汇法》,从根本上消除了外汇管制,从此东京外汇市场迅速发展。由于分居不同时区,东京同伦敦、纽约及新加坡占据了整个国际外汇市场的主导地位。

东京外汇市场的主要参加者有商业银行、外汇专业银行、短期金融公司、外国银行在日本的分行、非银行客户。非银行客户主要包括贸易商社、工业企业和其他外汇供求者。日本最大的6家贸易商社,控制了50%的进出口业务,是外汇市场上重要的交易者。

东京外汇市场的主要特点:一是交易货币单一,日元对美元的交易占整个交易量的90%左右。因此,东京外汇市场已成为决定美元交易水平的重要力量,并常常引导汇率趋势。二是市场交易种类较少、掉期交易较为活跃。东京市场外汇交易品种包括即期交易、远期交易和掉期交易三种。其中掉期交易较为活跃,占外汇市场交易量的60%以上。三是汇率波动幅度大,并呈加强态势。

(六)苏黎世外汇市场

苏黎世外汇市场没有外汇经纪人,所有外汇交易都在银行同业之间直接进行,参与的外汇银行有瑞士银行、瑞士信贷银行、瑞士联合银行等,还有外国银行在瑞士的分行、国际清算银行和瑞士中央银行即瑞士国家银行。

外汇交易中主要是瑞士法郎对美元的交易,对其他货币通过美元进行交叉买卖,因此瑞士法郎对美元的汇率是苏黎世外汇市场的主要汇率,瑞士法郎对其他货币的汇率采用美元进行套算。根据BIS统计,苏黎世外汇市场是世界第六大外汇交易中心,日成交额为3 500亿美元,占比为3.6%。

第二节 即期外汇交易

一、即期外汇交易概述

(一)即期外汇交易的含义和分类

通常人们把外汇买卖成交后的当时或成交后1~2个交易日实现交割的交易称为即期外汇交易(spot exchange transaction)。即期外汇交易是外汇市场上最常见、最普通的交易形式。

根据交易的金融资产的差异,即期外汇交易可分为外币现钞交易和银行汇票交易。

外币现钞交易是银行间或银行与其他外币现钞交易者之间的外币现钞买卖,这种外币现钞的买卖包括兑换现金、买卖外币旅行支票。外币现钞市场又可分为零售市场和批发市场。外币现钞零售市场,通常是出国旅游者和因公、因私出国者,因在国外消费时需使用当地货币或者通用货币,而以某种货币向该国的当地银行兑换本币,或者在居住地的银行兑换该国愿接受的旅行支票。随着国际旅游业的发展和国际交往的日益频繁,外币现钞零售市场也较为繁忙。在外币现钞零售市场发展的基础上,外币现钞批发市场也随之形成。它通常是银行间外币现钞和旅行支票的买卖。例如一家德国银行买进了大量的来自美国旅游者的美元现钞,这样它就形成了美元盈余(多头)。同时许多德国人又要去日本旅游,需向该德国银行买入大量的日元现钞,这样该银行又出现了日元亏空(空头)。于是它就在外币现钞批发市场卖出多余的美元,买入急需的日元,从而平衡外汇现钞的头寸。

在外币现钞交易市场中,零售的买卖差价一般要比批发的零售差价来得大。这主要是因为,银行经营外币现钞的零售买卖成本高、风险大。其具体表现在:第一,零售外币业务单笔数额少,交易成本高;第二,备付货币的种类多,备付比率(备付货币占交易货币的比重)高,货币周转速度慢;第三,现钞易被窃、盗、抢,风险大;第四,现钞交易中可能存在接受假币的危险。因此,银行在买入外币现钞时价格都要低于批发价。但要说明的一点是:银行买卖旅行支票的价格往往要比买卖现钞价格来得优惠。

银行汇票交易市场与外币现钞交易市场相比规模要大得多。目前即期外汇市场的交易额中,以银行汇票方式的交易量占总交易的90%以上。严格意义上的即期外汇市场是以银行汇票方式为特征的外汇交易市场。外汇银行的即期外汇交易主要来自两个方面的需要:第一,向进出口商或客户提供国际汇兑业务和投资业务;第二,自身外汇资金的调整和头寸的平衡。前者称为被动性外汇交易,后者称为主动性外汇交易。

(二)即期外汇交易的方式及内容

外汇银行向进出口商提供汇兑国际业务时,通常采用电汇方式。以顺汇方式为例,如美国芝加哥的进口商 A 从德国出口商 B 处买入价值 100 万欧元的机器设备,按合同规定需即期付款,为此进口商 A 欲向芝加哥所在地的 C 银行购入 100 万欧元,然后委托 C 银行以电汇方式付给德国出口商 B,银行 C 接受 A 的委托后,按当天的汇率为 1 欧元 = 1.200 0 美元的价格收取 120 万美元,然后用电汇方式通知其在出口商所在地的分行或代理行 D,在其存款账户中划拨 100 万欧元交付给出口商 B。这样 C 银行收进了 120 万美元本币,但在 D 银行的存款账户中减少了 100 万欧元,同时 A 与 B 之间的债务和债权得到了清偿。其具体过程见图 4-1。

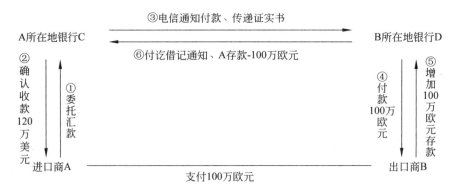

图 4-1 即期外汇交易的方式

以逆汇方式为例,如前例的德国出口商B需按合同规定以D/P(付款交单)托收方式收取款项,则需将这批机械设备装运上船后得到的有关单据,连同所开立的汇票,委托所在地银行D寄往美国芝加哥进口商所在地银行C,要求进口商付款赎单,当进口商支付120万美元给银行C后,银行D在银行C的存款账户中增加120万美元的存款,同时出口商B按1欧元=1.2000美元的汇率,在银行D的存款账户增加100万欧元。在顺汇业务中银行C是卖出外汇,在逆汇业务中银行D是买入外汇。

外汇银行在为进出口商和客户进行国际汇兑业务与投资业务中,由于处于一种被动交易的地位,在某一特定的时段内不可避免会出现某种外汇买入大于卖出,或卖出大于买入的情况,这种外汇买卖的差额称为汇兑头寸(exchange position)。当汇兑头寸超过一定的限额时,称为汇兑头寸失衡。如果卖出多于买入,称为"超卖"(oversold)或"空头"(short position)。如果买入多于卖出,称为"超买"(overbought)或"多头"(long position),这种风险被称为外汇敞口风险。外汇银行为了避免遭受汇率变动的风险,超卖部分必须及时补进,超买部分必须及时抛出,从而轧平头寸,使汇兑头寸控制在一定的范围内。同时,外汇银行还要根据外汇市场汇率的变动趋势,及时调整银行各种金融资产的持有结构和比例。这一切都促使外汇银行进行主动性的即期外汇交易,这种主动性的即期外汇交易通常是在银行之间进行的。假设德国某外汇银行当日的交易中,美元超卖1000万,英镑超买700万,如不马上平衡头寸,万一第二天开盘,美元的汇价上升、英镑的汇价下跌,那么该银行再补进美元、抛出英镑就会遭到一定的损失。于是该银行当天必须向当地有关银行或国外正在营业的外汇银行询价,力求以最合理的价格买入1000万美元,卖出700万英镑。一旦成交即日或次日就完成其交割,从而使暴露的风险化解。

(三) 即期外汇交易的程序及术语

除部分小额交易实行柜台挂牌交易外,通常外汇即期交易过程由询价、报价、成交、确认、交割五个步骤组成。

1. 询价

询价就是发起外汇交易的一方询问对方有关货币的买入价和卖出价,但并不一定需要表明自己希望买入还是卖出。除了买卖价格,询价的内容还应包括交易的币种、数量、交易方式、交割时间以及其他可能影响交易价格的因素。按照惯例,交易金额通常以百万美元为单位,以million表示,或缩写作Mio或M。

2. 报价

接到询价的银行交易员应迅速作出反应,及时向询价者报出相关货币现汇或期汇的买卖价格。因为交易双方对汇价的大致水平都非常清楚,所以报价时一般只报出最后两位数字。例如,英镑兑美元的即期汇率是1.5342/48,交易员只需报42/48即可。

3. 成交

询价者接到报价后需要在数秒钟内作出成交或放弃交易的表示。如果表示愿意以报价成交,报价者则必须以报出价格买卖外汇,不能反悔。如果询价者不满意该报价或者超过时间没有作出反应,则报价者可以撤销报价。外汇交易通信工具的多通道话音记录仪会把交易对话一字一句记录下来,打印出来的记录即可作为交易的原始凭证或交易合约。

4. 确认

由于询价、报价和成交都是通过电话、电传或电脑网络在非常短的时间内完成,因此需要交易双方当事人将交易的所有细节以书面形式确认一遍,以便清算工作的进行和日后的查询。

5. 交割

交割是指买卖双方在合同规定的日期一手交钱、一手交货的行为,即将卖出的外汇划入买方账户并收取相应款项的过程。这是外汇交易的最后一个过程,也是最有实质意义的过程。

由于外汇交易通过通信网络将买卖双方连接起来,它具有地域广阔、交易量巨大、时间性极强的特点,因此在交易中通行一些被公认的准则,交易术语规范而简短。在报价中 GBP 1＝USD 1.8510～1.8515,通常以 1.8510/15 报价,有时甚至以 10/15 来报价;买入以 Bid、Buy、Pay 来表示,卖出以 Offer、Sell、Giving 来表示。以下举例说明。

【即期外汇交易范例 1】

交 易 过 程	意 义 说 明
A：GBP 8 Mio	询价者 A 询价：英镑兑美元的价格 金额 800 万英镑
B：1.498 0/85	银行 B 报价：GBP 1＝USD 1.498 0/85
A：Sell GBP 8 Mio My USD TO A NY A/C	A 以 1.498 0 美元的价格卖出 800 万英镑,要求 B 将买入的美元汇入其在纽约的账户
B：OK DONE	B 回应此交易已成交
at 1.498 0 I BUY GBP 8 Mio AG USD	我以 1.498 0 美元的价格买入 800 万英镑
Val March 9	交割日为 3 月 9 日
GBP TO MY NY A/C	要求 A 将英镑汇入 B 在纽约银行的账户
Deal BI BI	谢谢 A 的惠顾
A：TKS BI BI	谢谢 再见

【即期外汇交易范例 2】

交 易 过 程	意 义 说 明
A：GBP 8 Mio	询价者 A 询价：英镑兑美元的价格 金额 800 万英镑
B：1.498 0/85	银行 B 报价：GBP 1＝USD 1.498 0/85
A：MY Risk	A 不满意 B 所报的价格,此价格不做交易,B 的报价此时不再有效。A 在数秒钟之内可再次向 B 询价
A：NOW PLS	现在再次询价
B：1.498 2/84	B 报价 GBP 1＝USD 1.498 2/84
A：Sell GBP 8 Mio My USD TO A NY A/C	A 以 1.498 2 美元的价格卖出 800 万英镑,要求 B 将买入的美元汇入其在纽约的账户
B：OK DONE	B 回应此交易已成交
at 1.498 2 I BUY GBP 8 Mio AG USD	我以 1.498 2 美元的价格买入 800 万英镑
Val March 9	交割日为 3 月 9 日

```
GBP  TO  MY  NY  A/C        要求 A 将英镑汇入 B 在纽约银行的账户
Deal  BI BI                 谢谢 A 的惠顾
A：TKS  BI BI               谢谢　再见
```

（四）影响报价的因素

在即期外汇交易中，由于报价者处于被动交易的地位，因此其报出的价格水平和价差直接影响即期外汇交易的利润与风险。如报出的价格水平偏高或偏低，就会导致某种货币过多地流入或流出，影响外汇头寸的平衡。报出的买入价和卖出价之间的差价越大，报价者的利润越大，但竞争力越弱；反之则相反。因此，报出一个既有竞争力又能获取较高利润的价格，是报价者市场应对能力的体现。通常，外汇交易员在报价时须考虑以下几个因素。

第一，报价行的外汇头寸。为规避外汇交易的风险，报价行总是力求保持外汇头寸的平衡。然而就某一时段而言，报价行的外汇敞口风险总是存在的。根据报价行的外汇敞口风险状况，通过合理的报价来降低外汇敞口风险，是外汇交易员在报价时必须考虑的。如即时报价行的 GBP 超买，USD 超卖，为平衡外汇头寸，在 GBP/USD 的报价中以略低于市场价格的价格卖出 GBP。当市场上 GBP/USD 的报价为 1.481 0/15，该行可以 1.480 8/13 报价，以提高 GBP 卖出的竞争力。

第二，经营业务的成本和利润。银行作为一个自负盈亏的经营企业，应客户的需要而买入或卖出某种外汇货币，从本质来讲，是向客户提供一种金融服务，在服务过程中它需要耗费一定的成本，需要垫支一定数量的资本，需要获取合理的利润，然而在银行业务中，其耗费成本的回补、合理利润的取得通常通过收取手续费或外汇买卖差价来实现。由于银行经营过程中固定成本的比重较大，其业务量越大，单位交易成本越低，所以，对于一些大额的交易，买入价可高些，卖出价可低些，具体表现在报价上，价差小些；对于一些交易频率较高的货币，如美元、欧元、英镑、日元、瑞士法郎的价差可小些。

第三，被报价货币价格的超短期走势。由于报价到确认成交之间有一个时间差，在市场剧烈波动的情况下，外汇交易员在报价时，需密切关注被报价货币价格的超短期走势。如果被报价货币呈上升走势，报价的价格水平应适当上移；如果被报价货币呈下降走势，报价的价格水平应适当下移。

第四，询价者的心理状态。由于询价者交易的目的不同，有的交易是为了支付贸易货款，其对于价格的敏感度反应不强，更关心的是服务质量。对于这类客户，报价的买入价水平可略低一些；卖出价略高一些。有的交易是为了投机，其交易的量通常较大，对于价格的敏感度反应极强，对于这类客户，报价可在市场平均价格的基础上，将买入价和卖出价之间的差价缩小一些。当交易员试探到询价者有强烈的买入意愿时，报出的卖出价可略高一点；反之，则将报出的买入价降低一点。

二、套算汇率与进出口报价

（一）套算汇率

在国际外汇市场中，通常以美元为货币汇率的中心，或者是以美元为单位货币，或者以美元为计价货币来表示与其他货币的兑换比率。如果要知道两种非美元货币之间的即期汇率,就要借助美元的汇率来进行套算,汇率套算的规则如下。

(1) 如果两种货币的即期汇率以美元为单位货币,那么,套算汇率为交叉相除。其计算公式为

$$货币 A 的汇率 = \frac{货币 B 买入价}{货币 A 卖出价} \sim \frac{货币 B 卖出价}{货币 A 买入价} = (货币 B)买入价 \sim 卖出价$$

例如,已知 USD 1=CHF 1.069 0~1.069 5,USD 1=JPY 90.620~90.625,求 CHF/JPY。

$$CHF\ 1 = JPY\ \frac{90.620}{1.069\ 5} \sim \frac{90.625}{1.069\ 0} = JPY\ 84.731 \sim 84.775$$

即每 1 瑞士法郎对日元的买入价为 84.731,卖出价为 84.775。

(2) 如果两种货币的即期汇率都以美元为计价货币,那么,套算汇率也是交叉相除。其计算公式为

$$货币 A 的汇率 = \frac{货币 A 买入价}{货币 B 卖出价} \sim \frac{货币 A 卖出价}{货币 B 买入价} = (货币 B)买入价 \sim 卖出价$$

例如,已知 GBP 1=USD 1.505 0~1.505 4,AUD 1=USD 0.915 2~0.915 6,求 GBP/AUD。

$$GBP\ 1 = AUD\ \frac{1.505\ 0}{0.915\ 6} \sim \frac{1.505\ 4}{0.915\ 2} = AUD\ 1.643\ 7 \sim 1.644\ 9$$

即每 1 英镑对澳大利亚元的买入价为 1.643 7,卖出价为 1.644 9。

(3) 如果一种货币的即期汇率是以美元为单位货币,另一种货币的即期汇率以美元为计价货币,那么,套算汇率时可先将以美元为计价货币的即期汇率换算为以美元为单位货币的汇率,然后再套用上述第一例计算方式。也可以直接采用同向相乘的方法,所得结果相同。

例如,已知 GBP 1=USD 1.505 0~1.505 5,USD 1=CHF 1.069 0~1.069 5,求 GBP/CHF。

先将 GBP 1=USD 1.505 0~1.505 5 换算为

$$USD\ 1 = GBP\ \frac{1}{1.505\ 5} \sim \frac{1}{1.505\ 0}$$

$$GBP\ 1 = CHF\ \frac{1.069\ 0}{1/1.505\ 0} \sim \frac{1.069\ 5}{1/1.505\ 5}$$

GBP 1=CHF 1.069 0×1.505 0~1.069 5×1.505 5

GBP 1=CHF 1.608 8~1.610 1

(二) 进出口报价

在进出口贸易中,计价货币通常是由双方协议确定的。由于计价货币的不同,再加上外汇交易中买入汇率和卖出汇率之间存在一定的差价,如果采用中间汇率来换算,势必影响进出口商品的实际成本,因此在进出口报价中需合理运用汇率的买入价与卖出价。

1. 本币折算外币时,采用银行买入价

如出口商的商品底价原为本币,国外客户要求改用外币报价,则应以本币与该外币的买入价折算。如某时点美元对人民币汇率为 USD 1=RMB 6.825 0~6.826 0,某出口产品

价格为 RMB 100 万元,现应客户要求按美元报价,其折算为 100 万元(人民币)÷6.825 0(美元买入价)＝146 520 美元。因为收款额 146 520 美元兑换人民币的银行买入价为 6.825 0,实收人民币为 100 万元。如按中间汇率或卖出汇率来折算,实收人民币必然低于 100 万元。

2. 外币折算本币时,采用银行卖出价

如某进口商进口商品的总价以本币为底价,在进口询价时以外币为计价货币,这时需以本币与该外币的卖出价折算。如果某时点美元对人民币汇率为 USD 1＝RMB 6.825 0～6.826 0,某进口商进口某商品的最高价为 500 万元人民币,那么在询价时,愿接受的最高价为 500 万元(人民币)÷6.826 0(美元卖出价)＝732 493 美元。因为按银行卖出价,进口商在买入 732 493 美元时的总价为 500 万元人民币。

三、套汇交易

套汇交易(exchange arbitrage transaction)指套汇者利用两个或两个以上外汇市场某些货币在汇率上的差异进行的即期外汇买卖,即在汇率低的市场买进某种货币,同时在汇率高的市场将其卖出。在一般情况下,各国外汇市场某种货币的汇率非常接近,但在某一时点也会出现较大的差异,当经过计算的汇率差额足以抵补资金调动成本时,就会引起异地套汇。套汇的结果使汇率低的那种货币需求增加、汇率上升,最终使不同外汇市场的货币汇率差趋于消失。套汇交易按其方式可以分为直接套汇和间接套汇两种。

(一) 直接套汇

直接套汇也叫两地套汇,指套汇者直接利用两国之间或两地(外汇市场)之间某种货币汇率差异,同时贱买贵卖该种货币的交易。例如,在伦敦外汇市场英镑对美元的汇率为 GBP 1＝USD 1.503 5～1.504 0,纽约外汇市场英镑对美元的汇率为 GBP 1＝USD 1.504 3～1.504 7,显然在纽约外汇市场上英镑的汇率高于伦敦外汇市场上英镑的汇率。此时套汇者可在伦敦外汇市场上卖出美元、买入英镑,同时在纽约外汇市场上卖出相同数量的英镑、买入美元。其运作可用下列关系图表示,见图 4-2。

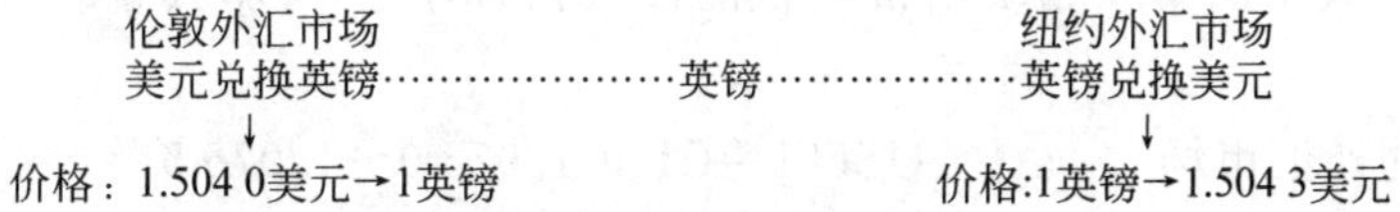

```
伦敦外汇市场                              纽约外汇市场
美元兑换英镑·········英镑·········英镑兑换美元
       ↓                                    ↓
价格:1.504 0美元→1英镑            价格:1英镑→1.504 3美元
```

图 4-2 直接套汇运作关系图

$$收益率(毛利率)=\frac{1.504\ 3-1.504\ 0}{1.504\ 0}=0.019\ 9\%$$

如套汇金额投入 1 500 万美元(单向),其毛利为 2 985 美元,只要交易成本小于 2 985 美元,就会出现套汇交易,直到交易成本等于毛利为止。

(二) 间接套汇

间接套汇又称三角套汇,指套汇者利用两个以上不同外汇市场之间的货币汇率差,同时在多个外汇市场进行贱买贵卖的即期外汇交易。间接套汇实际上是通过套算汇率,寻找某种货币的相对低汇率进行买卖,从中获利。

例如：纽约外汇市场　　　　　　USD 1＝CHF 1.075 0～1.075 5
　　　苏黎世外汇市场　　　　　　GBP 1＝CHF 1.638 0～1.639 0
　　　伦敦外汇市场　　　　　　　GBP 1＝USD 1.535 0～1.535 5

通过套算汇率可知苏黎世外汇市场 USD 1＝CHF 1.066 75～1.067 75，显然苏黎世外汇市场美元的汇率低于纽约外汇市场，因此套汇者可在纽约外汇市场卖出美元、买入瑞士法郎，在苏黎世外汇市场卖出相同数量的瑞士法郎、买入英镑，同时又在伦敦外汇市场卖出英镑、买入美元。其运作过程和收益率可见表 4-2。

表 4-2　间接套汇运作过程和收益率

市场和交易	价 值	汇 率	货币流量		
			GBP	USD	CHF
纽约外汇市场卖出美元、买入瑞士法郎	USD 1	1.075 0		－1	1.075 0
苏黎世外汇市场卖出瑞士法郎、买入英镑	CHF 1.075 0	1.639 0	0.655 9		－1.075 0
伦敦外汇市场卖出英镑、买入美元	GBP 0.655 9	1.535 0	－0.655 9	1.006 8	
合计（收益）				0.006 8	0

如套汇金额投入 1 000 万美元（单向），收益（毛利）6.8 万美元，收益率为 0.68%。

间接套汇中，各外汇市场的汇率较为隐蔽，不如直接套汇来得直观，但仍有规律可循。通常人们首先把各外汇市场的标价都换算为直接标价，然后将各外汇市场交叉货币的买入价相乘，如其值＞1，表明套汇收益率大于 0。套汇方法为：在各外汇市场买入所在地的本币，卖出相应的外币，其收益率为：交叉货币买入价的乘积－1。如交叉货币买入价的乘积＜1，但交叉货币卖出价乘积的倒数＞1，表明仍可套汇。套汇方法为：在各外汇市场卖出所在地的本币，买入相应的外币。其收益率为：交叉货币卖出价乘积的倒数值－1。如交叉货币的买入价的乘积和卖出价乘积的倒数值都小于1，那么就表明套汇的收益率为负值。

例如：纽约外汇市场　　　　　　USD 1＝CHF 1.075 0～1.075 5
　　　苏黎世外汇市场　　　　　　GBP 1＝CHF 1.638 0～1.639 0
　　　伦敦外汇市场　　　　　　　GBP 1＝USD 1.535 0～1.535 5

将上述汇率换算为直接标价的汇率：

纽约外汇市场　　　　　　CHF 1＝USD 0.929 8～0.930 2
苏黎世外汇市场　　　　　　GBP 1＝CHF 1.638 0～1.639 0
伦敦外汇市场　　　　　　　USD 1＝GBP 0.651 3～0.651 5

买入价乘积＝0.929 8×1.638 0×0.651 3＝0.991 9＜1

卖出价乘积的倒数值＝$\dfrac{1}{0.930\ 2 \times 1.639\ 0 \times 0.651\ 5}$＝1.006 77＞1

收益率＝1.006 77－1＝0.677%

套汇方法为：在纽约外汇市场卖出 USD、买入 CHF，在苏黎世外汇市场卖出 CHF、买入 GBP，在伦敦外汇市场卖出 GBP、买入 USD。

第三节　远期外汇交易

一、远期外汇交易概述

（一）远期外汇交易的含义和作用

远期外汇交易（forward exchange transaction）又称期汇交易，是指在签订外汇买卖合同后，约定在未来某一时间进行交割的外汇交易。在签订远期外汇买卖合同时，买卖双方要在合同中写明交易的外币种类、金额、汇率及交割时间。远期外汇买卖的交割，通常以 1、2、3、6、9、12 个月为期，其中最多见的是 3 个月期的远期外汇交易。

远期外汇市场的主要参与者除远期外汇收支的进出口商外，还有短期外汇的债务人和债权人，以及从事外汇交易的谋利者。作为有远期外汇收支的进出口商和短期外汇的债务人与债权人，他们通常是汇率风险的厌恶者，他们从事外汇交易的最主要目的是避免贸易和金融上的外汇风险。例如，在国际贸易中，经常会碰到商务合同中的支付货币与进口商手中持有的货币不一致，而支付的时间又在将来的某一时期。为了避免在将来支付时因汇率变化带来的外汇风险，进口商就可以事先进行一笔远期外汇交易，买入在将来某一时期交割的外汇，固定其换汇成本。同样在国际借贷中，往往会碰到还贷货币和经营收益的货币不一致，为避免在还贷时的外汇汇率风险，借款人也可以进行远期外汇买卖，固定还款的金额。同时，远期外汇交易为外汇银行调整外汇资金结构和平衡头寸提供了方便。外汇银行在经营外汇交易中，存、贷币种之间的数量往往不平衡，而且存款期和还款期也不一致，为避免外汇头寸不平衡所带来的汇率风险，也需要外汇银行利用远期外汇交易来调整资金结构和平衡头寸。

（二）远期外汇交易的类型

1. 固定交割日的远期外汇交易

固定交割日的远期外汇交易是指交易双方约定在将来某一固定日期进行外汇交割的远期外汇交易。签订这种远期合同的进出口商或债权债务人一般已经签订了合同，合同约定了何时收取外汇或者何时支付外汇，所以通过固定交割日的远期外汇交易来规避外汇风险。

2. 择期交割远期外汇交易

择期交割远期外汇交易是指客户可以在某一段时间内任意选择交割日的远期外汇交易。它可以分为部分择期交易和完全择期交易两种。部分择期交易是指买卖双方约定客户可以在将来的某一时间开始到合同到期日的任意时间选择交割日。例如，某客户与银行在 6 月 15 日签订一笔 6 个月期以英镑买入 100 万美元的择期外汇合同，约定客户可以在 3 个月后至合同到期日的任意时间内进行交割，也就是说，客户可以在 9 月 15 日到 12 月 15 日的任意一天交割。完全择期交易是指客户可以选择在成交后的第三个交易日至到期日的任何一天进行外汇交易。若上例为完全择期交易，那么客户可以选择在 6 月 18 日到 12 月 15 日的任何一天进行交割。

3. 外汇掉期

外汇掉期(foreign exchange swap)是指在进行一笔外汇交易的同时,进行另一笔币种相同、金额相同,而方向相反、交割期限不同的交易。根据第一笔交易的交割时间,掉期可分为即期对远期(spot against forward)和远期对远期(forward to forward)。即期对远期是指买入或卖出一笔现汇的同时,卖出或买进一笔期汇。例如,美国 ABC 公司准备在法国证券市场投资 1 000 万欧元,预计 3 个月后收回,该公司可以在即期买入 1 000 万欧元的同时,卖出 1 000 万 3 月期远期欧元以规避汇率风险。远期对远期是指交易者在买入或卖出一笔期汇的同时,卖出或买进另一笔交割时间不同的期汇。

掉期业务是利用远期外汇交易进行避险的一个重要工具。假设美国 ABC 公司需要 1 000 万欧元投资于法国证券市场,计划 3 个月后收回。已知欧元与美元的即期汇率为 EUR/USD=1.337 2~1.337 4,3 个月的远期差价为 20/24,如何运用掉期业务规避公司面临的汇率风险?以下进行分析。

首先,计算远期汇率。要使远期汇率的买卖差价变大,就要把远期差价加到即期汇率上,得到的远期汇率为 EUR/USD=1.339 2~1.339 8。

其次,计算 ABC 公司买入即期欧元所需要的美元为

1 000×1.337 4=1 337.4 万美元(第一笔交易)

接下来,计算 ABC 公司进行保值卖出远期欧元得到的美元为

1 000×1.339 2=1 339.2 万美元(第二笔交易)

扩展阅读 4-2
人民币外汇掉期交易

这样,不管 3 个月后的即期汇率如何变化,ABC 公司都可以确切地知道其投资的成本和收益(假定投资品种为固定收益证券)。

4. 无本金交割远期

无本金交割远期(non-deliverable forward,NDF)是指合约到期后,交易双方并不进行合同基础货币,即本金的交割,而是根据合同确定的远期汇率与合约到期时即期汇率的差额,以可自由兑换货币(通常是美元)进行差额支付交易。实际上,无本金交割远期就是一笔远期合约,只是交割时不必交易本金,而只需支付合同的盈亏差额。

NDF 主要适用于存在汇率管制的国家的货币或国际上适用范围较窄的货币。发达国家的远期外汇市场非常活跃,很容易找到避险或投机的工具。可是在一些新兴市场和发展中国家,远期外汇市场发育程度低,并且存在着外汇管制,很难找到避险的工具。NDF 的产生很好地解决了这一问题,为市场主体提供了非常好的货币避险工具。

扩展阅读 4-3
人民币离岸 NDF 市场的兴衰

在 NDF 市场上进行交易的主要是拉丁美洲、亚洲以及东欧和俄罗斯等地区的货币。拉丁美洲货币的大部分 NDF 交易在纽约进行,东欧和俄罗斯货币的 NDF 交易也在纽约进行,而亚洲国家货币的 NDF 则一般在新加坡和中国香港市场进行交易。

二、远期外汇汇率

远期外汇汇率是指在远期外汇交易合同中确定的,在将来某一日期交割中所使用的

汇率。这一汇率一经确定,在交割时不受即期汇率波动的影响。

(一)远期外汇汇率的报价

远期外汇汇率的报价通常采用两种方式。

一种是直接标出远期外汇的汇率,例如:

即期汇率	GBP 1＝USD 1.635 0～1.635 5
30天期汇	GBP 1＝USD 1.637 0～1.640 0
60天期汇	GBP 1＝USD 1.642 0～1.648 0
90天期汇	GBP 1＝USD 1.649 0～1.656 0

这种方法主要为瑞士、日本等国采用。这种直接标出不同期远期外汇汇率的方式,对中小购买者来讲比较简单、明了,但是对于专业从事外汇交易的人来讲,则不够方便,因为他们更注重即期汇率与远期汇率之间的差价。

另一种是以即期汇率与远期汇率差价方式所标出的远期汇率,称为掉期(汇水)远期外汇汇率的报价方式。当某种货币(对另一种货币)的远期汇率大于即期汇率时,其差额就是升水(premium);当其远期汇率小于即期汇率时,其差额就是贴水(discount);当其远期汇率与即期汇率相等时,就是平价(par)。由于升、贴水是相对的,因此,甲货币对乙货币来讲是升水,那么乙货币对甲货币来讲就是贴水。

在直接标价法下,外币(单位货币)的远期汇率等于即期汇率加升水或即期汇率减贴水。在间接标价法下,本币(单位货币)的远期汇率等于即期汇率减升水或即期汇率加贴水。上述表述用公式可归纳为

$$远期汇率＝即期汇率＋升水－贴水;\quad F=S+p,-d(直接标价法)$$

$$远期汇率＝即期汇率－升水＋贴水;\quad F=S-p,+d(间接标价法)$$

假设苏黎世外汇市场美元对瑞士法郎的汇率分别如下:

	USD/CHF
即期汇率	1.060 0/08
1个月	50/70(p)
3个月	90/120(p)
6个月	280/320(p)

根据上述公式计算,USD/CHF 1个月的远期汇率为

$$USD\ 1＝CHF(1.060\ 0+0.005\ 0)～(1.060\ 8+0.007\ 0)$$
$$USD\ 1＝CHF\ 1.065\ 0～1.067\ 8$$

USD/CHF 3个月的远期汇率为

$$USD\ 1＝CHF(1.060\ 0+0.009\ 0)～(1.060\ 8+0.012\ 0)$$
$$USD\ 1＝CHF\ 1.069\ 0～1.072\ 8$$

USD/CHF 6个月的远期汇率为

$$USD\ 1＝CHF(1.060\ 0+0.028\ 0)～(1.060\ 8+0.032\ 0)$$
$$USD\ 1＝CHF\ 1.088\ 0～1.092\ 8$$

在国际外汇市场中,汇水标出时通常不注明升水或贴水,其升、贴水是通过汇水的排列方式和标价法的差异来进行判断的。由于银行远期外汇交易的风险大于即期外汇的交

易,因此银行必然以扩大买卖之间的差价来承担远期外汇交易的风险。根据这一经营原则,如在直接标价法下,汇水的排列是前小后大(小/大)为升水,那么在计算远期汇率时是即期汇率加汇水;如汇水的排列是前大后小(大/小)为贴水,那么在远期汇率就应在即期汇率的基础上减汇水。在间接标价法下,汇水的排列是前小后大(小/大)为贴水,前大后小(大/小)为升水,那么远期汇率等于即期汇率加贴水、减升水。总之,在远期汇率的计算中,无论采用何种标价方式,都按照汇水排列前小后大往上加、前大后小往下减这一原则来操作。表 4-3 显示了基于差价法的远期汇率报价。

表 4-3 基于差价法的远期汇率报价

期限	EURUSD			USDYEN		
	买价	卖价	中间价	买价	卖价	中间价
即期	1.089 7	1.090 1	1.089 9	118.27	118.37	118.32
1 周	3	4	1.090 3	−10	−9	118.23
1 个月	17	19	1.091 7	−51	−50	117.82
2 个月	35	36	1.093 4	−95	−93	117.38
3 个月	53	54	1.095 3	−143	−140	116.91
4 个月	72	76	1.097 3	−195	−190	116.40
5 个月	90	95	1.099 2	−240	−237	115.94
6 个月	112	113	1.101 2	−288	−287	115.45
9 个月	175	177	1.107 5	−435	−429	114.00
1 年	242	245	1.114 3	−584	−581	122.50

(二)升(贴)水与利率

在外汇交易中,即期汇率与远期汇率通常都有一个差额,即升水或贴水。那么,这个升(贴)水是怎么决定的?答案在于利率。根据利率平价原理,两种货币的远期汇率与即期汇率之差率,如果以年率来表示,大约等于金融市场上这两种货币的利率差。利率平价理论的形成基于这样一个原则,即在收支平衡的状态下,风险头寸相同的两笔投资应具有相同的回报率。如果回报率不同,势必导致套利行为,金融市场中的套利行为最终使风险头寸相同的两笔投资具有相同的回报率。下面根据利率平价理论来分析远期外汇升贴水与利率之间的关系。

假设在金融市场中,即期汇率、远期汇率和利率都只有一种报价,不考虑买入汇率和卖出汇率以及存款利率与贷款利率的差价;不考虑各金融市场中对资本移动的限制、交易成本、税收等因素。一个投资者在承受相同风险的条件下,他可以将一定数量的货币资产存入银行,到期收取本息;也可以将一定数量的货币资产兑换成另一种货币,并存入银行,同时卖出一份与存款期和存款本息额相同的远期外汇,到期交割后,同样以最初形式的货币资产返回。这两种方式对于投资者来讲,所承受的风险也基本上是相同的,其最终采取哪种方式,取决于哪种方式的收益大。然而对于银行来讲,在两种货币利率既定的条件下,通过调整即期汇率与远期汇率之间的差价,即调整升(贴)水,使上述两种方式投资的收益基本相同。否则势必导致两种货币的不平衡流动,这种不平衡流动直至两种投资方式都取得相同的收益。根据上述原理,可以推导出升水和贴水的计算公式。

例如,某金融市场 T_0 时的即期汇率 USD/CHF＝1.200 0,3 个月期(91 天)瑞士法郎的利率为 12%,3 个月期(91 天)美元的利率为 8%。

假设某投资者有资金 1 000 万美元,如果将美元存入银行,到期可得利息:
$$1\ 000\ 万 \times 8\% \times 3/12 = USD\ 20\ 万$$

如果将 1 000 万美元以 USD 1＝CHF 1.200 0 的汇率,兑换成瑞士法郎存入银行,可得利息:
$$1\ 000\ 万 \times 1.200\ 0 \times 12\% \times 3/12 = CHF\ 36\ 万$$

根据利率平价理论,两种投资方法得到的收益应该是相等的,那么 T_0 时 USD 3 个月以后的远期汇率应该是
$$\frac{CHF(1\ 200\ 万 + 36.4\ 万)}{USD(1\ 000\ 万 + 20\ 万)} = 1.212\ 2$$

远期差额＝1.212 2－1.200 0＝0.012 2,即升水 0.012 2。

从上面的例子,可以导出远期差额的计算公式。

设:H 为升(贴)水或远期汇水;I_1 为单位货币的年利率,I_2 为计价货币年利率;B_1 为单位货币利率计算的基础天数,B_2 为计价货币利率计算的基础天数;N 为存款期限;P_1 为单位货币的本金,P_2 为计价货币的本金;S 为即期汇率,F 为远期汇率。

$$F = \frac{P_2(1 + I_2 \cdot N/B_2)}{P_1(1 + I_1 \cdot N/B_1)} \tag{4-1}$$

由于
$$P_2 = P_1 \cdot S$$

因此
$$F = \frac{S \cdot P_1(1 + I_2 \cdot N/B_2)}{P_1 \cdot (1 + I_1 \cdot N/B_1)}$$
$$= S \frac{1 + I_2 \cdot N/B_2}{1 + I_1 \cdot N/B_1} \tag{4-2}$$

又由于
$$H = F - S$$

因此
$$H = S \frac{1 + I_2 \cdot N/B_2}{1 + I_1 \cdot N/B_1} - S$$
$$= S \left(\frac{1 + I_2 \cdot N/B_2}{1 + I_1 \cdot N/B_1} - 1 \right)$$
$$= S \frac{I_2 \cdot N/B_2 - I_1 \cdot N/B_1}{1 + I_1 \cdot N/B_1} \tag{4-3}$$

当 I 值和 N 值都较小时,那么 $1 + I_1 \cdot N/B_1$ 的值近似于 1。

这样就得出 H 的近似值等于
$$S \cdot (I_2 \cdot N/B_2 - I_1 \cdot N/B_1) \tag{4-4}$$

如果

则
$$B_1 = B_2 = B$$

$$H = S \cdot (N/B) \cdot (I_2 - I_1) \tag{4-5}$$

$$H/S = (N/B) \cdot (I_2 - I_1) \tag{4-6}$$

根据式(4-6)可知,远期外汇的升贴水率近似于两种货币同期的利率差,利率高的货币为贴水,利率低的货币为升水。用上面例子中的数据计算。

$$\begin{aligned}
H(近似值) &= S \cdot (N/B) \cdot (I_2 - I_1) \\
&= 1.2000 \times (3/12) \times (12\% - 8\%) \\
&= 0.0120(升水)
\end{aligned}$$

其升水率$(H/S) = 0.0120/1.2000 = 0.01 = 1\%$

而两种货币的利率差(3个月):

$$(I_2 - I_1) \cdot (N/B) = (12\% - 8\%) \times (3/12) = 1\%$$

但是要注意,当 I 值和 N 值都较大时,近似值与实际值的差距就会扩大。

三、远期外汇交易实例

(一)套期保值

为了在货币折算或兑换过程中保障收益或锁定成本,通过外汇衍生交易规避汇率变动风险的做法称为套期保值(hedging)。外汇远期合约是进行套期保值的最基本的金融衍生工具之一。其优点在于:当金融市场体系不完备、运行效率低下时,它是成本最低的套期保值方式。其原因是交易程序相对简单、不需要保证金、涉及资金流动次数少、公司财务决策方式简明等。

例如,某英国进口商达成了一笔大豆交易,合同约定3个月后支付300万美元。为避免3个月后美元兑英镑的即期汇价上升,使公司兑换成本增加,可与外汇银行签订一份美元远期多头合约,即买入3个月远期美元。这样,公司可以在贸易合同签订后,立即固定英镑和美元的换汇成本,将3个月后汇率变动的不确定性变为确定不变。从而无论到期日汇率如何变化,英国进口商需支付的英镑数量都完全固定。

运用远期合约进行套期保值不需要保证金。这意味着公司不需要初始投资资金,可以节省大量资金。如果签订贸易合同,即期汇率 GBP 1 = USD 1.8000,3 个月后的即期汇率为 GBP 1 = USD 1.7800。而公司以 GBP 1 = USD 1.7880 的汇率签订外汇远期合约,则公司通过套期保值节约了 7 541 英镑。但如果 3 个月后美元反而贬值,则套期保值的效果可能比不进行套期保值更糟。这表明套期保值的目的是使最终结果更加确定,但它不一定改进最终结果。

(二)投机

金融交易中,在没有基础性资产或负债的条件下,因为非常自信对重要经济指标的预测而进行衍生交易并从中谋取风险利润的情况,被称为投机性交易(speculative trading)。利用外汇远期合约投机,就要在预期外汇远期汇率将要上升时,先买进后卖出同一交割日期的外汇远期合约;在预期外汇远期汇率将要下降时,先卖出后买进同一交割日期的外汇远期合约。

例如,9月18日在伦敦外汇市场上,3个月美元的远期汇率为GBP 1＝USD 1.824 5,一投机者判断美元在今后3个月中将升值,远期汇率将下降。于是决定买入100万3个月远期美元,交割日为12月20日。如果美元升值,到10月18日,2个月美元的远期汇率为GBP 1＝USD 1.823 0,则卖出100万2个月远期美元,交割日也为12月20日。到期日投机者共获利451英镑[＝1 000 000×(1/1.823 0－1/1.824 5)]。但如果预测错误,利用远期合约投机就会产生损失。

(三) 套利

严格意义上说,套利交易(arbitrage trading)是时间套汇的一种形式。它与一般套汇的不同之处在于,一般套汇属于地点套汇,即利用不同金融市场之间的汇率进行外汇买卖,从而获取利润,而套利交易则是利用金融市场中,不同货币之间利率差和掉期率(升贴水率)之间的不一致,同时进行即期外汇和远期外汇的买卖,从中赚取利率差和汇率差利润。

假设某金融市场 T_0 时,即期汇率 USD 1＝CHF 1.200 0～1.201 0;

美元3个月期的年存款利率为2%;

瑞士法郎3个月期的年存款利率为4%;

3个月期美元的远期汇率为升水10～30。

某投资人 T_0 时点持有美元1 000万,如其将1 000万美元直接存入银行,3个月后可得美元本息:1 000万＋1 000万×2%×3/12＝1 005万;如其将1 000万美元在即期外汇市场兑换瑞士法郎,然后再将瑞士法郎存入银行,到期可得瑞士法郎本息:1 000万×1.200 0×(1＋4%×3/12)＝1 212万。为获取无风险或低风险的利率差和汇率差,他可以在 T_0 时,在存入瑞士法郎的同时,根据市场上3个月期的美元远期汇率(1.201 0＋0.003)＝1.204 0,以1 212万瑞士法郎买入3个月期美元的远期外汇1 006.64万美元(1 212÷1.204 0＝1 006.64),这样无论3个月后瑞士法郎的市场即期汇率怎样变动,他在实施美元远期外汇交割时总能获取1 006.64万美元,比在 T_0 时直接存入美元多得1.64万美元。

一般而言,套利法则为:如果两国货币间的利率差大于较高利率国家货币的远期贴水率,则投资于高利率货币;如果两国货币间的利率差小于较低利率国家货币的远期升水率,则投资于低利率货币。从理论上讲,这种货币之间利率差和掉期率(升贴水率)的不均衡是不可能长久存在的。因为一旦市场上出现上述情况,瑞士法郎的即期需求和美元的远期需求就会大幅度地增加,最终导致美元对瑞士法郎的掉期率提高,套利者就会无利可图。但是一个国家的货币政策和外汇率政策并非任何时候都一致,有时为了外汇收支的短期平衡,会刻意降低或提升掉期率。这无疑给金融市场的套利者提供了一种获利的机会,使其套利获得成功。由此可见,套利成功的前提是货币市场利率和外汇市场汇率之间的失衡。

第四节　外汇期货交易

一、外汇期货交易概述

期货交易(futures transaction)是指在集中性交易市场(交易所)以公开竞价方式买

卖期货合约的交易。期货根据其合约中的买卖对象,可分为商品期货和金融期货,金融期货又包括外汇期货(又称货币期货)、利率期货、股票指数期货和期权期货。尽管金融期货的历史比较短暂,但是发展异常迅速。外汇期货(foreign exchange futures)交易是一种买卖外汇期货合约的交易,外汇期货合约是交易双方订立、约定在未来某一日期以成交时所确定的汇率交收一定数量某种外汇的标准化契约。

与远期外汇交易相比,外汇期货交易有以下特点。

(1) 在集中的交易市场中进行。远期外汇交易通常是在一个抽象的、无形的市场中进行交易,买卖双方之间可以签订书面契约,也可以通过电话、电报、电传等方式成交,买卖双方互对合约承担法律责任,而且交易的时间不受限制。而外汇期货交易则是在一个有严格交易规则、统一的交易时间的集中的交易场所进行的,成交采取公开竞价的方式,双方竞价成交后,买卖双方之间不直接发生合约中的法律责任关系,而分别与交易所发生直接的法律责任关系,即买方与交易所发生的是买入合约的关系,卖方与交易所发生的是卖出合约的关系。

(2) 实行经纪人制度。为了有效地对整个交易进行监督管理,外汇期货交易都采用经纪人制度,只有交易所的会员才能直接进场从事交易,非会员的交易者只能委托属于交易所会员的经纪商或经纪人参与交易,并由清结算中心统一清算交割。而远期外汇交易可以是买卖双方直接协议成交,也可以委托经纪人买卖双方成交,交割清算也由买卖双方按合约规定运作。

(3) 实行标准化合约。在远期外汇交易中,合约的内容均由买卖双方自行议定。在外汇期货交易中,期货合约是一种标准化的合约,即交易的品种、每份合约的交易数量、价格的变动、交割的时间、交割的地点、每份合约应缴纳的保证金等都由交易所统一规定。下面以芝加哥商品交易所(CME)"国际货币市场"(IMM)中的期货合约为例进行说明。

① 合约的交易数量。交易所对不同种货币规定合约标的物的交易数量,例如,

欧元:每份合约 125 000 欧元

瑞士法郎:每份合约 125 000 瑞士法郎

澳大利亚元:每份合约 100 000 澳大利亚元

加拿大元:每份合约 100 000 加拿大元

日元:每份合约 1 250 000 日元

英镑:每份合约 62 500 英镑

单位合约标的物交易数量的标准化,有利于期货合约的对冲交易,简化期货交易的结算过程。由于每份合约标的物的交易数量是固定的,因此人们在交易中只能买卖这一标准数量的某一整倍数,实际操作中人们通常以买卖合约的份数来折算买卖某一标的物的数量。

② 最小变动价格。外汇期货交易中通常以某一单位货币的汇率来报价,在竞价成交中,成交价往往随行变动,但是成交价之间的最小变动值(通常称为刻度)是由交易所规定的。例如,在 IMM 中,规定英镑期货合约的最小变动价位为 2 个点,即 0.000 2 美元。假设某时点英镑的最高买入报价为 1.501 0 美元,与其相邻的报价只能是 1.501 2 美元和 1.500 8 美元,而不能报 1.501 1 美元和 1.500 9 美元。由于单位合约的交易数量为

62 500 英镑,因此单位合约的最小变动值为:62 500 英镑×0.000 2 美元/英镑＝12.5 美元,这样,交易者就可以根据成交价的变动值,计算出期货合约买卖中的盈亏值。

③ 每日价格波动限制。为了防止期货价格发生过分剧烈的波动,引起期货交易的混乱,除 IMM 外,大多数交易所通常对每种期货合约都规定每日价格波动的最大幅度,当某时点的价格达到了规定的最大幅度的波动,交易所就采取限制交易或停止交易的措施。

④ 交割。交易所对每种外汇期货合约只规定一个交割时点,在 IMM 中,对于到期未平仓的期货合约都必须在交付月份的第三个星期三,按合约规定的价格和指定的银行进行交割。

⑤ 保证金缴付比例。为确保履行合约,维护交易双方的利益,交易所规定期货的交易者必须缴纳一定比例的交易保证金,并按市价的变动逐日计算保证金的余额。

总之,实行标准化合约对于提高期货合约的流动性、控制交易中的风险是十分必要的。

(4) 实行逐日浮动保证金制度。在外汇期货交易中,期货交易者都必须按规定向交易所缴纳一定数量的保证金。在下单交易时所需缴纳的保证金称为初始保证金。在 IMM 中,规定每份英镑合约的初始保证金为 2 800 美元,期货交易者在开仓时每买或卖 1 份合约都必须在其保证金账户中存入 2 800 美元。开仓后,交易所的结算机构根据每天的结算价格计算出每个交易者未平仓合约的盈亏金额,并以此来增减其保证金账户的余额,当交易者保证金账户中的余额低于维持保证金限额以下时(在 IMM 中,每份英镑合约的维持保证金限额为 2 000 美元),交易所就通知交易者追加保证金,否则就强行对其持有的合约进行平仓。例如,某外汇期货交易者,在 T_0 时买入 1 份 9 月份到期的英镑期货合约,成交价为 GBP 1＝USD 2.000 0;在 T_1、T_2、T_3 时点,英镑期货(9月)结算价分别为 1.995 0 美元、1.990 0 美元、1.987 2 美元,那么其保证金账户中的余额见表 4-4。

表 4-4 逐日浮动保证金制度简介　　　　　　　　　美元

时点	成交价	结算价	盈亏	保证金余额
T_0	2.000 0	2.000 0	0	2 800
T_1		1.995 0	−312.5	2 487.5
T_2		1.990 0	−312.5	2 175
T_3		1.987 2	−175	2 000

到 T_3 时,交易所就通知该交易者追加保证金。如果该交易者无力追加保证金,交易所就对其英镑期货合约强行平仓,即在市场中卖出 1 份 9 月的英镑期货合约。假设即时成交价为 GBP 1＝USD 1.987 0,那么,其亏损额为 812.5 美元[(1.987 0−2.000 0)×62 500＝−812.5],交易所交还其保证金 1 987.5 美元。如果在 T_1、T_2、T_3 时点,英镑期货(9月)结算价分别为 2.005 0 美元、2.010 0 美元、2.012 8 美元,那么同期的保证金余额分别为 3 112.5 美元、3 425 美元、3 600 美元。显然,外汇期货交易通过实行逐日浮动保证金制度,实现其无负债的交易,并确保交易双方履行合约。由于在外汇期货交易中,保证金在合约总值中只占一个很小的比重,因此只要市场价格稍有一些变动,就会对交易者

的收益率产生较大的影响。

表 4-5 显示了外汇期货交易与外汇远期交易的比较结果。表 4-6 为外汇期货报价。

表 4-5 外汇期货交易与外汇远期交易

比较项目	外汇远期交易	外汇期货交易
交割日期	将来	将来
合约特点	量身定做,满足多样化需求	高度标准化
交易地点	场外交易	交易所内交易
交易信息	通常不公开	公开、透明
保证金要求	无	有初始保证金和维持保证金
合约实现方式	到期交割	提前对冲平仓或到期交割
清算	由双方信誉保证	清算所组织结算,为所有交易者提供保护
价格确定	银行报价或双方协商	公开叫价,撮合成交
价格波动限制	无	有

表 4-6 外汇期货报价

日元期货-￥12 500 000；$ per 100￥

到期期限	开盘	最高	最低	最新	结算	前一天未平仓合约
JUN	0.916 5	0.917 15	0.909 75	0.910 55	0.910 9	152 137
SEP	0.916 9	0.917 8	0.910 4	0.911 1	0.911 5	1 641
DEC	0.915	0.918 4	0.911 25	0.911 25	0.912 25	194

英镑期货-£62 500；$ per £

到期期限	开盘	最高	最低	最新	结算	前一天未平仓合约
JUN	1.412 1	1.422 1	1.409 1	1.420 5	1.421 2	162 974
SEP	1.411	1.422	1.409 3	1.420 2	1.421 3	2 027
DEC	1.411 9	1.421 6	1.409 8	1.421 4	1.421 3	2 014

瑞郎期货-CHF 125 000；$ per CHF

到期期限	开盘	最高	最低	最新	结算	前一天未平仓合约
JUN	1.114 5	1.116 4	1.110 4	1.115 4	1.115 3	43 598
SEP	1.116 2	1.118 9	1.113 2	1.118 1	1.117 9	445
DEC	1.120 2	1.121 3	1.115 9	1.121 3	1.120 5	42

欧元期货-€125 000；$ per €

到期期限	开盘	最高	最低	最新	结算	前一天未平仓合约
JUN	1.219 7	1.221 8	1.217 9	1.219 8	1.220 3	707 495
SEP	1.221 9	1.223 9	1.22	1.221 9	1.222 4	15 219
DEC	1.223 6	1.226	1.222 2	1.225	1.224 5	2 362

二、外汇期货交易实例

(一) 套期保值

尽管利用外汇期货进行套期保值原理与外汇远期类似,但外汇期货标准化的特征使得运用期货进行套期保值有以下特点。

(1) 只能进行部分套期保值,不能对全部头寸都进行套期保值。因为每份期货合约的金额固定,如果套期保值者预期将要收到的外汇或将要付出的外汇不是期货合约的整数倍,当事人就不能做完全的套期保值。例如,芝加哥商业交易所每份英镑期货合约的交易单位是 62 500,当事人如果已有 10 万英镑头寸,在这种情况下无论是买卖 1 份英镑合约还是买卖 2 份英镑合约,都不能实现完全套期保值,结果就有部分头寸面临风险。

(2) 基差的存在使得套期保值者需要承受基差风险。如果当事人需要保值的期限不是期货合约的到期日,那么当事人就需要在期货合约到期之前做反向交易进行对冲,而在到期之前期货价格和现货价格可能存在一定的价差,即基差,因而就需要承担一定的基差风险。

例如,美国 ABC 公司于某年 8 月 16 日需要 1 000 万欧元投资于法国证券市场,3 个月后收回投资,即期汇率为 EUR/USD=1.337 2,假设芝加哥商业交易所的欧元期货合约每份金额为 125 000 欧元,9 月份到期的协议汇率为 1.338 2,12 月份到期的协议汇率为 1.339 2。初始保证金为 2 430 美元,ABC 公司借入美元的利率为 8%。假设 ABC 公司无须补充保证金,且不考虑手续费等其他因素,ABC 公司应如何应用外汇期货业务来规避汇率风险?

因为 ABC 公司 3 个月后需要卖出欧元,为了避免欧元汇率下跌的风险,所以需要卖出欧元期货合约。但 3 个月后即为 11 月 16 日,所以只能卖出 12 月份到期的期货合约,卖出份数:$\frac{10\ 000\ 000}{125\ 000}=80$,须交保证金:$80\times 2\ 430$ 美元$=194\ 400$ 美元,保证金的机会成本或借入成本:$194\ 400$ 美元$\times 8\%\times \frac{3}{12}=3\ 888$ 美元。若 3 个月后,12 月份到期外汇期货汇率为 1.337 8,11 月 16 日的即期汇率为 1.336 5。ABC 公司买入 80 份 12 月份到期的期货合约对冲,在期货市场上盈利:$10\ 000\ 000\times(1.339\ 2-1.337\ 8)-3\ 888=10\ 112$(美元),在即期市场亏损:$10\ 000\ 000\times(1.337\ 2-1.336\ 5)=7\ 000$(美元)。两者相抵后,ABC 公司不但没有汇率损失,反而盈利 3 112 美元,这是由基差造成的。

(二)投机

1. 多头投机交易

例如,某年 12 月 20 日芝加哥商业交易所国际货币市场中,3 月份到期的英镑期货价格为 1.559 1 美元。某交易者预计,在近 1~2 个月内英镑的汇率将上涨,他决定买入 100 份 3 月份到期的英镑期货合约,价格为 1.559 1 美元,支付保证金 280 000 美元。到了次年的 1 月 25 日,英镑的汇率上升,3 月份到期的英镑期货也升到 1.580 0 美元,这时其账户中的保证金余额增至为 410 625 美元,增加了 130 625 美元。其计算方法如下:

$$(1.580\ 0-1.559\ 1)\times 62\ 500\times 100=130\ 625(美元)$$

再加上初始保证金 280 000 美元,保证金余额为 $130\ 625+280\ 000=410\ 625$(美元)。

此时该交易者认为,英镑汇率还将上升,英镑期货价格还将上涨,故继续持仓。到 2 月 10 日,英镑的期货价格升至 1.590 0 美元,这时该交易者认为,英镑的价格可能升至顶部,价格将下调,于是卖出 100 份 3 月份到期的英镑期货合约,对原有的仓位进行平仓,这时他获毛利 193 125 美元。其计算方法如下:

$$(1.590\ 0-1.559\ 1)\times 62\ 500\times 100=193\ 125(美元)$$

毛利率为：193 125÷280 000＝69％。

如果该交易者买入 3 月份到期的英镑期货后，英镑期货价格一路下跌，到 1 月 25 日已跌至 1.550 0 美元。他预计在近 2 个月内英镑汇率还将继续下跌，为了止损，他被迫对原有的多头仓位进行平仓，结果亏损 56 875 美元。其计算方法如下：

$$(1.550\ 0-1.559\ 1)\times 62\ 500\times 100=-56\ 875(美元)$$

亏损率为：56 875÷280 000＝20.31％。

2．空头投机交易

例如，某年 12 月 20 日芝加哥商业交易所国际货币市场中，3 月份到期的英镑期货价为 1.559 1 美元。某交易者认为，在近 2 个月内英镑的汇率将下调，英镑的期货价必然下跌，于是决定卖出 100 份 3 月份到期的英镑期货合约，支付保证金 280 000 美元。到 2 月 1 日，3 月份到期的英镑期货合约的价格果真跌到了 1.540 0 美元，这时该交易者决定对其原有的仓位进行平仓，即买入 100 份 3 月份到期的英镑期货合约，价格为 1.540 0 美元。在结算时他的毛利为 119 375 美元，计算方法如下：

$$(1.559\ 1-1.540\ 0)\times 62\ 500\times 100=119\ 375(美元)$$

毛利率为：119 375÷280 000＝42.63％。

如果该交易者卖出 3 月份到期的英镑期货后，英镑期货一路上涨，而且上涨的趋势近期内不会改变，为了止损，该交易被迫平仓，平仓价为 1.570 0 美元，其亏损达 68 125 美元，计算方法如下：

$$(1.559\ 1-1.570\ 0)\times 62\ 500\times 100=-68\ 125(美元)$$

亏损率为：68 125÷280 000＝24.33％。

第五节　外汇期权交易

一、外汇期权交易概述

（一）外汇期权交易的含义

期权交易（options transaction）是指期权买入者在支付了一定的期权费（premium）后，能在未来某特定时间以特定价格买进或卖出一定数量的某种特定商品的权利，同时作为收取期权费的期权卖者则必须负履约的责任。期权交易无非是一种选择权的买卖，买入期权者在支付了一定的期权费后，可在有效期内拥有行使或放弃协议的权利；而卖出期权者在收取了一定的期权费后，在有效期内必须无条件地履行期权买入者要求行权的义务。期权合约和期货合约一样，都是金融衍生品，也是风险管理的新工具。

外汇期权（foreign exchange options）又称货币期权（currency options），是期权的一种，相对于股票期权、指数期权等其他种类的期权而言，外汇期权买卖的是外汇。外汇期权交易指交易双方在规定的期间按照约定条件和一定的汇率，就将来是否购买或出售某种外汇的选择权进行买卖的交易。期权买方在支付一定数额的期权费后，获得在未来约定日期或一定的时间内，按照规定汇率买进或者卖出一定数量外汇资产的权利，同时买方也有权不执行上述买卖合约。

期权交易与期货交易、远期合同交易的主要差别在于：合同成交后，期权的拥有者可以按规定履行合同，也可以放弃合同。如果日后的价格走势有利于买方，期权买入者就要求期权卖出者按规定履行合同；当日后的价格走势不利于买方时，期权买入者就可以放弃履行合约的权利。期权买方风险有限，仅限于期权费，获得的收益可能无限大；卖方利润有限，仅限于期权费，风险无限。在外汇远期和货币期货两种保值交易的基础上，外汇期权的产生不仅具有避免汇率风险、固定成本的同样作用，而且克服了远期与期货交易的局限，具有较好的灵活性。

（二）外汇期权交易的分类

（1）按期权合约持有者可行使交割权利的时间，外汇期权交易可分为欧式期权（European option）和美式期权（American option）。欧式期权是指买卖双方在达成期权交易协议后，期权买方只有到双方议定的时日才拥有是否履行合约的权利。假设，期权合约中，期权行使日为3月22日，那么只有在3月22日那一天，期权买入者才拥有是否履行合约的选择权。美式期权是指买卖双方达成期权交易协议后，期权买方可在合约有效期任何一个营业日内，行使要求期权卖方履行合约的权利。通常美式期权的期权费要高于欧式期权的期权费。

（2）按期权合约持有者的交易目的，外汇期权交易可分为看涨期权（call option）和看跌期权（put option）。看涨期权是指期权买卖双方在达成协议后，期权的买入者只能按协议的规定买入期权协议中的标的物。例如，某投资者以500美元的价格买入一份25 000英镑的看涨期权，这就意味着在规定的期限内，他只拥有按协议价买入25 000英镑的选择权，而无卖出25 000英镑的权利。看跌期权是指期权买卖双方在达成协议后，期权的买入者只能按协议的规定卖出期权协议中的标的物。例如，某投资者以400美元的价格买入一份25 000英镑的看跌期权，这就意味着在规定的期限内，他只拥有按协议卖出25 000英镑的选择权。

（3）按期权交易环境和方式的不同，外汇期权交易可分为场内期权和场外期权。场内期权又称交易所期权，和期货一样是一种标准化的期权，即期权的到期日、执行汇率、合约金额、交割地点等都是由交易所规定的，买卖双方能够决定的只有期权费。场外期权是通过电子通信网络或者交易双方协商在柜台上进行交易的期权。场外期权与场内期权最大的区别就是非标准化，它不是已经设计好的合约，而是买卖双方一起商定的合约，合约金额、协定汇率、合约到期日、期权费等都可以由买卖双方协商制定，所以它是一种"量身定做"的期权。不过为了提高交易效率，场外期权也有标准化的趋势。

（4）按期权合约交易的原生产品或基础资产的不同，外汇期权交易可分为现汇期权交易和外汇期货期权交易。现汇期权交易是指期权买方有权在期权到期日或以前，以协定汇价购入一定数量的某种外汇现货，称为买进选择权，或售出一定数量的某种外汇现货，称为卖出选择权。经营国际现汇期权的主要是美国的费城证券交易所、芝加哥国际货币市场（International Monetary Market in Chicago，IMM）和英国的伦敦国际金融期货交易所（London International Financial Futures Exchange，LIFFE）。外汇期货期权交易是指期权买方有权在到期日或之前，以协定的汇价购入或售出一定数量的某种外汇期货，即买入延买期权可使期权买方按协定价取得外汇期货的多头地位；买入延卖期权可使期权卖方按协定价建立外汇期货的空头地位。买方行使期货期权后的交割同于外汇期货交割,而与现汇期权不同的是,外汇期货期权的行使有效期均为美式,即可以在到期日前任何时候行使。经营外汇期货期权主要有芝加哥的国际货币市场和伦敦的国际金融期货交易所两家。

(三) 协定价格和期权费

协定价格(strike price)又称履约价格或敲定价格,是指期权购买者在行使期权时,向期权出售者买入或卖出一定数量金融商品时所执行的价格,这一价格通常在期权合约成交时,由买卖双方协议确定。这一价格一经确定,在规定的期限内,无论市场价格如何变动,只要期权买入者要求履行合约,期权卖出者就必须无条件地按协议价执行合约。

期权费(premium)是指期权买方在买进某种期权时,必须支付给期权售出方的费用,这一费用一经支付,不管期权买入者是否行使期权,均不予退还。通常期权的价格等于该期权的内在价值和时间价值。内在价值是指目前以协议价履行期权合约可获取的总利润,一份期权的内在价值是由协议价与现行市场价之间的差额来决定的。例如,一份英镑看跌期权的协议价为 1.550 0 美元,现时英镑的即期汇率为 1.548 0 美元,两者之差为 0.002 美元,那么这时协议价 1.550 0 美元的英镑看跌期权的内在价值为 0.002(美元/英镑)×62 500(英镑)=125 美元。人们通常把即时履约就可获利的期权称为实值期权,把即时履约就亏损的期权称为虚值期权,把即时履约无盈亏的期权称为平值期权。期权费的高低,在相当程度上取决于期权的内在价值。由于市场的即期价格受各种因素影响,经常发生波动,而期权买入者所拥有的权利在一个有效期内是固定不变的,因此有效期越长,期权买入者获利的机会越多,而期权卖出者承担的风险也就越大。人们通常把期权的剩余有效时间内,由于市场价格变动所可能带来的增值,称为期权的时间价值。一般来讲,期权的剩余时间(有效期)越长,期权的时间价值越大,期权费也会相应增加。

二、外汇期权交易的盈亏平衡分析

期权交易双方在盈亏方面的一个重要特征是,期权买入者在交易中最大的损失就是支付的期权费,从理论上讲,其盈利则随着市场价格的有利变动而无限增加;而期权卖出者在交易中最大的盈利就是收取的期权费,其损失则随着市场价格的不利变动而无限增加。在实际交易中,由于交易的目的不同,交易者通常采用单一品种买卖和组合买卖的方式来谋利与控制风险。为此,需对单一品种买卖和组合买卖的盈亏平衡进行分析。

以下分别对看涨期权与看跌期权买方和卖方的盈亏平衡进行分析,对同一期权而言,买方和卖方的盈亏状况是对称的。期权组合是指在发行时间、数量、价格和方式上对不同期权进行组合,形成新的金融工具,以达到规避风险、保值增值的目的。期权组合策略较多,这里仅举一个看涨期权和看跌期权组合的例子说明。

(一) 买入看涨期权的盈亏平衡分析

例如,买入一份协议价为 GBP 1=USD 1.500 0,期权费为 GBP 1=USD 0.020 0,金额为 100 万英镑的美式看涨期权。在有效期内,如英镑的市场价格始终低于 1.500 0 美元,期权买入者则选择放弃行权,损失为 2 万美元,−0.02×1 000 000=−20 000(美元);如英镑的市场价格为 1.520 0 美元,期权买入者则选择行权,盈亏为零,(1.520 0−1.500 0−0.02)×

1 000 000＝0；如英镑的市场价格为1.550 0美元，期权买入者则选择行权，盈利为3万美元，(1.550 0－1.500 0－0.02)×1 000 000＝30 000(美元)。其盈亏情况如图4-3所示。

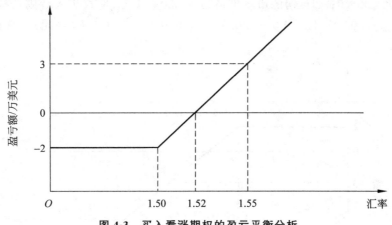

图4-3　买入看涨期权的盈亏平衡分析

（二）买入看跌期权的盈亏平衡分析

例如，买入一份协议价为 GBP 1＝USD 1.500 0，期权费为 GBP 1＝USD 0.020 0，金额为100万英镑的美式看跌期权。在有效期内，如英镑的市场价格始终高于1.500 0美元，期权买入者则选择放弃行权，损失为2万美元，－0.02×1 000 000＝－20 000(美元)；如英镑的市场价格为1.480 0美元，期权买入者则选择行权，盈亏为零，(1.500 0－1.480 0－0.02)×1 000 000＝0；如英镑的市场价格为1.450 0美元，期权买入者则选择行权，盈利为3万美元，(1.500 0－1.450 0－0.02)×1 000 000＝30 000(美元)。其盈亏情况如图4-4所示。

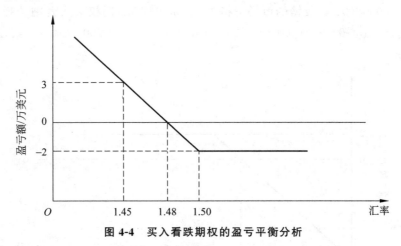

图4-4　买入看跌期权的盈亏平衡分析

（三）卖出看涨期权的盈亏平衡分析

例如，卖出一份协议价为 GBP 1＝USD 1.500 0，期权费为 GBP 1＝USD 0.020 0，金额为100万英镑的美式看涨期权。在有效期内，如英镑的市场价格始终低于1.500 0美元,期权买入者则选择放弃行权,盈利为 2 万美元,0.02×1 000 000＝20 000(美元);如英镑的市场价格为 1.520 0 美元,期权买入者则选择行权,盈亏为零,(1.500 0－1.520 0＋0.02)×1 000 000＝0;如英镑的市场价格为 1.550 0 美元,期权买入者则选择行权,亏损为 3 万美元,(1.500 0－1.550 0＋0.02)×1 000 000＝－30 000(美元)。其盈亏情况如图 4-5 所示。

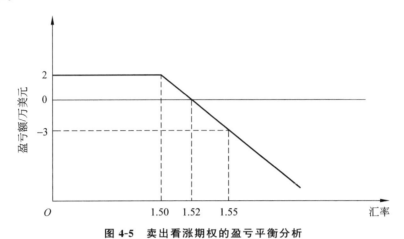

图 4-5　卖出看涨期权的盈亏平衡分析

（四）卖出看跌期权的盈亏平衡分析

例如,买入一份协议价为 GBP 1＝USD 1.500 0,期权费为 GBP 1＝USD 0.020 0,金额为 100 万英镑的美式看跌期权。在有效期内,如英镑的市场价格始终低于 1.500 0 美元,期权买入者则选择放弃行权,盈利为 2 万美元,0.02×1 000 000＝20 000(美元);如英镑的市场价格为 1.480 0 美元,期权买入者则选择行权,盈亏为零,(1.480 0－1.500 0＋0.02)×1 000 000＝0;如英镑的市场价格为 1.450 0 美元,期权买入者则选择行权,损失为 3 万美元,(1.450 0－1.500 0＋0.02)×1 000 000＝－30 000(美元)。其盈亏情况如图 4-6 所示。

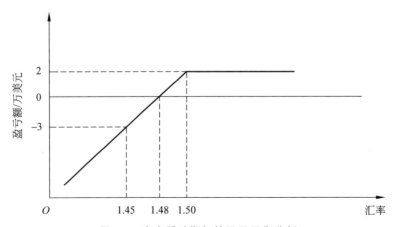

图 4-6　卖出看跌期权的盈亏平衡分析

（五）看涨期权、看跌期权组合买入盈亏平衡分析

例如，买入一份协议价为 GBP 1＝USD 1.500 0，期权费为 GBP 1＝USD 0.020 0，金额为 100 万英镑的美式看涨期权。同时，又买入一份协议价为 GBP 1＝USD 1.500 0，期权费为 GBP 1＝USD 0.010 0，金额为 100 万英镑的美式看跌期权。在有效期内，如英镑的市场价格始终等于 1.500 0 美元，期权买入者则选择放弃行权，损失为 3 万美元，$-(0.02+0.01)\times 1\,000\,000=-30\,000$（美元）；如英镑的市场价格为 1.530 0 美元，期权买入者则选择放弃看跌期权，行使看涨期权，盈亏为零，$(1.530-1.500\,0-0.03)\times 1\,000\,000=0$。如英镑的市场价格为 1.470 0 美元，期权买入者则选择放弃看涨期权，行使看跌期权，盈亏也为零，$(1.500\,0-1.470\,0-0.03)\times 1\,000\,000=0$；如英镑的市场价格为 1.450 0 美元，或 1.550 0 美元，期权买入者则分别行使看跌期权和行使看涨期权，盈利为 2 万美元。其盈亏情况如图 4-7 所示。

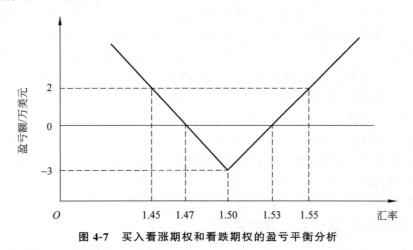

图 4-7 买入看涨期权和看跌期权的盈亏平衡分析

三、外汇期权交易实例

（一）场外现汇期权交易实例

例如，外汇市场某年 3 月 11 日的行情为英镑的即期汇率 GBP 1＝USD 1.500 0，询价后得知某银行期限为 6 个月的英镑美式看涨期权的协议价为 1.520 0 美元，期权费为 0.03 美元。投资人 A 预计 6 个月内英镑的价格将上涨到 1.600 0 美元。为此，买入有效期为 6 个月、金额为 1000 万英镑的美式看涨期权，支付期权费 30 万美元。到 8 月 20 日，英镑的即期汇率 GBP 1＝USD 1.590 0，投资者 A 决定行权，根据即期市场汇率和行权价的差价，期权卖出方（某银行）将 70 万美元汇入投资人 A 的账户。投资人 A 的盈利为 40 万美元。如到 9 月 10 日，英镑的即期汇率始终低于 1.520 0 美元，投资人 A 则放弃期权，亏损 30 万美元。

（二）场内现汇期权交易实例

例如，表 4-7 为某年 12 月 16 日《华尔街日报》登载的美国费城证券交易所英镑现汇期权的行市表。

表 4-7　美国费城证券交易所英镑现汇期权的行市表

英镑即期汇率	协议价（敲定价）	看涨期权费			看跌期权费		
		12月	1月	3月	12月	1月	3月
180.80	167.5	14.30	14.20	r	r	r	r
180.80	170	11.80	r	11.50	r	r	r
180.80	172.5	9.30	r	9.08	r	r	r
180.80	175	6.80	6.73	7.20	r	0.80	r
180.80	177.5	4.00	4.82	r	r	r	r
180.80	180.0	1.80	3.00	4.00	0.10	2.05	r

注：每份英镑期权合同的金额为 31 250 英镑，报价单位为美分，r 表示在价格下无交易记录。

假设，某投资者在即日买入 1 份 1 月份到期的英镑看涨期权，协议价 175 美分，每 1 英镑的期权费为 6.73 美分，总共支出 2 103.13 美元期权费（6.73 美分/英镑×31 250 英镑÷100＝2 103.13 美元）。交易所将这笔期权费转入期权卖出者的账户。假设在 1 月 5 日，英镑的即期汇率升至 185 美分，买入期权者提出行使期权，这时交易所即将其差额 (1.85－1.75)×31 250＝3 125 美元支付给该期权买入者。同时，交易所可对任何一个期权卖出者以 175 美分的协议价行使期权。如果到期英镑即期汇率始终低于 175 美分，该期权为虚值，显然其不会行使该期权，到期自然失效。

与此相对应，期权卖出者在卖出时，需按规定缴纳一定的保证金，同时又收取相应的期权费。如到 1 月份，英镑的即期汇率出现上升，为避免英镑汇率上升所带来的损失，该期权的卖出者可以在交易所内，通过对冲交易即买入协议价为 175 美分的 1 月份到期的英镑看涨期权，如成交价为 10 美分，需支付(1.85－1.75)×31 250＝3 125 美元，减去之前收到的期权费 2 103.13 美元，共亏损 1 021.87 美元。

（三）场内外汇期货期权交易实例

例如，表 4-8 为某年 12 月 16 日《华尔街日报》登载的美国 IMM 英镑期货式期权的行市表。

表 4-8　美国 IMM 英镑期货式期权的行市表

协议价（敲定价）	看涨期权费			看跌期权费		
	1月	2月	3月	1月	2月	3月
175.5	4.6	5.7	6.42	0.7	1.84	2.56
177.5	2.88	4.18	4.96	1.48	2.8	3.56
180	1.62	2.96	3.74	2.72	4.06	4.82
182.5	0.82	2.00	2.74	—	—	6.3
185.0	0.38	1.30	1.98			8.02
187.5	0.18	—	1.38		—	—

注：每份英镑期权合同的金额为 62 500 英镑，报价单位为美分。

假设，投资者 A 在即日买入 1 份 2 月份到期的英镑看涨期权合约，协议价 177.5 美分，每一英镑的期权费为 4.18 美分，合约的期权价格为 2 612.5 美元，4.18 美分/英镑×62 500 英镑＝2 612.5 美元。假设在 2 月 5 日，英镑的即期汇率升至 185.00 美分，即时 IMM 2 月交割的、协议价为 177.5 美分合约的期权费升至 8.68 美分，合约的期权价格为

5 425 美元,8.68 美分/英镑×62 500 英镑＝5 425 美元。投资者 A 决定以 8.68 美分卖出 2 月份交割的英镑看涨期权期货,平仓清算的盈利为 2 812.5 美元。

本章小结

外汇市场是从事外汇买卖的场所,它的参与者由买卖货币的所有机构和个人组成,主要包括中央银行、商业银行、外汇经纪人、外汇交易商等,主要业务包括外汇的即期交易、远期交易、期货交易、期权交易。伦敦和纽约是世界外汇交易的两大中心。

即期外汇交易是指外汇买卖成交后的当时或成交后 1～2 个交易日实现交割的交易。根据所交易的金融资产的差异,即期外汇市场又可分为外币现钞交易市场和银行汇票交易市场。形成即期汇率差价的主要因素有:经营业务的成本和利润、买卖业务的风险程度、外汇资金的收付时间及利率水平。

汇率套算的规则是:如果两种货币的即期汇率以美元为单位货币,套算汇率为交叉相除;如果两种货币的即期汇率都以美元为计价货币,那么,套算汇率也是交叉相除;如果一种货币的即期汇率是以美元为单位货币,另一种货币的即期汇率以美元为计价货币,那么,套算汇率时可先将以美元为计价货币的即期汇率换算为以美元为单位货币的汇率,然后再套用前面的计算方式,也可以直接采用同向相乘的方法。

远期外汇交易是指在签订外汇买卖合同后,约定在未来某一时间进行交割的外汇交易。远期外汇汇率通常采用升贴水报价。远期外汇的升贴水率近似于两种货币同期的利率差,利率高的货币为贴水,利率低的货币为升水。

套汇交易指套汇者利用两个或两个以上外汇市场某些货币在汇率上的差异进行的即期外汇买卖,即在汇率低的市场买进某种货币,同时在汇率高的市场将其卖出。套汇交易按其方式可以分为直接套汇和间接套汇两种。套利交易是利用金融市场中,不同货币之间利率差和掉期率(升贴水率)之间的不一致,同时进行即期外汇和远期外汇的买卖,从中赚取利率差和汇率差利润。

外汇期货交易是一种买卖外汇期货合约的交易,外汇期货合约是交易双方订立的,约定在未来某日期以成交时所确定的汇率交收一定数量某种外汇的标准化契约。外汇期货交易的特点是:在集中的交易市场中进行、实行经纪人制度、实行标准化合约、实行逐日浮动保证金制度。外汇期货的交易还可分为套期保值和投机交易。

外汇期权交易是指交易双方在规定的期间按照约定条件和一定的汇率,就将来是否购买或出售某种外汇的选择权进行买卖的交易。期权合约的要素有协定价格、期权费和到期日等,种类包括欧式期权和美式期权、看涨期权和看跌期权、场外交易和场内交易期权。外汇期权交易还可分为现汇期权交易和外汇期货期权交易。

思考题

1. 哪些因素影响即期汇率差价?

2. 如何判断是否存在三角套汇的机会？如何计算套汇收益？
3. 升(贴)水率与利率之间存在怎样的关系？为什么？
4. 外汇期货交易与外汇远期交易之间有什么区别？
5. 如何对看涨期权和看跌期权的买方或卖方的盈亏进行分析？

"一带一路"中的双边本币互换

"一带一路"(Belt and Road, B&R)是"丝绸之路经济带"和"21世纪海上丝绸之路"的简称，2015年3月28日在海南博鳌亚洲论坛上，中国国家发展改革委、外交部和商务部联合发布了《推动共建丝绸之路经济带和21世纪海上丝绸之路的愿景与行动》(以下简称《愿景与行动》)，标志着"一带一路"倡议进入全面推进建设阶段。根据《愿景与行动》，"一带一路"旨在促进经济要素有序自由流动、资源高效配置和市场深度融合，推动开展更大范围、更高水平、更深层次的区域合作，共同打造开放、包容、均衡、普惠的区域经济合作架构。"一带一路"沿线是中国开展货币互换合作的重要地区，与沿线国家货币互换有助于促进贸易和投资的便利化，推动人民币的流通使用。

央行双边本币互换协议(Bilateral Currency Swap Agreement)是指一国或地区的央行(货币当局)与另一国或地区的央行(货币当局)签订协议，约定在一定条件下，任何一方可以一定数量的本币交换等值的对方货币，用于双边贸易投资结算或为金融市场提供短期流动性支持。到期后双方换回本币，资金使用方同时支付相应利息。2009年人民币国际化启动以来，中国与"一带一路"沿线国家的货币互换规模呈现阶梯式增长，2015年后基本保持稳定，有升有降，2020年受新冠疫情影响，"一带一路"中的货币互换规模下降明显，如图4-8所示。

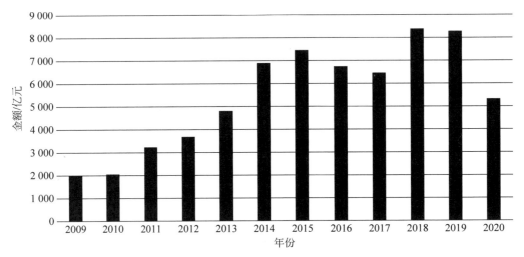

图4-8 "一带一路"中的货币互换余额

截至2021年上半年，中国人民银行已经与27个同中国签订共建"一带一路"合作文件的国家签订或续订61笔货币互换协议，约占货币互换协议总数的64.9%，数额上约占货币互换协议总额的21%，如表4-9所示。总体而言，中国与"一带一路"沿线国家的货币互换合作具有数量多、资金规模较小的特点。在"一带一路"沿线国家中，与中国人民银行的货币互换规模排名前列的国家有印度尼西亚、马来西亚、俄罗斯和泰国，货币互换规模分别为2 000亿元、1 800亿元、1 500亿元、700亿元人民币。

表4-9 "一带一路"中的双边本币互换签订情况　　　　　　　　　　亿元

国家	2009年	2010年	2011年	2012年	2013年	2014年	2015年	2016年	2017年	2018年	2019年	2020年	2021年
马来西亚	800			1 800			1 800			1 800			
白俄罗斯	200						70			70			
印度尼西亚	1 000					1 000				2 000			
冰岛		35				35			35				
新西兰			250			250			250				
乌兹别克斯坦			7										
蒙古			50	100		150			150				
哈萨克斯坦			70			70			70				
泰国			700			700			700				700
巴基斯坦			100			100			200				
阿联酋				350		350							
土耳其				100		120				120			
乌克兰				150		150			150				
匈牙利					100		100			200			
阿尔巴尼亚					20					20			
斯里兰卡					100								
俄罗斯						1 500			1 500				
卡塔尔						350			350				
苏里南						10				10			
亚美尼亚						10							
南非						300			300				
智利						220			220				
塔吉克斯坦						30							
摩洛哥							100						
塞尔维亚							15						
埃及							180						
尼日利亚										150			

资料来源：中国人民银行官网。

点　评

货币互换的安排是国家间经济金融领域合作深化的表现，能够为金融市场提供紧急流动性资金支持，从而维护金融市场稳定。此外，货币互换能够便利贸易和投资，并且规避汇率风险。对于我国而言,伴随着"一带一路"重大倡议的提出,我国对外贸易规模不断增大,同时,随着人民币国际化进程的推进,货币互换将更具有现实意义。

1. 推动沿线国家双边贸易与投融资的安全发展

中国人民银行与"一带一路"沿线国家的货币当局签署货币互换协议,通过货币互换协议规避了双边本币结算的汇率风险、降低了双边本币汇兑费用,也支持了双方国家服务本国贸易商与对方国家进行贸易。贸易和投资往来的增加,带来了巨大的融资需求。尤其是投资相关活动,因为相关投资预期将产生当地货币的现金流可以覆盖还款,在前期投入时如果运用当地货币进行融资,可以在很大程度上规避汇率波动的风险。

2. 提高沿线国家资金流动性互助能力

当一国遭遇资金流动性短缺问题时,首先会求助IMF等国际金融组织。然而,历年来的金融危机表明,国际金融组织在解决流动性危机方面并不如意,IMF的贷款条件十分严苛,成员国需要经过复杂的政治谈判和烦冗的申请审查程序才能从IMF获得资金,因此流动性资金到位速度非常缓慢。与之相比,政府间货币互换协议可以使相关国家或地区的货币当局灵活自主地协商信贷条件,在协议一方需要之时,即可根据既定的协议安排来申请对方的短期流动性支持,具有灵活性、互助性的特点。

3. 有利于推动人民币国际化进程

在人民币实现完全自由兑换之前,我国中央银行签订货币互换协议可使人民币在境外一定程度上实现商品计价、支付手段、结算手段、价值储备等国际货币功能,为人民币国际化创造条件。在中国政府推进人民币国际化的努力中,与外国央行签署双边本币互换协议扮演着重要角色。通过签署双边本币互换协议,中国央行可以向境外机构与居民提供人民币流动性,促进跨境贸易与投资的人民币结算,从而有助于提升人民币在国际金融市场上的地位。

第五章 外汇风险及管理

【教学目的和要求】

　　掌握外汇风险的概念和类型,掌握外汇交易风险的含义及主要的贸易策略(内部管理)和金融市场工具(外部管理)方法,理解并掌握换算风险和经济风险的含义及其管理方法。了解汇率预测的一般方法。

【重要概念】

　　外汇风险　交易风险　换算风险　经济风险　借款投资　套期保值　多样化　资产负债匹配　汇率预测　基本因素分析法　技术分析法

【引言】

　　自20世纪70年代初以来,西方一些主要的资本主义国家相继放弃了固定汇率制,实行浮动汇率制。一些主要发达国家经济发展不平衡,再加上各国政府都根据自身的经济利益实行了不同的汇率政策,从而使主要货币的汇率波动频繁、变幻无常,这无疑给国际的贸易和借贷、外汇银行的业务等都带来了巨大的外汇风险。因此,认真研究汇率变动的趋势,实行科学的风险管理,以避免和减少因汇率风险而造成的损失,显得尤其重要。

第一节　外汇风险概述

一、外汇风险的含义

　　外汇风险(foreign exchange risk 或 foreign exchange exposure)是指由于国际金融市场汇率的变动,给一个经济实体以外币计值的资产和负债带来损失与收益的不确定性。外汇风险的直接成因是汇率的变动。外汇风险并非仅仅表现为损失,也可能带来意外的收益。

　　在理解外汇风险的概念时,要弄清楚两个问题:外汇风险对象和风险构成要素。

　　并不是所有的外币资产和外币负债都要承担外汇风险,只有其中的一部分承担外汇风险,这部分承担外汇风险的外币资金通常称为"敞口"(exposure)或风险头寸(exposure position)。具体而言,在外汇买卖中,风险头寸表现为外汇持有额中"超买"或者"超卖"的部分;在企业经营中,则表现为外币资产与外币负债不匹配的部分,如外币资产大于或小于外币负债,或者外币资产与外币负债在金融上相等,但是期限长短不一致。

　　外汇风险的构成要素有:一是本币,因为本币是衡量一笔国际经济交易效果的共同指标,外币的收付均以本币进行结算,并考核其经营成果;二是外币,因为任何一笔国际经济交易必然涉及外币的收付;三是时间,国际经济交易中,应收款的实际收进,应付款的实际付出,借贷本息的最后偿付,都有期间即时间的因素,在确定的期限内,外币与本币的折算汇率可能发生变化,从而产生外汇风险。

二、外汇风险的类型

(一)交易风险

交易风险(transaction exposure)是指在外汇交易和贸易收付中,由于汇率变动而引起的收益或亏损的风险。交易风险是对外经济活动中一种最主要的风险,也是本章的重点。

在外汇银行业务中,交易风险往往是由于不同种货币买卖金额的不对称和交收期限的不对称,导致头寸敞开而产生的。银行在外汇市场上所进行的外汇买卖,可分为被动性交易和主动性交易两种,所谓被动性交易,是指银行按客户的意愿买入或卖出外汇;所谓主动性交易,是指银行根据其自身经营的目标要求,在外汇市场上买卖外汇。如果一家外汇银行在从事某种货币业务时,买入和卖出的金额不对称,那么该银行在某一特定时间内,该种货币的头寸就处于多头或空头的地位,这种敞开的头寸,就是受险部分,受到国际金融市场汇率波动的影响。例如,某银行在某日被动交易中,欧元净买入 100 万,美元净卖出 130 万,即期汇率为 1 欧元等于 1.30 美元。这时,该银行在美元上处于空头,在欧元上处于多头,这种敞开的头寸,就潜存着汇率变动的风险。如果日后市场上欧元对美元的汇率下降至 1 欧元等于 1.20 美元,要补回 130 万美元则需要 108.33 万欧元,交易损失达 8.33 万欧元。

另外,即使银行在某种货币的买入和卖出中金额上相对称,但交付期限不一致,也同样存在交易风险。例如,某银行在某日净买入 1 个月期的美元远期外汇 130 万,卖出欧元 100 万,汇率为 1 欧元等于 1.30 美元;同样又卖出 3 个月期的美元远期外汇 130 万,买入欧元 100 万。这时,虽然银行买入和卖出的美元与欧元在金额上都相等,但是两者的交付期不一致。当 1 个月后,1 个月期的美元期汇交割时,3 个月期美元期汇尚未交割。如果这时欧元对美元的汇率下降到 1 欧元等于 1.20 美元,其交易损失为 8.33 万欧元。

在进出口业务中,签约期与付款期的不一致,也会导致交易风险。在一般情况下,在以外币计价的商品进出口中,从谈判签约到交货付款,通常需要几个月的时间。如果收汇时的汇率低于签约时的汇率,那么出口商就要蒙受损失;相反,如果付汇时的汇率高于签约时的汇率,那么进口商就要蒙受损失。

在国际借贷中,如借款货币的汇率不断上升,那么借款人的实际债务就随之上升;相反,如果借款货币的汇率持续下降,那么借款人的实际债务就会相应减少。

(二)换算风险

换算风险(translation exposure)又称转换风险、会计风险。它是指一个经济实体在进行会计处理和外币债权、债务结算时,对于必须换算成本币的各种外汇计价项目进行评议所产生的风险。

假设:德国的 A 公司是美国 B 公司的控股公司,按规定德国 A 公司的资产负债表必须汇总到美国 B 公司的资产负债表。于是,必须把以欧元计价的 A 公司资产负债表换算成以美元计价的资产负债表。其具体见表 5-1。

表 5-1　A 公司的资产负债表(6 月 30 日)　　　　　　　　　　欧元

货币资金	1 000 000	负债	5 000 000
应收账款	3 000 000	股东权益	6 000 000
存货	2 000 000		
固定资产	5 000 000		
	11 000 000		11 000 000

如果 6 月 30 日的汇率为 1 欧元＝1.300 0 美元则以美元计价的资产负债表见表 5-2。

表 5-2　A 公司的资产负债表(6 月 30 日)　　　　　　　　　　美元

货币资金	1 300 000	负债	6 500 000
应收账款	3 900 000	股东权益	7 800 000
存货	2 600 000		
固定资产	6 500 000		
	14 300 000		14 300 000

如果 12 月 31 日 A 公司的资产和负债的总量构成都不变,但汇率为 1 欧元等于 1.200 0 美元,那么这时以美元计价的资产负债表见表 5-3。

表 5-3　A 公司的资产负债表(12 月 31 日)　　　　　　　　　美元

货币资金	1 200 000	负债	6 000 000
应收账款	3 600 000	股东权益	7 200 000
存货	2 400 000		
固定资产	6 000 000		
	13 200 000		13 200 000

尽管 A 公司的实际资产并未因欧元的下跌而有所变化,但是该表合并到美国 A 公司的会计报表中后,股东权益则由 14 300 000 美元降为 13 200 000 美元,所有者的权益下降了。

扩展阅读 5-1
换算风险与会计
制度规定

(三) 经济风险

经济风险(economic exposure)又称经营风险,是指预测之外的汇率变动使企业未来一定时期内的收益和现金流量减少的潜在损失。经济风险与交易风险、换算风险相比,强调的是预测之外的汇率变动。企业在经营决策中,通常将汇率可能发生的变动考虑进去,并采取相应的措施加以规避。然而,在经济运行的过程中,许多不确定的因素都将引起汇率的变动,这一变动将影响企业的生产成本、销售价格以及收益。

例如,2008 年世界金融危机爆发,欧元兑美元的价格从最高的 1.600 0 迅速跌至 1.240 0,汇率的这一变动完全出乎人们的意料。这一汇率的变动严重影响了许多企业的生产成本、销售收益。

假设 1:美国某出口企业,2008 年出口到德国的产品为 200 万单位,销售单价 6 欧元,单位成本 7.5 美元,汇率为 EUR 1=USD 1.500 0,预计盈利 300 万美元,(6×1.5-7.5)×200 万美元。如汇率为 EUR 1=USD 1.300 0,实际销售价格为 7.8 美元,盈利降为 60 万美元,(6×1.3-7.5)×200 万美元。

假设 2：美国某企业产品的销售主要依赖欧洲市场,但是加工的原材料主要从德国进口,2008 年出口到欧洲的产品为 200 万单位,以美元计价,销售单价 10 美元,单位成本 7.5 美元,其中原材料的成本 4 欧元。汇率为 EUR 1=USD 1.500 0,预计盈利 500 万美元,(10-4×1.5-1.5)×200 万美元。如汇率为 EUR 1=USD 1.300 0,实际生产成本降为 6.7 美元,盈利升为 660 万美元,(10-4×1.3-1.5)×200 万美元。

第二节 外汇风险管理方法

一、外汇风险管理的含义和程序

外汇风险管理是指外汇资产持有者通过风险识别、风险衡量、风险控制等方法,预防、规避、转移或消除外汇业务经营中的风险,从而减少或避免可能的损失,实现在风险一定条件下的收益最大化或收益一定条件下的风险最小化。

外汇风险管理程序一般包括风险识别、风险衡量、风险管理方法选择、风险管理实施及监督与调整,对每一程序安排相应的任务,实施具体的管理方法。不管是何种外汇风险的管理,也不管选用何种管理战略或战术,基本的程序和步骤都如下。

(1) 风险识别。风险识别即识别各种可能减少企业价值的外汇风险。外汇风险包括交易风险、经济风险、换算风险等,不同的企业面临着不同种类的风险,企业必须根据自己的业务活动判别可能面临的风险状况,以便对症下药。例如,在交易风险的识别中,多采用外汇头寸分析方法,企业根据自己的交易活动,测算出公司的现金流入量和现金流出量,以此得出净头寸,进而识别公司拥有外汇风险的现金流量、币种、业务。

(2) 风险衡量。风险衡量即衡量外汇风险带来潜在损失的概率和损失程度。识别出公司可能面临的各种外汇风险后,需要对所涉及的不同外币的未来的汇率波动进行预测。由于外汇风险对企业的影响是双向的,有利、有弊,最重要的是发现外汇风险造成企业损失的概率,以及将各类风险综合后企业价值可能损失的范围和程度。通过外汇风险衡量,企业可以比较准确地知道外汇风险带来损失的概率和损失程度,从而为下一步选择风险管理方法奠定基础。

(3) 风险管理方法选择。风险管理方法选择即选择适当的风险管理方法,最有效地实现企业预定的外汇风险管理目标。进入牙买加货币体系后,外汇风险有日益扩大的趋势,于是产生了强烈的外汇风险管理需求。一系列的金融创新因此应运而生,出现了种类繁多的外汇风险管理方法。每一种方法都有自身的优势和劣势,需要企业根据自己所处的风险状况进行甄别和筛选。不同的外汇风险管理战略在一定程度上决定了不同的风险管理方法。

(4) 风险管理实施。风险管理实施即通过具体的安排,落实所选定的外汇风险管理方法。企业需要进行内部的业务调整、资金调整、币种调整,以及在外部寻找合作伙伴、交易对手、签订外汇交易合同等,具体实施风险转移和控制。

(5) 监督与调整。监督与调整即对外汇风险管理方法实施后的效果进行监督和评估。每种方法都有评估的依据,如根据成本收益准则作出判断,选择收益最大化的方法。另外,外汇市场时时风云变幻,企业必须持续地对公司风险管理方法和风险管理战略的实施情况与适用性进行监督,根据市场和自身的情况,对自己的战略战术进行监控管理,适时作出调整。

二、交易风险管理的方法

随着国际经济的发展,外汇交易和国际结算的业务越来越频繁,在这一经济活动中,外汇风险是不可避免的。但是企业可以通过各种手段将外汇风险控制在一个最小的范围或一个经济的区间内。下面首先介绍常见的外汇交易风险管理方法,包括贸易策略(内部管理)和金融市场工具(外部管理)两大类。

(一) 运用贸易策略管理外汇风险

1. 选择有利的计价货币

由于在贸易谈判中,对于计价货币的选择没有明确规定,进出口双方可协议确定某种货币作为计价货币,因此选择最有利于己方的计价货币对于防范汇率风险是十分重要的。具体在选择计价货币时,应注意以下几点。

(1) 选择可自由兑换的货币。可自由兑换的货币主要是指国际外汇市场上列明行市,不受任何限制而随时可与其他货币进行兑换的货币。目前,国际外汇市场中自由兑换程度较高的货币主要有美元、英镑、欧元、日元、瑞士法郎、加拿大元和澳大利亚元。选择这类货币作为计价货币,便于外汇资金的调拨和运用,也有助于转移货币汇率的风险。

(2) 争取以本币计价结算。以本币计价结算可以固定交易成本和收益,免除外币与本币兑换时,因本币与外币之间汇率波动所产生的外汇风险。由于目前我国人民币不能完全自由兑换,所以在对外经济往来中,以人民币计价结算受到很大限制。近年来,人民币跨境贸易结算迅速发展,为人民币计价结算提供了实现的条件。

(3) 选择进出口业务中相一致的货币来计价。如果外贸企业出口主要的外汇收入为美元,那么在进口中就尽量采用美元作为计价货币,从而避免货币兑换中的汇率风险。

(4) 在外汇收付时,争取付汇用软币、收汇用硬币。在国际金融市场上,所谓硬币,是指货币汇率比较稳定而且具有上浮趋势的货币;所谓软币,是指汇率不稳定,而且有下浮趋势的货币。在进口时尽量争取多用软币来支付,有利于在实际付汇时,由于计价货币汇率的下浮,支付成本降低。在出口时尽量争取用硬币来收汇,有利于在实际收汇时,由于计价货币汇率的上浮,实际收益增加。在实际运作中,采用软币作为计价货币,出口商的报价往往比较高,这就需要权衡未来一段时间内,软币贬值率与报价的溢价率的差额。软币的贬值率可通过该软币同期远期外汇的贴水率来折算。同理,硬币未来一段时间的升值可通过该硬币同期远期外汇的升水率来折算。当软币的贬值率小于溢价率时,可放弃软币付汇,而采用硬币付汇。

2. 提前收付或拖延收付法

提前收付或拖延收付法是指根据预测收付货币汇率的变动趋势,更改该货币收付日期来抵补外汇风险或得到汇价上好处的方法。进出口贸易谈判中,收付款日期通常是由双方议定的,进口商可利用进口地位的优势,在付款条款中加入有利的支付信用期,使自己的付款日期富有较大的弹性。在信贷业务中,借款人可争取在还本条款中加上可提前还本或延期还本的内容。如果付款、还本期间,计价货币出现贬值或下浮的趋势,进口商和债务人就应利用相关的条款,设法拖延付款,以享受该计价货币贬值或下浮而带来的付款成本下降的好处。如果付款、还本期间,计价货币出现升值或上浮,进口商和债务人应尽量设法提前付款和还本,以避免不必要的损失。

3. 收付货币平衡法

收付货币平衡法是指一笔交易发生的同时,再进行一笔与该种交易性质恰好相反的交易,使两笔交易所产生的外汇风险在币种、金额和时间上相吻合,从而抵消外汇风险。例如,某公司主要从事进出口业务,在某时点出口一批价值 5 000 万欧元的货物,预计 3 个月后可收到货款。同时又进口一笔价值 6 000 万美元的货物,预计 3 个月后付款。为避免外汇风险,该公司在进口谈判中应要求以欧元作为计价货币,如这时欧元对美元的汇率为 1∶1.200 0,这样该公司在 3 个月后收到的欧元和付出的欧元正好相等,从而避免了外汇汇率风险。在实际操作中,要做到收付在时间、金额上完全一致是比较困难的,但是在谈判中大致做到外汇货币的收付一致还是可能的,这在一定程度上可降低外汇风险。

4. 多种货币组合法

多种货币组合法是指在进出口合同或借款合同中,使用两种以上的货币作为付款或还本货币,借以消除外汇风险的方法。在一些金额大、期限长的涉外交易中,如大型设备的进出口、大额的融资项目,如果只以一种货币作为计价货币来付款,使交易双方中的一方来单独承担汇率,一般是难以接受的。通常采用多种货币组合计价,这样在付款或还本时,当某种货币升值、另一种货币相对贬值时,付款或还本的成本就会相互抵消,从而使风险降低。但是在选择货币组合时,其应与付款方或借款方的外汇收入货币相一致,同时选择的货币应是市场上兑换程度较高的币种。

5. 货币保值法

货币保值法是指企业在进出口贸易合同中通过订立适当的保值条款,以防范外汇风险的方法。

(1) 黄金保值条款,即在贸易合同中,规定黄金为保值货币,签订合同时,按当时计价结算货币的含金量,将货款折算成一定数量的黄金,到货款结算时,再按此时的含金量,将黄金折回成计价结算货币来结算。

(2) 硬币保值条款,即在贸易合同中,规定某种软币为计价结算货币、某种硬币为保值货币。签订合同时,按当时软币与硬币的汇率,将货款折算成一定数量的硬币,到货款结算时,再按此时的汇率,将硬币折回成软币来结算。此方法一般同时规定软币与硬币之间汇率变动的幅度,在规定的波动范围内,货款不做调整;超过规定的波动幅度范围,货款则要做调整。

(3) "一篮子"货币保值条款,即在贸易合同中,规定某种货币为计价结算货币,并以"一篮子"货币为保值货币。其具体做法是:签订合同时,按当时的汇率将货款分别折算成各保值货币,货款支付日,再按此时的汇率将各保值货币折回成计价结算货币来结算。

6. 价格调整法

价格调整法是指当出口用软币计价结算、进口用硬币计价结算时,企业通过调整商品的价格来防范外汇风险的方法。它可分为以下两种情况。

(1) 加价保值。该方法为出口商所用,实际上是出口商将用软币计价结算所带来的汇价损失摊入出口商品价格中,以转嫁外汇风险。加价的幅度相当于软币的预期贬值幅度。加价后的单价＝原单价×(1＋货币的预期贬值率)。

(2) 压价保值。该方法为进口商所用,实际上是进口商将用硬币计价结算所带来的汇价损失从进口商品价格中剔除,以转嫁外汇风险。压价的幅度相当于硬币的预期升值幅度。压价后的单价＝原单价×(1－货币的预期升值率)。

(二) 运用金融市场工具管理外汇风险

1. 即期合同法

即期合同法是指具有外汇债权和债务的公司与外汇银行签订购买或出卖外汇的即期合同来消除外汇风险的方法。在外汇市场中,即期交易通常在两个营业日内完成交割,但市场上汇率每日每时都在变化,一天内波动 3‰～4‰ 的状况时有发生。在一些短期支付的外汇业务中,为避免外汇风险,可采取即期外汇买卖的方法来实现。

例如,中国香港 A 公司在两天内要支付一笔 100 万美元的货款给美国出口商 B,为避免 2 天内美元汇率上升可能带来的风险,中国香港 A 公司可直接与美国的一家银行签订一笔买入 100 万美元的即期合同,2 天后 A 公司就可将交割款 100 万美元支付给美国出口商 B。

2. 借款投资法

借款投资法是指外汇债权和债务公司利用借贷方式来消除外汇风险的方法。在一些收付期超过 2 天,但又不太适合远期交易的短期支付业务中,外汇债权和债务公司可利用借贷业务来避免外汇风险。

例如,德国 A 公司在 7 天后需支付 1 笔 1 200 万美元的货款,在近期市场上,美元的汇率急剧波动,为避免美元的汇率风险,德国 A 公司可以本公司的不动产做抵押,借入 1 000 万欧元,然后以 1∶1.200 0 的价格买入 1 200 万美元并存入银行,7 天后取出 1 200 万美元支付货款;或者直接用自有资金在即期市场中买入 1 200 万美元,并存入银行,到期用于支付货款。

例如,德国 A 公司 7 天后可收到一笔 1 200 万美元的货款,则其可在市场中借入 1 200 万美元,然后在即期外汇市场中将这些美元抛售,换取欧元,7 天后以收到的货款 1 200 万美元来偿还美元贷款,从而消除了 7 天内美元汇率可能变动的风险。

3. 远期合同法

远期外汇买卖的重要作用之一是被用来防范外汇风险。在进出口贸易中,从签订贸易合同到执行合同、收付货款,通常需要一段时间,在此期间进出口商很可能因汇率变动而蒙受一定的损失。对于一些固定得到某种外汇收入的人来讲,汇率的变动将影响到他们的实际收入水平。通过远期外汇买卖就可将贸易成本和收益固定下来,避免或降低外汇风险。

例如,日本 A 公司在某年 1 月 5 日与美国 B 公司签约出口价值 1 000 万美元的货物,预计 4 月 1 日左右可收到货款。签订合同时的即期汇率为 USD 1＝JPY 100.00,如 4 月

1 日收款时的汇率仍为 USD 1＝JPY 100.00,那么日本 A 公司的出口收入为 15 亿日元。但是日本 A 公司担心的是,收到美元货款时,美元的汇率下浮,届时它将蒙受一定的损失。为有效地防范美元汇率下跌的风险,确保出口的收益,日本 A 公司在与美国 B 公司签订出口合同的同时,和一家外汇银行签订 1 份卖出 3 个月期美元的远期合同。假设,3 个月期美元的远期汇率为 USD 1＝JPY 98.000,那么在 4 月 1 日左右收到美元货款时,不管届时美元的汇率如何变动,日本 A 公司的出口收入始终固定在 9.8 亿日元,具体见表 5-4。

表 5-4 远期外汇买卖合同法(出口)

时间	交易内容	即期汇率 USD/JPY	远期汇率 USD/JPY	现金流量	
				USD	JPY
1月5日	签约出口1 000万美元货物	100.00	98.000	0	
1月5日	签约卖出3个月期美元期汇1 000万	100.00	98.000	0	0
4月1日	收到1 000万美元货款	95.000		1 000万	0
4月5日	美元期汇交割		98.000	－1 000万	9.8亿
合计				0	9.8亿

如果日本 A 公司不做一笔美元期汇的卖出交易,4 月 1 日收到 1 000 万美元时,实际可兑换到的日元仅为 9.5 亿,比同时做一笔美元期汇卖出交易要少收入 0.3 亿日元。如果 4 月 1 日,市场的汇率为 USD 1＝JPY 102.00,虽然它比市场兑换价少了 0.4 亿日元,但是该公司的收入仍为 9.8 亿日元。

同理,进口商也可利用远期外汇的买卖来固定进口成本。例如,某年日本 A 公司 1 月 5 日与美国 B 公司签约进口一批 1 000 万美元的货物,预计 4 月 1 日左右付款,为固定进口成本,日本 A 公司签订进口合同的同时,再与外汇银行签订一份买入相应期美元的远期合同,具体见表 5-5。

表 5-5 远期外汇买卖合同法(进口)

时间	交易内容	即期汇率 USD/JPY	远期汇率 USD/JPY	现金流量	
				USD	JPY
1月5日	签约进口1 000万美元货物	100.00	98.000	0	0
1月5日	签约买入3个月期美元期汇1 000万	100.00	98.000	0	0
4月1日	美元期汇交割	102.00		1 000万	－9.8亿
4月5日	支付1 000万美元货款	102.00		－1 000万	
合计				0	－9.8亿

由此可见,进出口商通过远期外汇买卖,最重要的作用是固定进口成本和出口收益,避免外汇风险。

4. 期货合同法

尽管远期外汇合同也可用于保值,但是远期外汇交易的单笔数量都比较大,资信要求高,一般的公司很难与外汇银行进行远期外汇的交易。因此,一般的公司可通过经纪人进行外汇期货交易来进行保值。

外汇期货的保值交易,是指在现货市场某笔交易的基础上,同时在期货市场上做一笔买卖方向相反,金额和期限相同的交易。它能够起保值作用的原理是:在正常的国际金融运行的情况下,由于期货价格和远期外汇价格都是以利率差价为基础的,两者价格的趋势是一致的,波动幅度也是大致接近的,因此远期外汇汇率的定价模型公式同样适用于外汇期货价格的决定。根据利率平价理论(公式推导参见第四章):

$$F = S \cdot \frac{1 + I_2 \cdot N/B_2}{1 + I_1 \cdot N/B_1}$$

其中,F 为远期汇率,S 为即期汇率,I_1 和 I_2 分别为两种货币的利率,N 为期限,B_1 和 B_2 分别为计息的基期(通常为 1 年)。对上述公式移项,可得

$$\frac{F}{S} = \frac{1 + I_2 \cdot N/B_2}{1 + I_1 \cdot N/B_1}$$

由于 I_2 和 I_1 通常都较小,如果 N 值相对 B 值小,上述公式右边的值就趋于1,这时 F 值和 S 值也大致相同;如果公式右边的值趋于1,当 S 值提高时,F 值也会随着增加。根据上述公式可得出外汇期货价与现汇价(即期汇率)之间变化规律的两点结论。

第一,当期货合约最接近于交割期(即 N 值越小时),期货价和现汇价的差价就越小。

第二,当现汇价(即期汇率)上升时,期货价也将上升。期货价与现汇价的变动趋势是一致的。

因为期货价与现汇价之间有以上变化规律,人们就可以利用外汇期货交易来实现外汇的保值。外汇的保值交易分为两种形式:多头套期保值(long hedge)和空头套期保值(short hedge)。

(1) 多头套期保值。多头套期保值就是根据现货市场上的相关交易,在期货市场上,先买入某种外汇期货,然后再在合约到期前卖出该期货合约,试图通过期货市场中先买后卖的价格差来抵冲同期现货市场价格差所产生的损益,以避免外汇汇率波动的风险。多头套期保值一般用于外汇保值者在未来某日期将发生外汇支出的情况。如债务人在未来某日期将偿还一笔债务,进口商在未来某日期将付汇,投资者在未来某日期将有一笔投资支出。

例如,某年 4 月 5 日,美国一进口商与英国某出口商签约进口一笔价值 250 万英镑的货物,并约定 6 月 5 日交货付款。签约时,英镑与美元的即期汇率为 GBP/USD = 1.500 0。美国进口商担心 6 月 5 日付汇时,英镑的汇率上升。为回避这一外汇风险,他就通过 IMM 的某会员经纪商在 IMM 买入 40 份 6 月交割的英镑期货合约(每张合约的交易数量为 62 500 英镑),成交时的期货价为 GBP/USD = 1.510 0。假设 6 月 5 日付汇时,英镑对美元的即期汇率为 GBP/USD = 1.550 0,期货汇率(6 月份交割)为 1.555 0。这时美国进口商在期货市场上卖出 40 份 6 月份交割的英镑期货合约,平仓盈利为 11.25 万美元,(1.555 0 − 1.510 0) × 250 万美元 = 11.25 万美元,同时,在现货市场上买入英镑 250 万美元,支付美元 387.5 万,1.550 0 × 250 万美元 = 387.5 万美元,比 4 月 5 日的计算价格多支出 12.5 万美元,两者相抵实际多支出 1.25 万美元。如不通过外汇期货的套期保值交易,6 月 5 日将多支出 12.5 万美元。假设 6 月 5 日付汇时,英镑对美元的即期汇

率为 GBP/USD=1.450 0,期货汇率(6月份交割)也为 GBP/USD=1.450 0,这时美国进口商在期货市场同样卖出 40 份 6 月份交割的英镑期货合约,平仓亏损为 15 万美元,同时,在现货市场上买入英镑 250 万,支付 362.5 万美元,两者相加实际支出美元 377.5 万,比 4 月 5 日的计算价格多支出 2.5 万美元。通过上述交易基本实现了保值的目的,过程如表 5-6 所示。

表 5-6 多头套期保值过程

时间	外汇现货市场	外汇期货市场
4月5日	签约进口价格 250 万英镑的货物,约定 6 月 5 日左右付汇,即期汇率为 GBP/USD=1.500 0,以此需付款 375 万美元	买入 40 份 6 月份交割的英镑期货合约,成交时期货汇率为 GBP/USD=1.510 0,合约总值为 377.5 万美元
6月5日(1)	以当日即期汇率 GBP/USD=1.550 0,买入 250 万英镑,支付美元 387.5 万	卖出 40 份 6 月份交割的英镑期货合约,成交的汇率为 GBP/USD=1.555 0,合约总值为 388.75 万美元
盈亏	−12.5 万美元	+11.25 万美元
6月5日(2)	以当日即期汇率 GBP/USD=1.450 0,买入 250 万英镑,支付美元 362.5 万	卖出 40 份 6 月份交割的英镑期货合约,成交时汇率为 GBP/USD=1.450 0,合约总值为 362.5 万美元
盈亏	+12.5 万美元	−15 万美元

(2) 空头套期保值。空头套期保值就是以现货市场的相关交易为基础,在期货市场先卖出某种外汇期货,然后再在合约到期前买入该期货合约,试图通过期货市场中先卖后买的价格差来抵冲同期现货市场价格差所产生的损益,以避免外汇汇率波动的风险。空头套期保值一般用于外汇保值者在未来某日期将发生外汇收入的情况。例如,出口商在未来某日期将收到一笔外汇货款,资金的贷出者在未来某日期将收回一笔贷款等。

例如,某年 6 月 15 日,美国某跨国公司在瑞士的子公司急需从母公司借入 300 万瑞士法郎,预计 12 月份前能归还母公司,当时的即期汇率为 CHF/USD=0.800 0,于是母公司支付 240 万美元在现货市场上买入 300 万瑞士法郎,汇入瑞士的子公司,母公司担心子公司在归还 300 万瑞士法郎时,瑞士法郎的汇率下跌,于是母公司在期货市场中卖出 24 份 12 月交割的瑞士法郎期货合约(每份合约的交易数量为 12.5 万瑞士法郎),成交时的期货价为 CHF/USD=0.790 0。假设 11 月 25 日瑞士分公司将 300 万瑞士法郎归还了母公司。这时,瑞士法郎对美元的即期汇率为 CHF/USD=0.760 0。12 月交割的期货汇率为 CHF/USD=0.755 0。于是,母公司在即期市场中卖出 300 万瑞士法郎,收入美元 228 万,同时在期货市场上买入 24 份 12 月交割的瑞士法郎期货合约,平仓盈利为 10.5 万美元,两者相加,实际收入美元 238.5 万。如果不通过外汇期货的套期保值交易,实际收入为 228 万美元,净亏损 12 万美元。上述套期保值过程如表 5-7 所示。

表 5-7 空头套期保值过程

时间	外汇现货市场	外汇期货市场
6月15日	以即期汇率 CHF/USD=0.8000 的价格买入 300 万瑞士法郎,支出美元 240 万,并汇入瑞士分公司	卖出 12 月交割的瑞士法郎期货合约 24 份,成交汇率为 CHF/USD=0.7900,合约总值为 237 万美元
11月25日	收到瑞士法郎 300 万,以即期汇率 CHF/USD=0.7600,卖出 300 万瑞士法郎,收入美元 228 万	买入 12 月交割的瑞士法郎期货合约 24 份,成交汇率为 CHF/USD=0.7550,合约总值为 226.5 万美元
盈亏	−12 万美元	+10.5 万美元

在实际的期货保值中,远比上例来得复杂。其具体表现为:第一,期货交易中实行逐日浮动保证金制度,在期货市场价格急剧波动时,在市场中处于不利的一方往往需要追加保险金,否则将被强行平仓,失去保值功能。第二,期货交易中,期货合约的买卖还需支付一定的佣金,从而增加期货交易的成本。第三,有时没有合适的期货合约供人们直接地用来套期保值。例如,需保值的金额与期货合约交易数量不一致,需保值的货币与交易所提供的标的不一致。这就要求人们确定最佳的交易合约数,以及进行交叉套期保值,即通过美元与日元、美元与澳元的两种合约交易来实现对日元与澳元的保值交易。

5. 期权合同法

外汇期权交易以其成本低和具有保值与投机双重作用等优点,在国际贸易和金融交易中被广泛应用于防范外汇风险。

(1)看涨期权的保值交易。外汇看涨期权的保值交易是指,期权买入者未来某一时期内将有一笔某种货币的付汇业务,而买入相应份数的该种货币的看涨期权,以避免付汇时该种货币汇率波动可能带来的损失。

例如,某日外汇市场的即期汇率为 GBP/USD=1.5000,美国某一跨国公司在 9 月 1 日左右将有一笔 62.5 万英镑的款项汇出,该跨国公司担心 9 月 1 日左右英镑的汇率将上涨,于是委托经纪人在外汇市场中买入 10 份 9 月份到期的英镑看涨期权合同,合同总金额为 62.5 万英镑,协议价为 GBP/USD=1.5000,期权费为 GBP/USD=0.040。

假设:

① 9 月 1 日付汇时,英镑的市场汇率为 GBP/USD=1.6000,该跨国公司就要求期权卖出者履行合同,它以 937 500 美元的代价买入 625 000 英镑,加上前期支付的期权费 25 000 美元,实际总支出 962 500 美元,平均汇率为 GBP/USD=1.5400,比不进行期权交易减少损失 37 500 美元。

② 9 月 1 日付汇时,英镑的市场汇率为 GBP/USD=1.4500,该跨国公司就放弃期权,在现货市场中以 906 250 美元的代价买入 625 000 英镑,加上前期支付的期权费 25 000 美元,实际总支出 931 250 美元,平均汇率为 GBP/USD=1.4900,比买入看涨期权时的即期汇率低 0.01 美元。

③ 9 月 1 日付汇时,英镑的市场汇率为 GBP/USD=1.5200,该跨国公司仍将行使期权,实际总支出仍为 962 500 美元,平均汇率为 GBP/USD=1.5400。

总之,不论 9 月 1 日时英镑的市场汇率怎样波动,期权买入者的最高付汇汇率都为

GBP/USD=1.540 0。

(2) 看跌期权的保值交易。看跌期权的保值交易是指期权买入者在未来一个时期将收到某一货币,而买入相应数量的该种货币的看跌期权,以避免收到该货币时汇率波动可能带来的损失。

例如,美国某银行预计在12月1日左右将收到一笔600万瑞士法郎的款项,它担心收汇时瑞士法郎对美元的汇率将下跌,即日以协议价CHF/USD=0.800 0、期权费CHF/USD=0.02的价格买入金额为600万瑞士法郎的看跌期权。

假设:

① 12月1日收到600万瑞士法郎时,瑞士法郎的市场即期汇率为CHF/USD=0.880 0,该银行就会放弃期权,在现货市场中以CHF/USD=0.880 0的汇率卖出600万瑞士法郎,兑换到528万美元,扣除前期支付的12万美元期权费,实际兑换到的美元为516万,平均汇率为CHF/USD=0.860 0。

② 12月1日收到600万瑞士法郎时,瑞士法郎的市场即期汇率为CHF/USD=0.750 0,该银行就会行使期权,要求期权卖出者履行合约,它以600万瑞士法郎的代价兑换到480万美元,扣除前期支付的期权费,实际兑换到的美元为468万,平均汇率为CHF/USD=0.780 0。

③ 12月1日收到600万瑞士法郎时,瑞士法郎的市场即期汇率为CHF/USD=0.790 0,该银行也将行使期权,实际兑换到的美元仍为468万,扣除前期支付的期权费,平均汇率同样为CHF/USD=0.780 0。

由此可见,通过外汇看跌期权的交易,不论收汇时汇率如何变动,该银行最低的收汇率都为CHF/USD=0.780 0。

(3) 看涨期权、看跌期权组合买入。在汇率剧烈波动期,为控制投资风险,可组合买入看涨期权、看跌期权。例如,某一时期汇率剧烈波动,美式看涨期权协议价为GBP 1=USD 1.500 0,期权费为GBP 1=USD 0.020 0;美式看跌期权协议价为GBP 1=USD 1.500 0,期权费为GBP 1=USD 0.030 0。而投资人A对未来汇率的走势难以把握,为控制投资风险,可买入一份协议价为GBP 1=USD 1.500 0、期权费为GBP 1=USD 0.020 0、金额为100万英镑的美式看涨期权。同时,又买入一份协议价为GBP 1=USD 1.500 0、期权费为GBP 1=USD 0.030 0、金额为100万英镑的美式看跌期权。在有效期内,假如英镑的市场价格始终等于1.500 0美元,期权买入者则选择放弃行权,损失为5万美元,$-(0.02+0.03)\times 1 000 000=-50 000$(美元);如英镑的市场价格为1.550 0美元,期权买入者则选择放弃看跌期权,行使看涨期权,盈亏为零,$(1.550 0-1.500 0-0.05)\times 1 000 000=0$。如英镑的市场价格为1.450 0美元,期权买入者则选择放弃看涨期权,行使看跌期权,盈亏也为零,$(1.500 0-1.450 0-0.05)\times 1 000 000=0$;在有效期内,只要英镑的市场价格小于1.450 0美元,或大于1.550 0美元,期权买入者则分别行使看跌期权和看涨期权,盈利视市场价格偏离1.45美元或1.55美元的程度而定。其盈亏分析如图5-1所示。

6. 国际信贷法

国际信贷法是指在中长期国际收付中,企业利用国际信贷形式,在获得资金融通的同

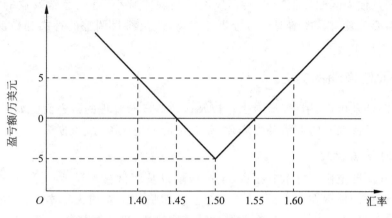

图 5-1　买入看涨期权和看跌期权的盈亏分析

时,转嫁或抵消外汇风险的方法。其主要有三种形式。

(1) 出口信贷。出口信贷是指一国为了支持和扩大本国大型设备的出口,以对本国的出口给予利息补贴并提供信贷担保的方法,由本国银行向本国的出口商或外国的进口商(或其往来银行)提供低利率贷款的融资方法,包括买方信贷和卖方信贷。

(2) 福费廷(forfaiting)。福费廷又称包买票据或买单信贷,是指出口商将经过进口商承兑,并由进口商的往来银行担保,期限在半年以上的远期票据,无追索权地向进口商所在地的包买商(通常为银行或银行的附属机构)进行贴现,提前取得现款的融资方式。由于福费廷对出票人无追索权,出口商在办理此业务后,就把外汇风险和进口商拒付的风险转嫁给了银行或贴现公司。

(3) 保付代理(factoring)。保付代理简称保理,是指出口商以延期付款的形式出售商品,在货物装运后立即将发票、汇票、提单等有关单据卖断给保理机构,收进全部或一部分货款,从而取得资金融通的方法。由于出口商提前拿到大部分货款,因此可以减小外汇风险。

三、换算风险管理的方法

管理换算风险,企业通常采用的是资产负债表匹配保值。这种方法要求在资产负债表上以各种功能货币表示的受险资产与受险负债的数额相等,以使其换算风险头寸(受险资产与受险负债之间的差额)为零。只有这样,汇率变动才不会带来任何换算上的损失。

实行资产负债表匹配保值,一般要做到以下几点:其一,弄清资产负债表中各账户、各科目上各种外币的规模,并明确综合换算风险头寸的大小。其二,根据风险头寸的性质确定受险资产或受险负债的调整方向。如果以某种外币表示的受险资产大于受险负债,就需要减少受险资产,或增加受险负债,或者双管齐下。相反,如果以某种外币表示的受险资产小于受险负债,就需要增加受险资产,或减少受险负债。其三,在明确调整方向和规模后,要进一步确定对哪些账户、哪些科目进行调整。这正是实施资产负债表保值的困难所在,因为有些账户或科目的调整可能会带来相对于其他账户、科目调整更大的收益性、流动性损失,或造成新的其他性质的风险(如信用风险、市场风险等)。从这一意义来说,通过资产负债表匹配保值获得换算风险的消除或减小,是以经营效益的牺牲为代价的。因此,需要认真对具体情况进行分析和权衡,决定科目调整的种类和数额,才能使调整的综合成本最小。

四、经济风险管理的方法

经济风险涉及生产、销售、原料供应以及区位等经营管理的各方面。如果企业在国际范围内使其经营活动和财务活动多样化,就有可能避免风险,减少损失。

(一)经营多样化

这是指在国际范围内分散其销售、生产地址以及原材料来源地。这种经营方针对减小经济风险的作用体现在两方面:第一,企业所面临的风险损失基本上能被风险收益弥补,使经济风险自动防范。第二,企业可主动采取措施,迅速调整其经营策略,如根据汇率的实际变动情况,增加或减少某地或某行业等的原材料采购量、产品生产量或销售量,使经济风险带来的损失降到最低。

(二)财务多样化

这是指在多个金融市场、以多种货币寻求资金来源和资金去向,即实行筹资多样化和投资多样化。这样,在有的外币贬值、有的外币升值的情况下,企业就可以使大部分外汇风险相互抵消。另外,由于资金来源和去向的多渠道,企业具备有利的条件在各种外币的资产和负债之间进行对抵配合。

扩展阅读 5-2
银行的外汇风险管理

第三节 汇率预测

一、汇率预测的含义

汇率预测是指对货币间的比价关系的波动范围及变化趋势作出判断与推测。汇率波动是产生外汇风险的决定性因素,把握汇率波动方向,对其波动幅度进行准确的预测,是确定风险大小、风险危害程度的首要工作,离开准确的汇率预测,外汇风险管理就会失去科学的依据。

20世纪70年代以后,主要国际货币之间的汇率波动越来越频繁,汇率波动幅度有扩大的趋势,人们对汇率决定与变化规律的研究一直没有间断过。汇率是外汇市场交易的产物,是政府干预的结果,是多个经济主体基于不同利益的共同活动的反应,只要厘清了这些作用力,通过实践把握这些要素发挥作用的机制,汇率的预测应该是可行的。

一般而言,影响汇率波动的最基本的因素有国际收支状况、相对利率、相对通货膨胀率、相对经济增长率等宏观经济因素,还有心理预期、政府干预、投机活动和各种突发因素。如果逐一分析这些因素,比较容易发现它们对汇率产生影响的方向和力度,但是,这些因素之间往往存在相关性,一个因素变化时,其他因素会发生方向相同或者相反的对应性变化。汇率波动影响因素之间的这种相关性,使汇率预测的难度进一步提高。

二、汇率预测的方法

能够比较准确地预测货币汇率变化趋势是避免外汇风险的首要前提。对汇率变化趋势的预测一般采用基本因素分析法和技术分析法。还有一种简单预测短期汇率走势的方法，称为市场预测法。

（一）基本因素分析法

基本因素分析法突出分析影响汇率的各种因素，并依各种因素发挥作用的方向和强度估计汇率的走势。一种货币的走势最终是由该国的基本经济因素决定的，通常该国的经济运行越好，其货币升值的可能性就越大。

影响市场汇率变动的直接原因是国际市场上该种货币的供求状况，而影响该种货币供求状况的主要经济因素有该国的国际收支状况、货币的购买力、利率水平等。当该国国际收支中经常性项目长时间出现顺差，那么就表明该国的产品在国际市场中有较强的竞争力，外币的流入大于外币的流出，国内外汇的供给比较充裕，本币的相对价值较高，升值的可能性较大。当一国的通货膨胀率低于另一国的通货膨胀率时，根据相对购买力平价理论，通货膨胀率相对较高的国家中，其商品的价格必然相对较高，这样就会影响其商品出口的竞争力，不利于商品出口，而有利于商品进口，进而影响两国的贸易收入，乃至影响两国的国际收支平衡，造成一国货币贬值和另一国货币升值。当一国的利率水平相对提高时，资金就会从利率较低的国家流向利率较高的国家，这时市场上利率较高的国家的货币需求量就会增加，导致即期汇率上升。同时，由于套利交易，人们在远期外汇交易中就会卖出利率较高的货币，从而导致远期汇率的价格下降。一国的国际收支状况、通货膨胀率和利率变动都是该国经济运行质量的结果。因此，深入分析一种货币汇率变动的趋势还需对一国经济运行深层次的因素进行综合分析。基本因素分析法常采用的主要经济数据有就业率、经济增长率、通胀率、利率等，这些数据是国家财政政策、货币政策、国际收支政策制定的基础和运行结果的综合反映。

基本因素分析法包括专家分析预测法和计量模型分析法。其中，专家分析预测法是集中与上述影响因素有关的各领域的专家，运用集体智慧，对汇率的未来变化情况作出判断。计量模型分析法是将经济分析与数学方法相结合，主要步骤有：确定预测汇率的基本变量及其关系，建立具体的汇率预测模型；对所建汇率预测模型进行检验；依据模型进行预测。基本因素分析法适用于对汇率的长期走势进行预测。

（二）技术分析法

由于基本因素分析法注重市场动因的分析，而相当数量的动因在分析中具有不确定性，因而影响了其结果的准确性。这就促使人们采用技术分析法来预测汇率的变化。技术分析法是指利用汇率变化的历史数据来预测未来的汇率的方法。通常采用图表方式把汇率的历史变动情况记录、表示出来，对各种数据进行统计分析，在图表上标出其变化的规律，借以分析预测汇率未来的变动趋势。

技术分析法有三条基本假设：第一，市场行情说明一切；第二，历史不断重复其自身；第三，价格按趋势变动，有一定的规律存在。该方法认为，一定时期内的汇率水平是经济运行结果和人们预期的综合反映。当一国货币的成交量放大、汇率上升时,人们对该货币未来充满信心;反之则相反。技术分析法就是将每一时点的成交量、价格以图表曲线的方法记录下来,通过其成交量和价格的变动,分析人们的预期,从而来分析某种货币汇率未来的趋势。技术分析法主要基于 K 线图,具体包括趋势分析、判断阻力位和支撑位、确定价格形态、运用技术指标分析等,常见的技术分析指标有移动平均线(MA)、异动移动平均线(MACD)、相对强弱指数(RSI)、随机指标(KDJ)、布林带(BOLL)等。

技术分析法具有程序简单、预测结果直观的特点,被广泛应用于短期汇率预测。但技术分析法的时间跨度较小,不利于公司制定长期的经营战略。外汇投机者往往偏爱使用技术分析法来预测短期内外汇汇率的走势。但实证研究表明,没有任何一种技术分析模型能带来持续的投机利润。通常人们采用基本因素分析法和技术分析法两种方法的互补来预测汇率变化的趋势。由于货币汇率变化趋势预测的难度较大,往往需要投入大量的研究人员,配置大量的分析资料和分析工具,因此其成本较高,这种方法通常被一些大银行、大公司所采用。

(三) 市场预测法

市场预测法是一种直接根据市场中的汇率价格预测未来汇率的方法,也是非金融企业主要使用的预测方法。该方法的成本非常低,如果对预测的精度要求不高,用此方法进行预测非常经济。市场预测法隐含着外汇市场有效的假设,即无论是当前的汇率还是远期汇率都已经充分反映了所有可得信息。市场预测法包括两种:即期汇率预测法和远期汇率预测法。

1. 即期汇率预测法

如果某种货币的汇率波动比较小,外汇市场比较平稳,根据汇率随机走动模型,在预测该货币的短期汇率时,可以认为当期的即期汇率就是下一期的即期汇率。例如,2021年5月27日人民币兑美元的汇率为 USD 1=RMB 6.385 0,可以预测 2021 年 5 月 28 日人民币兑美元的汇率也是 6.385 0。

但是该方法只适用于市场较为稳定的情况,也就是各国经济波动相对平稳,没有重大的政策改变,同时国际游资的炒作力量也不活跃。在这种情况下,使用即期汇率预测法比较稳妥。然而多数情况下,即便各个因素相对稳定,汇率仍会出现小幅波动。因此不能在毫无根据的情况下滥用即期汇率预测法,否则预测的准确性就会降低。

2. 远期汇率预测法

远期汇率反映了当前市场对货币的未来即期汇率的一致看法。在国际金融市场套利机制的作用下,远期汇率应该是未来即期汇率的无偏估计,可以直接用远期汇率来预测未来的即期汇率。例如,2021 年 5 月 27 日中国银行提供的远期外汇报价中,3 个月美元兑人民币的远期汇率为 USD 100=RMB 643.230 0,可以预测美元兑人民币 3 个月后的即期汇率为 USD 100=RMB 643.230 0。

远期汇率预测法较为常用,因为该方法使用起来比较简单且有效。根据美国一些投资机构的实证研究,远期汇率在预测未来汇率时的有效性相当高,在数十种货币中预测的准确性大约在 85%。但是远期汇率除了受经济本身的影响之外,也取决于市场买卖双方的力量对比。如果外汇市场上需求量比较大,远期汇率会被高估;相反,如果市场上抛售的力量较为强大,则远期汇率可能被低估。运用远期汇率进行预测的时候,无法通过先验信息来判定未来外汇市场的供求状况,因此很难避免预测误差。

对于汇率是否具有可测性,仍然存在一定的分歧。一些学者将效率市场假说运用到外汇市场,认为外汇市场与股票市场类似,其定价效率很高,任何未来汇率预测方法的准确性都不可能持续超越外汇市场上的远期汇率,远期汇率能够更准确地反映未来的即期汇率,因而汇率预测不仅是资源的浪费,而且往往导致决策错误,从而造成损失。另一些学者认为外汇市场信息效率是不充分的,并非所有参与者都能获得所有相关信息,并且市场参与者之间也存在很大差异,即使对同样的信息,其对汇率影响程度也有不同判断,因此远期汇率并非未来即期汇率最佳预测指标。专业机构在实际操作中会根据汇率预测的期限和各国汇率制度的特点,选择不同的方法及其组合。例如,将传统的基本因素分析法和技术分析法相结合,甚至采用新发展的机器学习方法等,对未来即期汇率进行预测。

本章小结

外汇风险分为交易风险、换算风险和经济风险。交易风险是指在外汇交易和贸易收付中,由于汇率变动而引起的收益或亏损的风险。换算风险是指一个经济实体在进行会计处理和外币债权、债务结算时,对于必须换算成本币的各种外汇计价项目进行评议所产生的风险。经济风险是指预测之外的汇率变动使企业未来一定时期内的收益和现金流量减少的潜在损失。

为规避外汇交易风险,企业通常采用贸易策略(内部管理)和金融市场工具(外部管理)的方法。采用贸易策略管理外汇风险的方法主要有选择有利的计价货币、提前收付或拖延收付法、收付货币平衡法、多种货币组合法、货币保值法、价格调整法等。采用金融市场工具管理外汇风险的方法主要有即期合同法、借款投资法、远期合同法、期货合同法、期权合同法等。

管理换算风险,企业通常采用的是资产负债表匹配保值。企业管理经济风险的主要方法是在国际范围内使其经营活动和财务活动多样化。

汇率预测是外汇风险管理的首要前提,对汇率变化趋势的预测一般采用基本因素分析法和技术分析法。基本因素分析法就是研究各种经济因素对汇率的影响,并依各种因素发挥作用的方向和强度估计汇率的走势。技术分析法就是通过对历史成交量和价格的变动分析人们的预期,从而来分析某种货币汇率未来的趋势。还有一种市场预测法,是直接根据市场中的汇率价格预测未来汇率的方法,包括即期汇率预测法和远期汇率预测法。

思考题

1. 什么是外汇的交易风险、换算风险和经济风险?
2. 简述在选择计价货币防范外汇风险时应注意的几个问题。
3. 比较借款投资法和远期合同法在外汇风险防范中的作用。

4. 如果某公司在未来3个月能收到一笔外汇货款,那么该公司应怎样利用外汇期货交易来避免收汇时汇率波动所带来的风险?

5. 外汇远期交易、外汇期货交易和外汇期权交易在汇率保值过程中有什么区别?举例说明。

6. 如何综合应用基本因素分析法和技术分析法对汇率趋势进行预测?举例说明。

艾西斯公司的外汇风险管理策略

艾西斯(Isis)是一家总部设在美国的石油公司。因为在加拿大有业务而产生了加拿大元的现金流量,它有一笔大的外币敞口,艾西斯的风险是:这些加拿大元可能对美元贬值,导致总的美元收入下降。

艾西斯决定通过卖出以美元表示的加拿大元的买入期权来减少其加元长头寸,这个选择的特定期权策略是"出售完全抵补的买入期权",即涉及出售买入期权,其面值与期权到期日内这段时间公司预期的加元现金流入量相等。通过出售期权,艾西斯马上收到一笔代表其出售期权的市场价值的美元现金,如果加元对美元贬值,没有波动或略微升值,那么,这笔现金将增加艾西斯的总美元收入。

为了完成其策略,艾西斯将出售加元买入期权,其数量等于公司在期权到期日前的预期收入。这个策略仅涉及对期权头寸最小量的管理,在极端情况下,艾西斯可以让期权到期失效或让别人行使期权。无论在哪种情况下,艾西斯都将获得全部期权费,如果加元的美元价值未变,收到的期权费是纯利;如果加元贬值,出售期权获得的期权费将弥补部分或全部损失;如果加元急剧升值,艾西斯的收益也会随之增加,直到某一极限,极限值与出售期权的执行价有关。

点 评

艾西斯策略的效果取决于汇率变动和对出售期权的执行价的选择。为了说明艾西斯的策略,考虑在未来180天内预期收到3亿加元的现金流入,假设艾西斯卖出6个月的费城交易所期权,同时假设当前即期汇率是 US＄0.75/Can＄,6个月远期的汇率是 US＄0.744 7/Can＄。在这一即期汇率水平,合理的买入期权执行价是＄0.74、＄0.75、＄0.76,为了方便说明,我们假设艾西斯对每张卖出的期权付出4美元的经纪费,并将期权的市场假设价值列在下面,见表5-8。

表5-8 期权的市场假设价值

执行价	期权价值	期权数量(PHLX)	出售期权获得的美元收益	经纪费
74	＄598.50	6 000	＄3 591 000	＄24 000
75	＄325.00	6 000	＄1 950 000	＄24 000
76	＄156.50	6 000	＄939 000	＄24 000

全部头寸的收益取决于即期汇率的"最终"价值 $S(US\$/Can\$)$ 和对执行价格的选择。最终即期汇率是期权到期日的市场即期汇率。如果期权被执行,假设每张期权需另外的清算费$35,即6 000张合约总值$210 000。加元长头寸与期权短头寸的总价值见表5-9。

表5-9 加元长头寸与期权短头寸的总价值　　即期汇率单位：m＝百万

执行价	S<74	74<S<75	75<S<76	76<S
74	S(Can$300 m) ＋$3 567 000	$225 357 000	$225 357 000	$225 357 000
75	S(Can$300 m) ＋$1 926 000	S(Can$300 m) ＋$1 926 000	$226 716 000	$226 716 000
76	S(Can$300 m) ＋$915 000	S(Can$300 m) ＋$915 000	S(Can$300 m) ＋$915 000	$228 705 000

如表5-9所示,一方面,所选的执行价越低,对加元贬值的防范能力越强;另一方面,如果加元升值,较低的执行价限制了盈利性。事实上,最佳的价格选择是最终即期汇率的函数。考虑到我们的假设,表5-10总结了对应即期汇率各种可能取值的最佳选择。我们的假设即公司保持3亿加元的敞口长头寸或(另外)出售180天到期的6 000个费城交易所买入期权,可能的执行价是US$0.76/Can$、US$0.75/Can$、US$0.74/Can$,这里最终的即期汇率是期权到期时的市场汇率。如果期权被执行,公司将对每张期权合约向清算公司支付4美元的经纪费和额外的35美元清算费。

表5-10 艾西斯策略的最佳选择

最终即期汇率(美元/加元)	最佳选择
S>76.235	只保有货币长头寸
75.267<S<76.235	以76的执行价卖出期权
74.477<S<75.267	以75的执行价卖出期权
S<74.477	以74的执行价卖出期权

现在的即期汇率是US$0.75/Can$。

对于艾西斯的策略,还有一点值得注意：因为如果期权被执行,清算公司将要求较大数额的手续费($35),所以在期权有可能被执行的情况下,艾西斯买回期权(并支付经纪费$4)是比较划算的。而且,前面假设如果期权被执行,艾西斯将在手头保有相应的加元,但是,如果加元收入比预期的少,就不是这种情况了。如果收入较少的情况发生,期权到期日前需要被购回。

执行价的三种选择会有不同的回报,这取决于汇率的波动,但是艾西斯对汇率的预期不是选择风险管理策略的唯一相关标准,目标头寸的可能变化也应被考虑。以下是对于每个选择出售买入期权的最大和最小回报,它们分别与未保值头寸、远期、市场保值相比,见表5-11。

表 5-11　未保值头寸、远期、市场保值比较

策　略	最 大 价 值	最 小 价 值
未保值的长头寸	无	0
卖出远期	$223 410 000	$223 410 000
卖出执行价是 76 的买入期权	$228 705 000	未保值的最小价值加 $915 000
卖出执行价是 75 的买入期权	$226 716 000	未保值的最小价值加 $1 926 000
卖出执行价是 74 的买入期权	$225 357 000	未保值的最小价值加 $3 567 000

第六章 汇率制度与外汇管理

【教学目的和要求】

了解不同类型的汇率制度,掌握固定汇率制度和浮动汇率制度的特点,理解汇率制度选择的相关理论,了解人民币汇率制度的形成和改革进程,理解外汇管理的含义和主要内容,了解中国外汇管理体制改革进程,掌握人民币经常账户可自由兑换和资本账户可自由兑换的内容及进程。

【重要概念】

汇率制度　固定汇率　浮动汇率　货币局制度　三元悖论　人民币汇率制度　外汇管理　结售汇制　经常账户下自由兑换　资本账户下自由兑换

【引言】

从传统意义而言,可将汇率制度划分为固定汇率制和浮动汇率制。当前各国采用的汇率制度,多数是介于完全固定和完全浮动之间的中间汇率制度。人民币汇率经历了由官定汇率到市场决定、由固定汇率到有管理的浮动汇率制的演变过程。中国的外汇管理制度也历经演变,目前已经实现了经常账户和大部分资本账户的可自由兑换,为人民币的国际化,以及进一步对外开放战略的实现提供有力支撑。

第一节 汇率制度

一、固定汇率制度

固定汇率制度(fixed exchange rate system)是指两国货币的比价基本固定、其波动的界限规定在一定幅度之内的汇率制度。如果在外汇市场上两国汇率的波动超过规定的幅度,有关国家的货币当局就有义务进行干涉来维持。这种制度下的汇率是在货币当局调控之下,在法定幅度内进行波动,因而具有相对稳定性。从国际金本位制确立到布雷顿森林体系瓦解这一段时期,世界上绝大多数国家都采用固定汇率制度。

(一)金本位制度下的固定汇率制度

金本位货币制度包括金铸币本位制、金块本位制和金汇兑本位制。其中,金铸币本位制是典型的金本位制。在金铸币本位制下,货币是用一定重量和成色的黄金铸造的。这时,两种货币之间的比价,是由这两种货币单位含金量之比,即铸币平价来决定的。在实际外汇市场上,汇率还受外汇供求关系的影响,在短期内会出现与铸币平价一定程度的背离,但这种波动的幅度是很有限的,基本上以黄金输送点为界限而上下波动。如果外汇市场上汇率涨得很高,甚至超过运送黄金的费用,人们就宁可运送黄金也不买进外汇;相反,如果汇率下跌得很低,甚至超过运送黄金的费用,人们就会从国外运回黄金而不出售外汇。因此,在金铸币本位制度下,汇率波动的上限为铸币平价加上黄金输送费用,即黄金输出点;下限为铸币平价减去黄金输送费用,即黄金输入点。由于黄金体小价大,运费是微小的,因而汇率的波动也很小。因此,在金铸币本位制度下,汇率以铸币平价为中心,以黄金输送点为上下限波动,汇率比较稳定。

然而,世界的黄金储备有限,随着经济的发展,对黄金的需求剧增,黄金的供求矛盾激化,金铸币本位制的缺陷逐步暴露出来。后来各国对黄金进行管制,黄金不流通,也不能自由输出、输入国境,开始采用金块本位制和金汇兑本位制。在上述两种货币制度下,决定两国货币汇率的基础是两种货币的法定含金量之比,即金平价(gold parity),也称为法定平价。汇率以法定平价为中心上下波动,但是波动的幅度已不再受黄金输送点的限制。与金铸币本位制度相比,其稳定程度已经明显降低了。由于金块本位制和金汇兑本位制的不稳定性,其仅维持了短短的一段时间。

(二)纸币制度下的固定汇率制度

金本位制度崩溃后,各国普遍实行了纸币流通制度,这与金本位时曾使用的银行券等纸币不同,此时流通的是不可兑换的纸币。从1945年下半年至1973年年初,为纸币制度下的固定汇率制度时期。在布雷顿森林体系下,《国际货币基金协定》规定,各会员国货币的平价应以黄金为共同单位,或者以1944年7月1日所规定的含有一定黄金重量与成色的美元(即1盎司黄金的官价为35美元,1美元的金平价是0.888 671克黄金)来表示。确立了美元与黄金挂钩、其他国家货币与美元挂钩的机制。美国政府履行的义务是准许外国政府或中央银行按黄金官价向美国兑换黄金。会员国必须建立本国货币的平价,用黄金或美元来表示,各国货币对美元的汇率一般只能在平价上下各1%的幅度内波动,各国政府有义务在外汇市场上进行干预活动,以保持外汇行市的稳定。

在布雷顿森林体系下,各国货币当局维持官定上、下限的主要措施有:中央银行通过改变再贴现率以影响商业银行及其他金融机构的利息率;动用黄金、外汇储备来平衡国际收支;实行外汇管制等。

(三)固定汇率制度的意义及利弊

固定汇率制度的最大特色是汇率的相对稳定,而稳定的汇率为国际经济活动提供了稳定的金融环境,它推动了国际贸易的发展,有利于国际资本的流动。但是,金本位制下汇率的稳定是市场自发调节的结果,只是一种理想的制度。布雷顿森林体系下的固定汇率制度则有很大缺陷。例如,当外汇市场动荡时,会受国际游资的冲击,造成国际金融秩序的混乱;而一国政府要维持汇率的界限,又会引起黄金、外汇储备的大量流失等,从而导致整个汇率制度的动荡。

固定汇率制度的优点主要体现在汇率具有相对稳定性,汇率的波动范围或自发地维持或人为地维持,这使进出口商品的价格确定、国际贸易成本计算和控制、国际债权债务的清偿有可靠的依据,减小了进出口贸易及资本输出、入所面临的汇率大幅度变动的风险,有助于国际贸易和投资活动,促进了一国对外经济的发展。同时,汇率的稳定抑制了外汇市场的投机活动,有助于减小汇率频繁波动的风险。固定汇率制度的主要缺点表现为:①汇率基本不能发挥调节国际收支的经济杠杆作用;②为维护固定汇率制可能破坏内部经济平衡,比如一国国际收支逆差时,本币汇率将下跌,成为软币,为不使本币贬值,就需要采取紧缩性货币政策或财政政策,但这会使国内经济增长受到抑制、失业增加;③在固定汇率制下,由于各国有维持汇率稳定的义务,而削弱了国内货币政策的自主性;④容易输入国外通货膨胀,固定汇率下当国外发生通货膨胀时,一价定律及国际收支盈余带来的国内货币供给量增加将导致国内物价水平的上升;⑤容易遭受国际游资的冲击,引起国际汇率制度的动荡和混乱,1997年的东南亚金融危机就是一例。

二、浮动汇率制度

浮动汇率制度(floating exchange rate system)是指一国货币和外国货币的汇率不固定,随着外汇供求变化而自由波动的汇率制度。浮动汇率不能说是一种很理想的汇率制度,但它可以加速国际收支调节,使国内外经济很快协调;消除了国际贸易和资本流动的一些障碍;可避免对某种货币的过度投机;允许各国采取独立的货币政策;能使经济周期的国际传递减到最小量。所以,自1973年以后,在世界经济十分动荡、政治经济形势很不稳定的情况下,主要西方国家普遍实行了浮动汇率制度。

(一)浮动汇率制度的类型

浮动汇率制度从不同角度划分,有不同的类型。

(1)按是否组成集团,浮动汇率制度可分为单独浮动汇率与联合浮动汇率(joint float)。

单独浮动汇率是指一国货币的币值不与任何外国货币发生固定联系,其汇率根据外汇市场的供求变化单独浮动,不与其他国家的货币联合浮动。最初实行单独浮动汇率的国家有英国、美国、加拿大等。

联合浮动汇率是指某些国家出于经济发展的需要,组成某种形式的经济联合体。在联合体成员国之间实行固定汇率,制定汇率波动幅度,联合体内各国家有义务共同维持汇率的稳定;而对联合体外国家的货币则实行联合浮动。联合浮动最先是1973年3月由欧共体6个成员国:联邦德国、法国、比利时、丹麦、意大利、卢森堡开始实行的。这6个成员国对美元、英镑、日元等其他国家的货币实行联合浮动,汇率随外汇市场供求关系变化而自由涨跌,各成员国货币对非成员国货币的汇率波动保持大致相同的幅度,六国一致对外,以抵消国际游资的冲击。当时它们实行联合浮动汇率制的目的在于加强成员国内部经济的联系,抵制美元危机的干扰,稳定成员国内部的汇率,发展对外贸易。

(2)按政府是否对市场汇率进行干预,浮动汇率制度可分为自由浮动汇率(free float)与管理浮动汇率(managed float)。

自由浮动汇率也称清洁浮动汇率(clean float),是指在政府不加干预的情况下,完全随外汇市场的供求状况而自由波动的汇率。美国曾一度主张实行自由浮动汇率,对汇率上下波动不采取任何干预措施。然而,汇率的变动对一国经济发展影响很大,因此,实际上纯粹的自由浮动汇率基本上是不存在的,现实的浮动汇率制其实是管理浮动。

管理浮动汇率也称肮脏浮动汇率(dirty float),是指政府或货币当局在外汇市场上或明或暗地随时进行干预,通过影响外汇市场上外汇的供求状况来操纵本国货币汇率的变动。目前,西方国家实行干预的方法大致分为两类:一类是着重短期的目标,在短期内把汇率维持在一定范围内;另一类是对汇率施加一些影响,使其波动不至于太大。但是这种干预活动是从一国的经济利益出发的,并不考虑国际范围内的经济影响,所以世界性国际收支不平衡问题,只有依靠各国的合作才能逐步解决,而不能完全依靠各个国家对外汇市场的干预。

(二)浮动汇率制度的意义及利弊

浮动汇率制度的建立不但影响国际货币关系,同时对世界经济的发展产生了深刻的影响。首先,浮动汇率制度可以防止某些国家外汇储备的流失,因为在原则上货币当局不再有维护市场汇率的义务,从而在一定程度上减少了动用外汇储备干预市场的行为;其次,浮动汇率制度促进了外汇市场的发展,外汇市场上不断地出现金融创新工具来避免浮动汇率制度的风险;最后,浮动汇率制也加强了国际的联合干预,由于国际资本流动规模的加大,西方国家不断完善联合干预机制,加强中央银行之间的合作。

实际上,固定汇率与浮动汇率各有其优缺点,不能一概而论。相对于固定汇率制度,实行浮动汇率制度的好处有:①可以保证货币政策的独立性;②国际收支具有自发调节机制,使内外均衡得到更好的协调;③可以帮助减缓外部的冲击,避免对某种货币的过度投机;④政府干预减少,汇率将由市场决定,更具有透明性;⑤一国不需要维持巨额的外汇储备。

但是浮动汇率制度也有一些不足之处:①汇率往往会出现大幅过度波动,可能不利于贸易和投资;②由于汇率自由浮动,人们就可能进行投机活动,加大了汇率波动的风险;③对一国宏观经济管理能力、金融市场的发展等方面提出了更高的要求,现实中,并不是每一个国家都能满足这些要求。

三、货币发行局制度

固定汇率制的基本特征是汇率的稳定,然而在现实情况中,有可能发生投机性冲击而破坏汇率的稳定,因此,仅仅宣布固定汇率制并不能使人们对其产生信心,需要货币当局持有足够的储备来维持汇率的稳定。将货币的发行与储备货币相联系,就会使固定汇率的可靠性大大增加,这就是货币发行局制度(currency board system)。

货币发行局制度是由法律明确规定本国货币与某一外国货币保持固定汇率,并要求本国货币的发行必须以一定(通常是100%)的外国货币作为准备金的汇率制度。外国货币一般选取预期币值稳定、在国际上被普遍接受的货币,例如美元,也有小部分将黄金作为储备货币。货币发行局制度是一种关于货币发行和兑换的制度安排,它首先是一种货币发行制度,法律规定发行的货币必须有外汇储备或硬通货的全额支持,其次才是一种固定汇率制度。有此保证,货币当局不能发行超过其外汇储备的货币,这样可以防止政府通过印钞来融资,政府的支出资金只能来自税收和借款,避免因此而产生的通货膨胀。

货币发行局制度除了发行货币要以一定量外汇储备做基础这一约束之外,还具有自动兑换的约束,中央银行必须无条件按照固定的汇率接受市场对固定外汇的兑换需求,并且只能被动地接受货币需求的变动,不能主动创造信贷,因此无法主动影响本国经济发展速度。货币发行局制度确定后不能轻易改变,通常以法律的形式固定下来。

货币发行局制度与中央银行制度的区别在于：货币发行局制度下的货币发行完全取决于外汇储备的限制，而中央银行制度下，政府和商业银行都可以向央行借款发放货币，与外汇储备没有直接关系。因此，中央银行制度下的信贷政策要比货币发行局制度自由，央行可以控制本国利率，或根据实际情况发放贷款。现实情况中，很多经济学家认为，中央银行，尤其是发展中国家的中央银行并不能保持其独立性，往往受到政权的影响，无法保证货币体制的正常运转，因此，中央银行不能够承担维持币值稳定的重任，而应当由一个独立的机构按照严格的规定来发行货币，就是货币发行局。

货币发行局制度的优势在于，具有自动稳定经济的能力。例如，当一国出现国际收支逆差时，外汇储备减少，国内的货币供应量也随之减少，利率升高，导致进口需求下降，国内经济增长速度减缓，工资、物价水平下降，带来生产成本的下降，增强了出口的竞争力，缩小逆差。同时，货币发行局制度具有很高的可靠性，可以稳定人们对本币的信心，促进国际贸易和投资的发展。但其也有一定的不足：首先，政府放弃控制货币供应和利率的权力，利率由钉住货币国制定，货币量由国际收支以及货币乘数决定；其次，政府不能通过调整汇率来应对外部经济的影响，只能调整国内工资和商品价格，这在一定程度上使该国的经济独立性受到影响；最后，采用货币发行局制度就无法帮助周转困难的银行渡过危机，缺少可以求助的"最后贷款人"，货币发行局制度极易受到金融恐慌的影响。

目前，选择货币发行局制度的国家和地区有中国香港、阿根廷、波黑、文莱、保加利亚、爱沙尼亚、立陶宛和吉布提。中国香港实行的货币发行局制度也称联系汇率制，以钉住美元来固定汇率，1983 年 10 月 17 日，以 1 美元兑换 7.8 港元的比价，开始实行联系汇率制。其主要特点是，由中国香港金融管理局规定现钞发行和回笼时的官方汇率，并力图使市场汇率接近官方汇率。其具体的做法是：各发钞银行在发行港币时必须持有相当数量的负债证明书，而要获得负债说明书，则必须按 1 美元比 7.8 港元的比价，向中国香港金融管理局上缴美元存款；回笼货币时，其他任何银行在向发钞银行上缴港币时，均可按 1 美元对 7.8 港元的比价获得相应数量的美元，发钞银行也可按此比价，凭负债证明书，用回笼的港币从中国香港金融管理局兑回相应数量的美元。

扩展阅读 6-1
香港采用联系汇率制度的利弊

四、IMF 对各国汇率制度的划分

目前各国实际采用的汇率制度，大多数都不是单纯的固定或者浮动，而是种种变相的介于完全固定和完全浮动之间的中间汇率制度。1982 年，IMF 根据各国官方宣布的汇率安排对各成员国汇率制度进行了分类，主要有三类：一是钉住汇率，包括钉住单一货币和钉住合成货币；二是有限灵活汇率，包括对单一货币汇率带内浮动和汇率合作安排；三是更加灵活汇率，包括管理浮动和独立浮动（或称自由浮动）。根据这种划分，成员国选择保持钉住汇率国家的比率已从 1982 年的 65.28% 下降到 1998 年的 35.16%，而采用更加灵活汇率制度国家的比率却从 1982 年的 22.92% 上升到 1998 年的 55.49%。

随着各国汇率制度的演变，考虑到原有汇率制度无法反映成员国转向更加灵活汇率安排的趋势以及 1999 年 1 月 1 日欧元的诞生，IMF 根据实际汇率制度而不是官方宣布的汇率安排对各成员国汇率制度进行了新的分类,包括无独立法定货币、货币发行局制度、传统的固定钉住制、钉住平行汇率带、爬行钉住、爬行带内浮动、不事先宣布汇率干预方式的管理浮动、独立浮动八类。

IMF 定期对各成员国汇率制度进行新的分类,2021 年的划分包括 10 项,如表 6-1 所示。

表 6-1 2021 年 IMF 汇率制度分类

类型	分类	内容
硬挂钩	无独立法定货币	一国采用另一国货币作为唯一法定货币,或者隶属于某一货币联盟,共同使用同一法定货币
	货币发行局制度	货币发行当局根据法定承诺按照固定汇率来承兑指定的外币,并通过对货币发行权的限制来保证履行法定承兑义务
软挂钩	传统的固定钉住制	国家将其货币以一个固定的汇率钉住(官方或者实际)某一种主要外币或者钉住某一篮子外币,汇率波动围绕着中心汇率上下不超过 1%
	钉住平行汇率带	汇率被保持在官方或者实际的固定汇率带内波动,其波幅超过围绕中心汇率上下各 1% 的范围
	类似钉住制度	汇率在不浮动的前提下,即期市场汇率的波动幅度在 6 个月或更长时间内被限定在 2% 的范围内
	爬行钉住汇率制	汇率按照固定的、预先宣布的比率做较小的定期调整或依据所选取的定量指标的变化做定期调整
	类似爬行安排	中心汇率爬行,汇率带有一定程度的波动性,波动幅度不超过 2%
浮动汇率制度(市场决定汇率)	浮动制度	汇率大部分由市场决定,除非有足够的证据证明现阶段汇率的稳定属于非政府行为,否则汇率波幅必须要突破 2% 的限制。其间为防止汇率过度波动,政府当局可以直接或间接地进行干预
	自由浮动制度	在 6 个月内只有在市场无序的情况下,政府当局才能进行干预,并且干预的次数要小于 2 次,每次干预的天数也不能超过 3 天
其他	其他有管理的安排	

资料来源:IMF. Annual report on exchange arrangements and exchange restrictions[R]. 2021.

基于以上的划分标准,2013 年至 2021 年,国际货币基金组织中选择软挂钩汇率制度的成员国所占比例由 42.9% 上升至 47.7%,其中,类似爬行安排上浮比例最大,由 7.9% 上升至 12.4%。被划分为其他有管理的安排汇率制度的成员国所占比例由 9.9% 降至 6.2%,选择硬挂钩和浮动汇率制度的成员国所占比例变化不大。

五、汇率制度的选择

(一)影响汇率制度选择的因素

汇率制度的选择是一个非常复杂的问题,是一国政府的政策行为。它首先建立在一国所具有的特殊的经济特征的基础之上;并且在不同的时期,由于政府所追求的政策目的不同,政府所选择的汇率制度也不同;在世界经济一体化的趋势下,一国汇率制度的选择还受其对外经济贸易关系的影响,受国际经济和金融大环境的制约。

1. 经济结构性特征

小国实行固定汇率制度较为适宜,因为它一般与少数几个国家的贸易依存度较高,汇率的浮动会给它的对外贸易带来不利影响。此外,小国经济内部的结构调整成本较低。相反,大国由于对外贸易的商品构成多样化及贸易的地区分布多元化,很难选择一种货币作为参照货币实行固定汇率,加之大国经济内部的结构调整的成本较高,并且往往倾向于追求独立的经济政策。因此,大国一般比较适宜实行浮动汇率制度。

2. 政策意图

若国内通货膨胀率较高,政府旨在控制国内的通货膨胀,那么采用固定汇率制度较为适宜。因为若采取浮动汇率制度,则本国的高通货膨胀使本国货币贬值,本国货币贬值又通过成本、工资收入机制等加剧国内的通货膨胀。而若一国政府的政策意图是防止从国外输入通货膨胀,则应该选择浮动汇率制度。因为在浮动汇率制度下,一国货币政策的自主性较强。

3. 对外经济贸易关系

当两国之间存在非常密切的经济贸易往来时,两国货币保持固定比较有利于各自的经济发展。区域经济合作关系比较密切的国家之间,也适宜实行固定汇率制度,如欧洲货币体系的汇率机制。

4. 国际经济和环境

在国际资本流动日益频繁并且资本流动规模日益庞大的背景下,一国国内金融市场与国际金融市场联系越密切,本国政府对外汇市场的干预能力越有限,则该国实行固定汇率制度的难度很大,一般采用浮动汇率制度。

(二)汇率制度选择的理论

1. 浮动恐惧论

从汇率制度选择的实践来看,发达国家一般偏重于浮动汇率制度,而许多发展中国家则偏重于固定汇率制度。学术界将频繁干预外汇市场以便稳定汇率的现象称为浮动恐惧症(fear of floating),反映了这些国家对较大幅度的汇率波动存在着一种长期的恐惧心理。

浮动恐惧既包括对本币升值的恐惧,也包括对本币贬值的恐惧。研究发现,尽管在选择汇率制度上存在差异,但各国政府都表现出一定程度的浮动恐惧症。即使那些声称允许货币自由浮动的国家,实际上其货币也并未真正浮动,这些国家会通过外汇市场干预和利率政策来稳定汇率。例如,近年来一些新兴市场经济国家的国际竞争力有了迅速的提升,由此造成了大量的资本流入或贸易条件改善,结果国际收支出现了持续的巨额顺差,本币面临升值压力。这些国家担心由此导致的"荷兰病"可能损害其国际竞争力和破坏出口多样化的目标,进而抑制经济增长和就业。在新兴市场经济国家中,本币贬值通过国内价格传递到国内通货膨胀的程度,即传递效应,比发达国家更为明显。同时,在这些国家,贬值可能会导致经济紧缩和政局动荡。这与这些国家的经济政策长期缺乏公信力有关,也是新兴市场经济国家不愿意本币贬值的重要原因。因而,它们会更加强烈地抵制本币贬值。

即使是发达国家,也存在对大幅度汇率波动的担忧,甚至连最崇尚"自由浮动"的美国,也不会听任美元汇率自由波动。欧元的问世就是其成员国对币值稳定渴求的最好佐证。20世纪80年代西方主要国家先后签署的广场协议和卢浮宫协议也说明了这一点。浮动恐惧论在当前国际学术界极受重视,并且已有的经验分析确认了"浮动恐惧"现象的确存在。

2. 中间制度消亡论

近年来,一些学者对不同汇率制度进行跟踪比较后,提出了"中间汇率制度消亡论"(Hypothesis of the Vanishing Intermediate Regime)。该理论的要点是,唯一可持久的汇率制度是自由浮动制度或是具有非常强硬的承诺机制的固定汇率制度(如货币联盟或货币发行局制度),而介于两者之间的中间性的汇率制度,包括"软"钉住汇率制度,如可调整钉住、爬行钉住、幅度(目标)钉住汇率制以及管理浮动制,都正在消亡或应当消亡。中间制度消亡论认为,日益增长的资本流动性使政府对汇率的承诺变得十分脆弱。换言之,由于国际资本的自由流动,"软"钉住的汇率制度变得不可行。中间汇率制度既缺乏固定汇率制度具有的充分稳定性,又没有浮动汇率制度的充分灵活性,因而实际上成为一种既很不稳定又很难管理的制度。中间制度消亡论断言,将来各国的汇率制度只能逐步转向汇率制度的两极——不是完全自由浮动的汇率制度,就是"硬"钉住汇率制度。由于中间汇率制度的消亡,就会形成"中空现象"(hollow middle),因而这一理论又被称为"两极论"(bipolars view)、"两极解"(two corners' solution)或"角点解"(corner solution)。

20世纪80年代后,随着金融衍生工具的发展,汇率的不确定性已经可以较容易地通过对冲加以规避,同时外汇市场上投机的力量也急剧膨胀。在大规模的外汇投机引发多次地区性货币危机(currency crisis)后,人们发现,发生货币危机的国家多为实行中间汇率制度的国家,而与之形成鲜明对比的是,实行两极汇率制度的国家或地区大多有效地防止了危机的发生。这一现象使人们提出了"两极解",即一国发生危机后,政府可以维持的是两极汇率制度而不是中间汇率制度。中间制度消亡论在学术界引起了很大的争议,直到现在还没有成为主流理论。根据国际货币基金组织的统计,实行中间汇率制度的国家并非少数,这似乎也否定了汇率制度的"中空"假说。

3. 三元悖论

20世纪50年代,米德在研究经济的内部平衡和外部平衡的冲突现象时就已经发现国际资本流动和固定汇率制度之间也存在相互冲突的现象,即实行固定汇率制度的前提条件之一是资本管制。如果允许资本自由流动,那么就会导致固定汇率制度的不稳定性。

蒙代尔-弗莱明模型揭示了宏观的三元悖论(macroeconomic trilemma),当一国参与国际经济活动时,便面临着如何安排汇率制度、管理资本市场和实现国内宏观经济目标的选择,即政府只能在利用国际资本市场吸引外资、实现规定汇率的稳定效益和利用独立的货币政策实现内部经济的稳定之间选择其二。

三元悖论的具体含义可以用一个三角形来表示。在图6-1中,三角形的三条边表示三个宏观经济目标,三个顶点是实现与其相邻两边表示的两个经济目标相应的制度安排。例如,若要同时实现资本自由流动和货币政策独立,则需要采用汇率自由浮动的形式,但需放弃稳定汇率的政策目标(如美国等);若要同时实现资本自由流动和汇率稳定,则需采取货币联盟或货币发行局制度安排,就可能丧失货币政策独立的目标(如欧元区各国之间);同样,若要同时实现汇率稳定和货币政策独立,则要对资本账户进行管制,资本不能完全自由流动(如汇改前的中国)。

图 6-1　三元悖论

4. 依附论

发展中国家的经济学家集中讨论了发展中国家的汇率制度选择问题,提出了汇率选择的"依附论"。这一理论认为,发展中国家的汇率制度的选择,主要取决于它们在经济、政治、军事等方面的对外联系特征。发展中国家在实行钉住汇率制度时,采用哪一种货币作为"参考货币"(被钉住的货币),主要取决于它们在上述三个方面的对外依附关系。如从美国的进口在其进口总额中占比很大的国家,或从美国得到大量军事赠予的国家,或从美国大量购买军需物资的国家,或同美国有复杂的条约关系的国家,往往将本国货币钉住美元;同美国等主要工业国家的政治经济关系较为"温和"的国家,则选择钉住其他货币。

5. 经济结构决定论

英国经济学家格雷厄姆·伯德(Graham Bird)将经济结构特征与经济冲击结合起来提出了 10 个方面的因素作为发展中国家是否采用浮动汇率制度的参考标准:一国经济波动主要来自国外、经济开放程度低、商品多样化程度高、贸易伙伴分散、资金市场一体化程度高、相对通货膨胀率差异大、进出口价格弹性高、国际储备不足、偏重收入增长、存在完善的远期外汇市场。如果具备这 10 个因素中的多数,则适宜选择浮动汇率制度;反之,则适宜选择固定汇率制度。

第二节　人民币汇率制度

一、人民币汇率制度形成与演进

人民币汇率经历了由官定汇率到市场决定,由固定汇率到有管理的浮动汇率制的演变。从历史角度来看,其主要经历了以下几个阶段。

第一阶段:1949 年至 1952 年,浮动汇率制。在这一阶段,人民币兑美元的汇率是根据人民币对美元的出口商品比价、进口商品比价和华侨日用品生活费比价三者的加权平均数来确定,并按照国际市场相对价格水平的变动来调整的。

第二阶段:1953 年至 1972 年,固定汇率制。人民币兑西方主要国家货币的汇率基本稳定,实际上也是比较刚性的阶段。1955 年 3 月,中国人民银行发行新人民币用以代替旧币,直到 1971 年 11 月,在近 11 年内,人民币兑美元汇率基本保持在 2.46。人民币汇率不再充当调节对外经济交往的工具,外贸盈余、亏损全部由国家财政负担与平衡。这是由于当时我国物价比较稳定,同时布雷顿森林体系的固定汇率制也处于稳定状态。

第三阶段:1973年至1980年,钉住"一篮子货币"的浮动汇率制。随着布雷顿森林体系的崩溃,主要西方国家普遍采用浮动汇率制,大部分发展中国家都实行钉住的汇率制度安排,这是因为:①出口商品的供求弹性不大,汇率变动不能调节国际收支;②经济实力不强,国际储备不足,缺少应付浮动汇率的能力;③外汇市场不够发达,难以由外汇供求关系来决定汇率;④国内物价结构与世界市场脱节;⑤汇率变动频繁会增加进、出口贸易的风险。在动荡不定的国际金融背景下,我国为了减小西方国家经济衰退对国内经济的影响,促进对外经济贸易的正常开展,采取钉住一篮子货币的汇率制度安排。

第四阶段:1981年至1993年,双重汇率制。其包括官方汇率与贸易外汇内部结算价并存(1981—1984年)和官方汇率与外汇调剂价格并存(1985—1993年)两个汇率双轨制时期。从1981年1月1日起,人民币实行官方牌价与内部结算价并行的双重汇率制。所谓双重汇率制度,就是指除由央行统一发布的官方汇率外,在有益于对外贸易基础上,再制定一种只适用于结算进出口贸易和外贸单位内部用以核算本单位的经济效益的汇率,但是这种汇率适用范围相对有限。1985年1月1日,取消内部结算价。此后,人民币汇率逐步调整,1991年4月开始实行有管理的浮动汇率制,即人民币汇价跟随国际外汇市场价格的波动而波动。1980年起逐步发展外汇调剂业务,并于1985年在深圳成立了第一家外汇调剂中心。以外汇留成制为基础的外汇调剂市场的发展,对促进企业出口创汇、外商投资企业的外汇收支平衡和中央银行调节货币流通均起到了积极的作用。但随着我国改革开放的不断深入,官方汇率与外汇调剂价格并存的人民币双轨制的弊端逐渐显现出来。

第五阶段:1994年至2004年,单一的、有管理的浮动汇率制。1994年,人民币汇率制度的改革迈出了一大步。根据党的十四届三中全会通过的《中共中央关于建立社会主义市场经济体制若干问题的决定》精神,中国人民银行发布《关于进一步改革外汇管理体制的公告》,自1994年1月1日起,我国执行以市场供求为基础的、单一的、有管理的浮动汇率制度,取消外汇留成,实现人民币官方汇率与外汇调剂市场汇率并轨,实行银行结售汇制度,建立了全国统一的银行间外汇交易市场。汇率并轨之初,1美元兑8.7元人民币,此后人民币缓慢升值。到1997年年末,因需应对亚洲金融风暴冲击,我国收窄了汇率浮动区间。一直到2005年年中,人民币与美元的比值基本上维持在1美元兑8.27元人民币的水平。国内外专家将这一汇率制度称为事实上的钉住美元制度。

第六阶段:2005年至今,参考一篮子货币的有管理的浮动汇率制度。党的十六届三中全会决议明确提出"完善人民币汇率形成机制,保持人民币汇率在合理、均衡水平上的基本稳定",新一轮人民币汇率形成机制改革启动。自2005年7月21日起,我国开始实行以市场供求为基础、参考一篮子货币进行调节、有管理的浮动汇率制度。人民币汇率不再钉住单一美元,形成更富弹性的汇率机制。根据对汇率合理均衡水平的测算,人民币对美元即日升值2%,即1美元兑8.11元人民币。此后,人民币步入逐步升值通道,2008年下半年金融危机发生前,人民币兑美元已累计升值20%以上。

2008年,国际金融危机爆发,为应对危机冲击带来的不利影响,我国在原定制度下收窄了人民币汇率的波动幅度。随着全球经济逐步复苏,我国对外经济形势得到改善。

2010年6月19日,中国人民银行宣布"进一步推进人民币汇率形成机制改革,增强人民币汇率弹性",这在事实上结束了两年来人民币钉住美元的制度,重新采取参考一篮子货币进行调节、有管理的浮动汇率制度,继续按照已公布的外汇市场汇率浮动区间,对人民币汇率浮动进行动态管理和调节,保持人民币汇率在合理小均衡水平上的基本稳定。

2015年8月11日,中国人民银行进一步完善人民币汇率市场化形成机制,宣布调整人民币兑美元汇率中间价报价机制,做市商参考上日银行间外汇市场收盘汇率,向中国外汇交易中心(CFETS)提供中间价报价。这一调整使得人民币兑美元汇率中间价机制进一步市场化,更加真实地反映了当期外汇市场的供求关系。

二、现行人民币汇率制度

现行人民币汇率制度是指2005年7月21日汇率形成机制改革后的新汇率制度,这一制度是建立在1994年人民币汇率市场化改革基础之上的。

党的十四届三中全会通过的《中共中央关于建立社会主义市场经济体制若干问题的决定》要求:"改革外汇管理体制,建立以市场为基础的有管理的浮动汇率制度和统一规范的外汇市场。逐步使人民币成为可兑换的货币。"1994年1月1日,人民币官方汇率与外汇调剂价格正式并轨,开始实行以市场供求为基础的、单一的、有管理的浮动汇率制。企业和个人按规定向银行买卖外汇,银行进入银行间外汇市场进行交易,形成市场汇率。中央银行设定一定的汇率浮动范围,并通过调控市场保持人民币汇率稳定。实践证明,这一汇率制度符合中国国情,为中国经济的持续、快速发展,为维护地区乃至世界经济金融的稳定作出了积极贡献。

自2001年加入世界贸易组织后,我国经常账户和资本项目双顺差持续扩大,加剧了国际收支失衡。2005年6月末,我国外汇储备达到7 110亿美元。2005年以来,对外贸易顺差迅速扩大,贸易摩擦进一步加剧。适当调整人民币汇率水平,改革汇率形成机制,有利于贯彻以内需为主的经济可持续发展战略,优化资源配置;有利于增强货币政策的独立性,提高金融调控的主动性和有效性;有利于保持进出口基本平衡,改善贸易条件;有利于保持物价稳定,降低企业成本;有利于促使企业转变经营机制,增强自主创新能力,加快转变外贸增长方式,提高国际竞争力和抗风险能力;有利于优化利用外资结构,提高利用外资质量;有利于充分利用"两种资源"和"两个市场",提高对外开放的水平。

我国政府抓住有利时机,出台了完善人民币汇率形成机制改革的措施。人民币汇率形成机制改革的总体目标是,建立健全以市场供求为基础的、有管理的浮动汇率体制,保持人民币汇率在合理、均衡水平上的基本稳定。改革内容为:在新制度中,人民币汇率不再钉住单一美元,而是按照对外经济发展的实际情况,选择若干种主要货币,赋予相应的权重,组成一个"货币篮子"。同时,根据国内外经济金融形势,以市场供求为基础,参考一篮子货币计算人民币多边汇率指数的变化,对人民币汇率进行管理和调节,维护人民币汇率在合理均衡水平上的基本稳定。由于汇率调整幅度和时机选择适当,且事先精心准备了实施预案,人民币汇率形成机制改革平稳实施。

第六章 汇率制度与外汇管理

2005年7月21日改革后的人民币汇率制度具有以下特点。

(1) 以市场供求为基础。根据新的人民币汇率制度确定的汇率与当前的进出口贸易、通货膨胀水平、国内货币政策、资本的输出输入等经济状况密切相连,经济的变化情况会通过外汇供求的变化作用到外汇汇率上。随着人民币汇率形成机制改革的深化,市场机制将发挥更大的作用。

(2) 有管理的汇率。我国的外汇市场是需要继续健全和完善的市场,政府必须用宏观调控措施来对市场的缺陷加以弥补,因而需要对人民币汇率进行必要的管理。其主要体现在:国家对外汇市场进行监管、对人民币汇率实施宏观调控、央行进行必要的外汇市场干预。随着人民币汇率市场化程度不断提高,央行逐步退出常态化外汇市场干预,更多采用汇率沟通等预期管理措施。

(3) 浮动的汇率。浮动的汇率制度就是一种具有适度弹性的汇率制度。汇改初期,每日银行间外汇市场美元对人民币的交易价仍在中国人民银行公布的美元交易中间价上下0.5%的幅度内浮动,非美元货币对人民币的交易价在中国人民银行公布的该货币交易中间价3%的幅度内浮动。此后,央行对人民币汇率中间价形成机制进行了多次调整,并不断扩大银行间外汇即期市场人民币汇率的波动幅度,提升人民币汇率的弹性。

(4) 参考一篮子货币。根据国内外经济金融形势,以市场供求为基础,参考一篮子货币计算人民币多边汇率指数的变化,对人民币汇率进行管理和调节,维护人民币汇率在合理均衡水平上的基本稳定。篮子内的货币构成将综合考虑在我国对外贸易、外债、外商直接投资等外经贸活动中占较大比重的主要国家、地区及其货币。参考一篮子货币表明外币之间的汇率变化会影响人民币汇率,但参考一篮子货币不等于钉住一篮子货币,它还需要将市场供求关系作为另一重要依据,据此形成有管理的浮动汇率。这将有利于抑制单边投机,维护多边汇率稳定。随着人民币国际化和汇率形成机制改革的不断推进,央行发布了人民币汇率指数,该指数是根据一篮子货币计算的有效汇率,作为人民币汇率水平的主要参照系。

总之,以完善人民币汇率形成机制、维护人民币汇率在合理均衡水平上的基本稳定为目的的人民币汇率制度改革的平稳实施,充分证明了"以市场供求为基础、参考一篮子货币进行调节、有管理的浮动汇率制度"符合我国汇制改革主动性、可控性、渐进性的要求。

三、人民币汇率制度的评价及未来发展

我国真正认可的管理浮动是从1994年开始的。2005年以来的管理浮动是参考一篮子货币进行调整的。当前的人民币汇率制度是以2005年7月21日汇率形成机制改革内容为主、此后一系列的汇率改革措施为补充的。

(一) 关于人民币汇率安排的钉住方式

钉住汇率的安排实质上是一种固定汇率制度,它一经钉住某一种或几种货币的币值,其比价很少再会发生变动;而且,要么不动,一动就是大幅度地变动。采用钉住汇率制的优点:可以抵御或减小国际市场汇率变动对我国货币的影响,有利于保持人民币汇率的相对稳定性;而且操作起来比较简单。采用钉住汇率制的缺点:汇率制定比较被动,汇

率水平定得是否合理没有可靠的保证,汇率变动没有反映出人民币本身的价值含量;在钉住汇率制度下,企业无须考虑汇率变动的影响,因而国际竞争观念薄弱,难以应付激烈的国际市场竞争;在国际经济形势急剧变化的情况下,钉住汇率制不能反映真实的经济情况,这对一国对外经济贸易的长远发展是很不利的。

因而,当一国经济对外开放的力度不断加大、外贸依存度不断提高、企业的国际竞争能力不断增强时,钉住汇率制就不能充分发挥人民币汇率的经济杠杆作用。在这样的情况下,人民币汇率从钉住汇率制转向有管理的浮动汇率制。人民币汇率从钉住方式的刚性汇率安排,转向较有弹性、有管理的浮动汇率制度,这样既可采取措施坚持对汇率的宏观控制,又能让外汇市场机制发挥相应的作用。

2005年7月21日,中国人民银行宣布废除原先钉住单一美元的汇率政策,开始实行以市场供求为基础、参考一篮子货币进行调节的浮动汇率制度。人民币汇率不再钉住单一美元,更多地由市场供求来决定汇率水平。同时,人民币汇率也不是钉住一篮子货币,而是参考一篮子货币调节,具有较强的灵活性和稳定性。

2015年12月11日,中国外汇交易中心网站中国货币网发布了CFETS人民币汇率指数。CFETS人民币汇率指数参考CFETS货币篮子,具体包括中国外汇交易中心挂牌的各人民币对外汇交易币种,主要包括美元、日元、欧元等13种样本货币,样本货币权重采用考虑转口贸易因素的贸易权重法计算而得。逐渐把参考一篮子货币计算的有效汇率作为人民币汇率水平的主要参照系,有利于保持人民币汇率在合理均衡水平上的基本稳定。

(二) 关于人民币汇率的浮动安排方式

我国之所以选择有管理的浮动汇率制,是为了让人民币汇率具有较大的灵活性,这种有管理的浮动汇率安排的好处在于:它更能反映一国的基本情况;可以灵活运用,以应付世界经济形势的重大变化;国家通过外汇机制,以实现对汇率的调节和管理;可以逐步消除国内价格与世界市场价格的脱节现象;也可以使金融当局获得一定的自由度,改善外汇资金的配置状况。

现行人民币汇率制度安排明确,人民币并不与一篮子货币挂钩发生波动,一篮子货币汇率的变动只是作为央行确定中间价和浮动范围的参考依据。人民币的中间价和浮动范围也都可以进行适时调整,以及时适应市场变化。通过以上手段,中央银行会根据市场发育状况和经济金融形势,保持人民币汇率在合理、均衡水平上的基本稳定,以促进国际收支基本平衡,维护宏观经济和金融市场的稳定。

在中间价确定方面:2005年7月21日人民币汇率形成机制改革后,中国人民银行于每个工作日闭市后公布当日银行间外汇市场美元等交易货币对人民币汇率的收盘价,作为下一个工作日该货币对人民币交易的中间价;2006年1月4日起,中国人民银行授权中国外汇交易中心于每个工作日上午9时15分对外公布当日人民币兑美元、欧元、日元和港币汇率中间价,作为当日银行间即期外汇市场[含OTC(场外交易市场)方式和撮合方式]以及银行柜台交易汇率的中间价;2015年8月11日,中国人民银行宣布调整人民币兑美元汇率中间价报价机制,要求做市商在每日银行外汇市场开盘前,参考上日银行间外汇市场收盘汇率,以增强人民币兑美元汇率中间价的市场化程度和基准性。

2015年人民币中间价报价机制改革使人民币兑美元汇率双向浮动弹性明显增强,人民币不再单边升值,终结了2005年人民币汇率形成机制改革以来10年间人民币兑美元的升值。同时,汇改使人民币波动摆脱了受单一美元汇率的影响,逐步转向参考一篮子货币,初步形成"收盘汇率＋一篮子货币汇率变化"的人民币中间价定价机制,判断每日中间价走势变得更加有迹可循,有效避免因中间价偏离市场预期而出现大幅波动。2017年5月,为了适度对冲市场情绪的顺周期波动,中国人民银行将人民币兑美元汇率中间价报价模型由原来的"收盘汇率＋一篮子货币汇率变化"调整为"收盘汇率＋一篮子货币汇率变化＋逆周期因子"。引入"逆周期因子"有效缓解了市场的顺周期行为,稳定了市场预期。2018年1月,随着我国跨境资本流动和外汇供求趋于平衡,人民币兑美元汇率中间价报价行基于自身对经济基本面和市场情况的判断,陆续将"逆周期因子"调整至中性。2020年10月,央行决定逐步淡出"逆周期因子"调节。

在人民币汇率浮动范围方面：2007年5月21日起,银行间即期外汇市场人民币兑美元交易价浮动幅度,由0.3%扩大至0.5%；2012年4月16日起,银行间即期外汇人民币兑美元交易价浮动幅度,由0.5%扩大至1%；2014年3月17日起,银行间即期外汇市场人民币兑美元交易价浮动幅度进一步由1%扩大至2%,即每日银行间即期外汇市场人民币兑美元的交易价可在中国外汇交易中心对外公布的当日人民币兑美元中间价上下2%的幅度内浮动。可见,人民币汇率市场化程度越来越高,汇率弹性区间也越来越大。

当前人民币汇率形成机制具有如下特点：①央行退出常态化干预,人民币汇率主要由市场决定；②人民币汇率双向浮动,基本保持稳定；③人民币汇率弹性增强,较好地发挥了宏观经济和国际收支自动稳定器的作用；④社会预期平稳,外汇市场运行有序；⑤市场化的人民币汇率促进了内部均衡和外部均衡的平衡。总之,现行的以市场供求为基础、参考一篮子货币进行调节、有管理的浮动汇率制度,基本符合中国的实际情况,取得了显著的改革成效。

未来一个阶段,人民币汇率制度的发展趋势是形成更加适应市场供求变化、更为灵活的人民币汇率形成机制。回顾其他国家货币汇率改革的正面与反面经验教训,人民币汇率改革应始终坚持自己的立场,采取主动、可控、渐进三项基本原则,将汇率改革按照既定方针和方向运行,保持人民币汇率的稳健性。在此基础上,逐步由管理浮动汇率制度向自由浮动汇率制度审慎转换。

实行自由浮动汇率制的前提是资本的自由流动,而资本的自由流动在当前全球金融一体化的背景下已成为一种不可逆转的趋势,在这样一种国际大趋势下,人民币汇率制度必然向自由浮动的汇率制度过渡。

第三节　外汇管理和人民币可自由兑换

一国经常需要通过有效的外汇管理,达到集中使用该国的外汇、防止外汇投机、限制资本的流入流出、稳定货币汇率、改善和平衡国际收支的目的。

一、外汇管理概述

（一）外汇管理的基本概念

外汇管理是指国家通过法律、法规或政策授权国家货币管理当局或其他政府机构，对外汇的收支、买卖、借贷、转让以及国际的结算、外汇汇率和外汇市场所实施的限制性的政策措施。

实行外汇管理的国家所设立的外汇管理机构，一般有三种类型：第一种，由国家指令中央银行设立外汇管理局，如法国、意大利、中国等国家；第二种，央行直接作为外汇管理机关执行外汇管理工作，如英国的外汇管理机关是其央行即英格兰银行；第三种，由国家行政部门直接负责外汇管理，如美国的外汇管理是由财政部负责，日本的外汇管理主要由金融厅负责。

除了官方机构以外，不少国家还把由其中央银行指定的一些大商业银行作为经营外汇业务的指定银行。指定银行可以按外汇管制法令办理一切外汇业务，这样使外汇业务集中在少数银行，便于国家外汇管理机构对外汇收支活动的控制和管理。

外汇管理的对象是多种多样的，围绕着外汇的收、支、存、兑等多种环节，外汇管理的对象一般分为人和物两个方面。

对人的外汇管理是指什么人须受外汇管理法令的约束。根据自然人（个人）和法人（依法成立的组织机构）居住地点的不同，将自然人和法人划分为居民和非居民。居民是指长期（1年以上）在本国境内定居和营业的自然人与法人；非居民是指长期居住或设立在国外的自然人与法人，以及驻本国的外国使领馆人员、国际组织派往本国办事机构的工作人员。各国对居民和非居民的外汇管理是不同的。一般来说，对居民的外汇管理较严，对非居民的外汇管理较松。这是因为居民的外汇收支对本国的国际收支影响较大。

对物的外汇管理是指对外汇收支所使用的各种支付手段和外汇资产根据本国的实际需要，有选择、有重点地进行管理，其内容包括外国纸币、外国铸币，支付工具（如汇票、期票、支票、旅行支票与旅行信用证等），外汇有价证券［股票、公债、公司债券（corporate bond）、人寿保险单、存折］和黄金，有的国家还把白银、白金或钻石包括在内。

（二）外汇管理的内容

外汇管理的内容从国际收支管理和调节的角度看，可以分为对经常账户的管理、对资本项目的管理、对汇率的管理、对外汇储备的管理和对货币兑换的管理等。

1. 对经常账户的管理

经常账户包括货物、服务、收入和经常转移，我们称货物项目为贸易项目，服务、收入和转移为非贸易项目。

（1）对贸易项目外汇的管理。贸易项目的外汇收支是一国国际收支所占比重最大、最重要的项目。它对一国国际收支的状况具有决定性的影响，因此外汇管理的重要内容就是贸易外汇管理。通过这项管理，以集中出口外汇收入、限制进口外汇支出，解决贸易逆差，达到国际收支平衡。

（2）对非贸易项目外汇的管理。非贸易项目外汇收支具体包括：与贸易收支有关的运输费、保险费、佣金；与资本输出输入有关的股利、利息；专利费、许可证费、特许权费以及技术劳务费等收支；与文化交流有关的版权、稿费、奖学金、留学生费用等收支；与外交有关的驻外机构的经费收支；旅游费用和赡家汇款外汇收支。

2．对资本项目的管理

资本的输出输入对一国国际收支的顺逆差具有直接的影响，因此各国都十分重视对资本输出输入的管理。一般来讲，国际收支逆差的国家倾向于限制资本流出、鼓励资本流入；而具有国际收支顺差的国家则倾向于鼓励资本流出，限制资本流入。因此，各国根据不同时期国际收支的不同情况，对资本的输出输入采取不同的管理措施。

相对来说，工业发达国家较少采取措施限制资本输出输入，即使采取一些措施，也主要是为了缓和对汇率和储备的压力，避免通货膨胀。这些措施主要有：规定本国银行吸收非居民的存款要缴纳较高的存款准备金；规定本国银行对非居民的存款不付利息，或倒收利息；限制非居民购买本国的有价证券等。

发展中国家虽然非常重视对资本项目的管理，由于外汇资金短缺，一般都限制资本输出，同时实行各种优惠措施积极引进各种外国资金，但是，总的倾向是放松对资本输出输入的管理，并趋于管理的自由化，其主要表现为：改革金融机构与运行机制，允许国外资本参与国内资本市场；允许本国居民接近国外资本市场等。

3．对汇率的管理

对汇率的管理可分为间接管制和直接管制两种形式。

间接管制，主要是指政府利用外汇平准基金干预外汇市场，使汇率稳定的措施。所谓外汇平准基金，即外汇稳定基金，包括黄金、外汇、本国货币等，由政府授权中央银行灵活运用。当本国国际收支发生逆差、外汇供不应求而引起外汇汇率上涨时，中央银行即出售外汇回笼本币，以抑制汇率继续上升；当出现顺差引起汇率下跌时，则由中央银行用基金中的本国货币买进外汇，以阻止汇率继续下跌。但是这种管制对国际收支短期性逆差效果较好，而对长期性逆差则作用不大。

直接管制，主要是通过选择具备管理性的汇率制度来实现，这种汇率制度主要包括有管理的浮动、钉住单一货币、钉住一篮子货币、实行复汇率制。

4．对外汇储备的管理

从一国的角度来看，对外汇储备的管理主要涉及两个方面：第一是数量管理，第二是币种管理。数量管理讲的是一国应保持多少外汇储备才算合理，币种管理讲的是怎样搭配不同种类的储备货币才能使风险最小或收益最大。

5．对货币兑换的管理

上述有关外汇管理的内容，即对外汇资金收支的管理，归根到底是依靠货币兑换管理来进行的，或者是以货币兑换管理为基本前提的。如果一国的货币可充分自由地兑换成另一国货币，那么，外汇资金的收支管理便难以进行。所谓自由兑换，是指在外汇市场上，能自由地用本国货币购买（兑换）某种外国货币，或用某种外国货币购买（兑换）本国货币。按照国际货币基金组织的定义，一国若能实现经常账户下的货币自由兑换，该国的货币就被列为可兑换货币。当然从兑换的程度来看，这并未实现完全的自由兑换，因为货币自由兑换的范围还没有包括资本账户下的自由兑换。

(三) 外汇管理的利弊

1. 正面影响的表现

一是促进国际收支平衡。对于国际收支长期顺差的国家,其币值坚挺会削弱本国商品的国际竞争力;大量国际资本的流入可能会扰乱国内金融市场的秩序,影响本国经济的发展;会使国内货币投放增加、诱发或加剧通货膨胀;可能会使本国经济受制于外国投资者。实行外汇管理,限制外国资本流入,则可减少其对国内经济的冲击。对于国际收支长期逆差的国家来说,国际储备会大量流失,本币汇率不断下跌,国际地位也将不断下降;国内资本大量外流,还将导致国内投资不足、经济停滞,加剧国际收支的恶化。实行外汇管理,可防止资本外逃,鼓励国际资本流入,通过"奖出限入"的措施改善贸易差额,促进国际收支平衡。一般地,对于经济实力较强的国家,实行外汇管理主要是为了限制资本过剩;而对于经济实力较弱的国家,其外汇资金短缺,外汇管理可防止资本外逃。

二是维持本币汇率稳定。实行外汇管理,有利于改善国际收支,对汇率起到稳定作用;同时可集中外汇,在必要的时候可动用外汇储备以稳定汇率。

三是稳定国内物价水平。纸币的对外价值表现为汇率,而其对内价值表现为物价,所以物价与汇率是息息相关的。当国际收支出现顺差时,本币汇率上升,大量资本内流,本国货币供应量增加,往往伴随通货膨胀,此时货币当局可采用高估本币汇率的办法,减少顺差,抑制通货膨胀;国际收支逆差时,本币对外价值下跌,进口商品价格相应上升,带动本国消费品价格上涨,也会加剧通货膨胀,外汇管理就可为其进口提供充足的外汇,从而平抑物价水平。

四是促进对外贸易发展。实行外汇管理,一方面可使汇率保持相对稳定,从而有利于外贸成本的核算,促进对外贸易的发展;另一方面也通过"奖出限入"的措施——对本国已开发的资源和具备生产能力的商品限制进口,对本国急需的先进技术设备和紧缺原材料鼓励进口,对国内紧缺的资源限制出口,对与国计民生关系不大的物资和有国际竞争力的商品鼓励出口,从而挑战本国的对外贸易结构。

五是保护国内工业部门。通过保护关税政策与进口外汇的核批,限制某些商品进口,鼓励某些原料设备进口,使国内某些工业部门受到一定程度的保护。

2. 负面影响的表现

一是破坏自由外汇市场机制对资源配置的作用。在外汇自由买卖的情况下,由于市场机制的作用,外汇供求决定汇率。实行外汇管理之后,本币汇率将与外汇供求产生一定的脱节,从而使本国商品价格难以进行国际比较,不能充分利用国际分工的功能,影响市场机制对资源的配置效率。

二是阻碍国际贸易发展,加剧国际贸易摩擦。外汇管理限制了外汇的自由买卖与支付,货币不能自由兑换,其结果是实行外汇管理的国家与不实行外汇管理的国家之间受到限制,阻碍了国际贸易的扩大与发展。与此同时,限制性的外汇政策、结算制度将加深国家间的矛盾和摩擦,引发两国之间的贸易战。

三是增加政府、企业的行政费用和交易成本。由于采用外汇管理的措施,对政府而言,需要人力、物力和财力的大量投入,行政费用也必然上升;对企业而言,用汇须层层审批,既降低了企业的效率,又增加了额外的费用支出,提高了交易成本。

四是限制国际资本流动。实行外汇管理的国家,为了平衡国际收支,保护民族工业,而采取限制利用外资的政策,使之很难在国际范围内自由移动。

二、中国外汇管理的历史演进

中国的外汇管理体制改革经历了一个由统收统支的高度集中的计划管理模式,转向建立在外汇留成与上缴制度基础上的计划与市场相结合的管理模式,然后转向建立在银行结售汇制度基础上、以市场调节为主的管理模式的过程。

(一) 外汇统收统支制度阶段(1949—1978年)

新中国成立以来,我国外汇管理工作贯彻执行了国家不同时期发展经济的方针政策,对促进国际收支平衡和国民经济发展发挥了重要作用。

(1) 从新中国成立初期到1956年对私营工商业社会主义改造的完成。在这一阶段,我国政府彻底废除了中华人民共和国成立前的外汇管理制度,取消了帝国主义银行的一切特权,整顿了私营银行的外汇业务。当时的华北、华东、华南、华中四大行政区各自制定了外汇管理暂行办法。1950年,中国人民银行总行将各大行政区的管汇办法和实施细则加以统一与修正,规定了这一时期外汇管理的基本任务是:禁止外币流通买卖,防止逃汇套汇,限制人民币、外币、金银贵金属出入国境,外汇收支集中于国家银行统一管理,对进口贸易实行许可证制度,全国外汇资金由中央财政经济委员会统一掌握分配。

(2) 1956—1978年,外汇管理由分散到集中的阶段。这一阶段我国的外贸已由国营外贸公司集中经营,外汇业务由中国银行统一经营管理,逐步形成了高度集中计划控制的外汇管理体制。这一时期外汇管理主要表现为:建立各级国营企业单位和私人外汇收支的计划管理制度。初步建立了由外贸部、财政部、中国人民银行各自制定、经国家核准的外汇管理办法,即分别对进出口贸易外汇、中央部门的非贸易外汇、地方非贸易外汇和私人外汇进行管理,制定了相应的单项管理办法。这一时期的外汇管理,没有确立主管外汇的机构,缺乏统一的外汇管理法令,使外汇管理体制缺乏整体性、系统性和连贯性。特别是由于一些特殊原因的严重干扰,制定全面外汇管理办法的设想一直未能实现。

上述两个阶段实行外汇垄断制,所以这一时期中国外汇体制的特点是:外汇由国家统收统支,创汇单位按国家规定的汇率上交国家外汇,用汇单位根据用汇计划,按国家规定的汇率由国家分配外汇;官方规定的汇率基本钉住美元;这段时期我国是封闭式经济、对外交往甚少,人民币汇价不具有调节经济的杠杆作用,仅仅作为记账核算的工具;官方外汇市场机构单一,企事业单位和个人只与一家外汇专业银行——中国银行往来;企事业单位没有使用外汇的自主权。

(二) 外汇留成制度阶段(1979—1993年)

1979年经济体制改革以来,我国的对外关系和外汇收支领域都发生了巨大的变化,外贸垄断的局面被打破,外资的引入对原有的外汇管理体制提出了新的要求。改革开放以来,我国实行了统一的外汇制度。1979年3月,国务院批准成立了国家外汇管理局。

国家外汇管理局制定的《中华人民共和国外汇管理暂行条例》,经国务院批准于1981年3月实施。这是新中国成立以来第一个全面、系统、具有法律效力的外汇管理法规,标志着我国的外汇管理进入法治新阶段。

1. 实行外汇留成制度

我国1979年颁布了《关于大力发展对外贸易增加外汇收入若干问题的规定》,制定了《出口商品外汇留成试行办法》,开始实行外汇留成制。在外汇由国家集中管理、统一平衡、保证重点的同时,实行贸易和非贸易外汇留成,区别不同的情况,适当留给创汇的地方和企业一定比例的外汇,以解决发展生产、扩大业务所需要的物资进口。外汇留成的对象和比例由国家规定。留成外汇的用途须符合国家规定,有留成外汇的单位如本身不需用外汇,可以通过外汇调剂市场卖给需用外汇的单位使用。留成外汇的范围和比例逐步扩大,指令性计划分配的外汇相应逐步减少。

外汇留成制度的推行,在当时的条件下有效地调动了出口企业的积极性,促进了我国对外贸易的发展,但是,在实施过程中也出现了一些问题,主要表现为外汇额度与实际外汇资源分离,形成外汇供给和外汇需求在一定程度上的脱节。

2. 建立发展外汇调剂市场

1980年10月,中国银行和国家外汇管理局制定了《调剂外汇暂行计划》,中国银行开始在全国12个大中城市开办外汇调剂业务,允许持有留成外汇的单位有偿转让外汇资源的使用权。外汇调剂的对象和范围开始时仅限于国营企业与集体企业的留成外汇,以后扩大到外商投资企业的外汇、国外捐赠的外汇和国内居民的外汇。调剂外汇的汇率,原由国家规定在官方汇率的基础上加一定的幅度,1988年3月起则放开汇率,由买卖双方根据外汇供求状况议定,中国人民银行通过制定"外汇调剂用汇指导序列"对调剂外汇的用途(或外汇市场准入)加以引导,市场调节的作用日益增强。

3. 改革人民币汇率制度

为发展对外贸易,奖出限入,促进企业经营核算,1981年对外贸易开始实行贸易外汇内部结算价,按当时全国出口商品平均换汇成本加10%利润计算,定为1美元合2.8元人民币,适用于进出口贸易的结算,同时继续公布官方汇率,1美元合1.5元人民币,沿用"一篮子货币"计算和调整,用于非贸易外汇的结算。两个汇率对鼓励出口和照顾非贸易利益起到了一定的作用,但在使用范围上出现了混乱,给外汇核算和外汇管理带来了不少复杂的问题。

随着国际市场美元汇率的上升,我国逐步下调官方汇率,到1984年年底,官方汇率已接近贸易外汇内部结算价。1985—1990年根据国内物价的变化多次大幅度调整汇率,由1985年1月1日的1美元合2.8元人民币逐步调整至1990年11月17日的1美元合5.22元人民币。为配合对外贸易,推行承包制,取消财政补贴,1988年3月起各地先后设立了外汇调剂中心,外汇调剂量逐步增加,形成了官方汇率和调剂市场汇率并存的汇率制度。从1991年起,对官方汇率的调整由以前大幅度一次性的调整方式转为逐步缓慢调整的方式,即实行有管理的浮动。同时,放开外汇调剂市场汇率,让其随市场供求状况浮动,汇率波动较大。

第六章　汇率制度与外汇管理

(三) 外汇结售汇制度形成阶段(1994—2004 年)

人民币官方汇率与调剂汇率并存、多种多样的留成比例,以及人民币与外汇券同时流通,使我国外汇管理制度极其复杂、低效和不易操作,由此也造成了许多问题。1993 年 12 月 28 日,中国人民银行根据《中共中央关于建立社会主义市场经济体制若干问题的决定》,制定和发布了《关于进一步改革外汇管理体制的公告》;1996 年 1 月 8 日,国务院第 41 次常务会议通过了《中华人民共和国外汇管理条例》;1996 年 6 月 20 日,中国人民银行发布了《结汇、售汇及付汇管理规定》。这些都构成了我国这一阶段外汇管理体制的基本框架。

1. 建立单一的、以市场供求为基础的、有管理的浮动汇率制

从 1994 年 1 月 1 日起,我国实行汇率并轨,即把调剂外汇市场的汇价与官方汇价合二为一,只保留一个汇价。调剂外汇市场是由中国银行于 1990 年 10 月开办的,主要业务是外汇调剂和额度借贷,允许留成单位将闲置的外汇按国家规定的价格卖给或借给需要外汇的单位,实现余缺调剂。1993 年 12 月底官方汇率为 1 美元＝5.800 0 元左右人民币,而根据 18 个外汇调剂中心交易价加权平均后的调剂汇率则为 1 美元＝8.700 0 元左右人民币。由于调剂外汇汇率由市场供求决定,人民币与外币的比价较真实地反映了人民币对美元的实际价值,因此,1994 年 1 月 1 日并轨后的牌价为 1 美元＝8.70 元左右人民币。

实行以市场供求为基础的、有管理的浮动汇率制度,人民币兑美元及其他外币比价不是固定不变的,而是根据市场外汇供求的情况不断变动。其中,政府根据外汇市场的供求情况,运用经济和法律手段进行必要的宏观调控,以避免汇率的暴涨暴跌及投机行为的危害,保证外汇市场的稳定。

2. 取消外汇留成和上缴,实行银行结售汇,实行人民币经常账户可兑换

银行结汇是指企业将外汇收入按当日汇率卖给外汇指定银行,银行收取外汇,兑给企业人民币。新中国成立以来,我国一直实行结汇制。但是现阶段的结汇制有两个特点:一是在结汇的同时取消了外汇留成和上缴,取消了外汇额度管理;二是外汇指定银行取代中央银行结汇,结汇所需本币资金由外汇指定银行自行解决,中央银行不再提供。这表明银行结汇已由强制结汇向意愿结汇过渡。

银行售汇是指企事业单位需要外汇,只要持有效凭证到外汇指定银行用人民币兑换,银行即售给外汇。这些有效凭证是指:①实行配额或进口控制的货物进口,持有关部门颁发的配额、许可证或进口证明以及相同的进口合同。②实行自动登记制的货物进口,持登记证明和相应的进口合同。③除上述两项外,其他符合国家进口管理规定的货物进口,持进口合同和境外金融机构的支付通知书。④非贸易项下的经营性支付,持支付协调或合同和境外金融、非金融机构的支付通知书。银行售汇制的实行,表明我国已经取消了经常账户下正常对外支付用汇的限制。

3. 对资本与金融项目下的用汇继续实行审批制度

境内机构借用国外贷款、发行境外债券等,须经国家外汇管理局核准,并按国家有关规定办理;开立外汇账户,对外担保及境外投资也须经国家外汇管理局核准;外商投资企业必须进行外汇登记,经国家外汇管理局核准后,可以到外汇指定银行开立资本金账户;外商投资企业借用国外贷款,须报国家外汇管理局备案。国家对外债及对外担保实行登记制度,对外债实行统计监督,并从规模和结构上进行控制。资本与金融项目外汇的结汇、售汇及属于资本与金融项目的外汇收支均须经国家外汇管理局核准,方可办理。

4. 建立和规范外汇市场

实行银行结汇售汇制后,我国建立了全国统一的外汇市场,消除了外汇供求的分割和地区价差,使外汇资源在全国范围内实行了统一配置。

外汇市场实行为两个层次:第一个层次是银行与企业之间办理结售业务的零售市场,第二个层次是银行间进行头寸平补的批发市场。银行间外汇市场实行会员制,外汇指定银行是该市场的主体。由于国家对外汇指定银行的结算、周转外汇实施比例管理,当银行持有超过其高限比例的结算周转外汇时,必须出售给其他外汇指定银行或中国人民银行,称为平仓;当银行持有的结算周转外汇降到低限比例以下时,应及时从其他外汇指定银行或中国人民银行购入补足,称为补仓。银行间的外汇市场通过计算机系统实行全国联网交易与清算相结合。清算方面,实行双向两级同步清算方式,外汇资金的清算通过境外线路进行,人民币资金的清算通过中国人民银行电子联网系统进行。交易方面,采用分别报价,由计算机根据价格优先、时间优先的原则撮合成交,形成银行间外汇市场的加权平均价,作为次日中国人民银行公布的、银行对企业结售汇业务的中间价。

由于中资企业和外商投资企业先后纳入银行结售汇体系,外汇调剂市场的业务日趋萎缩,从而失去了存在的必要。因此,我国从1998年12月1日起,取消了外商投资企业的外汇调剂业务,外商投资企业的外汇买卖全部纳入银行结售汇体系,将各地原有的外汇调剂中心予以关闭,或更名为中国外汇交易中心的当地分中心,使我国的外汇市场得到进一步的统一和规范。

5. 取消境内外币计价结算,禁止外币在境内流通

自1994年1月1日起,取消任何形式的境内外币计价结算;境内禁止外币流通和指定金融以外的外汇买卖;停止发行外汇券,已发行流通的外汇券限期兑回,并在1996年年初正式停止使用。

6. 对国际收支实行统计申报制度

加强对外汇收支和国际收支平衡情况及变化趋势的分析、预测,逐步完善我国国际收支的宏观调控体系,建立国际收支统计申报制度,加强对收付外汇和借还外债的核销、统计、监督和管理。

(四)新一轮外汇市场化改革阶段(2005年至今)

2005年初,中国经济开放程度已经全面提高。根据中国人民银行的报告,在实体经济领域,外贸依存度已从1978年的9.8%上升至70%;平均关税水平已经降至10.4%,非关税壁垒的覆盖范围和程度也大幅下降;实际利用外资已经达到606.30亿美元,占全球直接投资总量的9.4%等。在金融领域,对资本项目的限制逐步减少,在国际货币基金组织划分的43个资本交易项目中,已经基本不受限制或有较少限制;已共有27家海外机构

获得QFII资格，投资额度总计达32.25亿美元。此外，中国经济快速增长，经常账户顺差不断扩大和外汇储备激增，少数国家开始在国际社会上散布"中国输出通货紧缩论"，要求人民币升值，2005年前后，日本、美国、欧盟各国等主要发达国家又继续要求中国改变汇率制度或逼迫人民币升值。因此，1994年以后形成的外汇管理汇率体制难以适应21世纪市场化、全球化发展的要求。而且，国有企业以及国有商业银行等各领域市场化的改革稳步推进也为启动外汇的市场化改革提供了可能。

经过2005年至今的改革与发展，中国现阶段外汇管理呈现出如下主要特征。

(1) 人民币经常账户实现可兑换，资本和金融项目大部分实现可兑换。企业可以将经常项下交易所取得的外汇卖给银行，也可以开立外汇账户，自主支配。同时，我国也基本放开了在服务用汇、个人用汇方面的限制。考虑到现阶段的国情和金融安全的需要，目前在资本和金融项下还实行一定的限制，我国对外投资尚处于逐步扩大阶段，特别是金融投资方面，迄今为止的投资规模还是较有限的，这也正是我国在2008年全球金融危机中受冲击较小的原因之一。按照国际货币基金组织的定义划分，资本项下需要管制的项目为40项，分为七大类。根据IMF的报告，截至2016年，我国已实现可兑换、基本可兑换、部分可兑换的项目共计37项，占全部交易项目的92.5%，仍不可兑换的项目仅占7.5%。截至2021年7月，直接投资项下已实现基本可兑换，部分项目的兑换限制也显著放宽。

近些年，我国加大了在资本和金融账户上开放的力度，尤其是证券项目的开放力度较大。过去，我国居民是不可以到境外证券市场进行投资的，境外的资金也不可以在我国证券市场进行投资。2002年和2007年，QFII和QDII制度的实施，以及2011年推出的RQFII(人民币合格境外投资者)，为国外证券资本"走进来"、国内证券资本"走出去"建立了渠道。根据中国外汇管理局统计，截至2020年，已有295家海外机构获得QFII资格，累计批准额度达1 162.59亿美元；有157家境内机构获批QDII资格，累计批准额度达1 073.43亿美元；有230家海内外机构获得RQFII资格，累计批准额度达7 229.92亿元人民币。同时，在对外直接投资方面，步伐也明显加快，一些国内企业已成为国际市场的重要参与力量。近些年，国内企业在海外的投资不断扩大。这种局面与近年来国家逐步放开资本和金融项目外汇管制政策有关。

(2) 人民币汇率实行以市场供求为基础、参考一篮子货币、有管理的浮动汇率制度。我国在人民币汇率的安排上，始终坚持"主动性、可控性、渐进性"的原则，力求保持国家经济、金融的平稳发展。作为一个负责任的大国，我国在汇率问题上是非常谨慎和务实的。我国汇率改革的目的是让人民币汇率形成的基础越来越坚实，逐步提高汇率弹性，让更多的市场主体参与汇率形成，使汇率不断贴近市场合理均衡水平。2005年汇改以来，中国人民银行多次调整中间价报价机制，以增强人民币兑美元汇率中间价的市场化程度和基准性；并多次扩大人民币汇率的日浮动区间，以增强人民币汇率的弹性。

(3) 实行统一规范的全国银行间外汇市场。目前，我国外汇市场的网络交易平台日趋发达，产品工具日益增多，交易机制和交易方式不断创新，市场参与主体大幅度增加并更加多元化。几年前，交易方式只有一种，即竞价交易。从2006年开始，引入询价交易等制度,并逐步增加交易的品种,开展远期、掉期产品的交易,使市场的价格发现功能增强。与此同时,培养、锻炼了一批具备自主定价能力的中资做市商银行以及熟悉国际、国内规则的优秀本外币交易员。

(4) 实行与国际接轨的收支统计申报制度。国际货币基金组织一直重视国际收支相关数据报表的编制质量和公布频率。我国国际收支相关数据报表从无到有、从少到多,报表质量不断提高,公布频率加大。目前,我国的国际收支相关数据报表已基本与国际接轨,其中国际收支平衡表每半年公布一次,从2006年开始每年公布一次国际投资头寸表,外债数据则是每季度公布一次。

(5) 实行金融机构外汇业务监管。对于外汇业务,我国仍然采取市场准入的监管制度。国家外汇管理局与相关金融监管机构对所有金融机构的外汇业务实行监管。其中,中国银行业监督管理委员会对其所管辖的银行业金融机构以及信托公司等非金融机构实行本外币统一监管,但证券经营机构和保险经营机构的外汇业务市场准入仍然由国家外汇管理局按照中国人民银行的授权来实施监管。此外,国家外汇管理局通过各种制度和电子技术手段,对金融机构及企事业单位的跨境收付行为实行监测。

(6) 外汇管理法规体系不断完善。近年来,我国修订完善并发布了《中华人民共和国外汇管理条例》《境内机构境外直接投资外汇管理规定》《银行执行外汇管理规定情况考核办法》等一系列法律、法规,我国外汇管理框架和法规进一步健全。

三、人民币自由兑换实践

实现人民币的完全自由兑换,是中国外汇管理体制改革的最终目标,其进程大体上可分两个阶段:第一个阶段是实现经常账户可兑换,第二个阶段是实现资本项目可兑换。

(一) 经常账户可兑换

实行经常账户可兑换是国际货币基金组织成员国的一项基本义务。我国早在1996年就正式接受《国际货币基金组织协定》第八条款,由第十四条款国过渡为第八条款国,实现了经常账户可兑换。

IMF协定的第八条款规定:除第七条第3款(b)项及第十四条第2款的规定外,未经基金组织同意,各成员国不得对国际经常性交易的支付和资金转移实行限制。如果其他成员国提出申请,任何成员国应购买该其他成员国所持有的该成员国本国货币余额,但申请国应表明:此项货币余额系最近经常性交易中所获得;或此项兑换系支付经常性交易所必需。根据该条款的规定,可看出经常账户下货币可兑换的特点如下。

(1) 这种可兑换仅限于对外支付,并没有规定相应的对内自由兑换。换句话说,成员国接受第八条款义务后,仍可以对居民(包括法人和自然人)实行强制结汇制度,或不允许居民持有任何形式的外汇资产,只要对居民的对外支付不加限制即可。

(2) 这种可兑换仅限于经常账户的对外支付,而不包括资本项目。其包括贸易支出、非贸易支出、劳务支出和投资收益支出以及转移支出。

(3) 这种可兑换仅限于汇兑或对外支付行为本身,不排除成员国使用关税或非关税等贸易措施来调节国际贸易的发展。除非进口许可证或配额需要在国家批汇的保证条件下予以发放，才涉及汇兑限制问题。

（4）这种可兑换的实现，就是逐步解除经常账户下汇兑限制的过程。具体地说，就是解除外汇预算分配、多个外汇市场、进口预存款制度、汇兑课税、汇兑担保、拍卖、留成额度、限制进口贷款、对外支付拖欠、双边支付安排等，因为这些措施往往会导致汇兑限制或多重汇率的产生。

尽管我国在1996年接受了IMF协定的第八条款，实际上对部分非贸易外汇支出以及个人购汇方面仍有一些限制。此后，这些限制逐步放松。2007年2月，我国对个人结汇和境内个人购汇实行年度总额管理，年度总额分别为每人每年等值5万美元。2011年出台《电子银行个人结售汇业务管理暂行办法》，在确保年度总额管理政策实效的同时，丰富个人结售汇办理渠道，降低银行经营成本和柜台压力。

实现人民币经常账户下可兑换，是我国外汇体制改革的又一重大突破，也是我国货币管理体制的一项重大改革，它不仅有利于我国扩大吸引外资，促进对外经济贸易的发展，加强我国同世界各国的经济往来，也有利于提升人民币的国际信誉，提高我国金融国际化的程度，加快我国经济同国际经济接轨的步伐。

（二）资本项目可兑换

对于资本项目可兑换，国际上迄今尚无严格的标准的定义。国际货币基金组织专家提出资本项目可兑换应定义为"避免对跨国界的资本交易及与之相关的汇兑支付和转移的限制，避免实行歧视性的货币安排，避免对跨国资本交易征税或补贴"。我国外汇管理部门考量促开放和防风险双重目标，按照"先流入后流出、先长期后短期、先直接后间接、先机构后个人"思路，稳妥有序推进资本项目开放，资本项目可兑换程度持续提升。目前，直接投资项目已实现基本可兑换，外债管理从事前审批转向宏观审慎管理。跨境证券投资渠道不断拓展，沪港通、深港通2018年累计净流入2 254亿元人民币，2017年开通债券通，2019年6月沪伦通正式启动，允许上市公司根据当地规则和法规在对方交易所发行全球存托凭证。同年8月，国家外汇管理局取消了合格境外机构投资者和人民币合格境外机构投资者的投资限额。从整体来看，我国资本项目已实现了大部分项目的可兑换。

总之，我国实行的是典型的渐近式资本项目可兑换。资本项目的可兑换范围和可兑换程度已经比较大，而且将越来越大。我国资本项目管理现状可以从交易项目和管理手段这两个角度来考察。

从交易项目来看，我国资本项目管理主要涉及资本和货币市场工具、衍生工具和其他工具、信贷业务和直接投资。从管制的手段来看，我国主要采取了两种形式：一种是对跨境资本交易行为本身进行限制，包括对交易主体和交易活动的限制；另一种是在汇兑环节对跨境资本交易进行管制，包括对与资本交易相关的跨境资金划拨以及本外币兑换的管制。当前我国资本项目的开放状态见表6-2。

表 6-2　当前我国资本项目的开放状态

项目	子项目		管制手段或限制措施
一、资本和货币市场工具	1. 资本市场证券	股票或有参股性质的其他证券	
		非居民境内购买	合格机构投资者,外国战略投资者,沪港通,深港通,部分投资额度限制
		非居民境内销售或发行	CDR(中国存托凭证)试点计划,沪伦通
		居民境外购买	外国股东控制的境外上市公司,合格机构投资者,沪港通,深港通,部分额度限制
		居民境外销售或发行	登记管理
		债券和其他债务凭证	
		非居民境内购买	银行间债券市场对境外机构投资者开放
		非居民境内销售或发行	需央行批准或在协会注册,发行熊猫债券的试点计划
		居民境外购买	QDII 和 RQFII,QDLP/QDIE(合格境内有限合伙人/合格境内投资企业),部分额度和汇兑限制
		居民境外销售或发行	登记管理,额度限制
	2. 货币市场	非居民境内购买	QFII/RQFII,外国 CBs(货币发行局制度)或货币当局,国际金融组织和主权财富基金,在中国境外合法注册成立的各类金融机构,GDR(全球存托凭证),部分额度限制
		非居民境内销售或发行	银总办〔2015〕72 号文条件
		居民境外购买	QDII 和 RQDII(人民币合格境内机构投资者),QDLP/QDIE,基于对冲风险购买,额度管理
		居民境外销售或发行	额度限制
	3. 集体投资类证券	非居民境内购买	QFII/RQFII
		非居民境内销售或发行	中国内地与中国香港基金互认
		居民境外买卖	合格机构投资者,额度和汇兑限制
		居民境外销售或发行	香港公募基金
二、衍生工具和其他工具	4. 衍生工具和其他工具	非居民境内购买	QDII 和 RQDII,QDLP/QDIE,CFETS,外国 CBs、货币当局、国际金融组织和主权财富基金,合格机构投资者
		非居民境内销售或发行	外国 CBs、货币当局、国际金融组织和主权财富基金,合格机构投资者
		居民境外购买	投资主体与品种限制
		居民境外销售或发行	需要事先批准

续表

项　　目	子　项　目		管制手段或限制措施
三、信贷业务	5. 商业信贷	居民向非居民提供	可以在批准的经营范围内,直接向境外提供商业贷款
		非居民向居民提供	国内企业可以开立人民币账户以处理海外借入的人民币贷款
	6. 金融信贷	居民向非居民提供	上限管理,净资产30%
		非居民向居民提供	部分需备案和登记管理,额度限制
	7. 担保、保证和备用融资便利	居民向非居民提供	登记管理
		非居民向居民提供	登记管理
四、直接投资	8. 直接投资	对外直接投资	备案管理,限制个人和特定行业等
		对内直接投资	负面清单限制
五、直接投资清盘	9. 直接投资清盘	直接投资清盘	上市公司A股3年内不得转让
六、不动产交易	10. 不动产交易	居民在境外购买	保险公司,QDII,QDLP/QDIE,额度限制
		非居民在境内购买	符合规定条件的可购买
		非居民在境内出售	可直接办理房地产销售收益汇回手续
七、个人资本交易	11. 个人资本转移	个人贷款 居民向非居民提供	未经特别授权,居民个人不得向非居民提供贷款
		个人贷款 非居民向居民提供	未经特别授权,非居民个人不得向居民提供贷款
		个人礼物、捐赠、遗赠和遗产 居民向非居民提供	5万美元限额,超出限额需提供解释材料
		个人礼物、捐赠、遗赠和遗产 非居民向居民提供	5万美元限额,超出限额需提供解释材料
		外国移民在境外的债务结算 外国移民在境外的债务结算	无明确法律规定
		个人资产转移 移民向国外的转移	退休金和养老金,其他转移需要批准
		个人资产转移 移民向国内的转移	无明确法律规定
		博彩和中奖收入的转移 博彩和中奖收入的转移	无明确法律规定

资料来源：IMF. Annual report on exchange arrangements and exchange restrictions[R]. 2021.

扩展阅读 6-2
中国债券、股票逐步纳入国际主要指数

（三）推动人民币资本项目可自由兑换的措施

人民币资本项目可自由兑换的实施对我国宏观经济政策、运行机制和市场基础等提出了更高的要求。为了保证资本项目可自由兑换的顺利进行,控制经济的潜在风险,推动中国经济持续、健康、稳定地发展,必须实行一系列的措施。

1. 加快人民币汇率的市场形成机制建设

虽然我国的汇率形成机制已经进行了改革,但还是存在许多不合理的因素,尤其是形成人民币汇率的外汇场所——中国外汇交易中心在许多方面还不完善,造成中央银行不得不直接干预外汇市场,无法真实地反映外汇市场的供求关系。这与人民币资本项目可自由兑换的要求存在很大差距,因此要进一步加强人民币汇率的形成机制建设,实现合理的汇率水平。

2. 积极推进利率市场化的改革

中央银行需要根据国际金融市场的利率水平制定我国的基准利率,完善同业拆借利率,加强国债市场建设。只有这样,才能有效防止投机性资金的冲击,同时密切利率和汇率的关系,使之互相影响,使人民币汇率形成机制更趋完善。

3. 建立、健全宏观经济调控机制

加强财政政策和货币政策的协调,这是保持总供需平衡、国际收支平衡和汇率稳定的重要条件。特别是在货币政策方面,要逐步建立汇率政策和国内货币政策的协调机制,建立、健全监控货币供应量的措施、体系,通过存款准备金、再贴现(rediscount)和公开市场操作使外汇吞吐和基础货币的投放达到平衡。

4. 加强金融市场体系的建设

加快国有商业银行体制改革,进一步完善股份制商业银行和城市商业银行的管理机制;增加资本市场、货币市场上各种金融工具的品种,大力推进金融工具创新,逐步实现金融机构业务管理从分业管理到混合管理的转变,促进金融市场各种政策制度的完善和发展,加快与国际金融市场接轨的步伐。

5. 完善现行政策法规

适应国际规范,我国必须强化科学的金融法规、法制的全面建设,按照国际标准规范金融市场和金融机构,强化金融机构的财务、审计等制度。同时,还要加强对政策法规的可操作性和适应性的研究。

现阶段,我国人民币国际化程度不断提升,由于基数很低,因此增长率很高,但人民币在贸易与投资中的跨境使用占比仍相对较低。要实现人民币完全可自由兑换乃至成为国际货币不能一蹴而就,需要我国经济持续、稳定、协调地发展作为前提,积极创造条件稳步推进。

本章小结

汇率制度又称汇率安排,是指一国货币当局对本国汇率变动的基本方式所作出的一系列安排或规定。从历史发展来看,汇率制度可划分为固定汇率制度和浮动汇率制度,这两种汇率制度各有优缺点。目前各国实际采用的汇率制度,大多数都不是单纯的固定或者浮动,而是种种变相的介于完全固定和完全浮动之间的中间汇率制度。汇率制度选择的理论主要有浮动恐惧论、中间制度消亡论、三元悖论、依附论和经济结构决定论。

1994年,我国对人民币汇率制度进行了重大改革,实现了人民币汇率的统一,改革后的人民币汇率实行以市场供求为基础的、单一的、有管理的浮动汇率制度。人民币汇率从钉住方式的刚性汇率安排,转向较有弹性的、有管理的浮动汇率制度。2005年开始,我国政府又出台了完善人民币汇率形成机制改革的措施,开始实行以市场供求为基础、参考"一篮子"货币进行调节、有管理的浮动汇率制度。人民币汇率不再钉住单一美元,而是形成更富弹性的汇率机制。2015年,中国人民银行调整人民币兑美元汇率中间报价机制,使其更加市场化。

外汇管理的产生和发展是与各国政治经济发展的需要和国际贸易格局的变化联系在一起的,是一国政府对居民外汇买卖的数量和价格加以严格的行政控制,以平衡国际收支、维持汇率,集中外汇资金,根据政策需要加以分配。外汇管理包括对经常账户的管理、对资本项目的管理、对汇率的管理、对外汇储备的管理和对货币兑换的管理等。外汇管理对经济既有积极影响又有消极影响。

我国的外汇管理体制从新中国成立到现在经历了一个由统收统支高度集中的计划管理模式,转向建立在外汇留成与上缴制度基础上的计划与市场相结合的管理模式,然后转向建立在银行结售汇制度基础上的以市场调节为主的管理模式的转化过程。现阶段已经实现了经常账户和大多数资本项目下人民币完全可自由兑换,仅对少数资本项目仍然有限制。

思 考 题

1. 简述固定汇率制度和浮动汇率制度的利弊表现。
2. 试析现行人民币汇率制度的特点。
3. 简述外汇管理的利弊。
4. 简述我国人民币可自由兑换的实践进程。
5. 试析我国实现人民币资本项目下可自由兑换的措施。

"沪伦通"正式启航

2019年6月17日下午,在伦敦证券交易所举办的"沪伦通"启动仪式上,中国证券监督管理委员会和英国金融监管局发布联合公告,为便利中英两国投资者和上市公司进入对方资本市场进行投融资活动,"沪伦通"宣布正式启动。同日,上海证券交易所(以下简称"上交所")上市公司华泰证券股份有限公司发行的"沪伦通"下首只全球存托凭证产品在伦敦证券交易所(以下简称"伦交所")挂牌交易,揭开了A股市场与伦敦资本市场互联互通的序幕,标志着我国资本市场双向开放又前进一步。表6-3为中国资本市场开放进程中的部分关键节点。

表 6-3　中国资本市场开放进程中的部分关键节点

时　　间	开放进程
1992 年 2 月	第一只人民币特种股票(B股)上市
2002 年 12 月	合格境外机构投资者正式实施
2006 年 4 月	合格境内机构投资者正式实施
2011 年 12 月	人民币合格境外机构投资者正式实施
2014 年 11 月	"沪港通"正式实施
2016 年 12 月	"深港通"正式实施
2019 年 6 月	"沪伦通"正式实施
2019 年 9 月	取消 QFII/RQFII 投资额度限制与 RQFII 试点国家和地区限制

具体而言，"沪伦通"是指上交所与伦交所互联互通的机制。不同于"沪港通"只是在中国内地与中国香港交易所之间开辟了相互买卖的通道，并没有实现相互挂牌，在"沪伦通"中，符合条件的两地上市公司，可以发行存托凭证(depository receipts,DR)并在对方市场上市交易，通过存托凭证与基础证券的跨境转换机制，实现两地互联互通。这种国际通用存托凭证制度的推出，很好地解决了交易规则差异和时差两大难题，实质性地与西方成熟市场建立起更高层次的互联互通关系。

"沪伦通"包括东、西两个业务方向，东向业务是指伦交所上市公司的基础股票可以转换成中国存托凭证在上交所上市交易；西向业务是指上交所上市公司可以把股票转换成全球存托凭证并在伦交所上市交易。"沪伦通"基于审慎原则推进，存在总额度限制，起步阶段东向业务总额度为 2 500 亿元人民币，以人民币为计价货币；西向业务总额度为 3 000 亿元人民币，以美元为主要计价货币，人民币与英镑亦可。

点　评

"沪伦通"是推动我国资本市场制度改革与市场开放的重要举措和标志。借助"沪伦通"，中国企业可在海外募集资金，并将其直接用于投资海外的金融产品和大宗商品，不占用国内金融机构的外汇额度，也降低了企业资金跨境的成本，为投资提供了多样化的选择。

"沪伦通"存托凭证机制突破了上交所和伦交所的交易规则与时差的限制，使两地市场在较大差异下实现稳妥且高水平的开放。而上海与伦敦资本市场的联通，有望实现资源互补、优势互补，实现资源共享，这对于加快上海国际金融中心建设、推动中英两国的金融合作与建设中英"黄金时代"双边关系均有重要的意义。在全球保护主义抬头的背景下，"沪伦通"的启动为推动构建开放型世界经济注入坚实力量。

此外，"沪伦通"的推进对加快人民币国际化、实现"一带一路"倡议具有重要意义。由于伦敦市场计价货币的灵活性，中国可向国际市场输出优质人民币资产以及鼓励人民币交易，GDR 的推进有望在资本资产领域加强人民币在境外的流通和使用，助推人民币国际化。并且，"沪伦通"的启动与中国开放举措或有望带动其他国家和地区建立人民币离岸交易市场与互通机制，进一步推动我国资本市场形成全面开放的新格局。

整体来看,从 QFII、QDII、RQFII、"沪港通"、"深港通"到"沪伦通",我国资本市场的开放进程采取了渐进的方式,符合我国渐进改革的内在逻辑,有利于在探索中积累经验,为未来开放进程的持续推进奠定了扎实的基础。

第七章 国际金融市场

【教学目的和要求】

理解国际金融市场的形成条件,掌握在岸和离岸金融市场的概念,了解国际货币市场的含义及业务构成,掌握欧洲货币市场的概念和特点,了解国际资本市场的含义及业务构成,掌握国际债券的含义和类型,了解世界黄金市场的特点及黄金价格的决定,了解国际金融衍生工具市场的特点及发展现状。

【重要概念】

国际金融市场　在岸金融市场　离岸金融市场　欧洲货币市场　金融衍生工具　伦敦银行同业拆借利率　外国债券　欧洲债券

【引言】

国际金融市场超越了地理空间的限制,使资金供需双方能够便捷地进行交流,增大了交易的深度和广度,使世界经济得到前所未有的发展。但与此同时,快速、大额的资金流动也通过资本和金融账户直接或间接地对各国的国际收支与国民经济造成巨大的影响,并引发了跨国界的货币金融危机。因此,在一个不断开放的经济体中,无论是跨国企业、各国政府,还是个人,都需要了解和掌握国际金融市场的概念、类型、功能、运行机制以及发展趋势。

第一节　国际金融市场概述

一、国际金融市场的含义和形成条件

(一)国际金融市场的含义

金融,是指资金供给者或贷款人向资金需求者或借款人进行的资金融通,即资金的借贷。由多边资金借贷关系产生而形成的资金交易场所或网络即为金融市场。仅有本国居民参与交易的金融市场是国内金融市场。允许非居民参与交易的具有国际性的金融市场是国际金融市场,它是实现国际资金融通的场所或网络,是所有国际资金交换关系的总和。

国际金融市场有狭义和广义之分。狭义的国际金融市场是指国际资金借贷即资金融通、实现资本流动的场所,因而又被称为国际资本市场。广义的国际金融市场是指从事各种国际金融业务活动的场所。

国际金融市场由三大要素构成:①市场参与者,即企业、政府、金融机构和个人,其中

金融机构是主要参与者;②各种金融工具;③市场的组织形态,包括有形市场和无形市场。

(二) 国际金融市场形成的条件

国际金融市场的形成,必须具备一定的条件。这些条件概括起来有以下几点。

(1) 有稳定的政治局面。如果政局不稳,不但难以形成国际金融市场,而且国际其他交往都将受到影响,所以稳定的政局是国际金融市场得以形成的最基本条件。

(2) 实行自由外汇制度。自由外汇制度包括没有外汇管制或外汇管制较松、资金进出自由、外汇买卖自由、税率较低、非居民参加金融业务活动给予与居民相同的待遇并无歧视等。

(3) 金融管理制度比较健全,金融机构比较集中,信用制度比较发达,金融从业人员具有良好的素质。

(4) 具备优越的地理位置,具有现代化的国际通信设备。这是因为国际金融市场的业务活动离不开现代先进的电话、电报、电传、电脑并网、数据图像仿真等邮政、通信设备,货币买卖、资本融通、票据结算及国际证券的发行、承购、转让等,以及各国金融信息的连接,均离不开现代先进的通信设备。

(5) 具有比较稳定的货币制度,形成多元化的市场职能。其主要是指货币比较稳定、金融市场的功能较为健全等。

只有具备上述条件,才能形成一个能发挥其应有作用的国际金融市场。

二、国际金融市场的类型

(一) 按交易的性质不同划分

按交易的性质不同,国际金融市场可分为两大类型:一是在居民与非居民之间,交易市场所在国货币的传统的国际金融市场;二是在非居民间交易境外货币,且不受任何国家法令管制的离岸金融市场。

1. 传统的国际金融市场

传统的国际金融市场也称在岸金融市场(onshore financial market),它包括:①进行外汇买卖的外汇市场;②进行短期资金借贷的货币市场;③进行中长期资金借贷的资本市场;④从事黄金买卖的黄金市场。传统的国际金融市场是在国内金融市场的基础上,随着国际贸易的发展以及资本输出、金融业务的国际化而发展起来的。由于国内金融市场必然与国内经济有着密切的联系,需要接受所在国金融当局的管理和监督,某种程度上会限制金融业务的多样化经营。

2. 离岸金融市场

为了避免传统的国际金融市场所受到的国内金融市场的上述影响和约束,市场参与者促成了新型国际金融市场——离岸金融市场(offshore financial market)。相对传统的国际金融市场而言,离岸金融市场主要体现在:①市场参加者为非居民;②使用的货币为市场所在国以外的货币。可见,离岸金融市场是指主要为非居民提供境外货币借贷或投资、贸易结算、外汇黄金买卖、保险服务及证券交易等金融业务和服务的国际金融市场,最具代表性的就是欧洲货币市场。

以上对国际金融市场的分类,虽然是按两大类进行的,但现实中的国际金融市场,则有两种组合形态和三种构成形式。传统的国际金融市场与离岸金融市场合二为一,两者在法律上、管制上、税制上没有任何区别,伦敦市场是其典型代表;传统的国际金融市场与离岸金融市场明确区分,国际金融市场主要是非居住者之间离岸交易,这类市场在管制上多采用优惠政策,如新加坡市场、中国香港市场等;介于上述两种形式之间,国内金融市场可以作为国际金融市场发挥职能,同时为了区别于国内金融市场,又专门设立了进行非居民之间交易的离岸金融市场,其典型代表是纽约市场和东京市场以及正在完善中的上海自由贸易试验区(简称"上海自贸区")。

扩展阅读 7-1
上海自贸区离岸金融账户

(二) 按融资期限不同划分

按融资期限不同,国际金融市场可分为国际货币市场和国际资本市场。

(1) 国际货币市场,1年或1年以下的资金融通业务划入国际货币市场,或称短期资金市场。

(2) 国际资本市场,1年以上的资金融通业务划入国际资本市场,或称长期资金市场。

(三) 按经营业务不同划分

按经营业务不同,国际金融市场可分为国际资金市场、国际证券市场、国际外汇市场、国际黄金市场、国际金融衍生品市场等。

(1) 国际资金市场,是狭义上的国际金融市场,即国际资金借贷市场,按照借贷期限长短又可划分为短期信贷市场和长期信贷市场。

(2) 国际证券市场,是国际范围内发行和交易股票、公司债券、政府债券等有价证券的市场,为长期资本投资人和需求者提供服务,是金融市场的重要组成部分。

(3) 国际外汇市场,是由各类外汇提供者和需求者组成的,进行外汇买卖、外汇资金调拨和外汇资金清算等活动的场所。其主要业务包括外汇的即期交易、远期交易、期货交易和期权交易。

(4) 国际黄金市场,指在国际上专门从事黄金交易的市场。

(5) 国际金融衍生品市场,指全球范围内从事金融衍生品交易的市场。所谓金融衍生品是指以杠杆或信用交易为特征,在传统的金融产品如货币、债券、股票等的基础上派生出来的具有新的价值的金融工具,如远期、期货、期权、互换合同等。

三、国际金融市场的发展

国际金融市场从其产生和发展来看,总体上可划分为三个阶段。

(一) 伦敦国际金融市场的形成

第一次世界大战以前,英国的工业生产、国际航运、对外贸易发达,集中了世界上大量的财富,这些从海外掠夺来的大量资金成为伦敦国际金融市场信贷资金的主要来源,英镑成为世界上主要结算货币和储备货币。同时,英国在政治上比较稳定,对外殖民统治有所加强,英格兰银行地位得到了巩固,遍布英国国内和世界各国主要地区的银行代理关系逐渐完备,国际银行结算、信贷制度逐步确立和发展,形成了以伦敦为中心的国际金融市场。

(二) 纽约与苏黎世国际金融市场的兴起与发展

第二次世界大战结束后,英国经济逐渐衰退,美国经济得到了迅速发展,逐步取代英国,成为世界第一经济强国,美元也成为各国储备货币和重要国际结算货币。于是,国际信贷集中于纽约,纽约成为国际金融中心。瑞士由于保留瑞士法郎的自由兑换和信守存款保密制度,进而活跃了自由外汇交易和黄金交易,苏黎世也成为世界主要的资金调拨市场。这样,以纽约、苏黎世和伦敦为主的世界金融市场取代了以伦敦为主的世界金融市场。

(三) 多元化的国际金融市场格局

20世纪60年代以后,美国国际收支出现严重的逆差,黄金大批外流,美元信用动摇,美国政府被迫限制资本外流,美元在境外成了逃避管制的货币,促使欧洲美元、亚洲美元的出现。这样,分散的众多国际离岸金融中心和原有三大市场并存的局面取代了以三大金融市场为主的旧格局。

20世纪70年代以后,发展中国家和地区在经济建设中取得了明显的成果。随着这些国家和地区经济的快速发展,这些国家和地区的金融市场在整个世界金融市场中开始具有举足轻重之势。

进入21世纪,国际金融市场在经济全球化、网络化的冲击下发生巨大变化。新兴经济体国家,尤其是亚洲新兴经济体国家的金融市场的迅速崛起,使整个国际金融市场重心发生转移,并对整个金融市场产生了深刻的影响。具有现代化通信设备、全球化广泛联系的国际金融交易市场正越来越深刻地影响着世界各国的经济发展。而它的脆弱性、敏感性和不确定性也给人们的生活带来极大的影响。

扩展阅读 7-2
全球金融中心指数

四、国际金融市场的职能

金融市场是盈余单位与不敷单位之间资金融通的渠道或桥梁。它能够弥补商品买卖过程的割裂,促成消费格局的改变,解决当事人的不测之需。最重要的是,它能重新分配社会的闲置资源和动员此种资源,以加速资本的形成。这种种作用的概括,无论是对国际金融市场还是对国内金融市场,都是适用的。但作为国际资金融通的场所,国际金融市场还有其自身独特的职能。

第一,促成社会资源在世界范围内的合理配置,深化国际分工。在国际金融市场存在的条件下,对某一国或地区有效的投资和资产的合理配置,完全能够经由改变其他国家或地区的投资比例及其生产活动的途径来实现。如果其他国家或地区同时也希望取得较大收益,那么,它们就会互相进行资产的调整和选择。国际资本从盈余的国家和地区流入不敷的国家和地区,客观上使那里待开发的资源得到充分利用,对用资国和资本流出国均有好处。同时,资本的输出往往是与其产品的输出甚至其产业的输出,即生产资本的输出联系在一起的。生产资本的输出者通过跨国公司,对外直接投资设厂,让其在世界上占有竞争优势的产业参与国际竞争。例如,美国在西欧的投资主要集中在石油化工、计算机、计量仪器、合成橡胶等部门。日本在美国的投资集中在电器、汽车、医药、精密仪器等部门。

通过大量利用外资而经济迅速崛起的中国,从一个外资净流入国转化成净流出国,并成为全球第三大对外投资国。投资集中在租赁和商务服务业、金融业、采矿业、批发和零售业、制造业五大行业。可见,资本的国际转移有利于国际分工进一步深化。

第二,推动各国经济进一步国际化。各国经济的国际化发展推动了国际金融市场的产生。而国际金融市场的产生,又成为各国经济进一步国际化的必要条件。这是因为,各国经济的国外拓展,各国际经济组织的国际经营,特别是规模巨大的跨国公司在国际经营中资本的循环和周转,资本的频繁调动,资金的储存和借贷,都离不开国际金融市场的营运和操作。

具体来看:①由于跨国公司等国际经济组织的业务是国际性的,其手中的头寸和流动资金包括许多国家的货币;又由于国际业务需要,资金调动异常频繁,因此,客观上要求有一个不受各国管制的国际化金融市场与之相适应。②跨国公司等国际垄断组织的规模是巨大的,在资本的循环和周转过程中,一部分国际垄断组织所拥有的暂时闲置资金量也必然是巨大的,从而需要一个巨大的、灵活的且有利可图的投资场所,另一些国际垄断组织为扩大生产规模,开设新的分公司,也必然需要筹集大量资金。在这种情况下,只有资金规模巨大、筹资方法灵活的国际金融市场,才能满足二者各自不同的需要。因此,国际金融市场既是国际经济关系发展必然产物,又是国际经济关系进一步发展必不可少的条件。

第三,促进国际贸易的巨大发展。各国经济的国际化发展,使国际借贷业务迅速增长,外汇买卖、证券交易迅速发展。国际贸易双方通过国际金融市场进行外汇买卖、国际结算、证券交易,既可以消除或减轻各自可能遇到的汇率变动的风险,又为贸易双方融通了资金,促进了国际贸易的发展。

第四,支持发展中国家的经济建设。各国际金融中心通信设施发达,经营手段现代化,资金流动迅速方便,因而是国际借贷资本理想的集散场所。一些借贷资本过剩的国家通过这个市场把过剩资本借给资本短缺的国家,资本短缺国家的资金筹集则越来越依赖这个市场。尤其是广大发展中国家,已成为国际金融市场的最大借款人。它们通过国际金融市场的大量信贷支持,发展本国生产,增加出口贸易,提高国民生产总值,缩小同发达国家之间的差距。因此,国际金融市场对发展中国家的经济崛起有着不容忽视的作用。

第五,促进银行信用的国际化发展。世界各国经营外汇业务的专业银行以及经营其他国际金融业务的金融机构,是国际金融市场的主要参与者和重要组成部分。国际金融市场通过各种业务活动把各国金融机构有机地结合在一起,并通过各种新型业务的拓展和渗透,把各国长期从事传统国内金融业务的银行和非银行金融机构不断地吸引到这个市场上来,从而推动银行信用和金融业务的国际化发展。

第六,调节各国国际收支失衡。国际收支失衡不仅体现在持续的过度的逆差上,而且体现在持续的过度的顺差上。顺差国外汇供过于求,资金充裕;逆差国外汇头寸不足,资金匮乏。这两种情形都是阻碍各国经济进一步发展的不利因素。但是,逆差国可以通过国际金融市场举债,利用国际金融市场的巨大资金力量来弥补赤字。借债虽不能从根本上扭转国际收支恶化局面,却可解燃眉之急,从国际贸易来看,也不致因无外汇支付货款而遭受损失。顺差国则可通过在国际金融市场上发放外币贷款,购买逆差国发行的国际证券或到逆差国直接投资等方式,使自己的多余资金得以充分利用,又从客观上帮助逆差国弥补亏损。可见,国际金融市场是逆差和顺差之间调节外汇资金余缺,平抑国际收支差额,实现国际收支均衡的重要中介。

第二节 国际货币市场

一、国际货币市场的含义

货币市场是指以短期金融工具为媒介进行期限在1年以内(包括1年)的融资活动的交易市场。按照中国人民银行的规定:货币市场主要包括同业拆借市场、回购市场、票据市场、大额可转让定期存单市场等。国际货币市场是通过国内货币市场的国际化发展而来的,是在国际金融市场中以信贷方式融通资金的市场。

国际货币市场是国际短期货币金融资产进行交换的场所。在这个市场上,资金暂时盈余的单位可以与赤字单位相互满足需求;一方面,该市场为短期资金的需求单位提供了从隔夜到1年的各种短期资金;另一方面,一些希望利用暂时闲置的资金获取收益的资金持有人获得了投资的渠道。由于该市场跨越国界,所以可在世界范围内进行短期资金的合理配置,提高了货币资金的效率。但是,由于该市场上的资金数额巨大,而且流动性强,因而易对国际金融秩序造成猛烈的冲击,引发金融危机。

二、国际货币市场的构成

国际货币市场的业务主要包括银行短期信贷、短期证券买卖及票据贴现。由于各国的传统和习惯不同,货币市场上的中介机构及其地位和作用也不同。一般来说,国际货币市场的中介机构包括商业银行、票据承兑行、贴现行(discount houses)、证券交易商和证券经纪人。

(一) 短期信贷市场

短期信贷市场主要是指银行间的市场。该市场提供1年或1年以内的短期贷款,目的在于解决临时性的资金需要和头寸调剂。贷款的期限最短为1天,最长为1年,也提供3天、1周、1月、3月、半年等期限的资金;通常利率以伦敦银行同业拆借利率(London inter-bank offered rate,LIBOR)为基准;交易通常以批发形式进行,少则几十万英镑,多则几百万英镑、几千万英镑;交易简便,不需担保和抵押,完全凭信誉和电话、电传进行。

(二) 短期证券市场

这是国家间进行短期证券交易的场所,期限不超过1年。其交易对象有短期国库券、可转让的银行定期存单(transferable certificate deposit,CDs)、银行承兑汇票(bank acceptance bills)和商业承兑汇票(commercial acceptance bills)。

其中,国库券是西方各国财政部出于筹集季节性资金需要,或是为了进行短期经济和金融调控而发放的短期债券,期限一般为3个月或半年,利率视情况而定,通常以票面金额打折扣和拍卖(auction)的方式推销。

银行存单是存户在银行的定期存款凭证,可以进行转让和流通。20世纪60年代初,美国开始发行这种存单,定额为 100 万美元或 100 万美元以上,最少也有 50 万美元;英国于 20 世纪 60 年代末发行这种存单,金额从 5 万英镑至 50 万英镑不等。存单利率与伦敦银行同业拆借利率大致相同,到期后可向发行银行提取本息。

银行承兑汇票和商业承兑汇票都是信用支付工具,前者由银行承兑,后者由商号或个人承兑,承兑后可背书转让,到期可持票向付款人取款。由于银行信誉较高,银行承兑汇票比商业承兑汇票的流动性强。

(三)贴现市场

贴现,是指将未到期的信用票据按贴现率扣除从贴现日到到期日的利息后向贴现行(discount houses)换取现金的方式。贴现市场就是对未到期的票据按贴现方式进行融资的场所。贴现交易使持票人提前取得票据到期时的金额(扣除支付给贴现行的利息),而贴现行则向要求贴现的持票人提供了信贷。贴现业务是货币市场资金融通的一种重要方式。贴现的票据主要有国库券、银行债券、公司债券、银行承兑票据和商业承兑票据,贴现率一般高于银行利率。贴现行或从事贴现的银行可以用经贴现后的票据向中央银行要求再贴现(rediscount)。

三、欧洲货币市场

欧洲货币(Eurocurrency)是在某种货币发行国国境以外国家和地区流通、交换存放、借贷的货币的总称。欧洲货币市场(Eurocurrency market)则是指利用货币发行国境外的该货币进行存款业务的市场,它由银行同业市场和对非银行顾客市场构成。欧洲货币市场是现今国际金融市场的主体和核心。它产生于欧洲,现在已成为一个全球性市场。它既不隶属于任何一个国家和地区,也不受任何一国或地区政府的管辖。

(一)欧洲货币市场的特点

欧洲货币市场是一种完全国际化的国际金融市场。与一般的国际金融市场相比,欧洲货币市场突破了诸如交易范围、交易货币以及所在国政策法令的约束和限制,具有一些明显的特点。

第一,独特的利率体系。虽然欧洲货币市场的利率与各个发行国国内利率有密切联系,但又具有相对的独立性,它不受法定存款准备金和存款利率最高额的限制。它以伦敦银行同业拆借利率为基准,存款利率略高于货币发行国国内的存款利率,贷款利率略低于国内的贷款利率,存贷款的利差很小,有时甚至低于 0.125%。所以,欧洲货币市场对资金的供求者来说比较有吸引力。当然,因为存贷款的量很大,银行的利润仍然是很丰厚的。

第二,经营环境非常自由。实际上,欧洲货币市场是一种超国家的,或者说是无国籍的资金融通市场。其经营活动不受所在国政府金融政策、法令的管辖和外汇管制的约束,同时,由于所在国金融当局为吸收更多的货币资金而对其采取许多优惠措施,因此,欧洲货币市场的资金调拨十分方便、自由,既符合跨国公司和进出口商的需要,也符合许多发达国家和发展中国家的需要。

第三,经营规模巨大。欧洲货币市场规模之大是一般国际金融市场所无法比拟的。

其市场范围广,币种多,资金实力雄厚。在这种完全国际化的市场上,人们可以自由选择投资和借款的地点、币种和规模,这也为国际资金的借贷活动提供了极大的方便。

第四,市场上经营欧洲货币借贷业务的银行和其他各类金融机构都称为欧洲银行,在经营欧洲货币借贷业务时,其业务活动是通过电话、电报、电传在银行之间和银行与客户之间进行的。

第五,市场上的借贷关系为外国借贷双方之间的关系,而这种类型的交易,为大批离岸金融市场的建立提供了有利条件,即凡是有可能吸引国际投资者和筹资者的地方,都有可能成为国际离岸金融中心。

(二) 欧洲货币市场的主要业务

1. 欧洲货币市场的资金来源

(1) 吸收存款。欧美商业银行在海外设立分支机构,吸收了大量欧洲货币,包括:石油输出国短期闲置的石油美元;跨国公司或一般企业在资本循环中暂时闲置的欧洲货币资金;来自欧洲货币市场以外的银行的、非本地区货币的存款;个人以及非银行金融机构的境外货币存款。

(2) 各国政府外汇储备。一些国家的政府和中央银行为了获取利息收入或保持储备货币的多样化,将其所持有的外汇储备和外汇资金投入欧洲货币市场。

(3) 国际清算银行所接收的各国中央银行的存款。

(4) 发行欧洲票据和欧洲货币存单。欧洲货币市场靠发行欧洲票据和欧洲货币存单可以获得持续的资金来源。

(5) 派生存款。许多国家的中央银行把它们的美元等外汇储备直接或间接存入欧洲货币市场,经过欧洲银行的反复存贷,便会产生大量的派生存款。

2. 欧洲货币市场的资金运用

欧洲货币市场的巨额资金主要用于以下方面。

(1) 跨国公司。跨国公司在从事全球性的业务和大型投资项目时,需要从欧洲货币市场上借入巨额资金。

(2) 外国政府。一些外国政府为了弥补国际收支逆差,常从欧洲货币市场借入资金。

(3) 商业银行。由于大商业银行对欧洲货币市场的控制,一些中小银行不易直接获得条件优惠的贷款,它们需要在大商业银行从欧洲货币市场获得贷款后,再从大商业银行处获得贷款。所以,商业银行是欧洲货币市场上重要的资金需求者。

(4) 发展中国家和国际组织需要从欧洲货币市场借入资金,来解决本国经济发展和组织活动资金不足的问题。

(5) 外汇投机。自20世纪70年代以来,由于浮动汇率制的普遍实行,外汇汇率波动较为频繁,由此带来了国际金融市场上利用汇率变动而进行外汇投机、牟取暴利的交易的增加,从而扩大了对欧洲货币市场的资金的需求。

(6) 一些大的进出口商往往利用欧洲货币市场来满足其短期的资金需求。

(三) 欧洲货币市场的作用

欧洲货币市场除了具有国际金融市场的一般作用之外,还有以下作用。

1. 对国际金融业的作用

（1）欧洲货币市场的产生，缩短了传统的国际金融市场之间在时间和空间上的距离，使跨国银行可以 24 小时连续营业，从而加速了国际资本流动，并形成了国际借贷资金低成本、高速度的全球流动体系。

（2）欧洲货币市场的产生，使参与者免受金融管制，能自由进行金融交易。

（3）欧洲货币市场的产生，增强了国际金融市场之间的竞争性，有助于形成合理的国际利差水平，有助于形成全球性的平均利润率，从而促进生产国际化、贸易国际化和资本国际化的进一步发展。

这一切既增加了跨国银行的国际利润，又便利了跨国公司的国外业务活动，对国际金融业的发展有着深远的影响。

2. 对市场所在国的作用

（1）通过欧洲货币业务的开展，可以发展本国金融服务业，并获得数量可观的外汇收入，进而提高本国的国民收入。

（2）国际资金的流入既有利于本国利用外资，又可以增加本国国际收支中资本项目的盈余。

（3）可以增加本国居民的就业机会，提高国民的收入水平。

（4）有利于提高本国金融业的技术水平和银行专业人员的素质。

（5）振兴本国的金融市场，提高所在国的声誉及其在国际金融界的地位和影响。

3. 对发展中国家的作用

一国离岸国际金融市场的发展，能促进该国资本市场和金融基础设施的发展，这对于经济实力较强、资本缺乏的国家，特别是发展中国家来说，在国内资本市场尚未充分发展之前，提供了一种过渡性的替代方法，即借此建立起自己的国际金融市场。同时，它有助于消除地方和部门对金融资本的垄断，刺激储蓄的形成及其在国际的汇集，鼓励资金在区域内甚至全球范围的流动和配置。

（四）欧洲货币市场的影响

欧洲货币市场对世界经济发展起到了一定的积极作用，但是它也给世界经济和国际金融带来了一些严重的问题。

（1）欧洲货币市场的借贷关系有一个突出的现象，就是存短放长。因为存款绝大部分是 1 年以下的短期资金，有时比例高达 95%，而从 20 世纪 70 年代以来，放款则多半是中长期的，一旦金融市场风吹草动，就会发生资金周转不灵的问题。而且这些资金通过银行的多次转存，形成锁链式的借贷关系，所以个别银行资金周转不灵，也可能导致一场金融灾难。这就使国际金融市场变得更加脆弱。

（2）外汇投机活动加剧了汇率波动。这个市场的大部分短期资金用于外汇交易，套汇套利相结合，达到十分庞大的规模。大量资金在几种货币之间频繁移动，往往使汇价发生剧烈的波动。不少银行因此遭受重大损失，有的甚至倒闭破产。如联邦德国赫斯塔德银行和美国富兰克林银行的倒闭事件就曾引起西方金融界的震动。

（3）欧洲货币市场加速了各国之间的资金流动，使各国的金融政策更加难以贯彻。譬如说，当西方国家为了反通货膨胀而采取紧缩银根的措施时，国内银行和工商企业却可从利率低的欧洲货币市场借入资金,从而削弱或抵消了本国政府紧缩政策的效力。又如,当一些国家为了刺激经济而放松银根时,大量资金流向欧洲货币市场,各国金融当局不得不提高国内利率以防止资金外流。这样一来,放松银根政策就难以贯彻到底。

(4) 欧洲货币市场的借贷活动使一国的闲置资金变成另一国的资金供应量,从而扩大了金融市场的信用基础,所以它有通货膨胀的倾向。而且,在欧洲货币市场上,大量游资冲击汇价、金价和商品市场,也会影响到各国物价水平,这就是所谓的"输入型通货膨胀"。因此,有人指责欧洲货币市场对20世纪70年代严重的世界性通货膨胀起了推波助澜的作用。

总的来说,欧洲货币市场加强了各国之间的金融联系,加速了一些国家的经济发展,促进了世界贸易的扩大,缓和了一些国家的国际支付困难,但同时,它也给各国经济带来了一些问题,特别是这个市场的投机活动,影响各国外汇市场和国民经济的稳定。

第三节 国际资本市场

一、国际资本市场的含义和构成

国际资本市场是对期限在1年或者1年以上的金融工具进行跨境交易的市场。国际资本市场主要是用于筹措和运用国内、国际资金,以满足本国的生产建设和国民经济发展的需要。国际资本市场经历了由分割到融合进而走向全球化的发展历程。从总体上看,国际资本市场始终保持规模持续扩张的态势,资本跨国流动的影响范围不断扩大。

国际资本市场主要由国际银行中长期信贷市场和国际证券市场两部分组成,国际证券市场又由国际债券市场和国际股票市场构成。当然,抵押贷款和租赁贷款及其他具有长期融资功能的业务也可归入资本市场中。但是,目前资本市场上最主要的业务还是中长期信贷和证券。国际资本市场的中长期资金供应者大多数为商业银行、储蓄银行和保险公司。资本市场根据证券发行交易性质可分为一级市场和二级市场,即发行市场与流通市场。

二、中长期国际信贷市场

中长期国际信贷市场包括银行中长期贷款(bank's medium term and long term loan)和外国政府贷款。

(一)银行中长期贷款

银行中长期贷款是指一国借款人在国际金融市场上按照商业性条件向外国商业银行借取该银行所在国货币的中长期贷款。这个市场的资金需求者多为各国政府和工商企业。

这种贷款主要包括三类:一是出口信贷;二是项目贷款;三是自由外汇贷款。其中,自由外汇贷款是规模较大、借贷频繁的一类。

借贷双方签订协议时,需规定贷款条件。

(1)币种。在传统的国际金融市场上,借款货币为贷款银行所在国货币。借款人若需采用软、硬货币搭配,以减少汇率风险,则可与不同国别的商业银行打交道(这一点与新兴的欧洲货币市场不同)。

(2) 利率。一般以伦敦银行同业拆借利率为基准,再加上一定的附加利率。由于借贷期限长,不确定性大,通常采用浮动利率(floating interest rate),每3个月或6个月随市场利率的变化调整一次。

(3) 贷款费用。一是承担费(commitment fees),是指贷款银行已按贷款协议筹措了资金以备借款人使用,但借款人没有按期使用,使资金闲置,因而其应向贷款银行支付赔偿性费用。承担费率一般在0.125%～0.5%,按承担期内未提取的金额计算。二是管理费(management fees),是指借款人向贷款银团的牵头银行支付的组织银团贷款的报酬或手续费,一般按贷款总额的0.5%～1.0%收取。三是代理费(agent fees),是借款人支付给直接管理贷款的代理行的报酬,通常按每年商定的金额付给代理行,在贷款期限内,每年支付一次。代理费标准不一,最高每年可达6万美元。四是杂费(out of pocket expense),是指贷款的牵头银行与借款人联系协商,完成贷款协议所发生的费用,这些费用均由借款人负担。杂费包括牵头银行的差旅费、律师费、宴请费等,按牵头银行提出的账单,一次付清。杂费收费标准不一,多者可达10万美元。综上所述,在筹措中长期借款时,应考虑综合成本——利率加费用的高低。

(4) 期限。中期贷款一般为1～5年,长期贷款为5年以上。

(5) 偿还方式。一是到期一次偿还,即贷款协议生效后,借款方分数次支用,利息定期计收,贷款期满时,一次偿还本金。二是分次等额偿还,即贷款协议签订时,规定一个不还本只付息的宽限期(grace period)。宽限期后,每半年还本付息一次,每次还本金额相等。三是逐年分次等额偿还,即没有宽限期。

(6) 担保。一般需由借款人所在国的官方机构提供担保。

贷款方式一是独家银行贷款,即一国的商业银行对另一国的客户贷款。这种贷款手续比较简便,每笔贷款在几千万美元至1亿美元之间。二是银团贷款或辛迪加贷款(Syndicated loan),由数国多家银行组成银团,由一家或几家牵头银行出面组织、联合向借款人提供巨额资金。

(二) 外国政府贷款

外国政府贷款系指各国政府或官方金融机构利用国家财政资金相互提供的优惠贷款。

政府贷款的特征是:①期限长。其一般为10～20年,长者可达30年。②利率低。政府贷款有低息和无息两种,低息贷款年利率一般仅为1%～3%,无息贷款则只收取一定的手续费。③有一定附加条件。政府贷款虽然优惠,但毕竟要服从债权国政治、经济、外交的需要。其附加条件主要包括:贷款限于购买债权国或规定的"合格货源国"货物以及连带使用一定比例的出口信贷等。因此政府贷款大多属于约束性贷款。

提供政府贷款的国家主要是发达国家和一些资金充裕的石油国家,贷款对象主要是发展中国家。政府贷款的主要提供者为经济合作与发展组织(OECD)下属的发展援助委员会(DAC),我国在经济建设中也曾得到过一些DAC成员国的政府贷款援助。

美国办理政府信贷的机构是国际开发署(IDA)及进出口银行等。其对外援助大致分为三类:①转让性援助,条件最优惠,但多附有政治性条件。②信贷援助,即长期低息贷款,其贷款对象仅限于较贫困的发展中国家。③其他援助。

日本办理对发展中国家经济援助的机构是海外经济协力基金(OECF),成立于1961年,自1966年起对发展中国家提供直接贷款。其基金贷款具有援助性质,利率一般在3.5%左右,大大低于商业性贷款利率,期限为20年左右。近年来随着日本金融实力的扩张,日本政府贷款有迅速增长的趋势。

三、国际证券市场

(一)国际证券市场的信用工具

证券是各类财产所有权或债券凭证的通称。证券持证人有权按证券所载取得权利。股票、公司债券、公债券、票据、提单等都属于证券。

(1)政府债券。政府债券也称"公债"或"国债",是政府为适应财政需要,或弥补预算赤字而发行的承担还款责任的债务凭证。政府债券的信用度较高,债券持有者在一定时期后可按票面金额收回本金,并获取一定数量的利息。

政府债券可分为可转让债券(marketable bonds)和不可转让债券(non-marketable bonds)两大类。

可转让债券是持票人随时可以在市场上转让,但非到期不得要求兑还本金的债券。这类债券包括国库券(treasury bills,T-bills)、中期债券(treasury notes)和长期债券(treasury bonds)三种。

不可转让债券是指持票人不能转让,但在一定条件下可以要求政府提前偿还的债券。

1987年10月,我国财政部在德国法兰克福发行了3亿马克的公募债券,是我国经济体制改革后政府首次在国外发行的政府债券。1994年7月,我国政府在日本发行政府债券;1995年11月又发行400亿日元债券。1996年,我国政府在美国发行4亿美元100年期债券,在国际资本市场确定了我国主权信用债券的较高地位和等级。1997年和1998年,我国利用国际债券融资进入一个新的阶段,两年共发行美元债券34.31亿、德国马克债券5亿、日元债券140亿。

2001年5月,中国政府在海外又成功发行了总值达15亿美元的欧元债券和美元债券。其中,10亿美元的10年期美元债券年息率为6.8%,并由高盛、JP摩根大通、摩根士丹利、法国巴黎、德意志银行及巴克莱资本等投资银行负责承销。此次发行政府债券不仅保持了中国在国际资本市场上经常发行人的地位,而且向国际金融社会展示了中国经济的活力。2009年11月,中国政府成功在巴黎定价发行40亿欧元主权债券。这是自2004年以来中方第一次发行欧元主权债券,也是我国为支持巴黎国际金融中心建设、深化中法、中欧金融合作采取的一项重要行动。

(2)公司债券。公司债券是公司对外举债并在一定时期还本付息所出具的承诺凭证。公司债券为法律要式证券,其内容必须符合本国公司法的规定。公司债券可以自由转让,如果是有担保的公司债券,应在债券上注明"担保"字样,并经主管机关核定和签证。这种债券分为记名公司债券和不记名公司债券两种。

各国还根据需要,发行各种类型的公司债券。例如,2006年5月,中国证监会颁布的《上市公司证券发行管理办法》中首次提出上市公司可以公开发行认股权和债券分离交易的可转换公司债券(简称可分离交易债券)。2008年10月,中国证监会发布《上市公司股东发行可交换公司债券试行规定》等。

(3) 公司股票。公司股票是股份制企业为筹措资本而发行的一种所有权凭证,一般分为普通股(common stock)和优先股(preferred stock)。

普通股是收益随着企业利润变动的股票,也是股票中最普遍的一种形式。普通股的特点:一是对公司拥有真正的所有权,并由此派生出多种权利。如对公司决策有投票权、享有财产分配权、优先认股权、企业管理权等;二是风险大,没有固定股息,股利随企业盈利水平而定。企业破产,股票就一钱不值;三是流动性强,可以进行买卖,具有充分的变现能力。

优先股是优先享有某些特定权力的股票。它是一种混合性证券,兼有股票和债券的特征。它的特点:一是股息固定,股息按面值支付;二是在公司解散时享有剩余财产的优先分配权;三是没有投票权,不能参与企业管理。

(4) 国际债券(international bonds)。国际债券是一国政府或机构在国外以外币为面值所发行的债券。国际债券按是否使用发行地所在国货币划分为外国债券和欧洲债券(Eurobonds)。前者属于传统国际金融市场研究的内容,后者将主要在欧洲货币市场中介绍。但为了便于读者区别,现将有关特点进行对比分析。

① 外国债券(foreign bonds)。外国债券是指外国筹资者在一个国家国内市场以发行所在国货币为面值的国际债券。外国债券是传统的国际金融市场业务,已存在了几个世纪,它的发行必须经发行地所在国政府的批准,并接受该国金融法令的管理。

根据国际惯例,外国债券一般以计价货币所在国最具特征的吉祥物命名,如外国筹资者在美国发行的以美元计价的债券被称为"扬基债券",在英国发行的以英镑计价的债券被称为"猛犬债券",在日本发行的以日元计价的债券被称为"武士债券",在澳大利亚发行的澳元债券被命名为"袋鼠债券",在新西兰发行的以纽元计价的债券被称为"贝壳杉债券",在加拿大发行的以加元计价的债券叫"枫树债券",在瑞士发行的瑞郎债券被称为"阿尔卑斯债券",在韩国发行的韩元债券则被称为"阿里郎债券"等。

在我国,2005 年 2 月,中国人民银行、财政部、国家发展改革委和中国证监会联合发布了《国际开发机构人民币债券发行管理暂行办法》,允许符合条件的国际开发机构在中国发行人民币债券,并将外国机构在华发行的人民币债券命名为"熊猫债券"。

2005 年 10 月,中国人民银行批准国际金融公司和亚洲开发银行在全国银行间债券市场发行熊猫债券 11.3 亿元和 10 亿元。这是中国债券市场首次引入外资机构发行主体,是中国债券市场对外开放的重要举措和有益尝试。2006 年 11 月,国际金融公司又成功发行 8.7 亿元熊猫债券;2009 年,亚洲开发银行再次发行 10 亿元熊猫债券。2010 年 9 月,中国人民银行、财政部、国家发展改革委和中国证监会对《国际开发机构人民币债券发行管理暂行办法》进行了修订,修订后的办法允许发行人发债所募集的人民币资金直接汇出境外使用。2011 年 3 月,全球第二大消费品制造商联合利华公司在我国香港地区成功发行了熊猫债券,反映了中国金融市场进一步走向国际化的积极信号。2017 年 3 月,俄罗斯铝业联合公司在上海证券交易所成功完成首期人民币债券(熊猫债券)发行,发行期限 2+1 年,发行金额 10 亿元人民币。这是首单俄罗斯大型骨干企业在中国发行的熊猫债券,也是首单"一带一路"沿线国家企业发行的熊猫债券。

② 欧洲债券(Eurobonds)。欧洲债券是借款人在债券票面货币发行国以外的国家或该国的离岸金融市场发行的债券。例如，我国在日本发行的美元债券就属于欧洲美元债券，在美国发行的日元债券则属于欧洲日元债券。欧洲债券的计值货币主要为欧洲美元，其发行通常由数个国家的银行或其他金融机构组成国际承销辛迪加，并由有关国家向投资人提供担保。

欧洲债券是20世纪60年代初期随着欧洲货币市场的形成而出现和发展起来的。欧洲债券最初主要以美元为计值货币，发行地以欧洲为主。20世纪70年代后，随着美元汇率波动幅度增大，以德国马克、瑞士法郎和日元为计值货币的欧洲债券的比重逐渐增加。同时，发行地开始突破欧洲地域限制，在亚太、北美洲以及拉丁美洲等地发行的欧洲债券日渐增多。在国际债券市场上，欧洲债券所占比重远远超过了外国债券。其主要原因是：欧洲债券具有发行灵活自由，不受任何一国法律限制和官方管制，手续简便，转让时不需经过转移登记手续，债券不记名，发行数额大，期限长，费用低，且免交利息所得税，安全性和收益性较高等特点。

欧洲债券市场融资工具种类繁多，按发行条件可大致归纳为以下几种。

第一，固定利率债券(straight bonds)，也称普通债券，是一种利率固定不变的欧洲债券，通常以年为计息期，以平价或略低于平价(面值)折扣发行。其期限多为3～7年，个别最长可达10年。这种债券在市场利率相对稳定的情况下较为流行，但当市场利率波动较大时，其发行易受影响。

第二，浮动利率债券(floating rate notes)，是随某种短期利率变化做定期调整、利率不固定的债券，是当前欧洲债券市场中的主流品种。这种债券一般以3个月或6个月期的伦敦银行同业拆借利率或美国优惠贷款利率作为参考利率，再加上一个附加利率来确定。其发行期限多为5～15年，有的甚至长达40年，可以借新还旧的方式赎回已发行债券。浮动利率债券多以美元计值，有最低利率下浮界限，而无上浮界限。理论上，浮动利率债券不会发生负收益。

第三，可转换债券(convertible bonds)，是欧洲债券市场上广泛使用的工具。这种债券是有固定利率和期限的债券，与固定利率债券和浮动利率债券的不同之处在于它综合了债券和股票的特点，持有人拥有可以在约定条件下将债券转换为发行公司的股票或其他资产的权利。此类债券的利率一般低于固定利率债券，其转换权利则是对低息的补偿。

第四，认购权证债券(bond with warrants)。认购权证，是一种在债券发行时授予持票人按一定条件认购发行公司的债券或股票的权利。与可转换债券的不同之处是，即使持有人行使了权利，认购权证债券所具有的债权仍然有效。目前全球有五大国际债券中心，即伦敦、纽约、法兰克福、苏黎世和东京。其中苏黎世是全球最大的外国债券市场。欧洲债券市场早已成为国际债券市场的主体。

(二) 国际证券市场的交易

国际证券市场是国际证券发行和流通的场所，从交易的对象考察，可分为股票市场与债券市场；从交易的方式来考察，则又可分为证券发行市场和证券交易市场。

(1) 证券市场的资金供求。证券市场上的资金供应者，主要是保险公司、投资信托公司、储蓄银行和各种基金组织。这些机构从存户、保户、投资者方面吸收的大量资金，其中有一部分投放到证券市场,形成证券市场资金的主要来源。证券市场上的资金需求者,则为需要筹措资金的外国政府、机构和公司。当然,需要筹措中长期资金的本国政府、地方政府、公司等也往往介入证券市场。证券市场上的中介机构,由经营证券交易的商号、证券经纪商和证券批发商组成。

(2)证券发行市场。其职能是专门经营证券的发行和分销业务,其功能在于政府或企业通过发行市场,将新证券销售给投资者,以达到筹措资金的目的。

证券发行市场具有三个特点:①上市证券是初次发行或新发行的证券。②没有固定的交易场所,属于无形市场。证券的认购和分销不在有组织的交易所进行,而是先由商业银行或投资银行承购发行人发行的债券,然后再通过承购辛迪加或销售集团,分销于社会各阶层的投资者。③新证券通过公募(public placement)和私募(private placement)两种方式发行。

各种证券发行方式不尽相同。股票发行价格有按面额发行、时价发行(即发行新股时以旧股的时价作为发行价格)、折价发行(即将股票面额打折扣发行)和设价发行(即不标明股票面额,而将公司资本分成若干股份,按公司章程或董事会议规定的最低发行价)。发行方式:一是公募,即公开上市,向公众出售;二是私募,即只向机构投资者发售,不公开上市。政府债券通常委托金融机构公开发行。

(3)证券交易市场。证券交易市场也称二级市场或流通市场,是已发行证券的流通市场,根据交易地点可分为场内交易与场外交易市场(over the counter)两种。

场内交易就是证券交易所(stock exchange)之内进行的交易。在交易所内从事交易活动只限于作为交易所会员的经纪人,而公众则要通过经纪人去买卖证券。证券交易所证券交易的特点是:①有固定的交易场所;②交易品种是已公开发行的证券;③证券在市场上可自由转让、买卖和流通。

场外交易市场是买卖不上市证券的市场,由证券商在其营业所内代客户买卖。这种市场在美国最为发达,其交易规模往往超过交易所。也有人把场外交易市场称为"三级市场"。

扩展阅读7-3
全球著名股票指数

第四节　国际黄金市场

一、国际黄金市场的含义及分类

黄金是财富的象征,它以其稀有贵重的自然属性和社会属性而成为"商品之王",作为国家间的最后支付手段,执行着世界货币的职能。国际黄金市场是各国居民进行黄金交易的场所。

国际黄金市场可以根据其性质、交易类型和交易方式、交易管制的程度等做不同的分类。

(一)按其性质划分

按其性质,国际黄金市场可分为起主导性作用的市场和区域性市场。起主导性作用的市场(即国际性交易集中的市场)上的价格及交易量的变化对其他市场有很大的影响。

这一类市场有伦敦、苏黎世、纽约、芝加哥和香港;区域性市场主要指交易规模有限且市场影响不很大的黄金交易市场,如巴黎、法兰克福、布鲁塞尔、卢森堡及贝鲁特等。

(二) 按交易类型和交易方式划分

按交易类型和交易方式,国际黄金市场可分为两种类型:一种是以现货交易为中心、同业间用电话联系进行交易的欧洲类型的市场,如伦敦、苏黎世。虽然伦敦黄金市场从1981年4月19日开办了黄金期货业务,但它仍然是一个典型的现货市场。另一种是以期货交易为中心、设有独立交易所的美国类型的市场,如纽约、芝加哥、中国香港等。期货交易即约定在将来某个确定的日期按一定的价格进行买卖,然后以差额进行结算的交易。由于黄金交易方式和类型的差异,黄金市场又呈现着国际化的趋势,因而世界上就出现了两大黄金集团:一个是伦敦-苏黎世集团,另一个是纽约(包括芝加哥)-香港集团。这两大集团之间的合作十分密切,共同操纵着黄金市场;其中,伦敦黄金市场的作用尤为突出,至今该市场的黄金交易和报价仍然是反映世界黄金行市的一个"晴雨表"。

(三) 按交易管制的程度不同划分

按交易管制的程度不同,国际黄金市场可分为自由交易市场和限制交易市场。自由交易市场指黄金可以自由输出输入,而且居民与非居民都可以自由买卖的黄金市场,如苏黎世。限制交易市场包括两种情况:一种是黄金输出输入一般要受管制,只准非居民买卖,但不准居民自由交易的黄金市场,如1979年10月英国撤销全部外汇管制前的伦敦市场;另一种是对黄金的输出输入实行管制,只允许居民自由买卖的国内黄金市场,如巴黎市场,但这并不意味着它同国际黄金市场没有联系。事实上黄金是可以流入的,黄金的交易价格是相互影响的。

二、黄金交易的主体和客体

黄金交易主体就卖方而言,包括:①产金国的采金企业;②从事空头交易的投机商;③为解决外汇短缺和支付困难的各国中央银行;④拥有黄金要抛售的团体或个人。就买方而言,其包括:①以黄金作为原料的工业企业或商业企业;②从事"多头"交易的投机者;③为增加官方储备的各国中央银行(仅指用本币购买黄金);④为保值或投资的购买者。此外,一些国际性的金融组织,如世界银行、国际货币基金组织、国际清算银行等,出于不同的目的和需要,也参与市场的黄金买卖。由于黄金市场的交易活动一般是通过金银经纪人(bullion broker)成交,所以金银经纪人作为买卖中介也是市场的主要参加者,处于交易活动的中心地位。

黄金市场上的交易客体在形式上多种多样,主要有各种成色和重量的金条、金币、金丝和金叶等,其中最重要的是金条。大金条量重价高,是专业金商和中央银行买卖的对象。小金条量轻价低,是私人和企业收藏的对象。金价按纯金的重量来计算,即以金条的重量乘以金条的成色。

三、黄金的供应与需求

世界黄金市场的黄金来源主要有以下几个方面。

(1) 生产黄金。这是黄金市场黄金的主要来源。南非是世界最大的产金地，俄罗斯是世界第二大产金国。其他主要产金国有加拿大、美国、巴西等。

(2) 各国政府、国际货币基金组织和私人抛售的黄金。各国政府为应付国际收支逆差、稳定汇率或金价，国际货币基金组织为配合其政策，民间私人由于生活窘迫或进行投机等，都会在市场上出售黄金。

(3) 其他来源。如美国和加拿大出售的金币以及美国发行的黄金证券（gold certificate）等。

世界市场的黄金需求，主要有以下几个方面。

(1) 官方储备。各国中央银行、国际货币基金组织和国际清算银行都拥有大量黄金作为储备资产。尤其是国际收支逆差的国家，常常在市场上购入黄金，增加储备。近年来一些有大量贸易顺差的国家，也利用本币升值、金价较低的情况，调整国际储备比例。

(2) 工业用途。黄金的工业用途极为广泛，主要是用于电子、航天、化工、医疗器械、首饰业等。其中首饰业用量较大。

(3) 私人储藏。私人储藏主要是为了保值、投资或投机，其品种包括金块、金币、黄金纪念物品等。

四、黄金的价格

（一）黄金交易的报价

黄金交易的报价按惯例是以伦敦黄金市场的报价作为世界黄金市场上的代表性价格。因为伦敦黄金市场历史悠久、交易集中，该市场又长期控制着南非黄金的产销，在世界黄金的销售、转运、调剂各方面发挥枢纽作用。

伦敦的黄金定价是在"黄金屋"（Gold Room）进行的。所谓的"黄金屋"并不是用黄金建的屋子，而是一间在洛希尔公司总部专门用于交易黄金的办公室。从1919年9月12日，伦敦五大金行：罗思柴尔德父子公司（N. M. Rothschild & Sons Ltd.）、缪尔·蒙塔古公司（Samuel Montagu & Co. Ltd.）、沙普·普里克斯利公司（Sharps Pixley & Co.）、约翰逊·马基公司（Johnson Matthey Co. Ltd.）和莫卡塔·戈尔德史密斯（Mocatta & Goldsmid）等的代表首次聚会"黄金屋"开始，伦敦黄金市场定价制度就此形成，这种制度一直延续到了今天。

五大金行每天制定两次金价，分别为上午10时30分和下午3时。此时各金商先暂停报价，由洛希尔公司的首席代表根据前一天晚上伦敦市场收盘之后的纽约黄金市场价格以及当天早上的香港黄金市场价格定出一个适当的开盘价。其余四家公司代表分坐在"黄金屋"的四周，立即将开盘价报给各自公司的交易室，各个公司的交易室则马上按照这个价格进行交易，把最新的黄金价格用电话或电传转告给其客户，并通过路透社把价格呈现在各自交易室的电脑系统终端。各个代表在收到订购业务时，会将所有的交易单加在一起，看是买多还是卖多，或是买卖相抵，随后将数据信息以简单的行话告诉给洛希尔公司的首席代表以调整价格。如果开盘价过高，市场上没有出现买方，首席代表将会降低黄金价格；而如果开盘价过低，则会将黄金价格抬高，直到出现卖家。定价交易就是在这样的供求关系上定出新价格的。定价的最后价格就是成交价格。定价的时间长短要看市场的供求情况,短则低于15分钟,长则可达1小时左右。之后,新价格就很快会传递到世界各地的交易者。

这种并不透明的"黄金屋"定价方式备受争议,于2015年3月终结。持续了近百年的伦敦黄金定盘价被LBMA(伦敦金银市场协会)黄金价格取代,除此之外,洲际交易所(ICE)等各种交易所也掌握了一部分金价的制定权。LBMA和ICE都采用电子竞价系统,比"黄金屋"更加公开透明。

(二) 影响黄金价格的主要因素

(1) 黄金的供求关系。这是最基本的因素:当黄金供过于求,金价就会下跌;反之则上升。2010年至2022年,黄金生产基本稳定在2 700~3 700吨,这是金价稳定的关键因素。

黄金生产主要集中在中国、澳大利亚、美国、俄罗斯、秘鲁、南非等国家,中国产量居于全球第一。2008年金融危机后,全球金矿产量稳步上升。自2015年以来,每年黄金产量都超过3 000吨。

(2) 通货膨胀。若世界性的通货膨胀持续,纸币经常贬值,则人们为了保值就会纷纷抢购黄金以及其他面值稳定的硬通货,从而使金价上升;反之则金价下跌。

(3) 利率和汇率。若主要国家货币汇率下跌,市场利率降低,则人们会出于保值心理而购买黄金,使金价上升;反之亦然。

(4) 美元走势。黄金是以美元为定价机制,长期以来,由于黄金以美元计价,受到美元的直接影响,因此,黄金与美元呈现很大的负相关性。美元的升值或贬值将直接影响到国际黄金供求关系的变化,从而导致黄金价格的变化。

(5) 石油价格。当石油价格处于较低价位时,人们对通货膨胀的前景看好,投资黄金或购金保值的压力减轻,则金价趋低;反之则较高。

(6) 黄金价格政策。20世纪60年代,西方国家联手采取维持金价政策,干预黄金市场,金价较稳。20世纪70年代,西方各国对金价采取放任自由的政策,则金价在原来的压抑状态上猛烈反弹。

(7) 世界主要股票指数。黄金价格与世界主要股票指数呈负相关。这是因为黄金具有金融投资工具属性,同为投资渠道,二者具有竞争性。二者的反向关系已经被多数研究所证实,必须明确的是,这种关系是发生在影响力最大的股票指数上,如道琼斯指数,而没有体现在所有的股票指数上。但是,股市上升也意味着经济增长和经济形势的长期向好,黄金饰品需求和工业需求将上升,从而带动黄金价格上涨。黄金价格与股市变化的相关程度取决于黄金投资需求增长与实物需求增长的差额。

(8) 黄金的货币储备功能。尽管黄金已经从世界货币体系退出,但其仍具有世界货币的职能,与美元一起成为国际储备资产。在美元疲软时,人们为了避免美元下跌的风险就会减少美元储备,抛出美元买入黄金,从而导致黄金价格上涨;相反,美元走强则增加美元储备,买入美元,抛出黄金,市场出售黄金增加,其价格必然下跌。

美元坚挺一般代表美国国内经济形势良好,美国国内股票和债券将得到投资人竞相追捧,黄金作为价值贮藏手段的功能受到削弱。

(9) 重大国际事件。如政变、战争爆发及其他突发性事件,会不同程度地对金价产生影响。

五、世界主要黄金市场

（一）世界五大黄金市场

世界上最著名的传统黄金市场有五个，即伦敦、苏黎世、纽约、芝加哥和香港，号称五大黄金市场。

1. 伦敦黄金市场

早在 19 世纪，伦敦就已经是金条的精炼、销售和金币兑换中心；1919 年 9 月开始实行按日报价制度，成为一个组织比较健全的世界黄金市场。该市场主要的黄金供应者是南非。在很多情况下，各产金国的黄金首先集中到伦敦，然后再分配到世界各地。因此，伦敦黄金市场起着世界黄金产销、转运、调剂的枢纽作用。

伦敦黄金市场的特点是：①主要是现货交易，直至 1982 年 4 月才开始黄金期货交易，并成立欧洲第一个远期黄金交易所。②交易量大，且多为批发业务，金商主要充当经纪人。③实行每日两次定价制度，由伦敦五大金商定出的价格，是国际金价波动的晴雨表，该价格一直影响纽约、香港市场的交易。目前，伦敦仍然是世界上最大的黄金市场。

2. 苏黎世黄金市场

苏黎世是第二次世界大战以后凭借得天独厚的政治条件——永久中立国而发展起来的国际黄金市场，于 1960 年开业。

苏黎世黄金市场的主要特点是：①主要由瑞士三大银行，即瑞士银行、瑞士联合银行和瑞士信贷银行从事黄金交易，因此黄金交易与银行业务联系密切。②是世界上最重要的黄金市场。南非新产黄金主要通过苏黎世和伦敦销售，其中，苏黎世占 80%，伦敦占 20%。苏黎世通过给予南非储备银行以优惠的信贷融通，借以同伦敦黄金市场争夺优势。第二号产金国俄罗斯近年也通过该市场销售黄金。③交易以现货为主，同时是西方世界最重要的金币市场。

苏黎世是仅次于伦敦的著名国际黄金市场，交易方式也与伦敦基本相同（但无定价制度），但也有着明显的区别：一是伦敦是黄金交易的清算中心，而苏黎世是黄金实物交易中心。二是伦敦金商主要起中间经纪人的作用，而瑞士三大银行本身也进行实际交易。三是伦敦多为批发业务，而瑞士银行自己也冶炼黄金，把大条的金砖精炼成特制的小条或金币等。

3. 纽约、芝加哥黄金市场

这两个市场是在 20 世纪 70 年代中期发展起来的，虽然历史较短，但发展很快。它们的主要特点是以期货、期权交易为主。纽约商品交易所（New York Commodity Exchange，COMEX）和芝加哥国际货币市场（International Monetary Market in Chicago，IMM）都是重要的黄金期货市场与期权市场。大多数交易只是记账交易，而不进行黄金实物的交割，就是说绝大部分属于买空卖空的投机交易。目前，纽约商品交易所和芝加哥国际货币市场已经成为世界黄金期货交易的中心，它们对黄金现货市场的金价产生很大的影响。

4. 香港黄金市场

香港黄金市场成立于 1910 年。1974 年香港解除黄金进出口管制后，伦敦五大金商、瑞士三大银行等先后参与香港黄金交易。

香港黄金市场由以下三个具体的市场组成。

(1) 香港金银业贸易场。其有固定场所,以华资金商为主,是黄金市场的主体。该市场买卖的黄金纯度为99.9%,故又称九九金市场。该市场的经营制度与交易方式十分独特,手势暗语并行,报价单位为港元,交易单位每手为100司马两(每1司马两等于1.203 37盎司);既有现货也有期货,市场成交额最高。

(2) 本地伦敦黄金市场。这一市场以外资金商为主,没有固定场所,属于无形市场,于20世纪70年代逐渐发展起来。黄金交易以美元计价,成色为99.5%,重量为400盎司。一切交易由金商之间或金商与客户之间通过电话、电传、电报按伦敦交易方式进行,交收地点设在伦敦现货市场,实际上是伦敦黄金市场在亚洲的批发市场。其特点是国际著名金商都参与该市场交易,交易采用国际标准,交易额度大,交易时间长。这个市场的影响最大。

(3) 黄金期货市场。该市场于1980年8月成立,有固定场所(在香港商品交易所同一大厅内),公开叫价,价格以盎司/美元报价,买卖单位为100盎司,含金量为99.5%;因期货交易同纽约黄金市场的关系日趋密切,已形成纽约-香港黄金市场集团。

上述三个市场紧密联系,构成了香港黄金市场。此外,香港黄金市场还包括从事零售业务的银行和1 500多家金铺,它们买卖金条、金粒、金牌、金首饰、金币及纪念币等,相当活跃,使中国香港黄金市场更具特色。

香港黄金市场的黄金大多来自欧洲等地,主要买主则是东南亚国家、韩国、日本以及中国台湾地区和香港地区当地的金商。

(二) 黄金交易新兴市场

世界黄金协会2022年发布的《全球黄金需求趋势报告》表明,2022年全球黄金需求(不含场外交易)跃升至4 741吨,升幅达18%,创下历史新高。其中,两大消费市场在中国和印度。

1. 上海将成为纽约和伦敦之后全球三大黄金中心之一

2001年4月,中国人民银行行长宣布取消黄金"统购统配"的计划管理体制。同年6月,央行正式启动黄金价格周报价制度,根据国际市场价格变动对国内金价进行调整。2002年10月30日,上海黄金交易所正式运行,这是中国内地黄金管理体制改革的重大突破。

中国内地黄金市场的交易标的大致可以分为四类:金条、金币、纸黄金和黄金衍生品。

(1) 金条市场。上海黄金交易所是中国内地金条交易的主渠道,占黄金交易总量的绝大多数份额。成立之初,其会员为黄金生产企业、用金企业和商业银行,后来又逐渐增加了一些投资机构。2003年在成都上市的高赛尔金条是中国内地最早上市的面向个人投资者的金条产品,由2000年中国香港金银路公司与中国印钞造币总公司合资成立的高赛尔公司发行,由中国印钞造币总公司成都金银精炼厂制造。2004年,中金黄金股份有限公司向民众推出"中金投资金条",全额现货交易。2004年,成都天鑫洋金业有限公司推出了"金娃娃"投资金条。2005年,山东招金集团推出了"招金"标准金条投资业务。中国内地的实金交易市场的现状是以上海黄金交易所主导,企业交易平台为辅,商业银行柜台交易尚待发展。

(2) 金币市场。一般来说,官方发行的金币分为普制金币和纪念金币两种。普制金币是国家发行或授权连续发行的无数量限制的,有一定重量与成色的金币。纪念金币是国家发行或授权发行的非连续性限量金币,大多也有法偿面值。中国内地从1979年开始发行金币,主要有纪念金币和熊猫系列金币两种类型。1979年中国内地首先发行的是纪念型金币,至今已发行各种题材的纪念金币近1 500种,分为十大系列。1982年中国内地开始发行熊猫系列金币,每年发行一套。中国内地的熊猫金币与美国鹰扬金币、加拿大枫叶金币、澳大利亚袋鼠金币、南非克鲁格金币并列为五大国际金币之一,并多次在国际上获奖。

(3) 纸黄金市场。纸黄金是相对于实金标的而言的,指可以免除黄金实物换手而产生的交割流转过程的黄金交易标的,具体形态可能是证书、账号或存单等,纸黄金实现了黄金交易标的的纸质化。从广义来说,纸黄金市场包括以下一些产品:黄金账号、黄金累计账号、黄金存折、黄金存单、抵押融资合约、杠杆契约、交易所内交易的黄金基金、黄金基金、黄金股票等。从狭义来说,纸黄金仅指黄金账号的相关产品,诸如目前市场上分别由中国银行、中国工商银行和中国建设银行推出的"黄金宝""金行家"和"龙鼎金"。随着黄金投资市场的不断成熟,各大商业银行推出的相关产品也会越来越丰富。

(4) 黄金衍生品市场。黄金衍生品可以分为四类,即远期合约、期货、互换和期权,在这四种衍生品基础之上又派生出了许多不同的衍生产品。从国际上现存的成熟的黄金市场建立模式来看,黄金期货等场内衍生品一般是作为商品期货市场的交易品种,场外衍生品交易市场是做市商主导的市场,而做市商又主要是商业银行,它们是市场发展的主要推动者。中国内地目前黄金衍生品交易的主要市场在上海期货交易所。

2. 自贸区形成黄金定价机制"上海金"

2014年9月18日,上海黄金交易所黄金国际版在上海自贸区正式启动,形成黄金定价新机制——上海金。上海黄金国际版的启动意味着国外投资者可以直接在中国内地参与贵金属的交易,标志着中国内地在黄金定价权方面取得了进一步的成绩。国际版的实质是引入国际投资者参与上海黄金交易所以人民币计价的黄金、白银等贵金属产品交易。同时充分利用上海自贸区相关政策优势,为黄金投资者提供便利的实物黄金转口服务。

其具体内容包括五个方面:一是发展国际会员,引进国际投资者参与交易;二是在自贸区成立机构,集中管理SGE(上海黄金交易所)对外开放业务,为国际会员及其客户提供开户、交易接入、资金清算、出入金等服务;三是设立自贸区交割黄金合约,与部分主板合约一起对国际投资者开放,并逐步完善市场服务功能;四是设立自贸区国际版指定仓库,为国际投资者提供交割、储运、转口贸易等服务;五是建立国际会员清算体系,加强国际投资者跨境资金管理。

上海黄金交易所黄金国际版将成为全球非常重要的交易平台,上海将成为纽约和伦敦之后全球三大黄金中心之一。

3. 印度黄金市场

印度黄金市场历史悠久,正如印度的历史那样源远流长,而印度的衍生品交易历史也可追溯到150多年前。到20世纪60年代中期,印度已有20多家地方性的商品交易所,棉花、食用油、黄金等商品的交易都非常活跃。但是到了20世纪60年代中期,为了稳定商品市场，控制期货投机，印度政府开始限制远期及期货交易，直到 2003 年才解禁。随后监管部门新批准设立了几家国家级、公司制、电子化的商品交易所。

截至 2022 年，印度有 3 家全国性的期货交易所，分别是印度多种商品交易所（MCX）、印度国家商品及衍生品交易所（NCDEX）和印度商品交易所（ICEX），共有包括黄金在内的 100 多种商品上市进行期货交易。

第五节　国际金融衍生工具市场

一、金融衍生工具的概念及特点

金融衍生工具（financial derivative instrument）又称金融派生产品，是与基础金融产品相对应的一个概念，指建立在基础产品或基础变量之上，其价格随基础金融产品的价格（或数值）变动的派生金融产品。这里所说的基础产品不仅包括现货金融产品（如债券、股票、银行定期存款单等），也包括金融衍生工具。目前金融衍生工具的种类已超过 1 200 种，其中比较常见的是外汇期货和期权、利率期货和期权、股票指数期货和期权、利率上限和下限、掉期合约等。

一般来说，金融衍生工具具有以下几个特点。

（1）金融衍生工具是将原型资产的现货变为期货或将某些原来不是资产的抽象指标（如股票价格指数）以及买卖某种金融资产的权利也变成了可交易的商品。

（2）金融衍生工具的交易合约都是标准化的，但在标准化的程度上有"严格"和"欠严格"之分。所谓"严格"，是指同一标的物的合约除价格条款外，其余条款的内容，如标的物、一份合约的交易数量、交易时间等都是有严格的统一标准的，不得更改，交易时只需敲定价格。所谓"欠严格"，是指合约载明的条款有统一的标准，但有些重要条款的内容，如标的物、交易数量、交割时间等仍需当事人自行协商确定，这样，同一标的物的合约，其主要条款的内容彼此之间就不一定是一致的。一般来说，严格标准化的合约都是交易所场内交易的衍生工具，而欠严格标准化的合约大多是在场外交易市场进行交易的。

（3）金融衍生工具的价值变化受原形资产价格波动的制约。金融衍生工具交易中规定的原形资产的价格是当前约定的未来交易价格，它取决于交易者对未来价格水平的主观判断或心理预期。在合约的有效期内，这种事先约定的预期价格存在着高于或低于现货市场价格的可能性。因此，一般而言，金融衍生工具的价值等于合约中原形资产的协定价格与现货市场价格之差。

（4）金融衍生工具交易具有以小博大的杠杆性。在金融理论中，杠杆性是指以较少的资金成本可以获得较多的投资，以提高投资收益的操作方式。在现金交割制度下，金融衍生工具是以原形资产的价格为基础，交易时不必缴纳相关资产的全部价值，而只要缴存一定比例的押金或保证金，便可以得到相关资产的管理权，待到交易所确定的到期日，对已交易的金融衍生工具进行反方向交易，并进行差价结算。在实物交割情况下，金融衍生工具于到期日交付一定数额的现金即可得到原形资产。

二、金融衍生工具的主要类型

金融衍生工具的品种很多,根据不同的标准,可以划分出不同的金融衍生工具类别体系。

(一) 按性质的不同划分

按性质的不同,金融衍生工具可分为三类,即以期货为基础的金融衍生工具、以期权为基础的金融衍生工具及其他金融衍生工具。

以期货为基础的金融衍生工具,主要包括利率期货、外汇期货、股票价格指数期货等。利率期货是指为转移利率变动所引起的证券价格变动的风险而以金融证券为对象的期货合约,交易的对象主要有长期国库券、政府住宅抵押债券、大额定期存单、欧洲美元存单等;外汇期货是在外汇交易所内,交易双方通过公开竞价,买卖在未来某一时日,根据协定价格——汇率,交割标准化数量外汇的合约,交易的币种主要有日元、英镑、德国马克、瑞士法郎、法国法郎、荷兰盾和美元等;股票价格指数期货是以股票市场上的股票价格指数为买卖对象的期货,它是根据某一特定股票价格指数开发的一种期货交易,即承诺按某点数在未来某时日交割股票价格指数所对应的货币数额,最具有代表性的股票价格指数有美国的道琼斯股价指数和标准普尔股价指数、英国的《金融时报》股价指数、日本的日经股价指数及澳大利亚的悉尼股价指数等。

以期权为基础的金融衍生工具,又称金融期权。在金融衍生工具的交易方式中,期权是最不容易被人们理解的一种。期权的类型很多,包括利率期权、外汇期权、股票期权、股票指数期权和黄金期权等,这是根据期权合约标的物的不同划分的。

其他金融衍生工具主要包括:远期利率或汇率协议、利率或外汇掉期、互换期权、认购证、可转换债券等。

(二) 按交易场所的不同划分

按交易场所的不同,金融衍生工具可分为场内金融衍生工具和场外金融衍生工具。

场内金融衍生工具是指在有组织的交易所内进行交易的金融衍生工具,主要包括金融期货和金融期权两大品种。目前,世界各地专门从事金融衍生工具交易的组织很多,其交易项目、交易地点、交易方式和法律规范都不尽相同,但大多数交易所的模式都是仿照美国而设立的。在场内进行的金融衍生工具交易具有以下特点:合约的实际价格与截止日期都是严格标准化的;交易双方通过与交易所或结算所的直接联系,使其买卖的合约得到严格执行;交易所的交易费用低于场外交易的费用;与场外交易比较,场内交易具有较大的流动性。

场外金融衍生工具是指在交易所以外,通过现代通信设备确认成交的金融衍生工具,主要包括远期利率协议、货币和利率互换以及场外期权三个品种。与交易所进行的金融衍生工具交易不同,场外交易对金融资产价格的决定采取的是私人议价的方式,签订的合约或协议的规模、条件和结算价格都是特别制定的,主要是用于满足客户的一些特别需求。场外交易的保值产品大部分是以金融期货和期权交易所的对应保值为基础,提供保值服务的金融机构是作为企业性客户和金融合同交易所之间的中间商而进行活动的,客户通过它可以省去交易所直接交易的管理负担,但同样可以获得无风险的保值。

(三) 按所从属的金融工具不同划分

按所从属的金融工具不同,金融衍生工具可分为契约型金融衍生工具和证券型金融衍生工具。

契约型金融衍生工具是指订约双方以某种金融工具(包括外币、股票等)或者金融工具价格(包括利率、汇率等),或金融指数(如股票价格指数)为准,决定合约交易的价格,如利率期货、外汇期货、股票价格指数期货、外汇期权、股票期权、互换期权等均属于契约型金融衍生工具。

证券型金融衍生工具则是以证券的形式出现,交易双方在将来一定时期内,按已协定的价格进行交割的合约。例如,抵押证券、可转换债券、备兑认购权证等均属于证券型金融衍生工具。目前,随着金融衍生工具交易的日趋活跃,证券型和契约型金融衍生工具的界限也越来越模糊,不少金融衍生工具很难区别或准确判断其属于哪一种类型。例如,期权就是兼有契约型和证券型特征的金融衍生工具。

三、金融衍生工具市场的作用

从积极的方面来看,金融衍生工具市场的发展对社会具有以下值得肯定的作用。

(1) 促进了金融市场一体化,增强了市场竞争力度,从而提高了效率。

(2) 增强了人们进行风险管理的能力。例如,期货、期权等金融衍生产品都可以作为人们减少外汇和利率风险的手段。

(3) 降低了交易成本。金融衍生产品交易中的保证金制度使人们可以用低成本实现既定的目标,这也意味着流动性增强。

(4) 在交易所进行的金融衍生产品交易可以降低信用风险,因为人们直接与清算所交易,而后者具有较高的信誉。

(5) 金融衍生产品的出现不仅增强了人们对金融资产的选择性,而且给人们提供了新的投资手段,带动了储蓄增加,这也间接地促进了经济增长。

从消极的方面来看,金融衍生工具市场的发展也带来一些值得注意的问题。

(1) 它在为客户提供避险手段的同时,加大了整个金融体系的风险。

(2) 它导致货币供应量的变化,从而加大了政府运用货币政策进行宏观经济管理的困难。

(3) 逃避政府管制性质的金融产品创新和垄断势力对金融派生市场的操纵,加剧了社会财富的分配不公。

(4) 创新金融产品的复杂化加大了政府对金融市场进行有效管理的难度。

四、金融衍生工具交易中的风险

金融衍生产品既可以成为保值或风险管理的工具,又可以成为投机的工具。事实上,在金融衍生市场上投机者明显超过套期保值者。对于套期保值者来说,金融衍生产品交易也并非总是能够完全避免风险。即使对于价格风险来说,期货价格与现货价格的平行变动趋势也并不意味着两者总是一致或变动比例相同。对于金融机构来说,金融衍生市场的发展激化了竞争，使其盈利减少，迫使它们从事高风险业务。20世纪80年代以来，美、英等一些发达国家许多商业银行的信誉等级都下降了。

金融衍生工具交易中的风险包括以下几种。

（1）市场风险或价格风险。金融衍生产品价格对基础现货价格的变动极为敏感，前者波动幅度往往超过后者。对于投机者来说，这意味着承担了更大的风险。对于套期保值者来说，这意味着风险仍然存在。

（2）信用风险或违约风险。在场外金融衍生产品交易中，仍然存在着因对手违约而蒙受损失的可能性。

（3）表外风险。其指在资产负债表中没有得到反映的表外业务通过改变真实资产负债关系而产生的风险。期货、期权等金融衍生产品交易在当时只涉及少量的保证金，这些交易在资产负债表上不能得到充分反映。但是由于杠杆作用，价格波动显著改变真实资产负债关系。

（4）流动性风险。某些金融衍生产品缺乏二级市场，或二级市场低迷时，人们难以将其转让，从而影响到资产组合的整体流动性；或因手头资金短缺引致交易结算难以圆满完成。

（5）电子转账系统风险。它涉及：①透支风险，一旦某银行因透支不能及时支付，整个支付链条就会中断；②计算机犯罪带来的损失；③机器故障造成电子网络停止运转。

（6）法律风险。由于金融衍生产品不断创新，它的出现可能先于有关法律的规定，从而存在某些金融合约得不到法律承认和保护的可能性。

（7）管理风险。派生金融合约的复杂化给经济主体内部管理带来困难，管理失误的可能性提升。

五、全球主要的金融衍生市场

（一）美国金融衍生市场

美国的金融衍生市场在当今国际金融衍生市场交易中占有举足轻重的地位。20世纪80年代初期和中期，美国的衍生市场几乎垄断了大多数的金融衍生工具交易。据统计，1988年上半年，全球金融期货市场上交易量最大的10种期货中，有8种是在美国期货市场上完成交易的；全球60%的金融衍生业务掌握在美国的大银行手中；金融衍生市场的不少创新工具（如外汇期货、外汇期权、利率期货等）都是率先在美国交易市场问世的。

创建于1848年的芝加哥期货交易所（CBOT）是当今世界上历史最悠久、规模最大的期货交易所。该所除提供农产品、金属期货、期权交易外，还为中长期债券、股票、市政债券指数等提供衍生交易市场。1987年，该所开始延长交易时间以衔接远东市场的交易时间。1986年和1988年，该所分别设立了伦敦和东京两个办事处。目前该所从事交易的金融衍生工具主要有：主要市场股票指数期货合约、抵押证券期货和期权合约、30天利率期货合约、5年期中期公债期货合约、10年期长期公债期货和期权合约等。

美国另一大重要的金融期货交易所是芝加哥商品交易所所属的国际货币市场（IMM），它是最早的有形货币期货市场，也是目前世界上最大的经营货币、黄金和其他金融凭证的金融期货市场。芝加哥国际货币市场于1972年5月推出外汇期货合约，主要交易品种是六种国际货币的期货合约,即美元、英镑、加拿大元、德国马克、日元、瑞士法郎,后来增加了上述货币的期权交易。1974年12月推出黄金期货合约,1976年1月推出短期国库券期货合约。1982年该市场又成立了"指数和期权市场分部"(IOM),主要进行股票指数期货和期权交易。1984年,它与新加坡国际金融交易所(SIMEX)建立了世界上第一个跨交易所的期货交易联络网,交易者可在两交易所之间进行欧洲美元、日元、英镑和德国马克等多种货币的跨交易所的期货买卖业务。

除了上述两大交易所外,在美国从事金融衍生工具交易的交易所还有中美洲商品交易所、纽约棉花交易所、堪萨斯期货交易所、纽约期货交易所和费城期货交易所等。2006年10月17日,美国芝加哥商业交易所(CME)和芝加哥期货交易所(CBOT)宣布就合并事宜达成最终协议,两家交易所合并成全球最大的衍生品交易所——芝加哥商业交易所集团(CME Group)。表7-1为美国主要金融衍生品产生的时间。

表 7-1　美国主要金融衍生品产生的时间

年份	衍 生 证 券	年份	衍 生 证 券
1972	外汇期货	1989	利率互换期货
1973	股票期权	1990	股票指数互换
1973	股票期货	1991	证券组合互换
1975	抵押债券期货	1992	特种互换
1976	国库券期货	1993	变通期权(FLEX)
1977	长期政府债券期货	1994	信用违约互换(CDS)
1979	场外货币期权	1998	ETF(交易型开放式指数基金)期权
1980	货币互换	2001	利率互换期货
1981	欧洲美元期货	2004	VIX(波动率)指数期货
1982	股票指数期货,长期国债期货期权	2005	周期权
1983	外汇期货期权,股票指数期货期权	2006	人民币期货、VIX 指数期权
1985	欧洲美元期权,互换期权	2010	超长期国债期货
1987	平均期权,复合期权,担保债务凭证(CDO)	2012	可交割利率掉期期货

(二)英国金融衍生市场

英国是最早出现期货交易的国家,伦敦国际金融期货交易所(LIFFE)是英国最主要的金融期货市场,成立于1982年,1992年与伦敦期权交易市场合并,1996年收购伦敦商品交易所。该交易所买卖的产品包括货币、债券、短期利率、股票和商品的期货和期权合约,交易品种主要有:英镑、德国马克、美元、日元、瑞士法郎、欧洲货币单位、意大利里拉的期货和期权合约,70种英国股票期权、金融时报100种股票指数期货和期权以及金融时报250种股票指数期货合约等。该交易所虽然成立时间较晚,但发展速度惊人,1996年已成为欧洲最大、世界第三的期货期权交易所。2002年1月,LIFFE被欧洲交易所(Euronext)合并,合并后名称为Euronext.Liffe。2007年,欧洲交易所与纽约证券交易所合并,成为NYSE Euronext,是首个全球性的证券交易所。

（三）日本金融衍生市场

日本于 1985 年加入金融衍生交易行业。该年东京证券交易所率先推出日本公债期货，继而推出期货产品标的，包括 20 年期日本公债、东京股票价格指数和美国长期公债等。目前日本除东京证券交易所外，从事金融衍生工具交易的还有大阪证券交易所、东京国际金融期货交易所。东京证券交易所的金融衍生工具交易发展迅速，其交易量仅次于美国芝加哥期货交易所和芝加哥国际货币市场，名列第 3 位。大阪证券交易所是仅次于东京证券交易所的日本第二大交易所，1986 年推出了日经股价指数期货和期权合约。东京国际金融期货交易所于 1989 年设立，以短期利率期货、期权和外汇期货为主，它最成功的交易是欧洲日元 3 个月期的利率期货。2007 年，东京国际金融期货交易所依据新颁布的《金融工具与交易法》转变为更全面的金融交易所，并更名东京金融交易所（TFX）。

此外，全球从事金融衍生工具交易的交易所还有：澳大利亚悉尼期货交易所；加拿大的多伦多股票交易所、多伦多期货交易所和蒙特利尔交易所；德国的德国期货交易所；瑞士的期权与金融期货交易所；新加坡的新加坡国际金融期货交易所；中国的香港期货交易所；新西兰的新西兰期货交易所等。这些交易所各自推出了具有自身特点的不同类型的金融衍生工具，也逐步步入国际金融新型市场的大门，并在国际金融衍生工具交易市场的大舞台上占有一席之地。

本章小结

国际金融市场是资金在国际流动或金融产品在国际进行买卖和交换的场所。我们可以从不同的角度将它分为几个子市场。首先，按交易的性质不同，它分为传统的国际金融市场和离岸金融市场。其次，按融资期限不同，它分为国际货币市场和国际资本市场。外汇市场、黄金市场和金融衍生品市场等也是国际金融市场的重要构成部分。

国际货币市场的业务主要包括银行同业拆放和短期信贷、短期证券及票据贴现。国际货币市场的中介机构包括商业银行、票据承兑行、贴现行、证券交易商和证券经纪人。欧洲货币市场是国际货币市场的重要组成部分。

国际资本市场的主要业务有两大类：银行贷款和证券交易。抵押贷款和租赁贷款及其他具有长期融资功能的业务也可以归入资本市场，资本市场上最主要的业务目前仍是贷款和证券。

外汇市场和黄金市场是国际金融市场的传统组成部分。外汇市场在本书第四章外汇交易部分进行了介绍。黄金市场可以分为实物黄金市场和期货期权市场两部分，两者通过套利活动紧密联系在一起。黄金通过特定的定价机制得出自己的价格。

金融衍生工具市场指以金融合约为交易对象的市场。金融衍生工具的品种很多，根据不同的标准，可以划分出不同的金融衍生工具类别体系。金融衍生工具市场对社会发展有积极的作用，但也存在风险。政府应加强监管，促进该市场健康发展。

思考题

1. 国际金融市场有哪些职能？形成国际金融市场需要具备哪些条件？
2. 什么是欧洲货币？欧洲货币市场有哪些特点？
3. 试述欧洲货币市场对国际经济的影响。
4. 国际资本市场由哪些子市场组成？
5. 简述国际债券的含义及种类。
6. 试述黄金市场的交易种类以及影响黄金价格的因素。
7. 金融衍生工具有什么特点？为什么它们会给国际经济带来很大的冲击？

LIBOR被"弃用"，全球基准利率改革进行时

全球主要货币基准利率在金融市场交易和资产定价中发挥着"神经中枢"的作用，牵一发而动全身。伦敦银行同业拆借利率是国际金融市场的基础参考指标，2008年，全球金融危机后，作为影响最为广泛的货币市场基准利率LIBOR多次曝出操纵丑闻，严重损害了LIBOR的市场公信力，随后有担保的资金交易份额逐渐上升，以LIBOR为代表的短期无担保借款市场份额逐渐萎缩，即使改进形成机制，薄弱的借款市场也难以为数百万亿美元的衍生品市场提供坚实的定价基础，缺乏交易和流动性支撑也将影响市场价格发现与风险管理功能，进一步降低利率基准的可信性和可靠性。

以美国为例，联邦基金市场包括存款机构从其他存款机构和某些其他实体（主要是政府支持的企业）获得的国内无担保美元借款，其代表利率为有效联邦基金利率（Effective Federal Funds Rate，EFFR）。而美国的SOFR（Secured Overnight Financing Rate，担保隔夜融资利率）则衡量以美国国债为抵押品的资金隔夜拆借成本。美联储纽约分行官网的数据显示，2020年全年，以EFFR为基础的无担保借款交易量约为680亿美元，而以SOFR为基础的有担保资金交易量则有10 330亿美元之高，约为前者的15倍。

2021年3月5日，英国金融市场行为监管局（Financial Conduct Authority，FCA）发布一项关于LIBOR中止报价的公告：2021年12月31日之后立即停止所有英镑、欧元、瑞士法郎、日元，以及1周和2个月期美元LIBOR报价。与此同时，2023年6月30日之后所有剩余期限美元利率中止报价。这标志着自20世纪60年代诞生以来，国际上运用最广泛的基准利率将退出历史舞台。

自2013年二十国集团要求金融稳定委员会（FSB）对主要基准利率进行审查以来，美国、英国、欧盟、瑞士、日本等国家和地区均已成立专门的基准利率改革工作组，推动全球基准利率改革，比较有代表性的包括美国推出的担保隔夜融资利率，英国的英镑隔夜指数均值（SONIA）以及欧盟发布的欧元隔夜指数均值（EONIA）等。

点　评

LIBOR 替代基准利率改革将给全球经济金融格局带来深远影响。从已经推进的改革举措看，新的可选择基准利率和 LIBOR 有较大差异，这就导致了在新老基准利率迭代过程中需要注意以下问题。

第一，LIBOR 与替代基准利率之间偏离的风险。在 SOFR、SONIA 等新基准利率与 LIBOR 并存期间，当金融市场面临较大流动性压力时，有抵押的 SOFR 等新基准利率和无抵押的 LIBOR 可能会出现较大偏离。2020 年年初，全球新冠疫情引发金融市场波动，隔夜 LIBOR 与 SOFR 出现大幅度偏离，3 月 16 日隔夜 LIBOR 比 SOFR 高出 82 个基点，这次 LIBOR 与替代利率大幅度偏离可以被视为一次极端情况下的压力测试。

第二，新基准利率与 LIBOR 存在期限结构的差异。各市场拟采用的新基准利率具有隔夜、基于交易、暂无期限利率等特征，期限结构的构建仍处于初级阶段。新基准利率与 LIBOR 存在结构化差异，由此导致的发布时间不一致、多币种等风险，在金融机构存在多种选择时，会存在认识偏差，交易产品各自定价的问题，容易引发市场混乱。

第三，转换后的全球市场定价体系分割。由于各国基准利率基于各国不同标的、不同信用交易主体的交易价格发布，各种货币之间的利率不仅取决于汇率，还取决于不同的信用偏差，因此，存在各种币种定价的分割。未来，各国基准参考利率的发布时间无法严格统一，基准利率之间的转换步调存在差异，极有可能造成跨市场投机和套利行为，金融市场稳定性将受到影响。

LIBOR 几十年以来已成为金融体系的重要组成部分，涉及多种金融产品，其过渡期改革亦极具挑战性。但金融市场的确与 LIBOR 渐行渐远，只能直面现实，采取行动，确保新发行的金融产品转向更加稳健的替代利率，积极应对历史遗留下来的风险敞口。

第八章 国际资本流动

【教学目的和要求】

掌握国际资本流动的含义和类型,了解国际资本流动的原因,理解国际资本流动产生的影响,掌握主要的国际资本流动理论,理解国际资本流动与金融危机的关系,了解我国利用外资的主要形式和海外投资的趋势等。

【重要概念】

国际资本流动　国际直接投资　绿地投资　并购　国际间接投资　金融危机

【引言】

第二次世界大战后,资本国际流动已经渗透到世界经济活动的各个领域,并对实现生产要素的国际转移和重新配置发挥着日益重要的作用。资本的跨国流动对资本输入国、资本输出国以及国际金融市场都存在着广泛影响。国际资本流动理论主要阐述国际资本流动的原因、方式和影响。20世纪90年代以来,各国频繁爆发的金融危机与国际资本流动存在着千丝万缕的关系。

第一节　国际资本流动概述

一、国际资本流动的含义

国际资本流动(international capital movements)是指国际为实现一定的经济目标而进行的各种形式的资本转移。这里所说的资本包括货币资本或借贷资本,以及与国外投资相联系的商品资本和生产资本。

国际资本流动与一国的国际收支有着直接的关系,它主要反映在一个国家国际收支平衡表的资本与金融账户中。

资本流入(capital inflow)是指资本从国外流入国内,它意味着本国对外国的负债增加,或外国在本国的资产增加,或本国在外国的资产减少,或外国对本国的负债减少。

资本流出(capital outflow)是指资本从国内流向国外,它意味着本国在外国的资产增加,或本国对外国的负债减少,或外国在本国的资产减少,或外国对本国的负债增加。

二、国际资本流动的类型

根据资本回流期限的长短,可将国际资本流动分为长期资本流动和短期资本流动。

（一）长期资本流动

长期资本流动是指期限在一年以上的国际资本流动，或未规定具体期限者，如股票投资。长期资本流动包括直接投资、间接投资和国际贷款。

1. 直接投资

国际直接投资又称外国直接投资（foreign direct investment，FDI），是一国居民直接对另一国居民进行生产性投资，由此获得对投资企业的管理控制权的一种资本流动方式。也就是说，国际直接投资的投资者直接参与所投资的国外企业的经营和管理活动。直接投资有两种形式：一是在国外新建企业，二是跨国并购。这两种形式的共同之处在于跨国经营企业都是以股权参与的方式获得目标企业的控制权或参与其经营管理。

（1）新建方式。新建方式也称为绿地投资（green field investment），是指跨国公司等投资主体在东道国境内依照东道国的法律设立的部分或全部资产所有权归外国投资者所有的投资方式。

绿地投资的突出优点是：在创建新的企业的过程中，跨国经营企业独立地进行项目的策划、建设并实施经营管理，投资者能在较大程度上掌握项目策划各个方面的主动性。其突出的缺点是：创建新的企业需要大量的筹建工作，而且建设周期长、速度慢，缺少灵活性，因而整体投资风险大。

（2）并购方式。并购是兼并（merger）和收购（acquisition）的简称，它们是市场经济高度发展的产物，常常缩写为 M&A。《大不列颠百科全书》对兼并的解释是：指两家或更多的独立企业、公司合并组成一家企业，通常由一家占优势的公司吸收一家或更多的公司。收购指的是一个公司用现金、股票或债券购买另一公司的股权股票，以获得该公司的控制权，而该公司的法人地位并不消失。兼并、收购都是为了获得公司的控制权，是高级形态的产权交易。

并购方式的优点是：第一，资产获取迅速，市场进入方便灵活。由于并购方式是直接获得东道国原有企业的资产，可以大大缩短项目的建设周期和投资周期，从而使跨国公司迅速获得资产，目标市场的进入也更加机动灵活。第二，跨国公司可以以低于目标公司资产的真实价值的价格廉价获得资产。第三，便于扩大经营范围，实现多角化经营。第四，获得被收购企业的市场份额，减少竞争。

2. 间接投资

国际间接投资又称国际证券投资（international portfolio investment），是指以取得利息或股息等形式的资本增值为目标，以被投资国的证券为购买对象的投资。如在国际债券市场购买中长期债券，或在外国股票市场上购买企业股票的投资活动。国际间接投资者并不参与国外企业的经营管理活动，其投资通过国际资本市场进行。

国际间接投资可分为国际股票投资和国际债券投资。国际股票投资是指在股票市场上购买上市的外国企业股票。国际债券又分为外国债券和欧洲债券。外国债券是指传统的国际债券，即发行人在外国发行的，以发行地所在国的货币为面值的债券，如扬基债券、武士债券等。欧洲债券，是指在面值货币所在国以外的国家发行的债券，如欧洲美元债券等。

间接投资与直接投资的区别在于以下两个方面。

第一，有效控制权的区别。根据国际货币基金组织的解释，有效控制权是指投资者拥有企业一定数量的股份,因而能行使表决权并在企业的经营决策和管理中享有发言权。国际直接投资以股权方式参与而取得的对企业的控制权,有别于非股权参与的控制权。如果没有股权参与,即使能通过其他途径或方法而对企业产生影响,也不能算直接投资。在国际直接投资活动中,投资者对企业的控制权一般与投资者对企业拥有的股份成正比,拥有的股份越多,控制权越大。国际货币基金组织认为,投资者在所投资的企业中拥有10%或更多的股份,可以作为有效控制权的标准。

第二,国际直接投资的性质和过程比国际间接投资复杂。国际直接投资从本质上说是生产资本在国际的流动或转移,它不仅包括货币形式的资本转移,还包括生产资本的物质形态转移(如机器设备、原材料及劳动力的投入)和无形资产的输出(如专利、专有技术和管理经验)。在这整个经营过程中,国际直接投资的收益是浮动的,随投资企业经营状况变化而变化。因此国际直接投资从股权确认、谈判过程以及实际操作过程等各方面看,都比国际间接投资要复杂,其风险也要大于国际间接投资。间接投资者对投资对象企业并无实际控制权和管理权,所以只能收取债券或股票的利息和红利。国际间接投资的性质比较简单,收益也是固定的。

3. 国际贷款

国际贷款主要包括政府贷款、国际金融机构贷款、商业银行贷款、出口信贷等几种方式,具体内容可参见前面相关章节。

(二)短期资本流动

短期资本流动是指期限在1年以内的国际资本流动。短期资本流动主要是通过各种信用工具如票据来实现的。这些信用工具包括短期政府债券、商业票据、银行票据、可转让银行定期存单以及银行的活期存款凭证等。由于这些短期资本容易转化为货币,因此,它可以迅速和直接地利用同一国的货币供应量。这一点与长期资本流动不同。

(1)贸易资本流动。一般来说,贸易总是与货币的流动联系在一起。在国际贸易中,出口商出口商品后,并不是立即从进口商处收回货款,而是允许进口商延迟一段时间进行支付。为了融通进口商品的资金,进口国家或者会发生对外债权的减少,或者会发生对外负债的增加。因此,这里所说的贸易资本的流动是指由于延期支付而发生的短期资金融通,对于国际贸易中贷款的到期支付引起的货币流动则属于经常账户。

(2)银行资本流动。各国经营外汇业务的银行,出于业务活动的需要,不断地进行国际同行业资金的往来、收付、结算、短期资金的拆借、外汇头寸的调拨以及套汇、套利、掉期等活动。这些都会产生频繁的国际短期资本的流动。

(3)保值性资本流动。它是由短期资本的持有者为了资金的安全或资本价值不受损失而在国际进行资本调动所引起的资本的国际转移。如某国家或地区政治局势不稳,可能会引起其国内资本或国内的外国资本外逃,一国经济情况不好,从而收支状况恶化,那么其货币必定趋于贬值,于是其国内资金会向币值稳定的国家流动。另外,国家如果宣布实行外汇管制,限制资金外流或增加某些征税,也可能引起大量资本外逃,形成突发性的大规模的短期资本流动。

(4)投机性资本流动。它是指投机者利用国际市场各种行市的涨落差异和对变动趋势所做的预测而进行投机,以赚取预期利润为目的的资金流动。国际市场上能引起投机资本流动的因素很多,如贵金属及证券价格的剧烈波动,汇率、利率的变动以及某些重要商品的大幅涨落,都会促使投机者不断买进卖出,导致短期资本的大量流动。投机性短期资本的流动给整个世界经济和金融领域带来的冲击与危害很大,加剧了国际金融市场的不稳定性,因此各国都通过法律、法规加以控制。

第二节 国际资本流动的动因和影响

一、国际资本流动的动因

国际资本流动可采取多种形式,如资源导向型、成本导向型、市场导向型、风险回避型等,对于各种形式的国际资本流动又有各自不同的原因。这些具体原因可概括为以下几方面。

(一)追求高额利润

因不同的生产禀赋,不同的国家生产成本不同,利润率不同,资本总是从利润率低的地方流向利润率高的地方。

一国通过资本输出实现:①寻求便宜的原材料。许多国家对外投资的目的是在资源丰富的国家获取便宜的原材料或国内缺乏的原材料。②追求廉价生产要素。国际投资往往流向那些生产要素定价偏低的国家和地区,以充分利用东道国地租低廉以及劳动力成本低的有利条件。③减少运输成本。通过对外投资实现就地生产,就地销售,降低成本。④避开关税和非关税壁垒。如果东道国关税高,贸易保护措施多,进口商品成本较高,就会导致外国投资直接在该国投资生产,以降低产品成本。

(二)风险因素

在国际资本流动中,利润并不是单纯或唯一的动机。对于投资者来说,有时还要考虑资本的安全,虽然有些国家投资利润率很高,但如果投资风险也很高,投资者就会把资本调出这些国家。

风险因素包括政治风险和经济风险两类。政治风险是指由于战争、罢工、暴动或国家颁布某些法令进行征用、没收造成的财产损失;经济风险是指由于国家经济形势恶化、国际收支逆差、通货膨胀严重、生产条件不良造成的财产损失。为逃避风险,资本总是从上述国家或地区流向政局稳定、条件优惠、经济繁荣、物价稳定、生产条件优越的国家或地区。利润是和风险成正比的,利润越高,风险越大;利润越低,风险越小。从盈利的角度看,资本流向发展中国家可能会获得较高利润;但从风险角度看,发展中国家往往政局不稳,政权更替频繁,法律程序多变,生产条件差,经常实行国有化政策,这些往往引起资本外逃。

(三)汇率和利率因素

汇率和利率是市场经济运行的两大政策工具,对国际资本流动的规模和方向有着十分重要的影响与作用。

由于汇率的变动可能使资本的实际价值受到损失,对于资本持有者来说,总是想尽力避免这种损失,于是当预测到汇率将发生变动时,就会从汇率不稳定或币值过高的货币转为汇率稳定的货币,从而引起资本在国家间的流动。在纸币流通的情况下,通货膨胀和国际收支逆差都会引起本国货币贬值,从而导致该国货币汇率下跌、资本外流。

利率的高低直接影响资本的收益率,利率高意味着可以获得较高的资本收益,利率低则意味着资本收益率也较低。所以在国际资本流动中总有一部分是由利率因素引起的。特别是短期资本的流动对利率变化最为敏感。资本持有者总是有意将资本从收益率低的国家向收益率高的国家转移,以获得较高的收益。

(四) 经济政策因素

一国政府为鼓励或限制国际资本流入或流出所制定的经济政策对国际资本流动影响很大,且作用力很强。外商直接投资对于东道国的经济发展、就业增加和技术引进都有巨大影响。为此,无论是发达国家还是发展中国家,都采用各种政策优惠(如开放市场、提供土地和税收优惠等)来吸引外资。这极大地刺激了国际资本流动。

其他如追求新技术(通过国际投资获取国外企业的技术和管理技能)、通过开拓海外市场延长产品生命周期等,也是国际资本流动的原因。

二、国际资本流动产生的影响

国际资本流动规模的日益壮大,速度的不断加快,都会给国际资本的输入国和输出国带来深远的影响,而且这种影响是双重的,既有积极的影响,更有消极的影响。

(一) 长期资本流动对经济的影响

长期资本流动包括直接投资、证券投资和国际贷款。它的流动期限长、资金数量大,对经济的长期稳定和持续发展有较大的影响。从世界经济的角度来看,首先,长期国际资本流动能够提高世界的总产量和投资收益率。这是因为长期国际资本流动是一种资本的重新配置,是一个创造超额财富的过程,资本的流动能够推动资本输入国的经济发展,也可为资本输出国创造更多的利润,达到双赢的局面。其次,长期国际资本流动的突飞猛进,在利益的驱使下冲破了各种壁垒和保护主义,带动了各种金融机构、金融衍生品和金融服务业的兴起,促使国际金融市场日趋成熟。最后,长期国际资本的流入不但满足了资本输入国继续投资的意愿,还带去了先进的技术和设备;与此同时,还吸取当地国家的文化、风俗和思想,使得各国在各个领域相互渗透、相互作用、相互依存,推动全球经济一体化的进程。

1. 对资本输出国经济积极的影响

(1) 提高资本的边际收益,赚取更高的利润。长期资本输出国大多是资本存量大的发达国家,由于国内市场资本密集,资本的边际收益递减。将国内过剩的和闲散的资本投资到资本缺乏的国家和地区,能够赚取更高的边际收益、享受高额的利润。

(2) 开放贸易,带动商品和劳务出口。随着越来越多的国家加入国际贸易的大家庭,国际市场的竞争加剧,国际贸易问题和摩擦不断攀升。国际资本流动,能够改善国际收支平衡,绕过贸易保护主义壁垒,为净进口国提供必要的融资。国际资本在国外建厂和投资,也能够带动当地的就业和发展,改善两国关系;同时,也带动资本输出国的技术、设备和服务等商品的出口,推动资本输出国的经济发展。

(3) 调整资本输出国的产业结构。如果资本无法在国际上流动,会聚集在国内某些预期收益高的行业,产生垄断等问题。有些资本甚至流入虚拟的金融市场,造成资产泡沫和股市波动。资本这种聚集不利于政府调整产业结构、平衡国内整个经济体系的发展,造成经济发展的畸形。开放资本流动,原来聚集在国内的资本会流向国际市场,到国外投资赚取更高的利润。资本的适当流出有利于资本流出国采取更为有效和灵活的财政政策与货币政策。

2. 对资本输出国经济消极的影响

(1) 影响国内经济的持续增长。国内资本存量的增加必须满足国内经济持续发展的需要,如果长期资本流出过多,而且无法在短时间内回流,就会造成国内资本短缺的现象。利率升高,投资部门萎缩,就业率下降,财政收入降低和经济发展停滞等都是资本输出国需要认真研究的问题。

(2) 潜在对手增加。长期资本流动不但往国外输出充足和稳定的资本,还同时带去了先进的生产技术、管理经验和各类相关资源。国际资本帮助资本输入国快速提高产品质量和服务,在国际市场上与资本输出国及相关产品展开竞争,甚至取而代之。

(3) 投资风险较大。国外投资要面对各国迥异的政治、经济、法律和文化等各种复杂的因素。这些因素会通过各种渠道影响长期投资的预期收益。如果无法对各种风险进行有效的评估和及时的控制,投入的资本将会受到较大的损失,甚至血本无归,对资本输出国影响巨大。

3. 对资本流入国经济积极的影响

(1) 缓解资金短缺的局面,提高工业化水平。很多国家工业发展水平低,居民储蓄率低或者金融市场不发达,融资困难,资金短缺。国际资本的流入,能够在短期内获得大量的长期资金。国际资本的投资又会在国内产生乘数效应,带动其他相关和配套产业的发展与壮大。同时,国际资本还会引进先进的生产技术与设备和先进的管理经验,加快提升资本输入国的工业化水平。资本的流入也会促进金融服务业能力的提升,以便吸引更多的资本流入。因此,国际资本流入在缓解东道国资金短缺的同时,还可促进其经济体系平衡一致的发展。

(2) 扩大产品出口,创造就业机会。通过长期国际资本的流动,跨国企业可以将生产过程建立在更靠近消费市场和原材料市场的地区。在降低运输、管理和仓储等成本的同时,增加了资本输入国的产品出口量,帮助资本输入国赚取更多的外汇。与此同时,长期资本建厂和生产的持久投资能够促进各个相关行业的蓬勃发展,创造更多的就业机会。

4. 对资本流入国经济消极的影响

(1) 损害经济发展的自主性。国际资本流入提供资本的同时,还输入大量的高新技术和先进设备。这虽然能够让资本输入国在短期之内提高工业水平,但是自身的研发部门萎缩,造成对国际资本的过分依赖,成为发达国家和跨国公司的代工厂与廉价劳动力供给方。大量国际资本流入国民经济的重要部门,控制众多工商企业和生产部门,影响资本输入国政策制度的独立性。

(2) 给政府造成沉重的债务负担。国际资本不是免费的午餐,大量的国际信贷虽然能够带来充足的资本流入,但也给资本输入国的经济体系带来沉重的负担。如果没有达到国际资本的预期收益率,可能需要付出高额的利息。许多国家为了争取更多的国际资本,由政府作为担保帮助企业融资。如果企业经营不善,政府将直接成为债务人,导致政府的债务危机和信用危机。

(3) 掠夺资源和垄断市场。大量的国际资本进驻的同时,输入技术更高的设备和产品,迅速挤占国内市场,使得国内原有企业只能在夹缝中生存。跨国公司财大气粗,对于产业链的整合、上下游资源的控制等,都会垄断相关产品的大部分市场。有些国际资本为了赚取高额的利润,不顾对资本输入国环境的破坏,对资源进行掠夺性的开采,大大降低了经济发展的可持续性。

(二) 短期资本流动对经济的影响

短期资本流动大多表现为国际短期资金融通和信用活动。与长期国际资本流动相比,短期资本的投机性更强,预期利润率更低,变动更为敏感,即只要具有很小的利润,短期资本就会蜂拥而至,通过大量的流动创造更大的价值,而不是进行持续投资以赚取未来的利润。只要预期收益得到满足或者预期改变,短期资本就会迅速撤离以规避风险。因此,部分短期资本也被称为"游资"和"热钱"。由于这些特性,短期资本对经济会产生多元而且复杂的影响。

1. 对国际贸易的影响

国际的短期资本流动,如预付货款、延期付款、票据贴现和短期信贷等,有利于贸易双方获得必要资金和进行债权债务的结算,从而保证国际贸易的顺利进行。但是,资本在短期内大规模转移,很可能使利率和汇率出现频繁变动,从而增加国际贸易中的外汇风险和经营风险。

2. 对国际收支的影响

短期资本对国际收支的影响是双向的,关键是对未来汇率走势的预期。当一国出现暂时的国际收支逆差,该国货币贬值。如果投资者预期汇率会在未来恢复到标准水平,那么他们就会买进该国货币,等待汇率上涨后赚取利润。购买该国货币导致国际资本内流,有利于降低国际收支逆差。当一国出现暂时的国际收支顺差,该国货币升值。如果投资者认为未来汇率会恢复到原有的低水平,那么他们就会卖出该国货币,然后等汇率降低后买进该国货币,赚取汇率波动带来的利润。卖出该国货币导致国际资本外流,有利于降低国际收支顺差。在这些情况下,短期资本流动能够积极地平衡国际收支。但是,如果投资者的预期与汇率变动方向一致,会加剧国际收支的不平衡,造成消极的影响,甚至导致货币危机和金融危机。

3. 对货币政策的影响

短期资本流动性强,对各国的货币政策的变化十分敏感。当一国政府企图实行货币紧缩时,短期国际资本将流入该国,赚取由于货币紧缩导致的高利率。当一国实行扩张性货币政策时,短期国际资本预期利率的下跌和通货膨胀的发生,将流出该国,削弱货币供给增加的效果。因此,短期资本的频繁快速流动不利于保证各国货币政策的独立性和有效性。

4. 对国际金融市场的影响

国际的短期资本流动,能够提供短期信贷、预付货款、延期付款和票据贴现等有利于经济发展的金融工具,丰富国际金融产品,有利于资金的融通,对国际金融市场的发育和成长具有积极的作用。但是,短期资本具有"羊群效应",大规模的流动会使利率和汇率大幅度波动,造成经济和社会的动荡局面。

第三节 国际资本流动理论

国际资本流动理论是国际金融理论的一个重要组成部分,旨在说明国际资本流动的原因、方式和影响。长期以来,西方学者从不同角度对国际资本流动现象进行了深入的研究。本节主要对目前依然颇有影响的传统国际资本流动理论进行重点阐述。

一、国际间接投资理论

(一)资产组合理论

资产组合理论,亦称国际资本流动的存量理论,是20世纪50年代由美国学者哈里·马科维茨(Harry Markowitz)在《有价证券选择》一书中首先提出、后经詹姆士·托宾(James Tobin)发展而形成的。该理论采用"风险-收益"考察法来说明投资者如何在国际范围内选择资产、形成最佳组合,以期达到投资的分散化和多样化,进而引起国际的资本流动。

根据该理论,所有资产都具有风险与收益两重性,通过将各种证券搭配成有效证券组合,可以起到分散风险的作用。从该角度来看,国际资本跨国界流动正是为了追求金融市场风险和收益的最佳配置。一方面,由于各国资产的收益和风险相关性很小,跨国资产组合可减少非系统风险,同时也能降低汇率风险;另一方面,各国经济发展阶段不同,具有不同的收益率,且通过国际外汇市场投机也能获得额外的收益,因此跨国资本流动也可以增加收益。

(二)"两缺口"模型

1966年,美国经济学家霍利斯·钱纳里(Hollis Chenery)和艾伦·斯特劳特(Alan Strout)以凯恩斯宏观经济方程式为基础,提出了著名的"两缺口"模型,指出发展中国家的经济主要受三种因素的制约:一是储蓄约束,即国内储蓄水平低,不足以支持国内投资需求扩大;二是外汇约束,即有限的外汇收入不足以支付发展所需要的商品进口;三是吸收能力约束,即由于缺乏必需的技术和管理,无法有效运用外资和各种资源。该理论主要考察的是储蓄约束和外汇约束,故称为"两缺口"模型。

根据凯恩斯国民收入恒等式,在开放经济中,总供给为

$$Y = C + S + M \tag{8-1}$$

式中,C为消费;S为储蓄;M为进口。总需求为

$$Y = C + I + X \tag{8-2}$$

式中,I为投资;X为出口。由国民收入恒等关系可得

$$C + I + X = C + S + M \tag{8-3}$$

稍做变换,得到式(8-4):

$$I - S = M - X \tag{8-4}$$

式中，$I-S$ 为储蓄缺口，$M-X$ 为外汇缺口。式(8-4)表明，当国内出现储蓄缺口时，必须用外汇缺口来平衡。如果利用国外资源，既可以解决外汇缺口，也可以解决国内储蓄与投资的缺口，并减轻国内资源同时满足内外需求的双重压力，进而保证经济的增长。但利用的外资最终是要偿还的，因此必须提高利用外资的效率，促进储蓄的增加，增强偿还能力。

在"两缺口"模型的基础上，一些学者还提出了"三缺口"模型和"四缺口"模型，将发展中国家的技术缺乏和税收管制分别作为第三个缺口和第四个缺口，指出发展中国家需要依靠引进国外资源来填补技术水平的缺失，同时外资企业的进入可在一定程度上增加政府的税收。

（三）债务周期理论

该理论始于20世纪70年代初斯坦利·费希尔(Stanley Fischer)和弗兰克尔的研究。他们认为，一国的债权和债务地位会随着经济发展与国际收支状况的变化而改变。一国在参与国际投资进程中，一般要划分为五个阶段，见表8-1。

表8-1 债务周期与国际资本流动的关系

阶段	国内储蓄	对外贸易	国际资本流动	国际利息收支	对外债务/对外债权
不成熟债务国	不足	逆差	资本净流入	利息净流出	对外债务不断上升
成熟债务国	不断增长，但仍需要利用外资	逆差不断下降，开始出现顺差	资本流入，但速度趋于下降	利息净支出	对外债务仍呈上升趋势，但上升速度减慢
债务减少国	进一步增长，不需要举借外债	顺差不断上升	资本净流出	利息净流出，但趋于减少	对外债务余额减少
不成熟债权国		顺差不断下降，转为逆差	资本净流出，但增长速度下降	利息净流入	对外债权不断增加
成熟债权国		逆差	流出流入额较大，净资本流量减少	利息流入	债权增长缓慢或稳定不变

债务周期理论从动态角度分析了一国国际借贷地位发生变化的周期性规律，并论证了经常性项目（主要是国际贸易收支）与资本项目之间相互制约、相互依存的关系。但是，该理论对诸如美国已由债权大国沦为债务大国还不能作出令人满意的解释。

二、国际直接投资理论

（一）垄断优势论

垄断优势论是由经济学家斯蒂苏·赫伯特·海默(Stephen Herbert Hymer)在1960年对1914—1956年美国跨国公司对外直接投资的特征和方式进行总结后提出的一种理论，由其导师查尔斯·P.金德尔博格(Charles P. Kindleberger)进行系统阐述。后来，哈利·G.约翰逊(Harry G. Johnson)、理查德·E.凯夫斯(Richard E. Caves)和迪特里希·T.尼克博克(Frederick T. Knickerbocker)等又做了进一步补充。

海默认为，市场不完全是跨国公司进行对外直接投资的根本原因。市场不完全体现在四个方面：①产品、要素市场的不完全；②由规模经济导致的市场不完全；③由政府干预经济导致的市场不完全；④由关税引起的市场不完全。而跨国公司之所以能对外投资，就是因为它有相对于不完全市场的自身的垄断优势。

约翰逊认为，企业对外直接投资的垄断优势，主要来自对知识资产的占有和使用。凯夫斯认为，跨国公司所具有的垄断优势来自它使产品发生异质化的能力。美国学者尼克博克在垄断优势论的基础上提出了寡占反应论，对垄断优势论做了重要补充。

垄断优势论可以较好地解释知识密集型产业对外直接投资的行为，也可以解释技术先进国家之间的"相互投资"现象。其问题在于，拥有垄断优势，特别是拥有技术优势的企业为什么不通过产品出口或技术转让方式，而是以对外直接投资方式去获取最大利润？没有垄断优势的中小企业又如何进行对外直接投资？对此，该理论未能作出进一步的回答。

（二）市场内部化理论

市场内部化理论的思想可追溯到"科斯定理"。早在1937年，罗纳德·H.科斯（Ronald H. Coase）就在一篇题为《企业的性质》的论文中提出了市场内部化理论的雏形。科斯认为，外部市场的不完全，提高了产品的交易成本，迫使企业进行内部交易。20世纪70年代中期，英国经济学家彼得·J.巴克莱（Peter J. Buckley）和马克·卡森（Mark Casson）等在对科斯定理的观点进行补充与发展的基础上，系统提出了市场内部化理论。之后，加拿大学者艾伦·卢格曼（Alan Rugman）进一步对该理论进行发展和完善。

市场内部化理论认为：追求利润最大化是厂商的经营目标；在市场不完全的竞争条件下，当中间产品市场不完全时，厂商对外直接投资建立内部市场，以替代外部市场，其目的是降低交易成本，所谓中间产品，主要指知识产品；当企业内部化行为跨越国界，就形成跨国直接投资。卢格曼在《跨国公司的内幕》一书中进一步指出：市场内部化是指"将市场建立在公司内部的过程，以内部市场取代原来固定的外部市场，公司内部的调拨价格起着润滑内部市场的作用，使它能像固定的外部市场那样有效地发挥作用"。

市场内部化理论动态地分析了企业把既有优势跨国界内部化转移的特定能力，清楚地阐明了企业如何用直接投资取代出口等国际经济活动方式，更好地解释了较大范围的跨国公司的对外直接投资行为。但是，市场内部化理论未能解释对外直接投资的地理方向和跨国经营的布局。

（三）产品生命周期理论

产品生命周期理论是1966年由美国经济学家雷蒙德·弗农（Raymond Vernon）在《产品周期中的国际投资和国际贸易》一文中首先提出来的，并在之后做了很大的发展和完善。

弗农认为，拥有知识资产优势、具有新产品创新能力的企业，总是力图维持这种优势。但是，新技术不可能被长期垄断，有些产品制造技术在相当短的时间内就会被仿制。弗农把这一经验事实概括为三个连续的阶段：创新阶段、成长阶段、标准化阶段。在创新阶段，由于国内市场上需求价格弹性小，尚未出现竞争对手，企业可以利用其产品的技术垄断优势在本国组织生产，占领国内市场，适当组织出口，获取高额利润。在成长阶段，由于产品需求增加,生产厂家增多,国内竞争日益激烈。同时,国外也出现类似产品的生产厂家,威胁到企业原有的出口市场。为此,企业在扩大出口的同时,开始在进口国投资建厂,就近向外国市场提供产品,以降低生产和销售成本,扩大当地市场份额。在标准化阶段,产品标准化使国内外企业都能加入同类产品的生产和销售,价格竞争已成为市场竞争的主要方式。为取得竞争优势,企业加快对外直接投资步伐,到生产成本低的国家和地区建立子公司或其他分支机构,在当地生产价廉物美的产品,一方面有效地占领外国市场,另一方面也把一部分产品返销到本国市场。

产品生命周期理论可以解释清楚对外直接投资主要集中在少数几个国家的公司手中的现象,特别是集中在美国的大公司手中。而且它能够较为清楚地解释发达国家对外直接投资行为。但是该理论不能很好地解释美国以外的其他国家的对外直接投资行为,对于解释已经成为国际生产与销售体系的跨国公司的投资行为也无能为力。

(四) 比较优势论

比较优势论是日本一桥大学教授小岛清在20世纪70年代中期根据国际贸易比较成本原理,以日本厂商对外直接投资情况为背景提出的。

小岛清的对外直接投资理论包括三个基本命题:①赫克歇尔-俄林理论中的劳动和资本要素可以用劳动与经营资源来替代;②比较利润率的差异与比较成本的差异有关;③"美国型"的对外直接投资与"日本式"的不同。其基本核心是:对外直接投资应该从本国(投资国)已经处于或即将处于比较劣势的产业(可称为边际产业)依次进行。根据边际产业扩张论的核心,小岛清认为,可以将国际贸易和对外直接投资的综合理论建立在"比较优势(成本)原理"的基础之上;日本式的对外直接投资与对外贸易的关系不是替代关系,而是互补关系;在国际直接投资中,投资国与东道国从技术差距最小的产业依次进行移植,由投资国的中小企业作为这种移植的承担者。

比较优势论依据比较成本动态变化作出解释,特别适用于说明新型工业化国家对发展中国家的直接投资。但该理论不能很好地解释发展中国家的对外直接投资行为,也无法解释20世纪80年代之后日本对外直接投资的实践。

(五) 国际生产折中理论

国际生产折中理论是英国经济学家约翰·哈里·邓宁(John Harry Dunning)于1976年提出来的。1981年,邓宁出版了名为《国际生产与跨国企业》的论文集,对其折中理论进行了系统的整理和阐述。

该理论的核心内容是,企业从事海外直接投资是由该企业本身所拥有的所有权优势(ownership advantage)、内部化优势(internalization advantage)和区位优势(location advantage)三大基本因素共同决定的。这就是跨国公司海外直接投资的OIL模式。所有权优势在邓宁的几篇论文中的定义不尽相同,但主要是指企业拥有或能够得到的、别国企业没有或难以得到的无形资产和规模经济优势。内部化优势是指企业为避免市场的非完善性而将企业所有权优势保持在企业内部所获得的优势。区位优势是指国内外生产区位的相对禀赋对跨国公司海外直接投资的吸引与推动力量。在现实经济生活中,区位优势是由东道国和母国的多种因素综合决定的。

国际生产折中理论作为迄今最完备、被人们最广为接受的综合性国际生产模式,被誉为国际直接投资领域中的"通论"。该理论对各家学说兼收并蓄,创建了"一个关于国际贸易、对外直接投资和国际协议安排三者统一的理论体系"。但该理论忽视了各因素之间的分立关系、矛盾关系对直接投资的作用;而且在基本论点方面仍有所侧重,主要依据的是内部化理论。

(六)经济发展水平理论

该理论是邓宁在20世纪80年代初研究了67个国家在1967—1975年直接投资和人均国民生产总值的联系而提出来的。邓宁认为:一个国家的对外投资流量是与这个国家的经济发展水平密切相关的。为此,他把67个国家根据人均国民生产总值的不同分为四个等级,处于不同等级的国家对外投资的地位也不相同。经济发展水平与国际资本流动的关系见表8-2。

表8-2 经济发展水平与国际资本流动的关系

等 级	人均 GNP/美元	国际资本流动
第一等级	0～400	几乎没有资本的流入流出
第二等级	400～2 000	资本大量流入,但对外净投资为负
第三等级	2 000～4 750	对外投资有所增加,但总流入大于总流出
第四等级	4 750以上	资本流动相当活跃,对外净投资是正数

经济发展水平理论与国际生产折中理论是一脉相承的,都指出直接投资并不取决于资金、技术和经济发展水平的绝对优势,而是取决于它们的相对优势。因此,发展中国家在充分利用外资创造区位条件的同时,也可以依其相对优势进行对外直接投资,向国际市场挺进。

(七)其他理论

20世纪80年代以来,发展中国家企业对外直接投资活动迅猛发展,资本输出额在全球资本输出的比重不断提高,发展中国家参与国际投资的理论诠释也进一步丰富。这里介绍几个主要的理论。

1. 小规模技术理论

这一理论是美国经济学家刘易斯·T. 威尔斯(Louis T. Wells)提出的。他认为,发展中国家进行跨国投资的竞争优势是相对的,它主要来自低生产成本,这种生产成本与其母国的市场特征紧密相连。威尔斯主要从三个方面分析了这种相对竞争优势的特点:①发展中国家拥有为小市场需要提供服务的小规模生产技术;②发展中国家在民族产品的海外生产上颇具优势;③低价产品营销战略。美国学者巴斯基特(Busjeet)对毛里求斯出口加工区外国制造业公司的调查证实,发展中国家跨国公司推销产品的广告费用大大低于发达国家的同行公司。

2. 技术地方化理论

这一理论是英国经济学家桑贾亚·拉奥(Sanjaya Lall)提出的。在对印度跨国企业的竞争优势和投资动机进行研究后,拉奥认为,对外来产品、外来技术进行改进、创新,以及将这种技术知识当地化是发展中国家企业对外投资的根本原因,因此发展中国家企业竞争优势不仅来自其生产过程与当地的供给和需要条件紧密结合,而且来自创新活动中所产生的技术在规模生产条件下具有更高的经济效益。通过这种创新所生产出来的产品能够更好地满足当地或邻国市场需要以及发达国家不同层次、不同品位人群的购买需要。

3. 技术创新产业升级理论

英国学者约翰·A. 坎特韦尔(John A. Cantwell)和埃斯特雷亚·托兰惕诺(Paz Estrella Tolentino)在20世纪90年代初期共同提出了"技术创新产业升级理论",他们从技术进步和技术累积的角度分析了发展中国家对外直接投资的阶段性动态演进过程,认为发展中国家跨国公司对外直接投资受其国内产业结构和内生技术创新能力的影响;发展中国家技术能力的提高是与它们对外投资的累积增长直接相关的,技术能力的积累是影响其国家生产活动的决定性因素,同时也影响其对外投资的形式和效果。

因此,发展中国家和地区对外直接投资的产业分布与地理分布是随着时间的推移而逐渐变化的,并且是可以预测的。在产业分布上,首先是以自然资源开发为主的纵向一体化生产活动,然后是进口替代和出口导向为主的横向一体化生产活动。从海外经营的地理扩展看,发展中国家跨国公司在很大程度上受"心理距离"的影响,其对外直接投资遵循以下的发展顺序:首先是在周边国家进行直接投资,充分利用种族联系;随着海外投资经验的积累,种族因素的重要性下降,逐步从周边国家向其他发展中国家扩展直接投资;最后,在经验积累的基础上,随着工业化程度的提高,产业结构发生了明显变化,开始从事高科技领域的生产和开发活动。同时,为获得更先进复杂的制造业技术,开始向发达国家投资。如新加坡的跨国公司在计算机、生物技术、基因工程、电子技术领域,韩国企业在半导体、软件开发、电信技术等领域都占有一席之地。这些国家和地区对发达国家的投资也表现出良好的竞争力。

第四节　国际资本流动与金融危机

国际资本流动的存在,使资金在全球范围内得到了合理的配置,资金匮乏的国家由于外资注入拉动了经济增长,资金富裕的国家则可以实现资本增值,可谓双赢。但是随着全球经济金融的一体化发展,近些年越来越多的私人资本开始参与跨境资本流动,国际资本的构成开始出现显著变化。据国际货币基金组织统计,在21世纪初期的10年之内流入新兴市场的私人资本净值,已超过国际金融机构及政府投资的4倍,证券投资基金、保险公司、对冲基金等机构投资者资金占全球资本流动的3/4左右。换言之,私人资本已成为今天国际资本跨境流动的主体。私人资本突出的逐利性、投机性特征导致其跨境流动的稳定性相对较差,国际资本也成为推动危机跨境传导的主要途径之一。

一、金融危机的定义和分类

《新帕尔格雷夫经济学大辞典》将金融危机定义为"全部或部分金融指标(短期利率、资产价格、商业破产数、金融机构倒闭数等)急剧、短暂和超周期地恶化"。

金融危机包括以下几种。

(一) 货币危机

货币危机(currency crisis)有广义和狭义之分。

(1) 广义的观点认为,当一国货币的币值变动在短期内超过一定幅度,就可以称为货币危机。

(2) 狭义的观点认为,货币危机主要发生在固定汇率制下,在这种制度下,政府需要充足的储备来维持汇率稳定,一旦储备不足,又遭遇国际资本恶意炒作,则极易导致该国固定汇率制度崩溃、外汇市场持续动荡,从而引发货币危机。

(二) 银行业危机

银行业危机(banking crisis)指银行过度涉足高风险市场(如房地产、股票、衍生产品市场等)或过度贷款给企业,导致资产负债严重失衡、呆账负担过重、资金运营停滞,最终破产倒闭的危机。

(三) 外债危机

外债危机(foreign debt crisis)是指一国大量举借外债(既包括主权债,也包括私人债),超过了该国自身的清偿能力,出现无力还债或必须延期还债的现象。衡量一个国家外债清偿能力有多个指标,其中最主要的是外债清偿率指标,是一个国家在 1 年中外债的还本付息额占当年或上一年出口额的比率,它反映了一国的还款能力。一般情况下,该指标应保持在 20% 以下,超过 20% 则说明该国外债负担过重。

(四) 系统性金融危机

系统性金融危机(systematic financial crisis)也称为"全面金融危机",是指主要的金融领域都出现严重混乱的危机,表现为货币危机、银行业危机、外债危机的同时或相继发生。

二、20 世纪 90 年代以来的国际金融危机

20 世纪 90 年代以来,各种类型的金融危机频繁爆发,对危机国乃至世界经济产生了巨大的影响。本节将对这一时期爆发的主要危机进行简要梳理和分析。

(一) 1992—1993 年的欧洲货币危机

20 世纪 90 年代初,两德合并。为了发展东部地区经济,德国于 1992 年 6 月 16 日将其贴现率提高至 8.75%。结果马克汇率开始上升,从而引发欧洲汇率机制(European exchange rate mechanism,EERM)长达 1 年的动荡。金融风波接连爆发,英镑和意大利里拉被迫退出欧洲汇率机制。欧洲货币危机出现在欧洲经济货币一体化进程中。从表面上看,这是由于德国单独提高贴现率所引起,但是其深层次原因是欧盟各成员国货币政策的不协调,从而从根本上违背了联合浮动汇率制的要求,而宏观经济政策的不协调又与欧盟内部各成员国经济发展的差异紧密相连。

(二) 1994—1995 年的墨西哥金融危机

1994 年 12 月 20 日,墨西哥突然宣布比索对美元汇率的波动幅度将被扩大到 15%,由于经济中的长期积累的矛盾,此举触发市场信心危机,结果人们纷纷抛售比索,1995 年

年初,比索贬值30%。随后股市也应声下跌。比索大幅贬值又引起输入的通货膨胀,这样,为了稳定货币,墨西哥大幅提高利率,结果国内需求减少、企业大量倒闭、失业剧增。在国际援助和墨西哥政府的努力下,墨西哥的金融危机在1995年以后开始缓解。墨西哥金融危机的主要原因有三:第一,债务规模庞大,结构失调;第二,经常账户持续逆差,国际储备资产不足,清偿能力下降;第三,僵硬的汇率机制不能适应经济发展的需要。

(三) 1997—1998年的亚洲金融危机

亚洲金融危机是泰国货币急剧贬值在亚洲地区形成的多米诺骨牌效应。这次金融危机所波及的范围之广、持续时间之长、影响之大都为历史罕见,不仅造成了东南亚国家的汇市、股市动荡,大批金融机构倒闭,失业增加,经济衰退,而且蔓延到世界其他地区,对全球经济都造成了严重的影响。亚洲金融危机涉及许多不同的国家,各国爆发危机的原因也有所区别。然而亚洲金融危机的发生绝不是偶然的,不同国家存在着许多共同的诱发金融危机的因素,如宏观经济失衡、金融体系脆弱、资本市场开放与监控、货币可兑换与金融市场发育不协调等问题。

扩展阅读8-1
亚洲金融危机始末

(四) 1998—1999年的俄罗斯金融危机

受东南亚金融危机的波及,俄罗斯金融市场在1997年秋季大幅下挫之后一直处于不稳定状态,到1998年5月,终于爆发了一场前所未有的大震荡,股市陷入危机,卢布遭受严重的贬值压力。俄罗斯金融危机是俄罗斯政治、经济、社会危机的综合反映,被称为"俄罗斯综合征";从外部因素看,一方面是因为1997年亚洲金融危机的影响,另一方面则是由于世界石油价格下跌导致其国际收支恶化、财政税收减少。但究其根本,国内政局动荡、经济长期不景气、金融体系不健全、外债结构不合理是发生此次金融危机的深层次的原因。

(五) 1999—2000年的巴西金融危机

1999年1月7日,巴西米纳斯吉拉斯州宣布该州因财源枯竭,90天内无力偿还欠联邦政府的154亿美元的债务。这导致当日巴西股市重挫6%左右,巴西政府债券价格也暴跌44%,雷亚尔持续走弱,央行行长在3周内两度易人。雷亚尔对美元的汇价接连下挫,股市接连下跌。"桑巴旋风"迅即向亚洲、欧洲及北美吹开,直接冲击了拉丁美洲、欧洲、亚洲等国家的资本市场。巴西金融危机的外部原因主要是受亚洲金融危机和俄罗斯金融危机影响导致国际贸易环境恶化,而其内部原因则是公共债务和公共赤字日益扩大,国际贸易长期逆差,宏观经济政策出现失误等多种因素作用的结果。

(六) 2007—2008年美国次贷危机及全球金融危机

长期以来,美国金融机构盲目地向次级信用购房者发放抵押贷款。随着利率上涨和房价下降,次贷违约率不断上升,最终导致2007年夏季次贷危机的爆发。这场危机导致过度投资次贷金融衍生品的公司和机构纷纷倒闭,并在全球范围引发了严重的信贷紧缩。

美国次贷危机最终引发了波及全球的金融危机。2008年9月,雷曼兄弟破产和美林公司被收购标志着金融危机的全面爆发。随着虚拟经济的灾难向实体经济扩散,世界各国经济增速放缓,失业率激增,一些国家开始出现严重的经济衰退。

次贷危机爆发的根源之一在于美联储不连续的货币政策。2001年,美国经济进入低谷期,为了刺激经济,美联储从2001年1月至2003年6月,连续13次下调基准利率,从6.5%降至1%的历史最低水平。这一轮降息直接促成了2001—2005年美国房市的繁荣并出现严重泡沫。而从2004年6月开始,美国进入加息通道,至2006年6月共17次加息,利率从1%提升到5.25%,连续的加息使房市不堪重负,房地产泡沫破裂,房价暴跌,从而引发了以上一系列的连锁反应,最终酿成席卷全球的金融危机。

扩展阅读 8-2
美国次贷危机启示

(七) 2009 年希腊危机引发的欧洲主权债务危机(简称"欧债危机")

2008年10月华尔街金融风暴初期,北欧的冰岛主权债务问题就浮出水面,由于冰岛国家经济规模小,国际救助比较及时,其主权债务问题未酿成较大的全球性金融动荡。2009年12月,希腊的主权债务问题凸显,2010年3月进一步发酵,开始向"欧洲五国"(葡萄牙、意大利、爱尔兰、希腊、西班牙)蔓延。德国与法国等欧元区主要国家也受拖累。美国三大评级机构则连连下调希腊等债务国的信用评级。至此,欧洲主权债务危机爆发,欧元遭到大肆抛售,欧洲股市暴跌,整个欧元区面临成立11年以来最严峻的考验。

引发欧债危机的原因大致可总结为以下几点。

(1) 整体经济实力薄弱。遭受危机的国家大多财政状况欠佳,政府收支不平衡。

(2) 财务造假埋下隐患。希腊因无法达到《马斯特里赫特条约》所规定的标准,即预算赤字占GDP 3%、政府负债占GDP 60%以内,于是聘请高盛集团进行财务造假,以顺利进入欧元区。

(3) 欧元体制天生弊端。作为欧洲经济一体化组织,欧洲央行主导各国货币政策大权,欧元具有天生的弊端,经济动荡时期,无法利用货币贬值等政策工具,因而只能通过举债和扩大赤字来刺激经济。

(4) 欧式社会福利拖累。希腊等国高福利政策没有建立在可持续的财政政策之上,历届政府为讨好选民,盲目为选民增加福利,导致赤字扩大、公共债务激增、偿债能力遭到质疑。

(5) 国际金融力量博弈。一旦经济状况出现问题,巨大的财政赤字和较差的经济状况会使整体实力偏弱的希腊等国成为国际金融力量的狙击目标。

20世纪90年代以来,典型的金融危机有以下几个特点:传染性、突然性、破坏性、频繁性。总的来看,金融危机的爆发是一个多种因素共同作用的结果。从发展的趋向来看,金融体系内部越来越成为金融危机爆发的直接原因。然而宏观经济结构失调、僵硬的汇率制度、脆弱的金融体系、不合理的外债结构往往成为酝酿金融危机的土壤,也是导致这几次金融危机的共同原因。

三、国际资本流动引发金融危机的途径

历史经验表明,金融危机的爆发和国际资本流动紧密相关。国际资本流动对一国经济的冲击主要通过财富机制、资产价格机制、汇率机制等传导。

（一）通过财富机制

国际资本流动以间接融资的形式进入实体经济并使后者产生变化而导致金融危机。这种传导机制的关键在于银行的过度贷款行为。国际资本流入银行→银行可贷资金剧增→在追求利润最大化的利益驱动下,银行资金过度流入股市和房地产→股价、房价飙升超过内在价值→经济泡沫迅速膨胀,往往伴随严重的通货膨胀→国际资本见势迅速抽逃→泡沫破裂→银行坏账剧增→危机爆发。1997年东南亚金融危机爆发之前,泰国银行投向房地产的资金约占其放贷总额的30%,加大了国民经济的泡沫成分。

（二）通过资产价格机制

资本大量流入股市,推高股价形成非理性的泡沫经济,当投资者预期资产价格将缩水时,大量资本逆转抽逃,导致金融危机。这种传导机制的关键在于资本市场过早开放,在市场发育程度较低、金融监管相对薄弱的情况下,允许国际资本大量流入证券市场,持续推高股价引发泡沫后又迅速抽逃,导致市场崩溃进而引发金融危机。仍以泰国为例,在金融危机爆发之前的1993年,是泰国股市最兴旺的一年,年股票交易额相对于GDP的比例接近70%。

（三）通过汇率机制

在欠灵活的汇率制度下,一国货币的汇率通常不能反映它的实际价值,极易出现被高估或被低估的情况。而如果被高估,极易诱发投机性资本对该国货币的恶意攻击,此时若政府外汇储备不足,就只能被迫宣布本币贬值,从而引发货币危机。这种传导机制的关键在于一国汇率制度与外汇管制政策的不配套,货币当局实行固定汇率制的同时却对外汇市场进行开放,这种不对称的制度安排将使政府的政策调控陷入被动,如遇国际炒家恶意攻击,则极易引发危机。1994年墨西哥爆发的比索危机也是因为在危机爆发之前政府动用了大量外汇储备填补贸易赤字,导致储备量在不到两个月期间降幅达到65%,国际炒家乘虚而入,大量抛售比索,政府无以应对而被迫宣布比索贬值。

四、三代货币危机理论

（一）第一代货币危机理论

第一代货币危机理论由美国经济学家保罗·克鲁格曼(Paul Krugman)于1979年提出,可以很好地解释20世纪70年代和80年代初墨西哥、阿根廷等拉丁美洲国家的货币危机。该理论认为,公众之所以会产生货币贬值预期,是因为政府采取了某些与固定汇率制度并不一致的经济政策,如1976年的墨西哥比索危机的主要原因就是墨西哥政府采取了与维持固定汇率制度要求不一致的连续的财政赤字政策。

根据货币学派的理论模型,假定一国的货币需求非常稳定,货币供给由国内信贷及外汇储备两部分构成。在其他条件不变时,如果持续扩张国内信贷来融通财政赤字,就会带来货币供给的增长,货币供给超过了该国居民对货币的需求,该国居民就会向外国居民购买商品、劳务、金融资产,通过国际收支赤字来减少外汇储备,最终使货币供给重新回到与货币需求平衡的水平。由于外汇储备有限,国内信贷的持续扩张最终会使货币当局耗尽外汇储备。如果市场上不存在投机者,固定汇率制度的崩溃将仅仅是外汇储备随信贷扩张而逐渐消耗的结果。如果投机者在外汇市场上卖出本币、买入外汇以对本国货币进行攻击,政府就会使用外汇储备来维护固定汇率,这就会加快外汇储备的减少和固定汇率制的崩溃。如果投机者能够根据基本面的真实情况(如国内信贷的持续扩张)预期到固定汇率制的崩溃,那么,投机者就会以目前的固定汇率购入外汇,以等待固定汇率制崩溃后本币贬值,从而出售外汇牟利。如果市场上的投机者在某一时刻一致抛售本币、抢购外汇,就形成了对该国固定汇率制的投机冲击,这一攻击会使外汇储备瞬间耗尽,固定汇率制提前崩溃。

(二)第二代货币危机理论

第二代货币危机理论是基于1992年欧洲货币体系危机和1994年墨西哥比索危机的现实背景而发展起来的。1996年,莫里斯·奥伯斯特菲尔德(Maurice Obstfeld)等提出第二代货币危机理论模型,认为投机者之所以对货币发起攻击,并不是因为经济基础的恶化,而是贬值预期的自我实现。

根据第一代货币危机理论的观点,货币贬值的预期是由于政府采取了与固定汇率制度不一致的经济政策。在第二代货币危机理论中,公众对货币贬值的预期是自我实现的,在货币危机发生以前并不存在与固定汇率制度不一致的实际政策,但货币危机本身会导致政府政策的变化。因此,在第一代模型中,事前的政策不一致性导致了危机的产生,而在第二代模型中,对事后政策的不一致性的预期导致了危机的产生。

第二代货币危机理论认为政府有两个选择:一是放弃维护固定汇率制度,二是维护固定汇率,政府通过权衡维持固定汇率所付出的成本与得到的收益来决定是否放弃固定汇率。该理论认为,经济中存在一个基本面薄弱区,也就是"危机区",在这个区域,货币危机可能发生,也可能不发生。如果公众预期货币会贬值,一方面工薪阶层就会要求提高工资,因为货币贬值会引起通货膨胀,于是生产成本上升,经济出现衰退;另一方面为了继续保持固定汇率,面对货币贬值的预期,政府就会提高利率,这同样会造成经济衰退。因此货币贬值的预期使维持固定汇率的成本上升,从而使政府放弃固定汇率。但是,如果公众认为政府维持固定汇率的决心是可信的,维持固定汇率的成本就不会上升(甚至还会下降),固定汇率就得到了维持。所以当公众认为货币危机会发生时,就会发起投机攻击,而应对投机攻击的高昂成本最终会促使政府放弃固定汇率,货币危机也就发生了;相反,若公众认为货币危机不会发生,就不会发起投机攻击,也就不会造成货币危机。因此,货币危机的两个基本特征就是自我实现的预期(self-fulfilling expectations)和多重均衡(multiple equilibrium)。

(三)第三代货币危机理论

1997年东南亚金融危机爆发后,货币危机理论再次得到发展。企业、金融体系的脆弱性以及亲缘政治被认为是东南亚货币危机发生的原因所在。严格来说,第三代货币危机理论模型无论是在基本思想方面还是在分析方法方面都未形成统一的框架。其中,最具代表性的有道德风险模型、恐慌模型以及资产负债表模型等。

(1)道德风险模型。道德风险(moral hazard),是指当事人明知可能对他人产生不利影响,但仍然一意孤行地追求自身利益的行为。根据道德风险模型,政府承担了挽救金融机构的责任,这就为金融机构提供了隐性或明确的担保。于是,金融机构就会不顾风险为那些效益很差的工程和缺少现金的企业提供融资,以追求收益。这样,一方面造成了过度借贷和过热投资,另一方面又导致不可持续的经常项目逆差。政府的隐性担保以及监管不力,还使得过多的风险贷款投向资产(房地产和证券)市场,导致了资产泡沫的产生,在泡沫没有破裂以前,金融机构的金融状况问题被泡沫所掩盖。然而,资产的价格不可能无限地飙升,一旦资产价格下跌,金融机构的问题就会暴露,迫使其停止把资金投向资产市场,导致资产价格的进一步下跌。资产价格的下跌使人们意识到金融机构可能无法偿还未来的债务而抽离资金,从而出现金融机构倒闭和资本外逃,货币危机随之产生。

(2)恐慌模型。恐慌模型认为东南亚货币危机的本质与经典的银行挤兑模型并没有什么不同,只是因恐慌心理而导致的国际性挤兑而已。在发生货币危机前,东南亚国家通过国内的金融机构,把来自多个国外债权人的短期外债转化为缺少流动性的长期贷款。这些短期债务到期时,如果国外债权人都不撤走资金,国内的投资项目就会正常运转。但是一旦有国外债权人不愿意继续提供贷款,国内的投资项目将无法继续,除非有新的国外债权人提供新的资金注入。而且,由于长期投资项目变现能力不足,先撤走资金的债权人损失最小,而后撤走资金的债权人将承担很大的损失。因此一旦有国外债权人撤资,就会导致恐慌心理,使所有投资者采取撤资行为,于是就产生了流动性不足的货币危机。这种自我实现的恐慌心理,使外资迅速撤离该国或该地区,导致了该国或该地区资产价格的下降、货币的贬值以及企业的破产和产出的下降。

(3)资产负债表模型。根据资产负债表模型,货币危机导致产出大幅度下降的关键在于资产负债表的错配(mismatch)和汇率之间的相互作用。资产负债表的错配包括两方面内容:一是资产和负债的期限错配(maturity mismatch);二是资产和负债的币种错配(currency mismatch)。资产负债的期限错配使原本具有清偿能力的企业(或国家)易于遭受国际流动性不足的问题。在货币贬值的预期下,资本外逃和国际清偿力的不足,导致货币贬值和产出水平的下降。资产负债的币种错配,是指新兴市场国家的企业(或金融机构)的外债是以外币计价的,并且很少进行套期保值。如果某个国家的企业债务中有大量以外币计价的外债,那么货币贬值时,企业的负债将大大增加,资产负债状况恶化,使其净财富下降,限制了其融资能力,进而抑制了企业的投资,导致企业劳动投入减少、失业水平上升、产出下降。

第五节 中国利用外资和对外投资

中国实行改革开放的最初 20 年里,对外资的政策主要是"引进来"。其内容包括:创新利用外资方式,优化利用外资结构,发挥利用外资在推动自主创新、产业升级、区域协调发展等方面的积极作用。至 21 世纪初,中国加入世界贸易组织以后,在积累了一定的经济和技术实力,并初步具备了主动参与全球化分工的能力的基础上,实施了"走出去"的发展战略。通过采取对外投资、对外承包工程和对外劳务合作等多种方式走出国门,实现经济的可持续发展。"引进来"和"走出去"相结合,使中国参与国际分工合作的能力进一步提升。

一、中国利用外资的主要方式

(一) 直接利用外资

直接利用外资是指以吸收外商直接投资方式引进的外资。其具体形式包括中外合资经营、中外合作经营和外商独资,通常统称此三种形式的企业为"三资企业",以及中外合作开发四种形式。

(1) 中外合资经营企业是指外国的公司、企业和其他经济组织或个人按照平等互利的原则,经中国政府批准,在中国境内与中国的公司、企业或其他经济组织共同投资,共同经营,共享收益,共担风险的股权式合资企业。其组织形态为有限责任公司,中外双方投资者对合资经营企业的责任以各自认缴的出资额为限。

中外合资经营企业的双方投资者可以采用多种形式投资,既可以采用现金,也可以采用实物,或工业产权、专有技术、场地使用权等出资形式。但不论采用何种出资形式,都要折算成货币计算双方的出资比例。合资双方按此投资比例分享利润、分担风险。在合资经营企业的注册资本中,外方的出资比例一般不得低于25%。中外合资企业属于中国的法人,受中国法律的管辖和保护。

(2) 中外合作经营企业是指外国企业、其他经济组织或个人,与中国的企业或其他经济组织,依照中国法律,以双方投资或提供合作条件的方式,在中国境内设立的、依照共同签订的合作经营合同所规定的各方的权利和义务的合作经济组织。合作双方的出资、合作条件,收益或产品的分配,风险和亏损的分担,经营管理方式和合作企业终止对财产归属事项均由中外双方签订的合同所确定。

合作经营企业可以组成具有法人资格的实体,建立有限公司,也可以以各自的法人身份进行合作,组成非法人式的松散的经营联合体。

(3) 外商独资企业又称外资企业,是依照中国有关法律在中国境内全部资本由外国公司、企业或其他经济组织或个人投资设立的企业。

(4) 中外合作开发是指中国公司与外国公司通过订立风险合同,对海上和陆上石油、矿产资源进行合作勘探开发。它是目前国际上在自然资源领域广泛使用的一种经济合作方式,其最大的特点是高风险、高投入、高收益。合作开发一般分为三个阶段,即勘探、开发和生产阶段。

(二) 借用国外贷款

借用国外贷款包括外国政府贷款、国际金融机构贷款、国际商业银行贷款、出口信贷。

(1) 外国政府贷款。外国政府贷款是指中国政府与外国政府之间的双边贷款,属于带有经济援助性质的优惠贷款,有无息的,也有计息的,利率一般为2%~3%,偿还期为20~30年,含7~10年的宽限期,赠予成分在25%以上。从1979年起,中国政府陆续与日本、科威特、丹麦、比利时、意大利等国签订使用政府贷款的协议。

(2) 国际金融机构贷款。国际金融机构贷款主要包括国际货币基金组织贷款、世界银行集团贷款、联合国国际农业发展基金、亚洲开发银行贷款。除国际货币基金组织的贷款以外,其余贷款大多是期限长、利率低的建设项目贷款,属于长期优惠性质的开发贷款。

(3) 国际商业银行贷款。这类贷款在我国一般是中国银行、中国国际信托投资公司等专业金融机构向国际商业银行以商业条件取得的贷款。国际商业银行贷款期限、数额不受限制；没有附加条件，不指定用途，借款人可以自由使用，但利率较高，还款期限严格，综合成本高。

(4) 出口信贷。出口信贷是指出口国政府为了支持扩大本国出口和加强国际竞争，通过政府给予利息补贴，并提供担保，鼓励本国商业银行对本国的出口商和外国的进口商及银行提供贷款，以满足买方支付的需要。

(三) 国际证券融资

(1) 发行国际债券。例如中国在国际金融市场上发行外国债券和欧洲债券。发行国际债券筹资的优点是期限长、数额大、无附加条件、可自由运用，但缺点是发行手续繁杂，利息也较高。

(2) 发行股票。发行股票即通过开放本国证券市场让境外投资者直接购买境内企业的上市股票，或允许境内企业到境外招股或把境内企业的股票在境外证券市场上市，或通过基金方式在境外募集资金，用于境内企业股票的投资。

(四) 中国企业境外股权融资

(1) 首次公开募股(initial public offerings, IPO)。首次公开募股是指企业通过证券交易所首次公开向投资者增发股票，以期募集用于企业发展资金的过程。1999年、2000年以新浪、搜狐等门户网站为首的中国互联网企业登陆纳斯达克，引发了中国企业海外上市的第一波上市热潮；其后，中国石化、中国人寿等大型国有企业纷纷在美国纽约证券交易所上市。2005年中国建设银行在香港联交所上市，开启了国有商业银行上市的先河。到目前为止，中国企业已经在美国纽约证券交易所、美国纳斯达克证券交易所、美国OTC、东京证券交易所、新加坡证券交易所、伦敦证券交易所、香港联交所等境外资本市场上市融资。

(2) 买壳或借壳上市。买壳上市，是指通过收购另一家已在海外证券市场上市的公司即空壳公司的全部或部分股份，取得对上市公司实际的管理权，然后注入本国国内资产和业务，以达到海外间接上市的目的。因为海外直接上市成本高、条件难、过程长，一个符合海外市场上市最低要求的企业，整个IPO的成本加起来要2 000万～3 000万元人民币，因此直接上市对于中小企业来说负担很重。近两年，国内企业掀起了借壳上市的热潮，APO和SPAC是近两年比较流行的对借壳上市的创新发展。

APO是替代公开上市(alternative public offering)的英文缩写。它对借壳上市进行改造，在借壳的同时，发行公司股票，进行再次融资。借壳上市是先收购一家公司，然后发行股票，在市场上融到资金后，再把资产放到这个壳子里面去。但问题是，公司收购完成后，股票有可能发行不出去。所以APO对借壳上市进行了改造，在收购公司的同时就直接公开发行股票，马上融到资金，然后再把资产装进去。这是一种替代性的公开上市形式，所以叫作替代公开上市。这种形式对注入或者并入上市公司壳子的资产或业务有一定的要求。

SPAC是特别并购上市(special purpose acquisition corporation)的英文缩写，就是对

借壳上市进行改造,变借壳为造壳,然后以信托形式发行股票融资。以这种形式上市必须符合中国证监会规定的最低公开上市标准的要求。

(3) 引进境外战略投资者。金融机构引进境外战略投资者已经成为一种潮流。不仅国有商业银行股改时"引进",而且股份制银行、城市商业银行也在"引进",就连一些证券公司、保险公司也有与外资洽谈,筹划引进事宜。引进境外战略投资者,不仅有利于金融企业充实资本金,为海外上市打下坚实的基础,而且可以引进先进的企业管理经验。除银行等金融机构外,其他非金融企业也通过这种方式进行融资,既适应了全球化趋势下中国企业迎接外部竞争的需要,又为企业解决了资金不足的问题。

(4) 吸引风险投资。风险投资也叫"创业投资",一般指对高新技术产业的投资。作为成熟市场以外、投资风险极大的投资领域,其资本来源于金融资本、个人资本、公司资本以及养老保险基金和医疗保险基金。就各国实践来看,风险投资大多采取投资基金的方式运作。高新技术企业通过吸引风险投资的方式融资,解决了资金暂时周转不灵的问题,扫除了企业发展初期的障碍。

(五) 其他利用外资

1. 补偿贸易

补偿贸易是指在信贷的基础上由国外厂商向中方企业提供生产技术或设备,投产之后,中方企业在约定的期限内以产品形式偿还技术设备价格本息的做法,由于是以产品形式进行补偿,一般来说,货款期限往往较长,有的长达 5~6 年,甚至更长。

2. 国际租赁

租赁是指出租人在一定时间内把租赁物租借给承租人使用,承租人分期付给一定租赁费的融资与融物相结合的经济活动。常见的租赁方式有金融租赁和经营租赁。

利用租赁方式引进外资的好处在于,当企业外汇资金不足时,可以从国外立即引进最先进的设备,并迅速投入生产。另外,租赁业务可以避免企业购置设备占用大量资金,同时还可以随时更新设备,运用新技术。

3. BOT

BOT 是英文"build-operate-transfer"的缩写,意即"建设-经营-转让"或"建造-运营-移交"。它是国际上创新的一种筹资方式,是指东道国政府对于急需建设的基础设施项目,通过招标选择国内外投资者(一般为私营公司),政府部门与投资者签订协议,由私营公司直接投资建设这一设施项目,并授予投资者在项目建成后通过运营收回投资、运营与维修费用以及一些合理的服务费、租金等其他费用并取得利润的特许权的形式。投资者会在特许权到期后,把基础设施项目完好、无条件地移交给东道国政府。BOT 方式还有一些衍生品,如 BOO(build-own-operate),意为建设-拥有-经营;BOOT(build-own-operate-transfer),意为建设-拥有-经营-转让;BLT(build-lease-transfer),意为建设-租赁-转让;BT(build-transfer),意为建设-转让。

除此之外,国际上还流行出口打包、贷款、票据投放、偿付代理和出口议付等短期融资方式。

二、中国利用外资的现状

(一)利用外商直接投资

积极有效利用外资是中国对外开放基本国策的重要组成部分。改革开放以来,中国一直是外商直接投资的热土。外商直接投资是中国利用外资的主要渠道,外商直接投资企业是中国经济社会高质量发展的重要推动力量。

1. 我国利用外商直接投资规模稳定增长,屡创新高

我国从 1993 年开始就成为发展中国家中吸收外商直接投资最多的国家,2021 年全国新设立外商投资企业约 47 647 家,实际使用外资 11 493.6 亿元人民币,同比增长 14.9%,折合美元 1 809.6 亿,同比增长 21.2%(未含银行、证券、保险领域数据)。巨大的外资流入成为拉动经济增长的巨大引擎(图 8-1)。

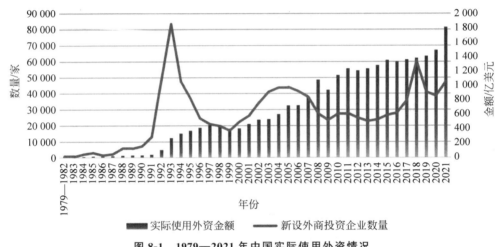

图 8-1　1979—2021 年中国实际使用外资情况

资料来源:商务部。

2. 我国利用外商直接投资的产业结构不断优化

从行业看,近年来服务业利用外资占比不断攀高。2021 年,服务业实际使用外资 9 064.9 亿元,同比增长 16.7%。高技术产业实际使用外资同比增长 17.1%,其中,高技术制造业增长 10.7%,高技术服务业增长 19.2%。高技术制造业中,电子工业专用设备制造、通用仪器仪表制造引资同比分别增长 2 倍和 64.9%;高技术服务业中,电子商务服务、科技成果转化服务引资同比分别增长 2.2 倍和 25%。大项目数量较快增长,合同外资 5 000 万美元、1 亿美元以上大项目数量分别增长 26.1%、25.5%。外商投资产业结构高端化,是中国经济结构调整、增长方式转变的结果(图 8-2)。

3. 亚洲国家和地区是我国外商直接投资的主要来源地

2021 年亚洲国家/地区在华新设企业数占比为 76.2%,实际投资金额占比为 84.9%;非亚洲国家/地区在华新设企业数占比为 4.5%,实际投资金额占比为 0.6%;欧洲国家/地区在华新设企业数占比为 8.1%,实际投资金额占比为 3.9%;拉丁美洲国家/地区在华新设企业数占比为 1.8%,实际投资金额占比为 4.3%;北美洲国家/地区在华

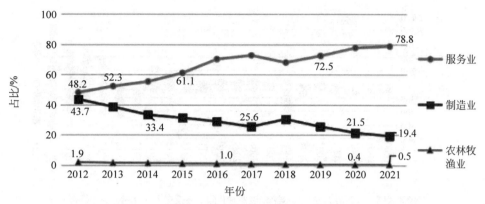

图 8-2 2012—2021 年中国外商直接投资产业结构
资料来源：商务部。

新设企业数占比为 6.3%，实际投资金额占比为 1.5%；大洋洲国家/地区在华新设企业数占比为 1.6%，实际投资金额占比为 0.5%。近几年由于疫情影响和保护主义等因素，发达国家来华投资占比有所下降。

4. 外商直接投资的区位分布仍然集中于东部地区

根据商务部发布的《中国外资统计公报（2022）》，2021 年，东、中、西部地区新设外商投资企业数量占比分别为 88.3%、5.7%、5.9%，实际使用外资金额占比分别为 84.4%、6.2%、5.3%。东部沿海地区开放最早，经济相对发达，区位、人才、政策、产业等优势比较明显，成为吸引外资最多的地区。近年来，我国设立开发开放试验区，打造内地开放和利用外资新高地，推动中西部与沿海地区协同开放，提升边境经济合作区、跨境经济合作区建设水平，支持中西部地区打造引资新增长极。

（二）间接利用外资

我国间接利用外资的形式是外国来华证券投资。证券投资具有较大波动性，容易引发金融危机，扰乱金融市场，所以我国对来华证券投资一直持审慎推进的态度。随着我国金融市场的完善和对外开放的进程，人民币资产对外的吸引力越来越强。2002 年 QFII 制度和 2011 年 RQFII 制度的推出，加速促进境外对华证券投资规模的增长。2014 年以来，沪港通、深港通和沪伦通相继开通，扩大了投资渠道，有利于改善我国股市投资者结构，助推人民币国际化。2017 年 6 月，美国 MSCI 公司宣布，从 2018 年 6 月起将我国 A 股纳入 MSCI 新兴市场指数，这是中国股票市场对外开放的里程碑事件。2018 年 9 月，富时罗素指数正式宣布将 A 股纳入；2018 年 12 月，标普道琼斯指数正式宣布将 A 股纳入，标志着境外投资者对 A 股市场的认可度不断提高（图 8-3）。

根据国家外汇管理局发布的《2021 年中国国际收支报告》，2021 年境外对我国证券投资净流入 1 769 亿美元，较 2020 年下降 28%。其中，境外对我国债券投资净流入 938 亿美元，股权投资净流入 831 亿美元。可以看到，虽然来华证券投资低于 2020 年，但仍然显著高于疫情前 2019 年的水平。分季度看，四个季度来华证券投资净流入虽有波动，但基本维持在较高水平，分别为净流入 597 亿美元、291 亿美元、260 亿美元和 620 亿美元。

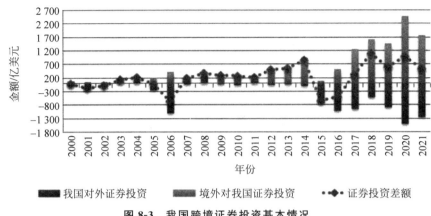

图 8-3 我国跨境证券投资基本情况

资料来源：国家外汇管理局。

《2021 年中国国际收支报告》同时显示，从境外对我国证券投资的主要渠道看，一是境外机构投资境内债券市场（包含"债券通"和银行间债券市场直接入市）以及我国机构境外发行的债券（包括央行在香港发行的人民币央行票据）744 亿美元，以境外央行、银行等投资者为主；二是通过"沪股通"和"深股通"渠道净流入资金 671 亿美元，增长 1.2 倍；三是通过合格境外机构投资者（QFII 及 RQFII）渠道净流入 265 亿美元，增长 1.4 倍。在我国经济发展保持全球领先地位、人民币币值相对稳定、税收优惠政策延期、我国国债纳入富时罗素世界债券国债指数等多重利好因素下，我国证券市场保持对外资的吸引力。

三、中国对外投资的政策和特点

在中国经济对外开放程度逐渐扩大以及经济体制改革不断深化的大背景下，中国企业的海外投资行为愈加活跃。同时，对外开放政策也带动中国与海外在进出口、人员、投资、思想文化上的交流。随着外贸规模的急速扩大，中国企业产生了海外投资的切实需求。作为最大的新兴市场国家，中国对外直接投资近年来不断增长，金融危机以来，更呈现出"井喷"态势。

（一）中国对外投资政策的演化

中国对外直接投资的规模、范围在很大程度上是由中国对外直接投资政策体系所决定的。21 世纪以来，中国政府对企业海外投资的审核标准在逐步放宽，这个形成过程大致经历了三个阶段。

1. 2000—2008 年探索性发展阶段：基本建立市场化的对外投资政策框架

自 2001 年加入世界贸易组织以来，中国加快融入全球经济体系，在"引进来"的同时也提倡"走出去"。2000 年，中国正式提出"走出去"战略，并于 2001 年将其写进"十五"规划纲要，上升为国家战略。之后几年，国务院、国家发改委、商务部、国家外汇管理局密集出台了一系列放松对外直接投资和外汇管制的政策。一方面，在对外投资管理体制方面，我国 2003 年开始试点由审批制转向核准制，商务部同年发布《关于做好境外投资审批试点工作有关问题的通知》，推行境外投资审批权限下放到地方政府的改革试点；2004 年

7月,国务院颁布《国务院关于投资体制改革的决定》,正式确立以核准制为主的对外投资管理体制。另一方面,在外汇管理体制方面,2002年10月,国家外汇管理局开启境外投资外汇管理改革试点,逐步下放外汇审批权限;2005年5月发布《国家外汇管理局关于扩大境外投资外汇管理改革试点有关问题的通知》,进一步将改革试点推广到全国,放松外汇审批权限,提高企业对外投资购汇额度;2006年6月发布《国家外汇管理局关于调整部分境外投资外汇管理政策的通知》,取消了对外投资购汇额度限制。2008年8月,国务院颁布《中华人民共和国外汇管理条例》,正式建立由强制结售汇转为自愿结售汇的外汇管理新体制。总结而言,这一阶段我国对外投资管理体制正式由审批制转变为"核准为主、审批为辅",外汇管理体制也取得重大进展,基本探索建立起市场化的对外直接投资政策框架。这些改革也激发了我国企业探索国外市场环境、积累对外投资经验的热情。2002—2008年,该阶段我国 OFDI(对外直接投资)流量不断增长,2005年增速达到122.9%,2005年首次超过100亿美元,2008年首次超过500亿美元;但要指出的是,我国 OFDI 流量和存量的全球排名仍不高,且 OFDI 流量增速波动较大。

2. 2009—2016年持续快速增长阶段:政策完善与存量积累回顾

2009—2016年这一时期,我国具备了开展 OFDI 的诸多条件:一是我国基本建立了有利于对外投资的政策框架。二是2008年全球金融危机使得发达国家的资产价格普遍下跌,且这一时期国际对外投资环境也相对较好。三是我国积累了大量外汇储备,2008年年底我国外汇储备余额为1.95万亿美元,总体上结束了外汇短缺的局面。然而,我国此时的 OFDI 存量依然较低,亟须将部分外汇储备转变为盈利性更高的实物资产。在此背景下,为了更加便利企业自主开展对外直接投资,2009年3月,商务部颁布《境外投资管理办法》,进一步下放1亿美元以下的对外投资核准权限,并逐步建立起境外投资引导、促进和服务体系。2014年4月,国家发改委发布《境外投资项目核准和备案管理办法》,同年9月,商务部颁布修订版《境外投资管理办法》,均规定除涉及敏感国家和地区、敏感行业外,其他境外投资项目均实行备案管理,这就基本确立"备案为主,核准为辅"的对外投资管理方式。此外,在外汇管理方面,2014年4月,国家外汇管理局颁布《跨国公司外汇资金集中运营管理规定(试行)》,允许上年度外汇收支超过1亿美元的跨国企业更自由地进行跨境资金划转;2015年2月发布《国家外汇管理局关于进一步简化和改进直接投资外汇管理政策的通知》,取消对外直接投资的外汇核准,改为"银行办理、外管监督"模式。总体来看,这一时期我国对外直接投资政策更趋完善和宽松,完成了由备案制向核准制的转变,加之国外资产价格低迷、投资环境友好,这些都极大地激发了企业"走出去"的热情。我国企业抓住这一时期的良好历史机遇,持续快速发展,并购全球范围内的优质资产,成功完成了海外资产的历史性积累。根据《2018年度中国对外直接投资统计公报》,该时期我国 OFDI 流量年增速基本在15%以上,由2008年的559.1亿美元(全球第12位)上升到2016年的1 961.5亿美元(全球第2位),存量由1 839.7亿美元(全球第18位)提高到13 573.9亿美元(全球第6位)。

3. 2017年以来的减速降温与转型调整阶段:促进对外直接投资高质量发展

然而,正当世界都预期中国 OFDI 将继续高歌猛进的时候,实际 OFDI 却在2017年掉头向下,开始减速降温。其原因既包括国际投资环境的变化,也包括我国对企业投资行为的规范。我国政府在2016年底就开始总结前几年对外投资激增的经验和教训,加强了真实性、合规性、经济合理性的审查,试图引导企业审慎决策,理性开展对外投资,并打击防范虚假投资行为造成的资金外流。为促进我国OFDI步入高质量发展轨道,国家于2017年陆续出台《关于规范企业海外经营行为的若干意见》《关于进一步引导和规范境外投资方向的指导意见》《关于加强对外经济合作领域信用体系建设的指导意见》《民营企业境外投资经营行为规范》等政策文件。2018年1月,商务部等七部门联合发布《对外投资备案(核准)报告暂行办法》,旨在实现对外投资事前、事中、事后全流程管理的对外投资管理模式,并明确对外投资备案(核准)实行最终目的地管理原则,对于境内企业投资到最终目的地路径上设立的所有空壳公司,均不予备案或核准。随着这一系列新政策的出台及国际环境的变化,2017年我国OFDI规模自2003年以来首次同比下降,后面连续几年规模开始回调,2020年开始,OFDI又重回高位。总体来看,我国OFDI流量和存量仍居于世界前3位,水分更少,质量更高,行业和地区结构也更加优化。更重要的是,新政策的出台有助于更好地掌握企业对外投资的真实性、合理性和最终去向,从而更好地引导和监管,且使其更加注重经济合理性、盈利性和可持续性。这也标志着我国未来时期的对外投资将进入高质量发展阶段。

(二) 当前中国对外投资的特点

1. 投资转向高质量发展

为进一步引导和规范对外投资方向,推动对外投资合理有序健康发展,有效防范各类风险,我国政府加强对企业对外投资的真实性、合规性审查,市场主体对外投资更趋成熟和回归理性。在全球经贸摩擦加剧、地缘政治风险加剧、投资增长乏力的条件下,我国对外直接投资大国地位稳固。2021年末,中国对外直接投资存量达到2.79万亿美元,连续5年排名全球前三。"一带一路"沿线国家和非洲国家成为投资新增长极,以基础设施和工业园区建设为龙头,带动对外直接投资空间和行业布局调整优化。

2. 对外行业分布广泛

投资行业分布上,初始时主要集中于以商务服务为代表的劳动力密集型第三产业,寻求海外市场的开拓;随着投资的累积,逐步集中于制造业为代表的资本密集型第二产业,以投资带动贸易,在境外设立生产加工制造基地,进行自然资源寻求型投资。如今国内经济转型为高质量发展阶段,开始转向以科学研究、技术服务、金融业为代表的技术密集型第三产业,在海外寻求战略资产,获得先进技术。目前,我国已经实现了全行业对外投资。

然而,尽管实现了全行业对外投资,行业结构层次仍然较低,竞争力偏弱。从三次产业结构来看,第一产业投资规模微小,第二产业投资稳中有升,第三产业是我国对外直接投资的主导产业。在第二产业中,资本密集的采矿业存量规模最大,受东道国资源、环境审查的限制,近年来采矿业持续投资乏力。制造业对外直接投资流量占比虽有所上升,但仍以传统装备制造业投资为主,高端、智能、绿色制造业投资还处于起步阶段。在第三产业中,投资主要集中在租赁和商务服务、批发与零售等传统服务业,技术和资本密集型生产性服务业投资占比偏低,特别是信息传输、科学研究及技术服务等高端生产性服务业增长仍较缓慢。

3. 民营企业对外直接投资需求较大

根据近年的《中国对外直接投资统计公报》，我国民营企业 OFDI 发展较快，其比重已经超过国有企业，成为 OFDI 的主力军。虽然民营企业 2017 年对外直接投资有一定程度下降，但是它们对国外先进技术和市场的需求仍然很大，随着我国对外投资管理制度的完善，民营企业的 OFDI 将会继续增长。对于我国企业特别是民营企业来说，其与世界一流企业仍存在较大的差距，突出表现为发展时间较短、技术储备不多、高端技术人才匮乏、研发能力不足。为了弥补这些短板，它们自身也亟须放眼全球，通过 OFDI 兼并或参股世界领先的同类企业，学习和吸收相应技术，或者招揽高端人才。

4. "一带一路"沿线国家投资需求较大

"一带一路"建设是中国构建开放型经济新格局的重要举措，也是中国发展到一定阶段主动参与全球经济治理的重要体现。实践表明，"一带一路"沿线国家对来自中国的投资需求比较强烈，未来发展潜力较大，因为中国的投资与其发展需求更为契合。中国和"一带一路"沿线国家同属发展中国家，在经济发展方面具有许多共性，中国的发展经验对它们的发展具有更多借鉴意义，而中国的投资则有助于给这些国家带来中国发展经验。中国多年的发展积累了丰富的基础设施建设经验，可以在这方面帮助"一带一路"沿线国家，进而促进它们的经济增长。

从国家整体的战略环境上看，企业海外投资存在巨大的利好因素和发展空间。基于国家的"走出去"战略，政府积极引导各类所有制企业有序地到境外投资，积极开展有利于改善当地基础设施和人民生活的项目合作。进一步提升中国企业对外投资发展水平，是新时代赋予中国跨国企业的历史使命，也是实现我国经济高质量发展，促进与世界各国共同发展的必然要求。

本章小结

国际资本流动是指国际为实现一定的经济目标而进行的各种形式的资本转移。这里所说的资本包括货币资本或借贷资本，以及与国外投资相联系的商品资本和生产资本。国际资本流动主要反映在国际收支平衡表的资本与金融账户中。

国际资本流动按照期限划分为长期资本流动和短期资本流动。国际资本流动给世界经济、资本输入国和资本输出国都带来广泛影响，一方面有利于国际贸易和金融的发展；另一方面，国际资本流动也带来了外汇、利率等一系列的风险。

国际资本流动理论是国际金融理论的一个重要组成部分，旨在说明国际资本流动的原因、方式和影响。国际间接投资理论包括资产组合理论、"两缺口"模型、债务周期理论等；国际直接投资理论包括垄断优势论、市场内部化理论、产品生命周期理论、比较优势论、国际生产折中理论、经济发展水平理论以及解释发展中国家对外直接投资的小规模技术理论、技术地方化理论和技术创新产业升级理论等。

历史经验表明，金融危机的爆发和国际资本流动紧密相关。国际资本流动对一国经济的冲击主要通过财富机制、资产价格机制、汇率机制等传导。

"引进来"和"走出去"战略促进了我国开放型经济的发展,加快了我国经济融入经济全球化进程,拓展了我国经济发展空间。

1. 简述国际资本流动的概念、种类及特点。
2. 阐述国际资本流动的效应。
3. 国际资本流动的动因是什么?
4. 20世纪90年代以来爆发了哪几次金融危机?
5. 国际资本流动引发国际金融危机的途径有哪些?
6. 当前中国对外投资的特点是什么?

中老铁路:"一带一路"新标杆

2021年12月3日,"澜沧号"动车组列车从老挝首都万象站缓缓驶出,复兴号动车组驶出中国云南昆明站……中老铁路正式通车。这条北起中国云南昆明、南至老挝首都万象、全长1 035千米的铁路,是第一条采用中国标准、中老合作建设运营,并与中国铁路网直接连通的境外铁路。通车后,昆明到万象10小时可通达。

在区域组织中,特别是在东盟和大湄公河等次区域经济合作中,老挝被定位为交通物流枢纽和能源供应国。20世纪80年代以来,老挝政府一直通过贷款、赠款和援助等方式为基础设施提供资金。老挝的第七个和第八个国家社会经济发展五年计划把基础设施项目作为实现国家发展目标的驱动力,并争取从陆锁国变成陆联国。

中老铁路项目可追溯到2008年。2008年3月,中国商务部组织"援老挝国铁路网规划"项目考察组,对老挝进行实地调查,拉开了中老铁路建设研究的序幕。在此基础上,2010年中老双方签署了铁路合作的备忘录。2013年,中国政府提出共建"一带一路"倡议。正是"一带一路"倡议和老挝"从陆锁国到陆联国"战略的对接,加速推进了中老铁路项目的正式设立。

2015年11月13日,中老双方政府签署了《中老两国间铁路基础设施合作开发和中老铁路项目合作协议》《中老铁路项目特别贷款融资框架协议》以及《中老铁路项目境外投资贷款融资合作备忘录》三个基础性文件。同时,老挝政府授权中国铁路总公司和老挝公共工程与运输部共同组建的老中铁路有限公司联合筹备组代行项目业主权限,待老中铁路有限公司成立后业主权限自动移交。2015年12月2日,中老铁路开工仪式在两国领导人的见证下成功举行。

中老铁路地处云南西南部和老挝北部山区,穿越"三山四水",整体地势由西北向东南倾斜,地形起伏剧烈,山高谷深,最高点与最低点相对高差达2 900米。途经地区约70%属于山区,桥隧占比高达87%以上,被称为一条"不是穿行在洞中就是穿行在空中"的铁路。全长1 000多千米的中老铁路穿越众多山脉和水系,建有167座隧道、301座桥梁,中老铁路建设难度和艰苦程度堪称"世界之最"。

打造黄金线路,造福两国民众。在两国最高领导人亲自推动下,作为两国互利合作旗舰项目的中老铁路,给沿线国家及其民众带来了实实在在的变化和机遇,也为促进区域互联互通和互利共赢作出积极贡献。

点　评

老挝一直以来都是中国的友好邻邦。两国于1961年正式建交。进入21世纪以来,两国关系得到全面深化发展,合作领域不断拓展,合作深度不断加强。2021年,中国是老挝第二大贸易伙伴、最大的出口目的地国和最大的外商直接投资来源国。中老铁路将中老双方的合作成果向经济、技术、人文等领域延伸,继续夯实中老命运共同体。

1. 中老铁路是中国高铁"走出去"战略的新典范

高铁"走出去"战略实现了中国高铁技术标准、设计咨询、工程建设、装备制造、人员培训、运营维护等全方位输出和合作。面对中老铁路沿线复杂的地形环境,中老铁路设计确定了"快速、智能、人文、绿色、环保"铁路的目标。中国在充分利用原本已经成熟先进的铁路建造技术的基础上,再一次进行创新,并且取得了重大的成果:在勘察方法上,除了常规采用的手段外,我国充分采用卫星图像、航空图片遥感解译等非接触手段,对植被茂盛、交通不便的区域,进行地质判识;在勘测工作上除了利用传统的测量手段外,还采用了多种先进设备和技术进行野外勘测;在高墩大跨桥梁的修建上,采用了目前世界上最大跨度的上承式连续钢桁梁桥;在中老两国的跨境隧道区采用了国内首创的环境保护处理方法,有效地针对隧道地区的地形地质条件进行建设;为了解决环保问题,我国也进行了创新。比如,在亚洲象活动区,尽量用隧道桥梁代替路基,为大象预留通道;为了解决车站货场防尘问题,我国研发了防风抑尘网,不仅能抵御特大强风,还能保护环境。

除了修建铁路以外,在建筑期间,工作人员还结合工程设施帮助沿线的村民改建新建道路水渠、房屋,铺设水管,有效改善了当地基础设施。应当说,中老铁路充分证明中国再次创造了基建的新奇迹。

2. 中老铁路为中老双方带来了发展的新机遇

中老铁路是老挝首条真正意义上的国际铁路,不仅改善了老挝的交通基础设施条件,还有效打通了老挝的经济动脉,带动了老挝的经济发展。据国际货币基金组织评估,老挝未来几年将保持强劲的经济增长势头,其中中老铁路是主要驱动力。世界银行预计,随着中老铁路的开通,以及后期老挝与泰国、马来西亚、新加坡等国的铁路联通,未来老挝国民年均收入有望达到最高21%的增长幅度。旅游业是老挝的支柱产业,每年为老挝贡献约40%的GDP。

中老铁路开通后,极大地提升了两国之间的跨境运输能力与服务质量。中老铁路货运全程最快仅需30小时,运输成本下降至原来的40%至50%。截至2023年6月,中国已有25个省(区、市)开行了中老铁路跨境货物列车,货物运输覆盖老挝、泰国、缅甸、马来西亚、柬埔寨、新加坡等10多个"一带一路"沿线国家。中老铁路能够带动中国同整个东南亚的贸易体量。

第八章　国际资本流动

3. 中老铁路是"一带一路"互联互通建设的新标杆

2023年,"一带一路"倡议迎来十周年。10年来,中国已与151个国家和32个国际组织签署200余份共建"一带一路"合作文件。中国与相关各方一道,坚持共商共建共享原则,深化互利共赢合作,取得了实打实、沉甸甸的建设成就。

从中老签订关于铁路合作的备忘录到中老铁路正式通车,中老高层互动频繁,以领导人视频会晤、发表联合声明、共同谋划建设方案等形式切实推进了双方的战略合作。中老铁路是泛亚铁路中线的重要组成部分,该铁路通过老挝将中国与泰国、马来西亚、新加坡联通,促进"国际陆海贸易新通道"与澜湄区域合作对接,让中国西部大市场与中南半岛市场相连,为中国—东盟经贸关系注入新动能。中老铁路承运国际货物的品牌列车"澜湄快线",提升了中国与东盟国家间的国际联运效率。中老铁路的成功经验有助于推进泛亚铁路剩余路段,包括中线剩余路段及西线中缅铁路、东线中越東泰铁路的建设。未来,中老铁路还将北上、南下联通更多国家,深入推进中国的"一带一路"倡议,继续发挥更大的带动作用并取得更大的综合效益。

第九章 国际银行业与国际金融机构

【教学目的和要求】

了解国际银行业的发展现状,理解作为国际银行业监管框架的《巴塞尔协议》,理解并掌握国际货币基金组织、世界银行、国际清算银行、亚洲开发银行等全球性和区域性金融机构的宗旨、职能、组织结构、资金来源及业务,了解中国与上述机构的关系。

【重要概念】

国际银行业 《巴塞尔协议》 国际金融机构 国际货币基金组织 世界银行集团 国际清算银行 亚洲开发银行

【引言】

国际银行业是全球经济运行的重要元素,是全球资本流动的核心经济活动载体。国际金融机构在促进国际银行业规范运行、推进国际金融与全球经济的发展中发挥着重要作用。作为从事国际金融活动与金融管理的超国家性质的组织机构,国际金融机构能够在重大的国际经济金融事件中协调各国的行动,提供短期资金来缓解国际收支逆差和稳定汇率,以及提供长期资金以促进各国经济发展。

第一节 国际银行业

一、国际银行业的组织结构

国际银行业的组织结构,是指银行在国外分支机构的具体形式以及它们与总行之间的关系。

(一)国际银行业组织结构的演变路径

国际银行业的组织结构随着市场竞争环境的变化,经历了从以地域为中心到以产品为中心,再到以客户为中心的发展。以地域为中心的组织结构有两种:一是单一银行制,二是分支行制。银行管理按照区域进行,在每一个地区有一个最高授权人,负责该地区所有业务的开展。以产品为中心的组织结构是按照银行的业务和产品来设置部门机构,银行的业务开展是以产品线为主导的,每一条产品线都有一个最高的负责人,负责该产品线内所有业务在银行所涉足的区域内的运营。

国际银行由于其活动的广泛,同时也存在按照地区或国家设置的机构,但是在实际的经营中,产品线的负责人拥有业务决策权力,而区域负责人只拥有协调的权力,即在产品和区域两维中,决策权力的分配是以产品线为主、以区域为辅。以客户为中心的组织结构是按照不同客户群来设置部门机构,银行的业务开展是以按照客户设置的战略业务单位为主导的,每一个客户战略业务单位都是相对独立的运作主体,可以存在产品和地区的子战略业务单位。

国际银行业组织结构的演变路径是:单一银行制→支行制→主要在一个国家和地区之内的战略业务单位制→全球范围内的以战略业务单位为基础的矩阵式管理结构→全球范围内的战略业务单位制。这种演变路径与全球金融市场的环境变化和银行内部经营范围的变化是一致的。

(二)国际银行业组织结构的具体形式

银行为了开展国际经营,需要根据具体情况设立形式各异、规模不一的海外分支机构,包括联系行、代表处、分行、办事处、附属行、子公司等。

(1)联系行。联系行是外国银行在东道国寻找的一家代替自己提供服务的当地银行。其一般业务包括吸收存款、发放贷款、处理银行承兑票据和信用证、办理证券业务、外币交易等。对于想要进入一国市场的银行来说,联系行具有方便简单、成本低廉、易于操作的特点。严格地说,联系行不是银行的国外分支机构。

(2)代表处。代表处是银行在国外市场建立一个实体代表机构,执行有限的职能,是一种比较初级的海外分支形式,一般只有1名或数名工作人员。其业务包括:为母行或其他分支机构收集东道国的信息,为母行或其他分支机构在东道国建立良好的客户网络,寻找投资机会,参与策划国际性的合并与收购。代表处是有志于拓展国外市场的银行在国外设立的前哨,成本低但作用较大。银行在最初涉足国外市场时,设立代表处比较合适。

(3)分行。分行是母行的一个组成部分,是母行设在国外的部门齐全的分支机构,是母行在法律上和功能上的全面延伸。分行在东道国法律允许的范围内,从事所有的国内业务和国际业务,包括吸收存款和发放贷款,经营范围广。在国际金融市场日益复杂化和资本充足性要求加强的形势下,许多分行正在参与或寻求表外业务的收费服务项目。分行的不足之处在于:一是成本高,要耗费大量人力、物力和财力;二是面临的国家风险大;三是经营活动受到一定程度的限制。

(4)办事处。办事处又称代理处,是一种介于代表处和分行之间的分支形式,国外又称为"投资公司"或"商业贷款公司"。与代表处相比,办事处的经营范围比较广,但有明显的专门性,主要在国际市场从事工商业贷款和贸易融资,办事处不能接收东道国居民的存款,也不能办理信托业务,其资金来源主要是东道国货币市场和欧洲货币市场上的银行同业拆借。

(5)附属行。附属行一般是东道国银行,由外资银行对其拥有少数非控制性股权。母行与附属行在业务上的分工一般比较明显,即母行承担附属行的部分国际业务,附属行则负责处理母行在东道国的业务。附属行的不利之处在于母行对其控制力比较弱,妨碍母行经营方针的实施。

(6)子公司。子公司是独立于母行的实体,是根据东道国的法律和规范组成的公司,母行对其拥有简单多数的股权。银行子公司与银行分行一样,有广泛的经营权力。银行设立子公司,一方面是因为有些国家的法律不允许外国银行开设分行,在这种情况下,银行只能设法对一家公司实行控股。另一方面,子公司和分行的经营侧重点不同,即使银行在东道国已设有分行,子公司也能给银行带来不同的业务。

二、国际银行业的发展趋势

银行作为金融体系的一个重要组成部分,在经济中发挥着许多重要的作用,包括:提供在不同的时间、地区和行业之间转移经济资源的途径;提供管理风险的方法;提供清算和支付结算的途径,以完成商品、服务和资产的交易。国际银行实际就是银行功能在空间上的进一步扩展,从本国扩展到外国,其服务的对象从本国居民扩展到外国居民。国际银行业是全球经济的重要元素,可提供信贷、参与金融市场交易以及金融顾问服务。国际银行业被称为全球资本流动最重要的载体。

在全球经济发展中,国际银行业保持了强劲的增长势头。2007年次贷风波席卷全球,受累于次贷相关风险的暴露,国际银行业尤其是发达市场银行业纷纷遭受重创。在盈利能力出现下滑、资本充足情况受到侵蚀和资产质量状况不断恶化的同时,国际银行业近年来的一些发展方向也受到前所未有的质疑,人们意识到旨在分散金融风险的金融创新起到了放大风险的负面作用,综合化经营大大增加了银行风险暴露的广度和深度。

国际银行业有以下发展趋势:第一,世界经济增长率的逐年上升将促使银行业逐步摆脱次贷风波的不利影响;第二,次贷风波的教训严厉警示了各大银行,随着放贷标准的提高和新的风险管理机制的建立,银行资产质量有望不断改善;第三,国际各大银行已经进行了巨额冲销,未来大部分损失已提前暴露,致使未来继续巨亏的可能性显著降低;第四,国际银行业再次深刻认识到新兴市场的重要性,未来几年,国际银行业可能会大力开拓海外市场,欧美市场早已成熟的零售业务、收费业务和财富管理等业务在新兴市场将具有广阔的发展空间,这给国际大银行带来了新的发展机会;第五,在次贷风波平息后,国际银行业可能再度掀起并购热潮,这不仅会增强银行的实力,更为银行业实现多元化经营提供了现实可能。

随着银行业境外利润占全部利润来源的比例越来越高,离岸业务也越来越受到重视。第二次世界大战后,国际上逐步兴起离岸金融业务。根据IMF的定义,离岸金融是指银行及其他金融机构向非居民提供的金融服务。相应而形成的资金融通市场,即为离岸金融市场。离岸金融以存贷款等离岸银行业务为主,发展程度较为完善的离岸市场还有离岸证券业务、资产管理业务等。离岸金融具有非居民、低税率、轻监管、高保密等特点。一是资金来源于非居民,并服务于非居民,也就是通常所说的"两头在外"。二是具有优惠的税收安排,通常为零税率或低税率,被称为"避税天堂"。三是离岸金融市场既不受货币发行国的货币政策、金融法律约束,也不受所在国家或地区的外汇管制等政策限制。如可豁免缴纳存款准备金、存款保险等。四是具有较高的保密性,如一些记账中心等。

欧洲美元市场(Eurodollar market)是最初的离岸金融形式。由于第二次世界大战后美国实行欧洲经济复兴计划(即马歇尔计划),苏联和东欧国家为规避美元存款的政治风险,美国实行资本管制等因素,大量美元流入西欧,并在伦敦逐步形成国际市场美元利率定价基准LIBOR。美国于1981年12月开设国际银行设施(International Banking Facilities, IBFs),成为首个在货币发行国境内开展离岸金融交易的离岸金融市场。1986年12月,东京效仿美国建立日本离岸金融市场(JOM),包括69家外资银行在内的181家银行在当时

扩展阅读 9-1
美国国际银行设施

获批开展离岸业务。同时期,亚洲的新加坡、中国香港、泰国等国家或地区先后设立离岸金融市场,有学者也称之为"亚洲美元市场"。

三、国际银行业的监管

20 世纪 80 年代初,由于受债务危机影响,信用风险给国际银行业带来了相当大的损失,银行普遍开始注重对信用风险的防范与管理。《巴塞尔协议》(Basel Accords)在国际银行界建立了一套国际通用的、以加权方式衡量表内与表外风险的资本充足率标准,极大地影响了国际银行监管和风险管理的进程。《巴塞尔协议》发布以后,其国际影响力不断扩大,巴塞尔银行监管委员会也不断根据市场环境的变化对这一协议进行调整。

巴塞尔银行监管委员会的职责主要是协调和完善全球银行监管,推广先进的监管理念和方法,其核心在于通过设置监管标准、堵塞漏洞、提高监管质量,对跨国经营的银行实施相对统一的监管标准,实现各国银行之间的公平竞争,起到维护金融稳定的作用。自成立之后,巴塞尔银行监管委员会制定了一系列重要的银行监管框架。

《巴塞尔协议Ⅰ》:统一监管、公平竞争。1988 年 7 月,巴塞尔银行监管委员会公布了《统一资本计量和资本标准的国际协议》,即《巴塞尔协议Ⅰ》。《巴塞尔协议Ⅰ》的基本理念为:用于抵御银行损失的资本数量应随着银行资产的风险度而变化,监管重心从过去的银行资产负债状况转移到银行的风险资产。《巴塞尔协议Ⅰ》设定了最低 8% 的资本充足率。1996 年,巴塞尔银行监管委员会公布《资本协议市场风险补充规定》,市场风险被纳入加权风险资产范围。《巴塞尔协议Ⅰ》的主要目的有两个:一是要求银行维持足够的、能够吸收损失的资本,避免导致金融系统的崩溃;二是促使国际银行业的资本充足率处于统一监管框架。

20 世纪 90 年代中期以后,由于国际银行业的经营环境发生了较大变化,尽管《巴塞尔协议Ⅰ》关于资本充足率的规定已经在一定程度上降低了银行信贷风险,但国际银行业存在的信贷风险远未消除,更为重要的是,即使是在银行资本与风险资产比率基本正常的情况下,以金融衍生产品为主的市场交易风险仍屡屡发生,致使国际银行业中重大银行倒闭或巨额亏损事件层出不穷。这种情况表明,仅仅依靠达到资本充足率的规定已经不足以充分防范金融风险,加强国际银行业监管必须开阔视野、另辟蹊径。为此,巴塞尔银行监管委员会于 1997 年 9 月 1 日推出了《有效银行监管核心原则》,将风险管理领域扩展到银行业的各个方面,以建立更为有效的风险控制机制。

《有效银行监管核心原则》明确了国际银行业监管的三大支柱:资本充足率、持续监管、市场纪律。其含义与内容如下。

(1) 资本充足率。它是以银行资本为核心,以规范统一的方法,对银行经营及资产面临的风险持续进行识别、计量、分析、判断,以确认银行资产损失及拨备率状况、资本净额及充足率情况,进而对银行的所有者、经营者和监督者提出关于完善性、治理性、整顿性、处置性等的措施,以确保银行经营的拨备充足、资本达标、运行稳健、治理健全。

(2) 持续监管。它是指银行业监管部门对银行机构的市场准入、业务运行和市场退出的事项、活动及行为的全过程持续监管。围绕这三个过程,通常是准入事项的审查和审批、业务运行的现场检查和借助统计信息的持续非现场监管、重大变更事项的审查与机构和业务的重组甚至市场退出。市场准入监管主要是指监管银行业机构的资本、高级管理人员、业务与技术、章程与管理办法、营业场所等。业务运行监管是针对银行机构的业务活动及规范、风险程度等相关的检查与分析和治理,这是影响甚至决定监管组织体制、工作方式的关键。重大事项变更与市场退出监管与业务运行或者风险处置密切相关,是持续监管过程中治理性或整顿性措施的具体体现。

(3) 市场纪律。市场纪律,有人称之为市场约束,还有人称之为信息披露。它是指通过持续有效监管,严格依据资本充足率的计量方法,对银行的决策、经营、管理和经营效果作出风险综合评价与分类,并将结果披露。通过提高信息透明度,让银行的客户和其他金融消费者清楚与其交往的银行的本质与情况,据此判断和选择后续银行服务。其目的在于让好的银行做大、做强,具有持续发展的市场客户基础,让差的银行面对市场压力,自觉改善管理,提高竞争力,由市场竞争力淘汰差的银行。

《巴塞尔协议Ⅱ》：全面监管、激励相容。1997年东南亚金融危机爆发,引发巴塞尔银行监管委员会对金融风险全面而深入的思考。巴塞尔银行监管委员会从1998年开始对《巴塞尔协议Ⅰ》进行全面修订,2004年6月正式出台《统一资本计量和资本标准的国际协议：修订框架》,即《巴塞尔协议Ⅱ》。《巴塞尔协议Ⅱ》的突破在于加入操作风险和信息披露准则,修改和扩展了《巴塞尔协议Ⅰ》关于信用风险加权的方法,允许银行采用内部模型计量信用风险和操作风险。《巴塞尔协议Ⅱ》将资本充足率、外部监管、市场约束三大支柱有机结合,促进银行对风险管理政策和流程的改造,完善管理组织结构和政策框架。

《巴塞尔协议Ⅲ》：审慎监管、多元补充。2008年次贷危机的爆发表明,《巴塞尔协议Ⅱ》提出的三大支柱并没有有效阻止全球性金融危机的蔓延。为此,巴塞尔银行监管委员会不断推出新的风险管理准则和计量方法,发布了包括《增强银行业抗风险能力》和《流动性风险计量、标准和监测的国际框架》在内的一系列监管指引与报告的征求意见稿。经过广泛沟通和征求意见,2010年《巴塞尔协议Ⅲ》版本确定。该改革方案主要涉及最低资本要求水平,包括将普通股比例最低要求从2%提升至4.5%,建立2.5%的资本留存缓冲和0~2.5%的逆周期资本缓冲。该协议被认为是近几十年来针对银行监管领域的最大规模改革。

扩展阅读9-2
加密资产监管

第二节　国际金融机构概述

一、国际金融机构的产生与发展

国际金融机构泛指进行国际货币合作,协调各国货币政策和国际金融关系,从事国际金融业务,维系国际货币、信用体系正常运作的组织机构,它由各国政府参与。

国际金融机构的产生与发展同世界经济政治状况及变化密切相关。国际金融机构对于缓解各国政治经济发展不平衡所造成的尖锐矛盾、缓和国际支付危机、帮助调节国际收支、促进发展中国家的经济发展、促进国际贸易的发展具有重大作用。与此同时,国际金融机构也存在不少问题,要求对其进行改革的呼声一直比较强烈。

第二次世界大战使资本主义国家之间的实力发生了极大变化,美国在战争中的经济实力得到了空前的发展和加强。由此,美国希望建立以美元为中心的资本主义世界货币体系,树立美元霸权地位,确立货币金融领域的领导地位。英国虽遭战争的严重破坏,但在国际货币金融领域仍拥有一定的实力,英镑依然是资本主义世界的重要储备货币之一,英国在国际金融和国际贸易领域继续保持着相当重要的地位。由此,美、英之间展开了夺取世界经济领导权的斗争,其中在建立国际货币体系问题上产生了严重的分歧和斗争。

从1943年9月到1944年4月,美、英两国政府代表就关于建立国际货币体系的不同方案举行了一系列会谈,争论非常激烈,美国经济学家亨利·迪克特·怀特(Harry Dexter White)和英国经济学家凯恩斯(G. Keynes)结合各自国家的利益与实力地位,分别提出了各自的方案。最后,在美国实力地位压力下,双方达成了协议,其中有关建立国际货币基金组织协定的主要内容,基本上以怀特方案为依据。

1944年7月,由44个国家参加的联合国货币金融会议在美国新罕布什尔州布雷顿森林镇召开,会议通过了《国际货币基金协定》,1946年3月正式成立国际货币基金组织(IMF)。这是联合国的一个专门机构,它与世界银行集团(WBG)和关税及贸易总协定(GATT)共同构成维持战后国际经济秩序的三大支柱。国际货币基金组织负责货币金融事务,世界银行集团负责财政援助与经济开发事务,关税及贸易总协定负责国际贸易事务。前两个组织的总部设在美国的华盛顿,关税及贸易总协定的总部设在瑞士的日内瓦。关税及贸易总协定后来发展为世界贸易组织。

国际金融机构分为两大类:一是全球性金融机构,如国际货币基金组织和世界银行集团。二是区域性金融机构。区域性金融机构主要是建立在区域经济发展要求上的,又分为联合国附属的区域性金融机构,如国际清算银行(BIS)、亚洲开发银行(Asian Development Bank,ADB,由于缩写与非洲开发银行的缩写相同,故通常用ASDB)、泛美开发银行、非洲开发银行等,以及区域意义比较明显的一些区域性金融机构,如欧洲投资银行、阿拉伯货币基金组织、伊斯兰开发银行、国际投资银行、加勒比开发银行等。

二、国际金融机构的作用

国际金融机构在加强国际金融合作,发展世界经济以及区域经济方面发挥着不可或缺的积极作用,主要表现在以下几方面。

(1) 当发生重大的国际经济或金融事件,或者某国发生重大事件进而对国际经济和金融领域产生重大影响时,组织协调各国间的相互关系和行动。

(2) 当某国发生经济困难,对其提供短期资金融通,以解决该国国际收支逆差问题,一定程度上缓解该国的支付困难。

(3) 提供长期发展资金,促进成员国特别是发展中国家的经济发展。

(4) 提供普通提款权和分配特别提款权,增强成员国的国际清偿力,保证世界经济发展对国际支付手段的需求。

(5) 稳定汇率,保证国际货币体系的运转,促进国际贸易发展。

全球出现金融危机之际,国际金融机构所扮演的角色是很关键的,而各国与国际金融机构的接触和配合也十分重要。国际金融机构在运作中也存在一些问题,如发展中国家的利益没有得到很好的满足,还使发展中国家的经济产生新的负担,对它们经济政策的选择和实行干预过多等。长远而言,国际金融机构拥有资源、知识和信誉,能协助政府应付危机,通过国际金融机构发挥有效作用,也有助于加强和改善国际金融体系。

第三节　主要的国际金融机构

一、国际货币基金组织

(一)国际货币基金组织概述

国际货币基金组织(International Monetary Fund,IMF)于1946年3月正式成立。《国际货币基金组织协定》明确了该组织的宗旨。

(1)建立一个永久性的国际货币机构,促进国际货币合作。

(2)促进国际贸易均衡发展,维持和提高就业水平与实际收入,发展各国的生产能力。

(3)促进汇率稳定和有秩序的汇率安排,维持会员国之间的正常汇兑关系,避免竞争性的货币贬值。

(4)协助建立各国间经常性交易的多边支付制度,努力消除有碍世界贸易发展的外汇体制。

(5)在临时性基础上和具有充分保障的条件下,为会员国融通资金,使之在无须采取有损于本国及国际经济繁荣的措施的情况下纠正国际收支不平衡。

(6)努力缩短和减轻国际收支不平衡的持续时间与程度。

根据上述宗旨,国际货币基金组织有三项职能。

第一,就成员国的汇率政策、与经常账户有关的支付,以及货币的兑换性问题确立一项行为准则,并实施监督。

第二,当成员国纠正或者避免其国际收支不平衡时,向其提供短期信用帮助。

第三,向成员国提供国际货币合作与协商的场所。

中国是国际货币基金组织的创始国之一,其合法席位是1980年4月17日得以恢复的。截止到2022年,国际货币基金组织成员国已达190个。只有首先成为国际货币基金组织的成员,才有资格成为世界银行集团的成员。

IMF机构设置见图9-1。

国际货币基金组织的最高决策机构是理事会,其成员由各国中央银行行长和财政部部长组成。理事会每年秋季召开定期会议,决定国际货币基金组织和国际货币体系的重大问题、批准接纳新会员国、调整基金份额、修改基金协议等。

理事会下设执行董事会,负责日常行政工作及处理日常业务。执行董事会设24名执行董事,拥有基金份额最多的6个国家(美、英、法、日、德、沙特阿拉伯)各派出1名,中国、俄罗斯为单独选区,也各自单独派出1名,其余国家和地区分为16个选区,每个选区选派

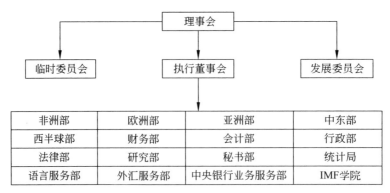

图 9-1 IMF 机构设置

1 名。国际货币基金组织的最高行政首脑是总裁,由执行董事会推举,并兼任执行董事会主席。通常情况下,主席不参加董事会的投票,仅当两方票数相等时,主席才可投决定性的一票。2019 年 10 月起,由克里斯塔利娜·格奥尔基耶娃(Kristalina Georgieva)担任 IMF 总裁。格奥尔基耶娃 1953 年生于保加利亚索菲亚,拥有经济学博士学位。她曾担任欧盟委员会委员和欧盟委员会副主席。

国际货币基金组织另外还有两个机构,即"临时委员会"与"发展委员会"。这两个委员会都是部长级委员会,每年举行 2~4 次会议,讨论有关国际货币体系和开发援助的重大事项。由于这两个委员会的成员级别高,又来自主要的国家,所以大多数情况下,委员会的决议就等于理事会的决议。

国际货币基金组织的业务机构是在执行董事会下所设的业务部门,有行政、研究、法律、会计、秘书等 16 个部门,分别负责开展日常业务工作。另外,国际货币基金组织在巴黎、日内瓦设有办事处,为永久性的海外业务机构。

国际货币基金组织的每一个成员国都有 250 票基本投票权。此外,每缴纳 10 万美元增加一票投票权。根据新的份额决定公式,IMF 对所有成员国的份额做了一次总的提高,于 2008 年 3 月将基本投票权提高到 750 票,以抵消一些最不发达国家份额调整后占比下降对投票权占比的影响,由此,135 个成员国的投票权占比得以提高,总计提高了 5.4 个百分点。按国际货币基金组织协议规定,特别重大的问题须经全体成员国投票获得 85% 的同意才能通过并使决议生效。美国在 IMF 中以 16.83% 的投票权居首,德国为 5.88%,英国和法国分别是 4.86%,中国则不到 4%(2008 年 4 月,IMF 理事会投票批准了关于份额和投票的表决方案,适当提升发展中国家的代表性,中国的出资份额提高到 3.997%,投票权份额提高到 3.807%)。显然,这一比例是不符合实际的,如今中国的经济总量已经超过英、法,话语权却没有扩大。2008 年金融危机爆发后,IMF 希望从中国、印度等外汇储备充裕的新兴市场国争取更大的资金支持,因而提高这些国家代表性的问题自然就无法回避。

(二)国际货币基金组织的资金来源与业务活动

国际货币基金组织的资金来源主要包括三个部分。

(1)成员国缴纳的份额。各成员国缴纳份额的多少,根据各国的国民收入、外汇储备、国际收支等情况及其他经济指标,由国际货币基金组织与该成员国协议确定。目前,成员国认缴的份额25%可用特别提款权、外汇缴纳,75%可用成员国货币支付,这部分货币存放在本国中央银行,国际货币基金组织可以随时动用。成员国缴纳基金份额的多寡,既与投票权的多少有关,还决定成员国向国际货币基金组织借款或提款的额度,以及分得的特别提款权的多少。

(2) 国际货币基金组织的对外借款。这是指国际货币基金组织向成员国当局或通过国际金融市场从其他金融或商业机构筹措的款项。对外借款增加了国际货币基金组织的临时性补充资金,以便为成员国提供融资。

(3) 信托基金。1976年1月,国际货币基金组织将持有的库存黄金的1/6按市场价格出售,以所得利润46亿特别提款权建立信托基金,向贫困国家提供贷款。

根据国际货币基金组织的宗旨和应发挥的职能,其业务活动的涉及面比较广,如实行汇率监督、进行磋商和协调、提供技术援助、开展情报交流和科学研究等,但是国际货币基金组织的主要业务活动还是融通资金,即在会员国出现国际收支逆差时,采用各种贷款方式提供短期资金。

(三) 国际货币基金组织的贷款条件性

对国际收支发生逆差的成员国来说,其在要求IMF提供贷款时,必须接受IMF规定的限制条件。这些贷款限制条件主要反映在财政、金融和外债等政策上。

(1) 财政政策方面:要求贷款接受国削减预算的财政赤字,缩减政府开支、改革税收,实行紧缩性的财政政策。

(2) 金融政策方面:要求贷款接受国的央行控制信贷供应量,规定央行的贴现率和银行的准备金,并且强调汇率政策的重要性,禁止汇率贬值,禁止引入新的贸易和支付限制。

(3) 外债政策方面:规定外债的最高限额,特别强调对短期外债的控制,其中包括政府部门和私营部门的国外借债。

除此之外,还有其他一些要求履行的内容。以上可见,IMF贷款条件的核心是经济紧缩,即紧缩的货币政策和财政政策。

由于20世纪60年代以后,工业国家从原来占IMF贷款比重的2/3下降到了80年代初的4.1%,而发展中国家的贷款比重上升到了95.9%,因此,IMF的贷款条件性与发展中国家的矛盾便日益显现出来。由此出现了反对和批评IMF贷款条件性的论点,主要表现为:①贷款条件不能完全反映发展中国家的现状。紧缩性的货币政策对产出产生不利影响,从而进一步恶化国际收支。②IMF受工业大国的权势支配,对出现巨额顺差的主要工业国从未施加压力。如果仅仅要求逆差国作出调整,全球性的国际收支不平衡状况不但得不到纠正,反而会更加恶化。③贷款条件过于苛刻和严厉。在短期内要求贷款接受国的基本政策作出较大调整,会使该国出现高失业率及实际收入和消费水平的下降。

2008年金融危机后,要求IMF改革的呼声进一步强烈,IMF在贷款改革方面也有了一些进展。2009年3月24日,IMF宣布对贷款框架进行"大修"——改进借款条件,主要手段是:首先,推出新的无附加条件贷款工具——灵活信贷安排(flexible credit line, FCL);其次,适度放宽金融危机中最常用的贷款形式——备用贷款安排(SBA)的放款条件。新推出的灵活信贷安排不存在附加条件。它不是简单的贷款,而是授予一国信用额度。它的做法是:愿意参与的国家先向 IMF 存入占其借款 2.4%～2.7%的资金,然后可以在未来任何时候从基金中提取资金。它的灵活性体现在借款总额没有上限,借款国在贷款到期后可以申请续借,还款期更长。相比之下,备用贷款安排对借款总额有上限,借贷期是 12～24 个月,还款期为 2 年半到 4 年。灵活信贷安排的贷款成本并不低,在 7.3%～11.5%,它包括贷款利率 2.3%～2.9%,另外还有 2.7%～3.6%的附加费。对贷款中超出本国份额 300 倍以上的部分,3 年以后将加收 5%的服务费。FCL 虽然条件优厚,但是申请条件高。IMF 要求使用这类信贷安排的国家必须具有强大的经济政策,比如现金流以私有资本为主、有一定外汇储备、公共负债在合理的水平等。

(四) 对国际货币基金组织的评价及改革讨论

国际货币基金组织自成立以来,在加强货币合作、稳定国际汇率、缓和国际收支危机以及促进世界经济发展等方面都起到了重要的积极作用。

(1) 国际货币基金组织提供的各种类型贷款在一定程度上缓和了会员国出现的国际收支困难。

第二次世界大战结束以后,发展中国家(石油生产国除外)因国际市场初级产品价格偏低、出口收入递减、外债增多,国际收支状况不断恶化,加之两次石油提价又引发了进口石油的工业发达国家和非产油发展中国家愈加严重的国际收支危机。在这种情况下,国际货币基金组织发放的各种贷款在一定程度上缓和了会员国的国际收支困难。1991 年的英国货币危机和 1994 年的墨西哥金融危机,都在国际货币基金组织的帮助下很快得到了平息。1997 年东南亚金融危机爆发以后,国际货币基金组织又依靠自身实力并组织有关国家对印度尼西亚、泰国、菲律宾和韩国提供了紧急援助,在一定程度上缓解了这些国家的金融危机。

(2) 国际货币基金组织在稳定汇率、促进国际贸易发展方面起到了一定的积极作用。

国际货币基金组织成立之初实行的是以美元为中心的固定汇率制,这种制度不仅使各会员国之间货币汇率保持了相对的稳定性,而且便利了国际结算,这对于国际贸易的增长和第二次世界大战以后各国经济的复兴是十分有利的。布雷顿森林体系崩溃以后,国际货币基金组织对会员国的浮动汇率实行管理和监督,在一定程度上也有利于保持国际货币体系的稳定。

(3) 国际货币基金组织在维持国际货币体系的正常运转,促进各国商品、劳务和资本流动等方面,也起到了一定的积极作用。

曾以为浮动汇率制度可以较顺利地发现国际收支不平衡并灵活加以调整而使主要货币汇率不再波动,可事实上发展中国家和发达国家的汇率波动比预想的要频繁、剧烈得多,这也对国际贸易和各国政治经济关系产生了越来越大的不利影响,并对社会生产力和财富积累过程造成了重大破坏。在这一过程中,国际货币基金组织的内在局限性逐渐显露出来:①国际货币基金组织对于危机的发生缺少必要的预警系统,甚至出现误导。②国际货币基金组织对于治理危机的方案不能做到"对症下药"。在治理拉丁美洲国家金融危机的过程中和在东南亚金融危机之初,国际货币基金组织开出的药方都是"紧缩+开放",这一方案过于僵化,不能适应不同国家的具体国情。③以美国为首的西方大国出于自身利益的考虑,常常借助国际货币基金组织向受援国推销其价值观、转嫁经济危机和攫取金融比较利益。

在全球金融危机爆发的 2008 年下半年,国际货币基金组织可用的金融资源约有 2 500 亿美元,包括 2 000 亿美元现金,以及两个常设借款协议能吸引到的约 500 亿美元资金。随着危机的恶化,国际货币基金组织连续为冰岛、乌克兰、匈牙利等国家借出资金。在 2009 年,国际货币基金组织可用的金融资源面临枯竭,而很多国家为恢复经济、平衡国际收支仍存在巨大的资金缺口。国际货币基金组织面临危机的迟缓反应以及亡羊补牢、早已失去初创时的活力的做法,令批评声不断,要求改革国际货币基金组织的呼声也进一步强烈。事实上,2008 年金融危机发生的一个主要原因就是国际金融机构未能成功组织国际层面的有效合作。危机表明,现有国际金融体系已不能适应全球化金融市场发展的要求,现行国际金融体系的问题突出表现在世界银行和国际货币基金组织的治理结构上,两大金融机构长期以来为西方发达国家掌控,将重心放在监管发展中国家金融活动方面,而忽视了发达国家的金融弊端。

为应对新冠疫情带来的全球危机,2021 年 8 月 2 日,理事会批准了约 6 500 亿美元的特别提款权普遍分配方案,以满足各国对储备的长期需求,特别是对最脆弱的成员国提供支持。本轮特别提款权普遍分配于 2021 年 8 月 23 日生效。新生成的特别提款权将按照现有份额比重提供给成员国。约有 2 750 亿美元提供给新兴市场国家和发展中国家。

二、世界银行集团

世界银行集团(World Bank Group,WBG)是一个与国际货币基金组织紧密联系、互相配合的国际金融机构,也是布雷顿森林体系的产物。世界银行集团的使命是:用激情和专业与贫困做斗争以达到脱贫的最终目的;通过与公共和私有部门建立合作,提供资源、分享知识和培养能力;帮助人民使他们可以帮助自己以及他们赖以生存的环境,成为世界上最好的机构并吸引最好的雇员。

世界银行集团是联合国系统下的多边发展机构,包括五大机构:世界银行、国际开发协会(International Development Association,IDA)、国际金融公司(International Finance Corporation,IFC)、多边投资担保机构和国际投资争端解决中心。多边投资担保机构的宗旨是帮助发展中国家吸引外国投资,它为投资者提供"非商业风险"(诸如没收和战争)的投资担保,也就改善外国投资气候向发展中国家提供咨询。国际投资争端解决中心的宗旨是通过有关设施来调节及仲裁政府与国外投资者之间的纠纷,促进国际投资流量的增长,同时提供咨询和研究服务,并出版关于外国投资法的文献。这里重点介绍世界银行、国际开发协会和国际金融公司。

(一)世界银行概述

世界银行的全称为国际复兴开发银行(International Bank for Reconstruction and Development,IBRD)。它于 1945 年 12 月正式宣告成立,总部设在华盛顿,在纽约、巴黎、日内瓦、东京等地设立了办事处,在东非、西非地区和 26 个发展中国家设常驻代表。参加世界银行的国家必须是国际货币基金组织的成员国。按照《国际复兴开发银行协定》的规定,世界银行的宗旨如下。

(1) 对用于生产目的的投资提供便利,以协助会员国的复兴与开发,并鼓励不发达国家生产与资源的开发。

(2) 以保证或参加私人贷款和私人投资的方式,促进私人的对外投资。

(3) 鼓励国际投资,促进成员国的生产资源开发和生产力提高,促进国际贸易的长期平衡发展,维持国际收支平衡。

(4) 在提供贷款保证时,应与其他方面的国际贷款配合。

世界银行和国际货币基金组织两者紧密联系、相互配合。国际货币基金组织主要负责国际货币事务方面,其主要任务是向会员国提供解决国际收支暂时不平衡所需的短期外汇资金,以消除外汇管制、促进汇率稳定和国际贸易的扩大;世界银行则主要负责会员国的经济复兴与开发,致力于提高人们的生活水平,消除贫困,并向会员国(特别是发展中国家)提供发展经济的中、长期贷款。

世界银行的组织机构与国际货币基金组织基本相似,也设有理事会和执行董事会。理事会是世界银行的最高权力机构,由各会员国选派理事和副理事各一名组成。理事会每年举行一次会议,常与国际货币基金组织会议联合召开。理事会的主要职责是:批准接纳新会员国、增加或减少世界银行资本、关于会员国资格审定、决定世界银行净收入的分配以及其他重大问题等。执行董事会是负责处理日常事务的机构。世界银行董事会和世界银行行长(兼任董事会主席)主管世界银行的一般性业务,监督世界银行日常工作,行使理事会赋予的职责。执行董事每周在华盛顿召开两次会议,审批新贷款项目,审查世界银行业务与政策。董事会包括各成员国股东,它们是世界银行的最终决策者。一般而言,理事为各成员国财政部部长或发展部部长兼任,他们每年集中一次,参加世界银行集团和国际货币基金组织理事会年会,目的是制定世界银行集团总体政策,审查成员国资格,同时履行其他职责。由于所有理事每年只集中一次,因此将具体工作委派给24名执行董事,后者在世界银行总部办公。自2019年4月起,世界银行行长由戴维·马尔帕斯(David Malpass)担任。此前,马尔帕斯曾担任美国财政部副部长。2023年5月3日,世界银行执行董事会批准阿贾伊·班加(Ajay Banga,中文名彭安杰),为世界银行的新一任行长,于6月2日开始5年任期。班加为美籍印度裔人,曾担任万事达卡公司首席执行官、泛大西洋投资副主席。

世界银行协定条款规定,5个最大的股东国——法国、德国、日本、英国和美国中,每个国家均任命一名执行董事,而其他成员国则由19名执行董事代表,他们分别代表由几个国家组成的不同选区。每位执行董事均由一个或一组国家通过两年一度的选举产生。选举通常能够保证维持董事会中广泛的地域平衡。

根据世界银行官网数据,世界银行集团的工作人员来自170多个国家,在130多个地点设有办事处。截至2022年,世界银行集团共有约16 000名员工,他们均为各领域专业人士,包括经济学家、教育家、环境科学家、财务分析师、人类学家、工程师等。这些人员利用其专业技能和世界银行资源来缩小发展中国家与发达国家之间的经济差距,将发达国家的资源转化为发展中国家的经济增长,从而实现可持续减贫。

世界银行以股份公司形式建立,各国认缴股份按国际货币基金组织的份额比例分摊。世界银行就像一个合作社,截至2022年,拥有189个成员国。每一成员国拥有250票基本投票权,每认缴股金 10 万特别提款权增加一票。任何一项提案表决时,都必须占 85% 的票数同意才通过。

世界银行的资金来源由四部分组成:①会员国缴纳的股金和世界银行本身历年纯收入积累的资金;②在国际资本市场上发行债券的收入;③出让债权的收入;④世界银行业务的利润收入。

作为会员国缴纳的股金,根据世界银行的有关规定,成员国认缴的股份分为两部分:约 20% 为实缴股金,由银行自由使用,其余部分为代缴股金,一般只有当银行需要时才向成员国追缴。这部分股金虽非银行的实收资本,但它是世界银行在国际金融市场上筹资的良好的信誉保证。

作为在国际资本市场上发行债券的收入即市场融资,也就是世界银行通过国际金融市场借款或发行债券获得资金,这是世界银行最主要的筹资方式。

作为出让债权的收入,即世界银行将贷出款项的债权转让给私人投资者(主要是商业银行),收回一部分资金,从而加速贷款资金的周转,提升银行的贷款能力。

作为世界银行业务净收益的积存,世界银行自 1947 年开始营业以来,除第一年有小额亏损以外,每年都有盈余,且逐年增长,这项资金经过多年的积累(留作储备金),亦达到相当可观的规模,构成世界银行的又一重要资金来源。

世界银行规定的会员国认购的股金中 80% 为待缴股金,于世界银行催交时再进行缴付,但是,世界银行自建立以来,未要求会员国缴付过待缴股金。实缴股本支撑着世界银行的全部贷款资产,这也反映出世界银行用于贷款的大部分资金是通过国际资本市场筹集而来。

世界银行通过在国际债券市场发行债券来借款筹资。它曾在美国、德国、日本等许多国家发行债券,并向石油输出国组织借款。世界银行发行债券时期限以 2 年到 25 年不等,其利率随国际金融市场行情的变化而变化,但由于世界银行资信较高,利率往往要低于一般的公司债券和某些国家的政府债券。世界银行发行债券,除采取通过投资银行、商业银行等中间包销商向私人投资者出售中长期债券方式外,还直接向会员国政府、政府机构或中央银行出售中短期债券。世界银行之所以能够保持其融资规模,最重要的就是其 3A 级别的信用等级。世界银行自身认为信用级别像眼睛一样珍贵。要想保持最高信用级别、最低融资成本,首先就要保证世界银行贷款项目的尽可能成功,并通过一系列的评估和项目周期的监控来保证项目的成功;其次就是要实施强有力的财务风险管理。

世界银行几乎年年都有巨额的净收益。它除将一部分净收益以赠款形式拨给国际开发协会外,其余均充作本身的储备金,成为发放贷款的一个资金来源。

(二)国际开发协会

国际开发协会(International Development Association,IDA)是专门针对较贫穷的发展中国家发放条件较宽的长期贷款的国际金融机构。第二次世界大战以后,出现了大批摆脱了殖民统治的发展中国家,它们也成为世界银行的会员国。这些国家当时急需一大笔建设资金恢复与发展经济。由于世界银行贷款条件较严,不能帮助较穷的发展中国家解决资金困难,因此,于 1960 年 9 月成立了国际开发协会,以促进这些国家的经济发展和提升其生活水准。只有世界银行的成员国才可以参加国际开发协会。截至 2022 年,国际开发协会共有174个成员国。

国际开发协会成员国的投票权按认缴股份额计算,初次认股时,每个成员国拥有基本票数500票,每认股5 000美元增加一票;至第四次补充资金时,每个成员国拥有3 850基本票,每认股25美元增加一票。

国际开发协会名义上是一个独立机构。它同世界银行是两块牌子,一套人马。其最高权力机构是理事会,理事会下设有执行董事会,负责处理日常业务工作。国际开发协会的正副理事和正副执行董事,就是世界银行的正副理事和正副执行董事。国际开发协会办事机构的各部门负责人也都是由世界银行相应部门的负责人兼任。国际开发协会在法律上和财务上是独立的。

国际开发协会所需资金的主要来源包括:①会员国认缴的资本。会员国分为两组,按不同办法缴纳。第一组包括美、英等20余个发达国家(以及个别石油输出国),它们认缴的股金以黄金或自由外汇缴纳,可全部用于国际开发协会的信贷活动。第二组主要是发展中国家,其中90%认缴资本可用本国货币缴纳。②补充资金。这主要是由第一组会员国提供的。国际开发协会依靠这项补充资金来维持它不断增长的信贷资金的需要。③世界银行从净收益中拨付给国际开发协会的资金。④国际开发协会业务经营的净收益。

与其他国际金融机构的贷款条件相比较,国际开发协会的条件是很优惠的。第一,利息低微,甚至不收利息,只收0.75%的手续费。第二,贷款期长。时间可长达50年并有10年的宽限时期,即前10年不必还本。从第2个10年起,每年还本1%,其余30年每年还本3%。其贷款可以全部或一部分用本币偿还。第三,注重农业和人力资源开发(如教育卫生事业),而这些项目是其他国际金融机构相对较少顾及的。可见,国际开发协会提供的是一种长期低息贷款,一般被称为"软贷款"。世界银行的贷款因条件较严,通常被称为"硬贷款"。鉴于此,国际开发协会的贷款通常称作信贷,以与世界银行的贷款相区别。1980年,中国恢复了在世界银行集团的合法席位,并同时成为国际开发协会的成员国。

(三)国际金融公司

国际金融公司(International Finance Corporation,IFC)成立于1956年7月,其宗旨是:专门对会员国的私人企业新建、改建和扩建等项目提供资金,促进发展中国家私营经济的增长和资本市场的发展。只有世界银行的会员国才能成为国际金融公司的会员国。截至2022年,国际金融公司共有185个成员国。

国际金融公司的组织机构与世界银行相同。最高权力机构是理事会,理事会下设执行董事会,国际金融公司的正副理事和正副执行董事就是世界银行的正副理事与正副执行董事。国际金融公司的总经理由世界银行行长兼任。国际金融公司的一些机构的人员也是由世界银行相应机构的人员兼任。

国际金融公司发放贷款的资金来源主要有三个方面:①会员国缴纳的股金;②从世界银行和其他来源借入的资金,或以发行国际债券获取的资金;③国际金融公司业务经营净收入。

国际金融公司的主要目的是通过向发展中国家的私营企业发放贷款或以入股的方式进行投资,来促进其国内经济的发展。其贷款无须政府担保,贷款期限一般为7~15年,利率一般等同于世界银行,还款时须以原借入的货币偿还。国际金融公司选择投资项目的标准是:投资项目必须对所在国的经济有利、必须有盈利前景、必须是无法以合理条件得到足够私人资本的项目、所在国政府不反对拟议的投资项目、本国投资者在项目开始施工时即参与投资。

三、国际清算银行

(一) 国际清算银行的建立与宗旨

国际清算银行(Bank for International Settlements, BIS)是根据1930年1月20日签订的海牙国际协定(Hague Agreement),由英国、法国、意大利、德国、比利时、日本六国中央银行以及代表美国银行业利益的摩根银行、纽约花旗银行和芝加哥花旗银行3家商业银行组成的银行集团,于1930年5月在瑞士的巴塞尔成立,它是世界上成立最早的国际性金融组织。

最初成立国际清算银行的目的是处理第一次世界大战后德国战争赔款和债务问题以及推动中央银行间的合作。随着战后的债务问题的解决,国际清算银行的职能也在不断发生变化。1945年国际货币基金组织和世界银行成立以后,国际清算银行逐渐转变为与各国中央银行进行业务往来的国际金融机构,在国际清算中越来越多地扮演受托人和代理人的角色。国际清算银行不是政府间的金融决策机构,也不是发展援助机构,实际上是各国中央银行的银行。国际清算银行的宗旨是:促进各中央银行之间的合作,并为国际金融业提供额外的便利条件,充当国际结算的受托人或代理人。同时,国际清算银行以其储备充足、经营稳健、不轻易冒险、不追求高利润率而闻名于世,被公认为世界上最安全的银行之一。截至2022年,国际清算银行有成员国63个。

(二) 国际清算银行的资金来源

国际清算银行的资金主要来源于三方面:①成员国交纳的股金;②借款,一般是向成员国的中央银行借款。③开展有效业务,大量吸收客户存款,存款在该行的资金来源中占的比重很大。

(三) 国际清算银行的组织机构和业务活动

国际清算银行的组织机构是由股东大会、董事会和管理当局三部分组成。股东大会是其最高的权力机构,每年举行一次会议,由认购该行股票的各国中央银行派代表参加。股东大会的权利主要是审查并批准年度报告、经审计师审计后的资产负债表、利润表及改变董事会成员的报酬;决定准备金和特别基金的拨款;宣布股息及其股息金额等。股东投票权按其持有股份的多少来决定。

董事会是国际清算银行的实际领导机构。根据BIS章程,董事会由以下人员构成:英国、法国、比利时、意大利、德国的中央银行行长和美国联邦储备委员会主席为当然董事,当然董事可以任命一名副董事,如果行长本人不能出席董事会会议,副董事长有权参加会议并行使董事的权利;其他董事由董事会2/3多数同意从认购股票但未委派当然董事的国家的中央银行行长中选出,但人数不能超过9人。每年举行的董事会会议不得少于10次,董事选举董事会主席,并任命国际清算银行的行长。自1948年以来,董事会主席和行长职务一直由一人担任。

国际清算银行的职能是"中央银行的银行"：①处理国际清算工作。作为世界清算中心，该行是欧洲经济合作组织、欧洲支付同盟、欧洲货币合作基金等多个国际机构的金融代理人。②为各国中央银行办理各种银行业务，主要有：代成员国中央银行买卖黄金、外汇和发行债券；为成员国中央银行提供贷款和接收它们的存款；为各成员国政府间贷款充当执行人或受托人；同有关国家中央银行签订特别协议，代办国际清算业务。世界上很多中央银行在国际清算银行存有黄金和硬通货，并获取相应的利息。根据 BIS 的统计，截至 2023 年 3 月，各国存有约 2 890 亿 SDR 单位的外汇储备和 190 亿 SDR 单位的黄金。这同时也可以作为国际清算银行提供贷款的资金保障之一。国际清算银行资金力量雄厚，积极参与国际金融市场活动，尤其是国际黄金市场和欧洲货币市场的重要参与者。

国际清算银行还是各国中央银行进行合作的理想场所。很多国家的中央银行行长每年在巴塞尔的该行年会上会面，并且参加每月第一个周末的西方主要国家中央银行行长会议，商讨世界经济与金融问题，协调有关国家的金融政策，促进各国中央银行的合作。

四、亚洲开发银行

亚洲开发银行(Asian Development Bank，ASDB)是一个类似世界银行，但只面向亚太地区的区域性政府间金融开发机构。亚洲开发银行成立于 1966 年 11 月，总部设在菲律宾首都马尼拉。

该行是亚洲、太平洋国家(地区)以及西方发达国家政府出资开办的多边官方金融机构。亚洲开发银行规定，凡属于联合国亚洲及太平洋经济社会委员会的会员和准会员国，以及参加联合国或联合国专门机构的非本地区的发达国家均可加入亚洲开发银行。因此，亚洲开发银行的会员国除亚洲和太平洋地区的国家外，还有英国、德国、意大利、荷兰等十几个欧洲发达国家。亚洲开发银行在初建时有 34 个会员，其中 22 个来自亚太地区，16 个来自西欧、北美地区。截至 2022 年，其成员已达 68 个国家和地区，其中 49 个来自亚太地区。

(一) 亚洲开发银行的宗旨和任务

亚洲开发银行的宗旨是：鼓励政府和私人在亚太地区投资，通过提供项目贷款和技术援助促进与加强亚太地区发展中国家的经济发展及合作。亚洲开发银行的任务是：①为亚太地区成员的经济发展筹集与提供资金；②促进公、私资本对本地区各成员的投资；③帮助本地区各成员协调经济发展政策，以更好地利用自己的资源及在经济上取长补短，并促进其对外贸易的发展；④为其成员拟订和执行发展项目与规划提供技术援助；⑤以亚洲开发银行认为适当的方式，同联合国所属机构、其他国际机构，以及各国公营和私营实体进行合作，并向它们展示投资与援助的机会；⑥发展符合亚洲开发银行宗旨的其他活动和服务。

(二) 亚洲开发银行的组织机构

亚洲开发银行是以会员入股的方式组成的企业性国际金融机构。凡会员均要认购亚洲开发银行的股本，认购股本的限额没有严格的规定，一般与亚洲开发银行商议决定。亚洲开发银行设有理事会、董事会以及办事机构。理事会是亚洲开发银行的最高决策机构，负责接纳新会员、确定银行股金、修改章程、选举董事与行长、决定亚行储备金及纯收益的分配等。它由每个会员派理事、副理事各1名组成，每年至少召开一次会议。董事会是亚洲开发银行理事会的执行机构，负责全面管理亚洲开发银行的日常业务。它由理事会选举的12名董事组成，董事任期2年，可以连任，其中8名产生于区内会员，4名产生于区外会员。行长任执行董事会主席，他由理事会选举产生，任期5年，可以连任。

（三）亚洲开发银行的资金来源

1. 普通资金

普通资金用于亚洲开发银行的一般贷款业务。它是亚洲开发银行进行业务活动的最主要资金来源。普通资金由以下部分构成。

（1）股本。亚洲开发银行建立时法定股本为10亿美元，分为10万股，每股面值1万美元。每个成员均须认购股本。首批股本由实缴股本和待缴股本构成，两者各占一半。实缴股本金额50%以黄金或可兑换货币支付，另50%以本国（地区）货币支付。待缴部分只有当亚洲开发银行对外借款以增加其普通资本或为此类资本做担保而产生债务时，才予催缴。成员支付催缴股本，可选择用黄金、可兑换货币或亚洲开发银行偿债时所需的货币。根据亚洲开发银行报告：截至2022年，日本和美国同为亚洲开发银行最大股东，各持有15.571%股份和拥有12.751%的投票权。中国是亚洲开发银行第三大股东国，持股6.429%，拥有5.437%的投票权。

（2）借款。从1969年起，亚洲开发银行开始从国际金融市场借款。其是在主要的国际资本市场以发行债券形式借款，也向有关国家政府、中央银行及其他金融机构直接安排债券销售，有时还直接从商业银行借款。

（3）普通储备金。按章程规定，亚洲开发银行理事会把亚洲开发银行净收益的一部分划作普通储备金。

（4）净收益。净收益由提供贷款收取的利息与承诺费形成。

（5）特别储备金。对1984年3月28日以前发放的贷款，亚洲开发银行除收取利息和承诺费外，还收取一定数量的佣金以留作特别储备基金。

（6）预交股本，即成员方在法定认缴日期之前缴纳的股本。

2. 亚洲开发基金

该项基金创建于1974年6月28日，主要由亚洲开发银行发达成员捐赠，用于向亚太地区贫困成员发放优惠贷款，提供最多资金的是日本、美国、德国、英国等。

3. 技术援助特别基金

这是亚洲开发银行为提高发展中成员的人力资源素质和亚洲开发银行贷款的使用效率于1967年建立的。该项基金也是由各成员的自愿捐赠和从股本中拨款组成。

4. 日本特别基金

在1987年举行的亚洲开发银行第20届年会上，日本政府表示，愿出资建立一个特别基金。亚洲开发银行理事会于1988年3月10日作出决定，成立日本特别基金，用于：①在成员的公营、私营部门中以赠款方式资助进行技术援助活动；②通过单独或联合的股本投资支持私营部门的开发项目；③以单独或联合赠款的形式，对亚洲开发银行向公营部门开发项目进行贷款的技术援助部分给予资助。

五、中国与主要国际金融机构的关系

（一）中国与国际货币基金组织

中国是国际货币基金组织的创始国之一，在该组织创立时的份额为 5.5 亿美元。1980 年 4 月 17 日，国际货币基金组织恢复中国在国际货币基金组织的合法席位，同年 9 月，国际货币基金组织将中国份额增加到 12 亿特别提款权。2001 年 2 月 5 日，国际货币基金组织将中国份额增至 63.692 亿特别提款权，相当于 83 亿美元，占国际货币基金组织总份额的 3%，位于第 8 位。截至 2015 年 5 月，中国国际货币基金组织的份额为 3.994%。根据 IMF 2010 年 12 月的第 14 次份额总检查报告，IMF 特别提款权将扩容 1 倍，同时新兴市场国家在 IMF 中的份额占比将重新分配，获得更多的投票权。虽然 IMF 于 2010 年通过了这份改革方案，但美国国会拒绝批准该方案，直至 2016 年 1 月 27 日，国际货币基金组织宣布 IMF 2010 年份额和治理改革方案已正式生效，这意味着中国正式成为 IMF 第三大股东。中国份额占比从 3.996% 升至 6.394%，排名从第六位跃居第三位，仅次于美国和日本。2016 年 10 月 1 日，人民币正式加入国际货币基金组织特别提款权货币篮子。截至 2022 年 5 月，人民币在特别提款权货币篮子中的权重为 12.28%，位居第三。

国际货币基金组织向中国提供了一系列技术援助，如为 20 世纪 80 年代的中央银行体制改革、90 年代以来的财税体制改革、外汇管理体制改革、人民币经常账户可兑换等重大改革措施均提供了有益的咨询。在国际货币基金组织的援助下，中国建立了符合国际标准的货币银行统计体系和国际收支统计体系，改进了国民账户统计，建立了外债监测体系。国际货币基金组织还在改善中国货币政策与财政政策的制定和操作、修改和完善银行法规及会计与审计制度、加强金融监管以及发展金融市场工具方面作出了贡献，并为中国政府机构的有关人员提供了大量培训。

中国同样也对国际货币基金组织的发展作出了积极的贡献。1994 年，中国向国际货币基金组织提供了 1 亿特别提款权的贷款，用于支持重债穷国的债务调整，同时还向该贷款的贴息账户捐款 1 200 万特别提款权。1999 年，中国又向国际货币基金组织捐助 1 313 万特别提款权，继续支持重债穷国减债计划。1997 年亚洲金融危机爆发后，中国积极参与了国际货币基金组织向泰国提供的一揽子援助，向泰国政府贷款 10 亿美元。在印度尼西亚金融危机爆发后，中国向国际货币基金组织承诺向印度尼西亚政府提供 3 亿美元的二线资金支持。中国一贯积极履行对国际货币基金组织的义务，将中国在国际货币基金组织份额的一部分向其资金使用计划提供短期资金融通。在亚洲金融危机期间，中国用于该计划的份额余额超过 20 亿美元。更为重要的是，人民币的稳定为维护亚太地区经济形势的稳定作出了重要贡献。在由美国次贷危机引发的全球金融危机中，中国仍然为全球经济恢复作出了重要贡献。2016 年 10 月 1 日，人民币正式加入 SDR 货币篮子，这是人民币国际化的重要里程碑。人民币初始权重为 10.92%，超越日元与英镑，紧随美元和欧元，成为其中第三大储备货币。这表明 IMF 对中国在国际舞台上崛起，以及中国将金融市场融入全球市场做出努力表示认可。同时，由于中国的经济发展和经济体制改革在世界上是比较独特的,这也就丰富了国际货币基金组织在指导和协助发展中国家加快发展方面的有效经验。朱民、张涛、李波曾先后出任国际货币基金组织副总裁一职。

(二)中国与世界银行

1980年,中国恢复了世界银行的成员国地位。1981年,世界银行向中国提供第一笔贷款,用于支持大学发展项目。从此,世界银行与中国的关系日益加强,成为重要和成熟的发展合作伙伴。世界银行贷款项目遍布中国几乎所有省区市和诸多经济部门行业,基础设施(能源、交通、城建)占半数以上,其余为农村发展和社会项目(教育、卫生、社保)以及扶贫项目。世界银行支持的项目约3/4具有环保目标,对环境的重视贯穿各个部门,与环境有关的项目主要集中在能源、城市污水处理、供水与环境卫生、农村发展等领域。中国也是执行世界银行项目最好的国家之一。

世界银行应中国政府的要求在体制改革和经济发展的各个重点领域做了一系列的研究项目与报告,研究课题涉及农村扶贫、国有企业改革、金融和银行改革、知识经济、环境保护、养老金体制改革、公共支出管理、石油天然气行业改革与监督、交通战略、高等教育改革等领域。可见,世界银行与中国的业务往来内容已经发生变化,已从最初的由世界银行提供资金与技术援助、基本的经济改革措施、现代化的项目管理方法等转向了以加强体制机构改革指导以及知识转让为重点,一定程度上发挥了"知识银行"的作用,为推动中国的制度与机制创新,促进中国经济社会的协调与可持续发展发挥了积极的作用。我国与世界银行的业务往来远多于国际货币基金组织。章晟曼、林毅夫、杨少林曾先后出任过世界银行副行长。

(三)中国与国际清算银行

1985年,中国与国际清算银行建立业务往来关系,在该行开设外汇及黄金存款账户。中国人民银行于1996年9月正式加入国际清算银行。中国人民银行是该行亚洲顾问委员会的成员,中国人民银行前行长周小川曾担任该委员会主席。中国认缴了3 000股的股本,实缴金额为3 879万美元。2005年6月1日,经追加购买,中国共有该行4 285股的股本。2006年7月,中国人民银行前行长周小川出任国际清算银行董事。近年来,中国人民银行每年派代表参加国际清算银行召开的中央银行行长例会以及一些专门委员会的各种会议,及时了解世界经济形势和国际金融热点问题,适时宣传中国改革开放的政策和成就。这些会议也为我国开展双边和多边交流提供了很好的平台。同时,由于中国人民银行与国际清算银行双方高层往来频繁,及时就重大问题交换意见,因而有力推动了双方友好关系的发展。

国际清算银行早已走出欧洲向全球发展,特别是亚洲等新兴市场经济体中央银行或货币当局的加入,使国际清算银行的股东结构几乎覆盖了全球所有的重要经济体和重要金融市场,其对国际经济和金融的影响力也越来越大。随着中国经济金融的改革开放、市场化进程的加快以及与世界经济的进一步融合协调,中国通过参与国际清算银行的高层活动,能更深入全面地参与一系列国际标准和准则的制定,从而更好地反映发展中国家的呼声与利益。

(四) 中国与亚洲开发银行

1986年2月,亚洲开发银行理事会通过决议,接纳中国为亚洲开发银行成员。1986年,中国政府指定中国人民银行为中国对亚洲开发银行的官方联系机构和亚洲开发银行在中国的保管银行,负责中国与亚洲开发银行的联系及保管亚洲开发银行所持有的人民币和在中国的其他资产。中国加入亚洲开发银行以来,双方在发展经济、消除贫困、保护环境等方面开展了广泛的合作。到2013年,中国已是亚洲开发银行世界范围内第二大借款国、技术援助赠款的第一大使用国以及第三大股东。

中国是亚洲开发银行最重要的客户之一。亚洲开发银行批准给予中国项目的支持包括主权贷款和私营部门贷款、技术援助赠款。近年来,亚洲开发银行还为中国城市发展提供支持,包括改善城市道路、供水、污水/固体废弃物管理,集中供暖,以及有害物/生态管理等。2005年,中国出资2 000万美元成立了中国减贫与区域合作基金,成为第一个在国际开发机构中设立此类基金的发展中国家。2012年,中国再次捐资2 000万美元,用于支持亚洲开发银行的技术援助项目。2021年,中国农业开发银行与亚洲开发银行签署支持中国乡村振兴合作谅解备忘录。双方将充分利用各自优势,共同支持和推进中国乡村振兴。

本章小结

国际银行业是全球经济的重要元素。国际银行业在东道国的组织形式包括联系行、代表处、分行、办事处、附属行、子公司等。巴塞尔银行监管委员会在协调和完善全球银行监管、推广先进的监管理念和方法、维护金融稳定方面起了重要的作用。巴塞尔银行监管委员会制订的一系列重要的银行监管框架——《巴塞尔协议》,对国际银行业监管有着重要的指导意义。

作为从事国际金融活动与金融管理的全球性国际金融机构,虽然还存在不少问题,但总体来说,能够在重大的国际经济金融事件中协调各国的行动,提供短期资金、缓解国际收支逆差、稳定汇率以及提供长期资金推进成员国经济建设,从而有助于国际金融秩序的稳定,有效地促进了世界经济的发展。国际金融机构分为全球性、区域性两大类。全球性金融机构如国际货币基金组织和世界银行集团。区域性金融机构如亚洲开发银行等。

国际货币基金组织职能发挥是国际货币体系正常运转的一个重要基础。IMF的职能和作用主要表现在两个方面:一方面是就成员国的汇率政策、与经常账户有关的支付,以及货币的兑换性问题确立一项行为准则,并实施监督;另一方面是当成员国纠正或者避免其国际收支不平衡时,向其提供短期信用帮助。

世界银行集团是一个与国际货币基金组织紧密联系、相互配合的国际金融机构,由世界银行、国际开发协会、国际金融公司、多边投资担保机构和国际投资争端解决中心组成。世界银行集团是向全世界发展中国家提供金融和技术援助的重要机构,其使命是:用激情和专业与贫困做斗争以达到脱贫的最终目的;通过与公共和私有部门建立合作,提供资源、分享知识和培养能力;帮助人民使他们可以帮助自己以及他们赖以生存的环境,成为世界上最好的机构并吸引最好的雇员。世界银行、国际开发协会和国际金融公司等机构根据其贷款对象与条件向会员国有关机构发放长期贷款,促进其经济开发与发展。

1. 简述《巴塞尔协议》Ⅰ、Ⅱ、Ⅲ的监管重点。
2. 国际金融机构发挥哪些作用?
3. 国际货币基金组织有哪些业务活动?
4. 世界银行集团是如何构成的?各部分的主要业务领域有何不同?
5. 国际金融机构的发展趋势如何?中国与主要国际金融机构的关系如何?

中国创立亚投行

亚洲基础设施投资银行(Asian Infrastructure Investment Bank,AIIB),简称亚投行,是由中国倡导设立的政府间性质的亚洲区域多边开发机构。其总部位于北京,重点支持基础设施建设。与一般商业金融机构不同,AIIB 的股东以主权国家为主,资金来源主要是主权国家出资、赠款和国际债券融资。AIIB 既考虑经济效益,也兼顾政策性和社会发展类目标。其在业务上以发放主权贷款为主,项目上以政府推荐或有主权信用担保的项目为主。亚投行的运营收益将完全计入资本,不向股东分配股息,并且不受《巴塞尔协议》监管,在主权贷款中属于优先债权人。

根据《亚投行协议》,法定资本设为 1 000 亿美元。其中实缴资本为 200 亿美元,待缴资本为 800 亿美元,亚洲域内域外成员出资比例为 75∶25。中方认缴额为 297.804 亿美元,占比 30.34%,实缴 59.561 亿美元。中国占亚投行投票权的比重为 26.06%。

2013 年 10 月 2 日,习近平主席提出筹建倡议。2014 年 10 月 24 日,21 个首批意向创始成员的财长和授权代表在北京签约,共同决定成立亚投行。这 21 个创始成员包括:中国、孟加拉国、文莱、柬埔寨、印度、哈萨克斯坦、科威特、老挝、马来西亚、蒙古、缅甸、尼泊尔、阿曼、巴基斯坦、菲律宾、卡塔尔、新加坡、斯里兰卡、泰国、乌兹别克斯坦和越南。2014 年 11 月 25 日到 2015 年 2 月,印度尼西亚、马尔代夫、新西兰、沙特阿拉伯、塔吉克斯坦、约旦先后宣布加入亚投行。2015 年 3 月 12 日,英国正式申请加入亚投行,成为亚投行的第 28 个创始成员。随后,法国、德国、意大利、卢森堡、瑞士等欧洲国家陆续提交了加入亚投行的申请。瑞典、以色列、南非、阿塞拜疆、冰岛、葡萄牙、波兰于 4 月 15 日正式成为亚投行意向创始成员。至此,亚投行意向创始成员已全部确定,为 57 个。今后,其他国家或地区仍可加入亚投行,但只能作为普通成员。

2015 年 12 月 25 日,亚投行正式成立。2016 年 1 月 16 日至 18 日,亚投行开业仪式暨理事会和董事会成立大会在北京举行。2019 年 7 月 13 日,亚投行理事会批准贝宁、吉布提、卢旺达加入亚投行。至此,亚投行成员总数达到 100 个。2019 年 10 月 24 日,北京亚洲金融大厦竣工,成为亚洲基础设施投资银行总部永久办公场所。2020年7月,在亚投行第五届理事会年会视频会议开幕式上,习近平主席宣布,亚投行已经从57个创始成员发展到来自六大洲的102个成员。2020年7月,利比里亚的成员申请获得通过,成为亚投行第103个成员。

点 评

在全球国际金融机构中,亚投行无疑是个后来者。亚投行成立的原因主要可以用"四个需求"来概况:第一,亚投行满足了亚洲发展中国家和地区基础设施建设与经济发展的需求。亚洲各经济体区域性基础设施建设融资缺口巨大。已有的国际金融组织如IMF或世界银行既不具备也不愿意在亚洲基础设施建设方面投入如此庞大的资本,投资条件也非常苛刻,不能满足亚洲发展中国家和地区巨大的投资需要。第二,亚投行满足了亚洲区域一体化和互联互通的需求。亚投行作为金融平台对亚洲基础设施建设的支持,有利于加快亚洲各个国家与地区之间的资源整合和互惠互利。第三,亚投行满足了中国经济发展和提高国际影响力的需求。中国推动建立亚投行,一方面,有助于拓宽外汇储备的投资渠道;另一方面,亚投行对亚洲国家与地区进行注资和基础设施建设,推动亚洲国家与地区的经济发展,又可反哺中国经济发展。第四,亚投行满足了发达国家与地区扩大投资、推动经济复苏的需求。

通过遵循主流规范、广泛吸纳成员以及与主导制度结成伙伴关系,亚投行得以成功建立,并且得到众多域内外国家和地区与国际组织的支持。亚投行的设计和运行与传统多边开发银行并无迥然不同的创新之处,这是因为亚投行需要在制度、规则与规范上与主流制度保持一致,以确保合法性与国际性。但是,亚投行仍然在一定程度上实现了创新。最重要的区别于传统多边开发机构的一点是,亚投行聚焦于亚洲国家和地区普遍需要的基础设施建设领域,在业务重点上弥补了原有体系的不足。广大发展中国家和地区在世界银行、亚洲开发银行无法满足的基础设施融资需求,可以借助亚投行实现,亚投行为发展中国家和地区提供了新选项。

亚投行的成立,有助于国际金融新秩序的形成和国际金融秩序的改善,但不会改变世界银行、国际货币基金组织、亚洲开发银行等的运作模式。亚投行是对世界银行、亚洲开发银行等国际金融机构的有效补充,而中国作为这些国际金融组织的成员,同样会继续在组织内发挥应有的作用。毋庸置疑,亚投行的创立对促进人民币国际化、加强中国的规则制定权和话语权、推动国际新秩序的建立具有深远的影响。

第十章 国际货币体系

【教学目的和要求】

理解国际货币体系的含义、基本内容和类型,掌握国际金本位制、布雷顿森林体系、牙买加体系的内容和特征,了解国际货币体系演进的深层次原因,理解区域货币一体化的概念和最优货币区理论,了解欧洲货币一体化的形成及欧元的诞生,理解现行国际货币体系的特征及问题,了解现行货币体系改革的讨论与方案。

【重要概念】

国际货币体系　国际金本位制　布雷顿森林体系　牙买加体系　区域货币一体化　最优货币区　欧洲货币一体化

【引言】

随着国际金融市场一体化和国际贸易的发展,国际货币关系日益成为世界经济中的一个非常重要和复杂的问题。因此我们有必要研究国际货币体系的基本内容及其类型,了解国际货币体系的形成、发展、相互交替的原因以及各货币制度的内容,着重了解现行货币体系的特点及问题,探讨国际货币体系的改革与发展。

第一节　国际货币体系概述

一、国际货币体系的含义及建立

国际贸易来往、资本流动、债务清算等活动,都涉及各国汇率制度的规定、货币的兑换、国际收支的调节和储备资产的供应等问题。为了协调各个独立国家之间的经济活动,以促进贸易和支付过程的顺利进行,就需要各国在上述几方面作出安排或形成固定的惯例。国际货币体系(international monetary system)就是在国际经济关系中,为满足各类国际交易的需要,各国政府对货币的国际职能及其他有关国际货币金融问题所制定的协定、规则和建立的相关组织机构的总称。

国际货币体系的形成有两种途径:一种是通过经济自发形成一些国际准则,另一种是通过国际协调而人为地在短期内建立起来。前一种是由于在长期的经济货币实践过程中,一定的货币活动程序得到公认,并有越来越多的参与者愿意遵守这些程序,人们就会给予这些程序以法律的约束力。由此,这种货币体系就发展起来了,它是一个自然而然的约定俗成的过程。而另一种货币体系,如布雷顿森林体系的产生和发展,则是经过世界范围内的国际协商在短时间内建立起来的。这种货币体系随着时间的推移需要时常依据世界经济和贸易的发展进行修正与调整。

二、国际货币体系的基本内容及类型

(一) 国际货币体系的基本内容

1. 汇率制度的确定

汇率作为两国货币的比价,其决定和变动受各国国内及国际金融市场上多种复杂因素的影响。为适应国际交往、国际支付的需要,必须确定各国货币之间的比价,并相应地明确货币比价确定的依据、货币比价浮动的范围,以及如何调整、改变或维持货币比价。这些问题不仅是由一国货币制度及汇率制度决定的,同时也是国际货币体系进行协调和管理的重要内容。

2. 国际储备资产的确定

为满足国际支付和调节国际收支的需要,应确定世界各国普遍接受的国际储备资产的种类、结构和数量。国际储备资产作为国际清偿力的组成部分在各个历史时期有不同的内容,且越来越多样化。第一次世界大战以前,资本主义国家的主要国际储备资产是黄金;第一次世界大战以后,黄金和外汇起着同等重要的作用;当前,一国在国际货币基金分得的特别提款权与黄金、外汇并列,构成一国的国际储备资产。

3. 国际收支调节机制

国际社会应对国际收支的调节方式作出合理的安排。国际收支调节机制的选择是国际货币体系的一个重要内容。

4. 国际货币事务的协调和管理

在确立和实行国际收支调节机制、汇率制度、储备制度的过程中,各个国家自身的经济利益和货币主权自然成为首要考虑的因素,这样难免会产生与其他国家的矛盾和冲突。国际货币事务的协调和管理问题实质上就是协调各国之间的国家货币金融政策,具体又包括国际金融组织的建立,解决国际金融问题的规则、惯例和制度的制定等。

以上要素构成了国际货币体系这一大系统。国际货币体系的主要功能是促使国际生产与分配的基本经济过程尽可能顺利、有效地运行,促进各经济的平衡发展。

(二) 国际货币体系的类型

按照不同的分类标准,国际货币体系可分为不同的类型。

按汇率制度,国际货币体系可分为永久性的固定汇率制、可调整的固定平价汇率制、宽幅波动汇率制、爬行钉住汇率制、管理浮动汇率制和完全自由浮动汇率制。

按国际储备资产的保有形式,国际货币体系可分为纯商品本位制(即所有储备都是商品储备,如金本位制)、纯信用本位制(即所有储备都是信用储备,如不兑现的纸币本位制)、混合本位制(即储备由商品储备与信用储备混合而成,如金汇兑本位制)。

按国际货币体系的历史演进过程以及国际上的习惯性称谓,国际货币体系可分为金本位制、金汇兑本位制、布雷顿森林体系以及当前的管理浮动汇率体系。

第二节　国际金本位制

一、国际金本位制的内容和特征

金本位制(gold standard system)是指以黄金为本位货币,实行金币流通的货币制度。而以这种金本位制为基础的国际货币体系,就是国际金本位制度。所谓本位货币(standard currency),则是指用国家规定的货币金属,按照国家法律规定的货币单位铸成的货币,它是一国货币制度的基础货币。

国际金本位制从广义上说,按其货币与黄金的联系程度,可包含三种形式:金铸币本位制(gold specie standard)、金块本位制(gold bullion standard)和金汇兑本位制(gold exchange standard)。人们平常言及的金本位制,则是指狭义上的金铸币本位制。本节主要介绍狭义的金本位制。

国际金本位是世界上最早出现的一种国际货币体系。早在1816年,英国议会便通过了《铸币法》,决定铸造英镑,实行金铸币本位制;1819年又制定《恢复法令》,要求英格兰银行恢复银行券兑换金条和金币,同时废除了对金币及金块的出口限制,从此英国彻底实行金铸币本位制。19世纪70年代后,德国、美国以及奥匈帝国也相继实行金本位制。随后,主要西方国家陆续完成向金本位制的转换,标志着国际金本位制在世界范围内的基本确立。由于当时英国在世界经济中的实力相当突出,国际金本位制实质上是一个以黄金为基础、以英镑为中心的货币制度。

表 10-1 为部分国家开始实行金本位制的时间。

表 10-1　部分国家开始实行金本位制的时间

国家	年份	国家	年份	国家	年份
英国	1819	比利时	1874	美国	1879
德国	1871	瑞士	1874	日本	1897
瑞典	1873	意大利	1874	俄国	1898
挪威	1873	荷兰	1875	巴拿马	1904
丹麦	1873	乌拉圭	1876	墨西哥	1905

金本位制的基本内容是:①以黄金作为本位货币金属,货币所代表的价值由黄金来规定,银行券发行以黄金为准备;②金币可以自由铸造、自由流通、自由窖藏,而且金币是无限法偿的货币,具有作为无限制支付手段的权利;③黄金可以自由输出输入;④一国的金铸币同另一国的金铸币或代表金币流通的其他金属铸币或银行券可以自由兑换。

金本位制是一种相对稳定的货币制度,它具有以下四个基本特征。

(一) 汇率稳定

各国货币的汇率由它们的金平价即一国货币的含金量与其他国家货币的含金量之比来确定,实行严格的固定汇率制。又由于黄金可以自由输出输入,当市场汇率超出黄金输送点时,会引起黄金的流动和外汇供求的变化,汇率自发地回到黄金输送点以内。所以,两国货币的市场汇率的变动幅度不会超过两国之间的黄金输送点的范围,由此保持了汇率稳定。

（二）实行多边自由结算制度，以黄金作为储备资产

金本位制下，各国实行多边自由结算制度，黄金是各国的主要储备资产和国际收支的最后清偿手段。各国中央银行都持有大量黄金，黄金的流动可以解决国际收支失衡问题，当一国的国际收支逆差用其他办法解决不了时，便可动用黄金储备来弥补。

（三）自发调节流通中的货币量

由于金币可以自由铸造，所以金铸币本位制下金币的数量能自发地满足流通的需要，流通中需要多少货币，人们就铸造多少，不需要时则可熔化使其退出流通。

（四）自发调节国际收支

当一国发生对外收支逆差时，会引起黄金外流，国内货币供应量减少，从而导致物价和成本下降。因此，该国便会扩大出口，减少进口，促使对外收支改善；相反，当一国发生对外收支顺差时，国内物价和成本上升，则出口减少，进口增加。

二、国际金本位制的优劣

（一）国际金本位制的积极作用

（1）金铸币本位制下各国货币币值比较稳定，国内生产的规模和固定投资的规模不会因币值变动而出现震荡，生产成本也比较容易计算。另外，货币币值稳定也有利于商品的流通和信用的扩大。因此，金铸币本位制促进了当时资本主义各国生产的发展。

（2）金铸币本位制下汇率的波动幅度被限制在黄金输送点以内，汇率相对稳定，不会出现某种货币汇率大幅度贬值或升值的风险，这就保障了对外贸易与对外信贷的安全，促进了国际贸易发展。

（3）金铸币本位制下的"物价铸币流动机制"（price-specie flowing mechanic），即当一国发生国际收支逆差时，外汇供不应求就会引起本币汇率下跌；由于黄金可以自由输出输入，一旦跌过黄金输出点，就会引起黄金外流使国内银根紧缩，从而又会引起货币流通量的缩小，使该国物价水平下降；国内物价水平的下降，有利于该国出口产品的竞争，同时限制该国的进口产品，从而改善国际收支。如果一国发生国际收支顺差，则将发生相反的情形。由此可见，金铸币本位制本身具有自动调节国际收支的功能。

（二）国际金本位制的缺点

国际金本位制也有缺点，主要表现在以下几个方面。

（1）国际清算支付完全依赖于黄金的输出输入，导致各国黄金储备不平衡。由于各资本主义国家发展的不平衡和实力差异悬殊，较发达的国家通过贸易顺差的持续积累和其他特权，不断地积累黄金。到1913年，英国、美国、法国、德国、俄国五个国家的黄金存量达到了世界黄金存量的2/3，使其他国家国内的金本位制难以继续维持。

（2）货币数量的增长主要依赖黄金产量的增长。世界经济的发展要求世界货币的数量也相应增长，然而，世界黄金产量跟不上世界经济的增长，使世界金本位制的物质基础不断削弱。

（3）黄金作为货币发行准备的成本大。挖掘、库藏、运输和看守的机会成本过大。

三、国际金本位制的崩溃

第一次世界大战以前,国际金本位制出现了崩溃的前兆,表现在以下两个方面。

(1) 金本位制下黄金自由兑换的原则被破坏。一些国家为了准备战争的军费开支,大量发行银行券用于囤积黄金,银行券的兑换趋于困难。

(2) 金本位制下黄金自由输出输入的原则遭到了破坏。许多国家处在经济危机期,商品输出减少,资金外逃,引起黄金大量外流,于是各国政府下令限制黄金自由流动。

战争爆发后,各国明确规定禁止银行券与黄金的自由兑换,禁止黄金外流,从根本上破坏了金本位制赖以存在的基础,结果导致金本位制彻底崩溃。

第一次世界大战结束后,世界货币体系的重建问题受到各国的重视。1922年,在意大利热那亚召开了世界货币金融会议,确定了两种变相的国际金本位制:金块本位制与金汇兑本位制。这两种货币制度的特点为:①国内只流通纸币,纸币有无限法偿权,国家不再铸造金币,也不允许公民自由铸造金币;②黄金依然是国际货币体系的基础,流通的纸币规定含金量和黄金官价,代替黄金执行流通清算和支付手段的职能;③本国货币与黄金挂钩(金块本位制)或通过另一种同黄金挂钩的货币与黄金间接挂钩(金汇兑本位制),即与黄金保持直接或间接的固定比价;④在间接挂钩的情况下,本国货币只能通过购买挂钩货币(即外汇)来获取黄金,并须在直接挂钩的国家存入一定数量的外汇和黄金作为维持汇率的平准基金;⑤黄金只有在最后关头才充当支付手段,以维持汇率的稳定。热那亚会议之后,除英国、法国、美国、荷兰、比利时等国家实行金块本位制外,其他欧洲国家的货币均通过间接挂钩的形式实行了金汇兑本位制。

金块本位制和金汇兑本位制是相当不稳定的货币体系。随着世界经济的增长和维持汇率稳定的需要,黄金的供应显得越发不足。从根本上讲,当黄金的不足发展到一定程度就会使国际金块本位制和金汇兑本位制的基础十分脆弱。1929—1933年世界经济危机中各国纷纷放弃货币与黄金的联系;1933年,美国爆发货币信用危机,停止美元兑换黄金,提高了黄金的官价;1935年5月,德国放弃金汇兑本位制;1936年,法国、比利时、荷兰、意大利、波兰、瑞士六国黄金集团瓦解;1937年6月,法国由于黄金受到冲击而外流,故放弃金本位制;1939年9月,英国停止黄金的兑换。第二次世界大战中,西方国家从美国购买军事物资,加剧了黄金的流失,于是,在世界经济大危机中,国际金块本位制和金汇兑本位制土崩瓦解。

第三节 布雷顿森林体系

一、布雷顿森林体系的创建

国际金本位制崩溃以后,整个西方世界的货币金融处于混乱之中,外汇管制和竞争性贬值比比皆是。在国际货币关系陷入无秩序状态几年后,各国开始探讨建立新的货币体系。

国际社会着手建立国际货币新体系始于第二次世界大战结束以前。当时,世界主要的经济政治强国英、美两国各自从自身利益出发提出了重新构建国际货币体系的方案："凯恩斯计划"与"怀特计划"。

"凯恩斯计划"的主要内容有：①建立国际清算同盟，使其具有世界中央银行的性质；②创立一种叫"班柯尔"（Bancor）的不兑换国际信用货币作为国际清算单位；③会员国在联盟中开设往来账户，以转账方式清算各国间的债权债务；④各会员国在清算同盟中份额的大小，根据各国在第二次世界大战前三年进出口贸易平均值计算确定，各国不需另外缴纳份额；⑤当国际收支出现不平衡时，债权国应主动承担调节责任；⑥总办事处设在伦敦、纽约两地，理事会在两地轮流举行。

"怀特计划"的主要内容有：①建立一个稳定的国际货币基金组织，基金由各会员国缴纳；②各会员国所缴纳的份额决定其发言权和投票权；③创设一种国际货币单位"尤尼它"（Unita），其单位含金量相当于10美元；④采用固定汇率制，各国汇率不经同意不能随意变动；⑤国际货币基金组织的主要任务是稳定汇率，向会员国提供短期信贷，以帮助解决国际收支不平衡的问题；⑥国际货币基金组织的总办事处设在拥有最大份额的国家。

可以看出，"凯恩斯计划"和"怀特计划"有一些共同点：①注重经常账户下的不平衡问题的解决；②注重汇率的稳定，防止竞争性货币贬值；③注重发达国家的资金需求，不顾发展中国家的资金需要问题。但在重大问题上，两个计划的出发点迥然不同，观点上是根本对立的。"怀特计划"强调存款原则，货币体系要以黄金为基础，因为美国首先考虑的是在国际货币金融领域处于统治地位，同时避免过重的对外负担。为了避免通货膨胀，只设50亿美元的"稳定基金"。同时，"怀特计划"建议由"稳定基金"确定各国汇率。而"凯恩斯计划"则坚持透支原则，反对以黄金作为主要的储备资产。因为英国黄金缺乏，国际收支有大量逆差，"凯恩斯计划"中的"清算同盟"则能提供大量的清偿能力。同时，"凯恩斯计划"建议实行由"清算同盟"设想的弹性汇率。由此不难看出英、美两国经济地位的变化以及为争夺世界金融霸权展开的斗争。

从1943年9月到1944年4月，英、美两国政府代表团就国际货币计划的双边谈判展开了激烈的争论。由于当时美国在政治和经济上的实力大大超过英国，英国政府被迫放弃"凯恩斯计划"而接受美国的"怀特计划"，同时美国也做了一些让步。

1944年7月，在美国新罕布什尔州的布雷顿森林镇召开了由44国参加的"联合国与联盟国家国际货币金融会议"，通过了以"怀特计划"为基础的《国际货币基金组织协定》和《国际复兴开发银行协定》，总称《布雷顿森林协定》。《布雷顿森林协定》于1945年12月正式生效，而"国际货币基金组织"和"国际复兴开发银行"的成立，标志着布雷顿森林体系的正式形成。至此，一个全新的国际货币体系正式建立起来。

二、布雷顿森林体系的内容

布雷顿森林体系（Bretton Woods System）是一种以美元为中心的国际金汇兑本位制。这一体系的核心内容是"双挂钩"制度，即美元与黄金挂钩，各国货币与美元挂钩。布雷顿森林体系的基本内容包括以下几方面。

（一）创立永久性国际金融机构——国际货币基金组织

布雷顿森林体系建立了一个永久性的国际金融机构国际货币基金组织。它的建立旨在促进国际货币合作，维持国际金融体系的稳定，是第二次世界大战后国际货币体系的核心。IMF 主要有以下职能：①监督，即监督成员国遵守《布雷顿森林协定》各项条款，以维护国际金融秩序；②磋商，即定期举行世界经济形势与前景的磋商，并针对会员国出现的问题进行磋商；③资金融通，即对会员国提供信贷。IMF 通过以上众多职能，维护国际金融与外汇交易的秩序，维持国际货币体系的正常运转。

（二）确定黄金-美元本位制

布雷顿森林体系以黄金为基础，以美元为主要国际储备货币。各国承认美国政府于 1943 年规定的 35 美元折合 1 盎司黄金的官价，美元直接同黄金挂钩，各会员政府或中央银行可以按黄金官价用美元向美国换黄金。同时，其他各成员国根据自身状况确定其货币与美元的平价，这一平价一旦确定下来，就不得随意更改，并且成员国有义务干预市场以维持汇率稳定。这种制度安排使美元成为一种关键货币，国际储备和国际清算支付手段主要依赖美元，相当一部分国际储备以美国财政部或美联储发行的债券和美元短期存款形式持有。

（三）实行可调整的钉住汇率制

布雷顿森林体系下的汇率制度是"双挂钩制度"，即在美元与黄金挂钩的基础上，各国货币同美元挂钩。美元的法定含金量规定为 1 美元 0.888 671 克纯金，其他国家货币也规定各自的法定含金量。各国货币对美元的法定含金量之比，被确定为中心汇率。《国际货币基金组织协定》规定，成员国中央银行有义务通过外汇市场交易保证汇率波动的幅度维持在平价上下 1% 以内，只有当成员国出现"根本性国际收支失衡"时，才可以较大幅度地调整汇率。在平价 10% 以内的汇率变动需通知 IMF，超过 10% 的汇率调整则需 IMF 批准，所以是一种可调整的汇率制度。但是在实际运行中，成员国汇率调整的情况却很少。

（四）建立国际收支调节机制

对于会员国的暂时性失衡，可通过向国际货币基金组织进行资金融通加以解决；对于国际收支出现的"根本性不平衡"，IMF 规定可对平价进行调整，实行法定升值或法定贬值。

针对顺差国，还制定了"稀缺货币条款"。"稀缺货币"是指，当一国国际收支持续盈余，并且该国货币在国际货币基金组织的库存降到份额的 75% 以下时，国际货币基金组织可以将该国货币宣布为"稀缺货币"，采取临时性兑换限制，或限制进口该国商品和劳务。这一条款旨在建立顺差国和逆差国共同调节国际收支失衡的机制，但在实际操作时这一构想难以真正实现，国际收支调节的责任实际上主要是由逆差国承担的。

（五）取消外汇管制

《国际货币基金组织协定》规定：会员国不得限制经常账户支付，不得采取歧视性货币措施，要在兑换性的基础上实行多边支付。但有三种情况例外：①允许成员国对资本项目实施外汇管制。②成员国在第二次世界大战后过渡时期可以延迟履行货币可兑换义务。③允许成员国对"稀缺货币"采取临时性兑换管制。

三、对布雷顿森林体系的评价

(一) 布雷顿森林体系的优点

布雷顿森林体系为第二次世界大战后世界经济的发展提供了稳定的金融支柱,在第二次世界大战后持续20多年的运行中,对国际贸易和世界经济的发展起了积极的推进作用。

(1) 布雷顿森林体系解决了世界黄金产量不足的问题。第二次世界大战后,由于黄金产量严重不足,国际储备的增长不能满足国际贸易的增长速度。确定美元为主要的储备资产弥补了国际清偿能力的不足,这在一定程度上缓解了国际储备的短缺问题,从而推动了国际贸易的发展。

(2) 布雷顿森林体系下实行可调整的固定汇率制,汇率的波动幅度受到严格约束,只能在中心汇率上下1%的范围浮动,这种相对稳定的汇率有利于国际资本的流动和国际贸易的发展。同时,对于取消外汇管制的规定有利于各国对外开放程度的提高,并使市场机制更有效地在全球范围发挥其资源配置功能。

(3) 建立了磋商和协调国际货币事务的机构——国际货币基金组织。国际货币基金组织为会员国提供各种类型的短期贷款和中期贷款,可以暂缓会员国国际收支逆差所造成的问题,有助于世界经济的稳定和增长。国际货币基金组织在促进国际货币合作和建立多边支付体系方面也起到了积极作用。

(二) 布雷顿森林体系的缺陷

布雷顿森林体系存在着内在的不稳定性,它在发挥巨大作用的同时,也引发了一些新问题,导致日后美元危机的爆发,使该体系最终难逃崩溃的厄运。

(1) 布雷顿森林体系以一国货币(美元)做主要国际储备资产,在本质上是无法长期稳定的。第二次世界大战后,美元之所以成为事实上的世界货币,是建立在美国的经济实力,尤其是它对黄金储备的垄断之上的。布雷顿森林体系之所以能够在一段时间里起积极作用,就是因为维持美元地位的上述条件在那段时间里得到了维持。随着西欧、日本的复兴,美国经济实力下降,尤其美国对外负债超过其黄金储备,美元的地位便不可避免地发生动摇。

美国经济学家特里芬曾经提出"美元两难"的著名论断:美元-黄金本位货币体系自身存在着不可克服的内在矛盾,即美元供应与美元信用的矛盾。由于黄金产量和美国黄金储备的增长跟不上国际经济和国际贸易发展的需要,美元处于进退两难的境地,即为满足世界经济增长和国际贸易发展的需要,美元的供应必须不断增长,这使美元同黄金的兑换性日益难以维持,一旦美国的黄金存量低于对外国中央银行的美元债务,就会带来美元的信任危机;相反,美国要维持美元信誉,就必须减少国际收支逆差和美元的发行,而这又会减少美元的供给,导致他国国际储备的短缺,影响国际清偿能力。因此,布雷顿森林体系存在严重的内在不稳定性。

（2）固定汇率制使汇率对国际收支的调节作用失灵，造成各国内部经济不稳定。布雷顿森林体系的汇率制度是"可调整的钉住汇率"制，汇率比较固定，当国际收支出现暂时性的不平衡时一般不能调整法定汇率，因而各个依附国家为了纠正对外收支失衡状况往往会引起国内经济失衡。发生国际收支逆差的国家会由于采取紧缩性货币政策而引起经济衰退，出现国际收支顺差的国家则会由于采取扩张性货币政策而导致通货膨胀。因此，各国政府面临着是保持对外平衡还是牺牲国内经济稳定的"两难选择"。例如，英国在1967年国际收支严重逆差，当时英国便曾实行紧缩性货币政策，提高英格兰银行贴现率，结果造成经济衰退，生产停滞，失业率上升。

（3）在布雷顿森林体系中，发达国家与发展中国家之间很不平等。成员国投票权取决于所缴纳的份额，而份额取决于一国的国民生产总值、对外贸易、国际储备等经济实力。因而，发展中国家缺乏发言权，它们的利益得不到足够的重视，国际货币体系的重大问题长期操纵在少数几个发达国家，尤其是美国手中。此外，美元作为最主要的储备资产，享有特权地位。美国可以利用美元弥补国际收支赤字，使美元持有国的实际资源向美国转移。美国可以利用美元直接对外投资，购买外国企业，操纵国际金融事务。由于各国货币钉住美元，美国的货币政策对各国经济有重大制约影响。

（4）外汇投机具有收益和风险的不对称性，在特定时期会引发特大规模的外汇投机风潮。布雷顿森林体系下，各国的汇率往往与货币的实际供求情况有很大偏差。而且在现实操作中，国际货币基金组织只允许各国在国际收支逆差十分严重时实行货币贬值政策，汇率运动是单向的，故外汇投机行为几乎没有多少风险。又由于在固定汇率制下贬值幅度往往很大，故外汇投机一旦成功可获得较高的额外收益。在布雷顿森林体系时期发生的美元危机和英镑危机中，这些外汇投机行为规模巨大并最终导致其瓦解。

四、布雷顿森林体系的崩溃

要维持以美元为中心的国际货币体系，保证双挂钩原则的实现，必须具备三项基本条件：美国国际收支保持顺差，美元对外价值稳定；美国有充足的黄金储备以保证美元兑黄金的有限兑换性；黄金价格维持在官价水平。这是布雷顿森林体系运转的基础。

在第二次世界大战结束初期，各国的经济恢复都需要进口美国商品，但又缺乏美元用于支付。拥有美元就拥有了购买美国商品的能力，世界各国对美元的强烈需求造成了20世纪50年代的"美元荒"。为了缓解这种压力，美国、加拿大及各国际金融组织纷纷向欧洲提供贷款和援助，其中最著名的是"马歇尔计划"。通过这个计划，大量美元流入西欧各国，促使这些国家的经济逐步得到恢复。自1950年起，美国的国际收支开始出现逆差，原因在于美国继续执行援外计划使其海外驻军费用支出庞大，以及美国的低利率政策也促使资本外流。但在1958年以前，国际储备基本上还是短缺的，各国都乐于积累手中的美元，没有发生对美元的信心问题。

20世纪50年代末开始，随着世界经济的发展，美国经济实力相对下降，美元逐渐过剩，美国黄金储备流失、国际收支持续恶化，美国作为国际金融体系的中心虚弱不堪。1971年，美国宣布实行"新经济政策"，停止各国政府用美元向美国兑换黄金，并对进口商品征收10%的临时附加税，这使得西方货币市场更加混乱。"新经济政策"的推行意味着美元与黄金脱钩。双挂钩原则的一根支柱倒塌。

在国际外汇市场极端混乱的情况下，十国集团于1971年12月底在美国华盛顿的史密森学会大厦举行财政部部长会议和中央银行行长会议，达成了史密森协定。该协定的主要内容是：美元对黄金贬值7.8%，黄金官价从每盎司35美元提高到每盎司38美元；美国取消10%的临时进口附加税；各国货币的金平价做较大调整；各国货币对美元的波动幅度由不超过平价的±1%扩大到不超过平价的±2.25%。

但是史密森协定并没有改变美元危机和美国国际收支危机的进一步恶化。1973年2月，美国国际收支逆差严重，美元信用骤降，导致国际金融市场上又掀起一次抛售美元、抢购德国马克、日元和黄金的浪潮。美国政府于1973年2月12日再次宣布美元贬值10%，黄金官价提高到每盎司42.22美元。然而，美元的再度贬值仍然未能遏止美元危机，1973年3月，西欧再次出现抛售美元、抢购黄金和德国马克的风潮，伦敦黄金市场的金价一度上涨到1盎司黄金兑换96美元，西欧和日本的外汇市场被迫关闭17天。西方国际经过磋商与斗争，最终达成协定，各国相继以浮动汇率制度代替固定汇率制度，各国货币与美元脱钩。至此，布雷顿森林体系的另一个支柱也倒塌，从而标志着第二次世界大战后以美元为中心的国际货币体系彻底瓦解。

第四节　牙买加体系及其改革

布雷顿森林体系崩溃后，国际货币金融局势一直处在动荡之中，世界各国都希望建立一种新的国际货币制度。于是，国际社会为谋求建立健康稳定的新游戏规则而进行了激烈的交锋和艰难的磋商，最终达成共识，于1976年1月在牙买加首都金斯敦签署了"牙买加协定"。同年4月，IMF通过了协议的第二次修订案，形成了"牙买加体系"。

一、牙买加体系的形成及主要内容

国际货币基金组织在1972年成立了由20个国家组成的国际货币体系改革及有关问题专家委员会，简称"二十国委员会"。1974年7月，国际货币基金组织根据"二十国委员会"的建议，设立了"国际货币制度临时委员会"（简称"临时委员会"），负责研究有关国际货币制度改革的问题，并向基金组织理事会提供意见。临时委员会由二十国财长、中央银行行长组成。经过反复磋商，1976年1月8日，在牙买加召开的会议上达成了综合性协议，即《牙买加协定》（Jamaica Accord）。为了将《牙买加协定》纳入国际货币基金组织协定并加以实施，国际货币基金组织理事会于1976年4月通过《国际货币基金组织协定第二次修正案》，第二次修正包括了《牙买加协定》的主要内容，在1976年4月底经表决通过，并于1978年4月1日起正式生效。牙买加协定是对布雷顿森林体系崩溃这一"既成事实"的法律上的追认。各国习惯把牙买加协定后的国际货币体系称为"牙买加体系"，经过国际货币基金组织的不断协调修改，牙买加体系一直沿用至今。其具体内容如下。

（一）浮动汇率合法化

《牙买加协定》正式承认浮动汇率制度的合法性。会员国可以自由作出汇率方面的安排，国际货币基金组织同意固定汇率制与浮动汇率制暂时并存；但会员国的汇率政策须受国际货币基金组织监督,以防止各国采取损人利己的货币贬值政策,在世界经济恢复稳定后,国际货币基金组织经过85%的总投票权同意,可恢复"稳定的但可调整的平价制度"。

(二)黄金非货币化

废除黄金官价,允许黄金价格随市场供求自由浮动,会员国中央银行按市价从事黄金交易。取消会员国之间,或会员国与国际货币基金组织之间以黄金清偿债权债务的义务,降低黄金的货币作用。逐步处理国际货币基金组织所持有的黄金,按市价出售国际货币基金组织黄金总额的1/6(约2 500万盎司),另有1/6按官价归还各会员国,剩余部分(约1亿盎司)根据总投票权85%的多数作出具体处理决定。

(三)增加基金份额

增加成员国在国际货币基金组织中的基金份额,由原来的292亿特别提款权单位增加到390亿特别提款权单位,增加33.6%,其中主要是增加石油输出国组织的份额。增加基金份额,目的是提高国际货币基金组织的清偿能力。

(四)提高特别提款权的国际储备资产地位

牙买加协定规定:特别提款权可以作为各国货币定值的标准,可以供参加这种账户的国家用来清偿对国际货币基金组织的债务,也可以用特别提款权进行借贷。要使特别提款权逐步取代黄金和美元,而成为国际货币制度的主要储备货币。

特别提款权是国际货币基金组织及其成员国为克服美元危机、国际清偿能力不足给国际经济带来的困难,于1969年创立的一种新的国际储备资产。因为它是国际货币基金组织成员国在原有的普通提款权以外的一种补充,故称为"特别提款权"。它在创设之初,单位价值定为0.888 671克纯金,与1971年12月贬值前的美元等值。

(五)扩大对发展中国家的资金融通

国际货币基金组织扩大对发展中国家的资金融通,并出售会员国缴纳的1/6的黄金作为"信托基金",以优惠条件向最穷困的发展中国家提供贷款。同时,将国际货币基金组织的部分贷款额度由会员国份额的100%提高到145%,并提高"出口波动补偿贷款"在份额中的比重,由占份额的50%提高到占份额的75%。

二、牙买加体系的特点和评价

牙买加体系下,黄金退出流通,不再是各国货币平价的基础,也不能用于各国政府间的国际清算。同时,牙买加协定虽然规定了以特别提款权为国际货币体系的主要储备资产,但由于作为储备资产的特别提款权占成员国储备资产的比重太少,事实上形成了从过去美元独霸天下过渡到以美元为主的多种储备货币为特征的国际货币体系。而汇率制度安排上也发生了重大变化,由布雷顿森林体系单一的可调整的钉住美元的汇率制度过渡到以浮动汇率为主的混合汇率体制。此外,牙买加体系建立了多种国际收支不平衡的调节机制,通过汇率机制、利率机制、国际金融机构的干预和贷款以及动用国际储备资产来综合调节国际收支不平衡。

牙买加协定针对当时世界的金融问题,对有关黄金、特别提款权和汇率的条款都做了修改,建立起新的国际货币制度。它在一定程度上整治了布雷顿森林体系留下的混乱金融秩序,对维持国际经济运转和推动世界经济发展起到了积极作用。

首先,美元已经不是唯一的国际储备货币和国际清算手段,取而代之的是多元化储备体系。这在一定程度上解决了"特里芬难题",使信心和清偿能力之间的矛盾有所缓和。当对一种储备货币发生信心危机时,这种储备货币地位下降,而其他储备货币则在储备资产中比重上升;当一个储备货币发行国国际收支盈余而无法提供足够的清偿能力时,又有其他货币可以补充其不足。这样,多元储备体系在世界经济繁荣和衰退期间都有较强的适应性。

其次,浮动汇率制度能较灵活地随经济状况的变动作出调整,自由的汇率安排能使各国充分考虑本国的宏观经济条件,并使宏观经济政策更具独立性和有效性,不必为维持汇率稳定而丧失国内经济目标。

最后,多种国际收支调节机制并行也较能适应各国经济发展水平相差悬殊,发展模式、政策目标都很不同的局面,在一定程度上缓解了布雷顿森林体系调节失灵造成的后果,对世界经济的良好运转起到了积极作用。

然而,牙买加体系的各种优点从另一个角度看也是这种货币制度的缺点,它的灵活性、适应性造成了该货币制度的不稳定性,具体表现为以下几点。

首先,在国际储备多元化的条件下,各储备货币发行国尤其是美国仍然享受着向其他国家征收"铸币税"的特权。并且国际清偿能力仍不能完全符合世界经济均衡增长的形式,它不仅丧失了金本位条件下的自发调节机制,而且也没有形成国际货币基金组织对国际清偿能力增长的全面控制。同时,多元化储备体系下,只要对其中某一种货币的信心稍有动摇,其持有者便欲抛出该货币,兑换成别的国际储备货币,国际储备货币间的投机不可避免,这种投机会加剧外汇市场的动荡。

其次,在浮动汇率制度下,汇率并不是根据世界经济发展的需要以及国际金融发展的形式来确定的,而是根据各国自身的需要和利益来确定的,也就是说,各国中央银行经常干预外汇市场,从而导致汇率制度呈现出一种无序的状态,竞争性贬值或竞争性升值的现象时有发生,汇率体系缺乏稳定的基础。实际情况表明,汇率不仅在短期内经常波动,在长期也呈现大起大落之势,汇率的风险增加。例如,美元汇率从1980年至1985年第一季度,上升幅度达60%以上,从1985年2月至1987年年底又下降了50%以上,波动幅度惊人,给国际贸易、国际借贷、国际信用和各国经济都带来不利影响。

最后,国际收支调节机制缺乏效率,全球范围内国际收支不平衡问题未得到根本的解决。以美国为例,美国的贸易逆差从1980年的134亿美元不断扩大至1985年的1 337亿美元,但美元的汇价非但没有下跌反而呈现上升趋势,可见汇率机制运转失灵。同时,多种调节机制中除了IMF和世界银行的调节外,都由逆差国自行调节,并且对这种自行调节没有任何的制度约束和制度支持。而国际货币基金组织又无力监督和协调顺差国与逆差国的收支调节,这使得国际收支失衡现象日趋严重,也为20世纪末的世界性债务危机埋下了隐患。

三、国际货币体系改革讨论

(一)方案讨论

第二次世界大战后,从"布雷顿森林体系"到"牙买加体系",国际货币体系的改革并未有效地防范金融危机,危机从一国向全球的传播呈现出愈演愈烈的态势,对国际经济和金融秩序的危害性也越来越大。可见,现行货币体系仍存在很多弊端。为此,许多学者对国际货币体系进行深入的研究考察并提出相应的改革方案。

1. 有关国际基础货币问题

要建立一个比较稳定的国际货币体系,首先要从货币的实体与形式统一这个基本观点来考虑。因此改革现行国际货币体系面临的首要问题是,就选择国际基础货币或本位货币问题达成广泛的国际协议。从改革计划的方案看,大体有以下几种主张。

1) 回归新金本位制的构想

出于对所谓的金融资产和实物资产已经构成"倒金字塔",以及美元代行世界货币时所导致的"金融霸权"的疑虑,部分发展中国家的经济学家认为必须重新回到金本位制的轨道上来,并提出了所谓的"新金本位制"构想:全球所有国家同时加入金本位制国家联盟,来一致确定或同时变更其货币相对于黄金的稳定关系。持有该构想的理由是:①货币作为价值尺度自身必须具有价值,现行的信用货币体系只能导致人们对纯粹信用货币的疯狂追逐和金融资产的无节制膨胀;②目前的黄金储备数额巨大,足以保证以黄金为基础的货币取得相当的稳定性;③回归金本位制度还意味着,发达国家榨取通货膨胀税以及国际铸币税的可能性被剥夺,因此新金本位制更公正。

但是,恢复传统的国际金本位制,无论是从理论上还是从现实上看,都难以实现。这是因为:①从历史上看,金本位制并不足以保证世界经济避免通货膨胀或通货紧缩的威胁;②金本位制度是对人类资源的惊人浪费,世界经济越发达,所需要的纯粹作为交易中介的全球黄金存量就越惊人。退言之,即使金本位制度下的金融资本全球化更为公正,但它却注定要使全球经济增长收敛于一个极限(全球可充当货币用途的黄金存量),或崩溃于一个极限(这是指世界经济的发展由于黄金资本的极度匮乏而崩溃,或由于人类技术的进步可以合成黄金而导致金本位基础全部丧失而崩溃)。经济金融化或虚拟化,是一个不可避免的历史进程。历史上已经发生过的向金本位制复归的实践也说明,试图重拾被抛弃了近半个世纪的金本位制是不可能的。

2) 特别提款权本位制

特别提款权在1969年就已创立,其优点是本身价值量相对稳定,同时它是人为创造的资产,可以满足各国对国际清偿能力日益增长的需求。重建具有稳定的定值基准并为各国所接受的新储备货币需要国际社会长时间的努力,为满足短期内稳定国际货币体系的需要,应该充分发挥特别提款权的作用。

要实现特别提款权本位制还有很多问题亟待解决。首先,这需要各成员国政治上的积极配合,国际货币基金组织必须成为世界性的中央银行,才能保证特别提款权成为国际本位货币,这个过程任重而道远。其次,要把特别提款权货币化,扩大其使用范围。目前特别提款权仅是记账单位,使用范围狭窄,不能在国际贸易与非贸易领域流通。再次,需要进一步完善特别提款权的定值和发行方式。另外,现行按份额分配特别提款权的方法也要改革,以满足广大发展中国家的需要。

3) 区域货币一体化

当今货币体系美元储备权重过高,容易引发超发货币带来的道德风险。如果能增加几种强货币,国际储备可能会形成一种自动调节的动态平衡。一些学者提出在三大货币区域——美元、欧元和日元经济区建立联盟。该联盟的最终目标就是在美元、欧元和日元之间建立固定汇率的基础上,逐步形成一种统一的世界货币。也有一些学者提出另一方案,主张将世界划分为五个货币区域,五大区域可以按照欧元、美元、日元、人民币和卢布来划分。各个区域基本由经济发展水平相当、有一定相关性和可比性的国家组成。在区域内实行单一的货币或固定汇率制度,同时区域内要建立严格的自身监控体系。这些建议符合近年来区域货币一体化的趋势,具有渐进改革的特性,因而有望成为国际货币体系改革的长远目标。

2. 有关汇率制度的改革问题

针对几个工业化国家汇率的大幅波动,为了保持稳定的汇率,一些学者提出设立"汇率目标区"。

最早提出"汇率目标区"制度的是荷兰财政大臣杜森贝利(Duilsenbery),随后经过各国政府和学者的探索和发展,最终在1991年由克鲁格曼创立了汇率目标区的第一个规范理论模型——汇率目标区理论。

汇率目标区理论的基本思想是:各参加国之间确定货币的"汇率目标区",在汇率目标区有一个中心汇率(基本汇率),并在中心汇率附近确定一个汇率波动的范围。当市场汇率波动超过波动带范围时,有关国家应调整其经济政策,积极干预市场或调整其中心汇率。该理论建议首先在美、英、日、德、法五个工业发达国家的货币之间建立一种相对均衡的汇率及其浮动幅度,作为"汇率目标区"的汇率和波动幅度,其他国家的货币汇率则钉住"目标区"的汇率和浮动幅度,并随之浮动。

"汇率目标区"的特点是:首先,目标区规定的是几种主要货币的波动幅度;其次,"汇率目标区"没有正式规定干预的责任,汇率波动超过目标区的上下限时,政府可以不承担义务,但必须运用经济政策,特别是汇率政策调整汇率,使其回到目标区内;最后,对汇率目标区在必要时予以调整。可见,这一体系兼具灵活性和稳定性,避免了汇率的暴涨暴跌,使汇率的波动更稳定。但"目标区"方案也存在一些问题:中期汇率的适当水平难以确定;官方干预外汇市场的能力有限;用货币政策维持汇率,对国内经济有副作用等。然而,现实经济中,各国中央银行都在一定程度上按"汇率目标区"的构想对汇率进行监测、单独或联合地干预市场汇率。

3. 国际协调机制和国际金融机构改革

国际协调机制和国际金融机构是国际货币体系中非常重要的载体,是国际货币体系的硬件。在协调机制中,最重要的是各经济体之间的沟通渠道。当前的国际协调机制是发达国家主导,不代表广大发展中国家的利益。在经济全球化、相互依存性越来越强的形势下,国际协调机制的改革必须强调发达国家和发展中国家的合作,发达国家也必须增加对发展中国家的援助,把新兴经济体吸收进国际经济治理框架。

国际货币体系重建过程中,国际货币基金组织作为核心机构的功能和作用应进一步增强,必须进行相应的治理机构改革,如基本投票权、基金份额和执董会组成的改革,以适时反映世界经济格局的变化,增强国际货币体系的合法性。国际货币基金组织必须发挥稳定汇率的职能和作用,强化监督全球主要储备货币发行国的基础货币的发行状况,对成员国的监督应具有切实的约束力。制定和执行宏微观层面的风险监管标准,强化对国际货币体系的危机防范和救治职能。国际组织要建立和完善包括东盟10+3、金砖国家、"一带一路"沿线国家等在内的区域性金融合作机制,加强相关国家之间的货币合作,为全球货币体系变革积蓄力量。

(二) 现行货币体系改革的现实选择

1. 国际货币体系改革是一个长期过程

国际货币演变的历史表明,国际货币体系的变化是一个从量变到质变的过程,其改革将是各个国家针锋相对的博弈过程,同时也是国际经济秩序格局的演变过程。当前各国实力对比意味着以美元为主的国际货币体系短期内无法改变,国际货币体系改革将是一个长期的过程。从英镑主导到美元主导的国际货币体系的发展历史经验看,一个国家的货币要成为主要的国际货币,需要具备几个基本条件。首先,需要有经济实力优势。其次,需要一个适当的机会。如第一次世界大战使英镑国际货币地位受到削弱,第二次世界大战使美国成为唯一强国等。目前,美国和欧洲主导的全球政治与经济治理结构发生重大改变的可能性不大,发展中国家无论是单个还是整体,在政治、经济和军事上还无法和发达国家相匹敌,所以国际金融体系不可能在短期内改变。

2. 国际货币体系改革可分为两个阶段

第一阶段是过渡期。这段时期内,各国需要维持以美元为中心的国际货币体系的稳定,积极支持欧元等有条件成为国际货币的货币加入这一体系,同时要约束美国宏观经济政策及货币发行。这需要主要国家之间达成共识并相互作出让步。发展中国家在过渡期可联合致力于推动国际货币体系重建,如2014年7月成立的金砖国家开发银行,改变了第二次世界大战以来发达国家在全球开发金融领域占绝对领导地位的局面,第一次由发展中国家的大国在没有发达国家领衔的情况下成立了符合发展中国家本身经济发展需要的国际性开发金融机构,对国际货币金融体系改革发挥催化剂的作用。

第二阶段的目标是重构国际货币体系,建立更加公平、合理的国际金融新秩序。国际货币体系改革的核心问题之一就是作为国际储备基础的本位币选择问题,可创造一种与主权国家脱钩并能保持币值长期稳定的国际储备货币——超主权货币。超主权货币能够避免主权信用货币作为储备货币的内在缺陷,当一国主权货币不再作为全球贸易的尺度和参照基准时,该国汇率政策对失衡的调节效果会大大增强。这将极大地降低未来危机发生的风险,增强危机处理能力。

第五节 区域性货币合作

一、区域性货币一体化及最优货币区理论

(一) 区域性货币一体化概述

世界经济的一体化发展始于20世纪50年代,经济的一体化必然带动货币一体化。区域性货币一体化,是指一定区域内的有关国家和地区,在货币金融领域中实行协调与合作,通过不可逆的固定汇率平价和完全自由兑换或通过实施单一货币结成一个货币联盟,

建立统一的货币体系。

区域货币一体化的发展中,其一体化程度的高低是不同的。较低程度的货币一体化表现为:各成员国保持独立的本国货币和独立的国际收支,采取相对独立的货币政策和财政政策,对各成员国间的资本流动仍实行某种限制;成员国之间的汇率是固定的,而且对成员国以外的货币实行联合浮动汇率,各成员国的国际储备实行部分集中管理。较高程度的货币一体化表现为:货币区域内发行单一的货币,设立共同的中央银行,实行资本市场的统一;各成员国之间不再保持独立的国际收支,放弃独立的货币政策。

目前,区域性货币一体化主要有由欧洲货币体系发展来的欧元区、阿拉伯货币基金组织、东南亚地区的区域货币合作、非洲的西非货币联盟和中非货币联盟等,其中欧元区是相对最为典型和成功的区域货币合作。

(二) 区域货币一体化的理论基石——最优货币区理论

最优货币区(Optimal Currency Area,OCA)是指一些国家组成货币集团,采用单一或几种货币,汇率永久固定并对外统一浮动的区域。20世纪60年代,布雷顿森林体系面临崩溃,当时有关固定汇率和浮动汇率孰优孰劣的争论相当激烈,美国经济学家罗伯特·蒙代尔(Robert Mundell)教授的"最优货币区"理论就是在此背景下产生的。1961年,蒙代尔首先提出了"最优货币区"的概念。后又经罗纳德·麦金农(Ronald Mckinnon)、彼得·凯南(Peter Kenen)、詹姆斯·英格拉姆(James Ingram)等人不断发展与完善,逐渐形成了一个完备的理论体系。该理论研究了一组国家可以组成货币区,并在经济趋同的基础上实行单一货币应当具备的条件,为实行区域货币一体化奠定了理论基础。

蒙代尔(1961)将要素的流动性作为一个最优货币区的重要属性,他认为生产要素(资本和劳动力)若能自由流动,就可以实现资本和劳动力从盈余国向赤字国的转移,促使区域内各地区经济结构及时调整,经济周期趋于同步,这样可以促进区域内经济协调发展,实现内部经济均衡。

1963年,美国经济学家麦金农(1963)又提出了建立单一货币,组建最优货币区的经济开放程度标准。麦金农认为一个成功的货币区域必须具有高度的开放性,他提出用经济的开放度作为组成最优货币区的标准。他把产品分为贸易商品和非贸易商品,以贸易商品占社会总商品的份额来衡量社会的经济开放度。开放程度越高,对进口商品的依赖度越高,需求弹性越小,相应要求汇率调整的幅度越大。所以对于一个开放的经济区而言,浮动汇率校正国际收支失衡的效能不高,贸易关系密切的开放经济区应组成一个共同的货币区。

凯南(1969)则强调经济高度多元化的重要性。一国经济的多元化意味着商品生产的多样化,而商品多样化,特别是贸易品的多样化可以分散商品受外界市场冲击的风险。因为产品多样化程度高,意味着出口产品也是多样化的,所以当对某些产品的需求减少时,对其他产品的出口需求可能会提高。并且这些国家可以商品为纽带,在区域内编织相互依赖的国际经贸网,结成经济共同体。

英格拉姆(1973)认为,蒙代尔、麦金农和凯南的研究都只考虑了经常账户的国际收支问题,忽略了货币的作用,而与长期资本自由流动相联系的金融一体化才应是衡量货币区是否最优的标准。当金融市场高度一体化时,一国可以借助资本的自由流动来阻止国际收支失衡所导致的汇率的一切不利变化,从而避免汇率的波动。因此,各国之间金融市场高度一体化时,实行固定汇率制是合适的,有利于形成最优货币区。

马库斯·弗莱明(1971)把注意力从微观需求转移到宏观经济现象上,强调只有那些通胀率相似的国家才能彼此维持固定汇率。他认为如果货币区内各成员国通货膨胀率高低有别,则利益不一,高通胀国家要求实行紧缩的货币政策,低通胀国家则可能希望维持不变,而出现通货紧缩的国家会强烈要求采取扩张性的货币政策。对货币政策的不同要求会使超国家的中央银行无所作为。因此,对于通货膨胀有相似偏好的国家可以组成一个货币区。进而认为,经济发展水平一致或政策目标相似的地区可以组成单一货币区。

最优货币区理论通过条件分析的方式,将影响货币一体化的诸多方面较完整地呈现出来,为货币一体化实践提供了理论基础,具有较强的借鉴意义。但是这些组成最佳货币区的条件,就单个来说过于片面,就整体而言又难以实现,另外,有些标准难以清晰地测量和把握。此后,经济学家又对区域货币一体化理论加以研究和发展,为区域内最佳货币的选择和经济体选择是否加入货币区等提供相应的理论基础,逐渐使区域货币一体化理论完善化、系统化。

二、欧洲货币一体化

(一)欧洲货币体系的产生

第二次世界大战后,西欧丧失了世界政治经济中心的地位,而联邦德国在美国的支持下,经济很快得以恢复。复兴欧洲,同时找到一个消除德国威胁(如第二次世界大战中德国在欧洲造成的威胁)的办法,是广大西欧国家的迫切愿望。由此,法国、联邦德国、意大利、荷兰、比利时、卢森堡六国成立煤钢共同体,欧洲一体化迈出了第一步。在煤钢共同体成功的基础上,六国于1957年签署《罗马条约》,成立了"共同市场"(common market),又称"欧洲经济共同体"(European Economic Community,EEC)。欧洲经济共同体的主要措施包括消除彼此间的关税和贸易障碍,实施共同的农业政策并逐步统一成员国的财政经济政策,逐步实现成员国货币统一。欧洲经济共同体与欧洲煤钢共同体、欧洲原子能共同体共同组成欧洲共同体。此后欧洲共同体不断扩大,并于1993年改名为欧盟(European Union,EU)。

但是受时代的局限,无论是煤钢共同体还是欧共体,当时都不可能提出实现货币统一的目标,欧洲货币体系的建立并非一帆风顺。20世纪60年代末,越战造成美国财政困难,美元开始出现危机。面对美元危机冲击,欧共体国家缺乏协调机制,成员国货币升值、贬值都各行其是,这在欧共体内部造成极大的动荡和混乱。于是,1969年欧共体六个成员首脑在荷兰海牙举行会议,提出建立欧洲货币同盟,并于1971年2月9日宣布"欧洲经济与货币同盟"成立,提出了稳定汇率、在10年内建成货币联盟的韦尔纳计划。该同盟规划了实现货币同盟的目标和具体步骤,旨在加强货币合作,摆脱对美元的依赖及美元危机的不利影响。1973年,美元危机进一步加剧,布雷顿森林体系崩溃,世界货币格局开始朝美元、日元、马克三极格局转变。1973年,石油危机的爆发使欧共体成员国汇率波动增大,贸易受到打击,各国忙于应付经济危机,疏于采取联合行动、协调政策,导致韦尔纳计划终因石油危机而夭折,欧共体丧失了一次机会。

美元危机和石油危机过后,欧共体痛定思痛,再次推动货币联合,1978年12月,在布鲁塞尔首脑会议上,通过了建立"欧洲货币体系"的方案,1979年3月13日,在巴黎举行的欧共体九国首脑第13次理事会上,正式宣布"欧洲货币体系"生效。

(二)欧洲货币体系的内容及作用

欧洲货币体系(European Monetary System,EMS)是上一阶段欧洲货币合作内容的完善和提高,该体系主要内容及作用如下。

(1) 创立欧洲货币单位(European Currency Unit,ECU)。欧洲货币单位是一种由成员国货币组成的复合货币,以九个成员国的货币组成"货币篮子",用加权平均法定值作为成员国货币中心汇率的计算标准。

欧洲货币单位的创立具有十分重要的意义:①决定成员国货币的中心汇率;②在欧共体内部,欧洲货币单位具有计价单位和支付手段的职能,是欧共体内部核算的工具;③随着欧洲货币基金的建立,逐渐成为各国货币当局的一种储备资产。

(2) 建立稳定的欧洲汇率机制(European Exchange Rate Mechanism,EERM)。成员国货币建立可调整的固定汇率制,汇率浮动上下限为2.25%,对外实行联合浮动。区域内固定汇率制的实施,避免了成员国之间的恶性汇率波动,促进了欧共体国家之间贸易和投资的稳定发展。

(3) 建立欧洲货币基金(European Monetary Coorperation Fund,EMCF)。成员国将其黄金和外汇储备的20%交给货币基金,作为共同体的储备。在国际收支出现不平衡时,可以动用基金给成员国提供信贷。货币基金的另一个作用是加强干预外汇市场的力量,稳定成员国货币之间的汇率和维持汇率联合浮动。欧洲货币体系的建立奠定了欧共体货币一体化的基础,标志着欧洲货币一体化进入稳定发展的阶段。

(三)欧元的诞生及影响

1. 欧洲统一货币的诞生

20世纪80年代中期,各国汇率调整过于频繁,欧洲货币体系已难以保持稳定,创立单一货币的要求提上了日程。1989年春,欧共体主席雅克·德洛尔(Jacques Delors)提出实现单一货币计划。1991年12月,欧共体12国领导人共同签署《马斯特里赫特条约》(以下简称《马约》),对实现欧洲单一货币的措施和步骤做了安排。1993年11月,《马约》生效。

《马约》确定的欧洲经济与货币联盟目标的中心问题是统一欧洲货币,并规定了欧洲经济与货币联盟的时间表和参加国的趋同标准。按《马约》的规定,欧洲经济与货币联盟分三个阶段实施:第一阶段自1990年7月1日至1993年底,目标是消除成员国之间的各种障碍,减少政府补贴,使各成员国接受同等待遇,加入欧洲汇率机制。第二阶段自1994年1月1日至1996年底,进一步实现各国宏观经济政策的协调,加强成员国之间的经济趋同,建立独立的不受政治干预的欧洲货币管理体系——欧洲货币局,作为欧洲中央银行的前身,其进一步缩小各成员国的汇率波动幅度,逐步统一各国的货币政策。第三阶段最早于1997年1月开始,最晚于1999年1月1日生效,逐步建立真正的统一货币和独立的欧洲中央银行。

同时,《马约》也规定了进入第三阶段的各国必须在1999年1月1日前达到的趋同标准：第一，一国加入联盟前一年的通货膨胀率不能高于通货膨胀率最低的三个成员国平均水平的1.5%；第二，一国收支赤字占国内生产总值的比重应小于3%；第三，国家债务总额必须低于国内生产总值的60%；第四，一国汇率波动幅度，两年内必须保持在欧洲货币体系汇率规定的上下2.5%以内；第五，一国政府长期债券的利率不应高于通货膨胀率最低的三个成员国平均水平的2%；第六，中央银行的法规必须与《马约》规定的欧洲中央银行的法规兼容。

1998年5月2日，欧盟首脑会议在布鲁塞尔召开，会议取得两项重大成果：一是确定了首批欧元区的参加国，即德国、法国、比利时、荷兰、卢森堡、奥地利、爱尔兰、芬兰、西班牙、葡萄牙、意大利11国（希腊后来加入）；二是确定了荷兰人维姆·德伊森贝赫（Wim Duisenberg）为首任欧洲中央银行行长。同年7月1日，欧洲中央银行正式开始运作。欧洲中央银行由两个层次组成：一是欧洲中央银行本身；二是欧洲中央银行体系，不加入欧元区的国家也属于欧洲中央银行体系的成员，但是，它们可以独立执行各自的货币政策，不参加有关欧元的货币政策的制定和实施。

1999年1月1日，欧元（Euro）在欧盟各成员国范围内正式发行，于2002年1月1日起正式流通，同年7月原有货币停止流通。欧元纸币和硬币正式进入市面成为流通货币。

2. 欧元对世界经济的影响

欧元，在它出台之前，就曾给全球金融市场带来巨震。欧元作为货币新贵，不仅对欧盟区产生直接影响，改变美元在国际金融领域的主导地位，还对各国货币形成挑战，影响国际货币体系。因此，欧盟货币一体化毫无疑问地会给未来的世界经济带来具有历史意义的深远影响。从欧元诞生后较长一段时间的表现来看，也确实产生了如下影响。

1）欧元对欧盟区的影响

首先，欧盟货币统一会大大促进欧盟内部贸易的发展。欧盟货币统一后，欧元区内企业、个人的贸易与投资完全避免了汇率的风险，也排除成员国间打汇率战的可能，这就使欧元区内的商品、资本流通量更大，从而大大刺激了贸易发展。可见，欧盟货币一体化有利于成员国之间的贸易发展。

其次，欧盟货币统一给欧盟内各国提供了公平竞争机会，有利于促进欧盟经济和生产的发展。建立欧元后，统一市场内部的商品、劳务及资金流通将进一步扩大，资源的优化配置机制将加剧各国的竞争，促使各国改进技术、提高劳动生产率。此外，资源和商品的自由流动也促进了各国的专业化分工。另外，统一货币的实施本身就节约大量资金，促进欧盟的发展。

最后，欧元将提高整个欧盟在世界经济中的地位和作用。欧盟与美国经济实力大体相当，但与美国相比，欧盟在世界经济中的地位却相差甚远，关键的原因在于美国是一个统一的经济政治实体，有统一政府、统一政策、统一市场、统一货币的优势。随着欧元的启动，欧盟各国经济的整体性一定会得到极大增强，欧元的使用除了要求加强经济领域方面的协调外，还要求在政治领域加强合作，需要用同一个声音说话，因此这不仅仅是一个货币问题，无疑将有利于加强和提高欧盟在世界经济中的地位。

2）欧元对国际货币体系的影响

对欧元需求的增加，将使对美元需求相对减少，从而动摇美元作为世界主要流通和支付手段及储备货币的地位。作为流通和交易货币,欧元具有较好的流动性和使用性,可减少汇率风险、简化手续、降低换汇和结算成本。欧元启动吸引了大批投资者进入欧洲资本市场,同时也吸引了区内和区外的政府与企业扩大在欧洲资本市场的融资,从而形成全球投资的新热点。同时使国际储备结构发生改变,改变了国际货币体系的"单极格局"。

受世界经济发展以及欧元区经济问题的影响,欧元区也面临着困境,如货币政策缺乏灵活性、财政赤字超过欧元区《增长与稳定公约》中所设的警戒线、欧元汇率下滑、债务问题严重等,欧元的主要国际储备货币地位受到了严重损伤,削弱了欧元挑战抗衡美元的竞争力。但同时,欧盟也正在进行不懈的调整。无论怎样,欧洲货币合作仍然是区域货币合作的成功典范。

三、亚洲货币合作

(一) 亚洲货币合作的主要进展

欧元的建立不仅对区域经济整合、货币合作,而且对世界其他地区货币合作都起了示范作用。伴随着亚洲内部贸易的不断扩大以及1997年东南亚金融危机的影响,亚洲各国经济体对于加强区域间金融合作已经逐渐达成共识。

经过东亚各国的一系列努力,亚洲货币合作已初显成效。2000年5月,在泰国清迈召开的亚洲开发银行年会上,东盟与中、日、韩(10+3)签署了"货币互换协定",即《清迈倡议》,决定建立基于双边货币互换协议的区域救助机制。《清迈倡议》本质是在东盟"10+3"框架下的一种双边美元互换安排。在《清迈倡议》下,各成员国之间各自签署一系列的外币互换协议,约定在一方陷入危机时,可以向另一方申请外币贷款。

扩展阅读10-1
东盟(10+3)

由于双边货币互换在实行过程中发挥的作用较小,各方开始推动清迈协议的多边化。2007年5月,"10+3"财长会议正式提出设立共同外汇储备基金的设想。2008年5月,在西班牙马德里召开的"10+3"财长会议上,各国共同宣布同意筹建外汇储备基金至少800亿美元。其中,中、日、韩三国出资80%,其余20%由东盟十国负担。2009年2月22日,"10+3"特别财政会议在泰国南部普吉岛召开,会议集中讨论了区域宏观经济形势、各国应对危机的政策措施以及东亚财金合作等重要议题。会议决定,将筹建中的区域外汇储备基金规模从原定的800亿美元扩大至1 200亿美元,并争取于2009年5月前就主要要素达成一致。2010年3月24日,东盟与中日韩(10+3)财长和央行行长以及中国香港金融管理局总裁共同宣布,清迈倡议多边化协议正式生效。

(二) 亚洲货币合作的困难

尽管亚洲各国的金融合作已经有了实质性的进展,但是各国自身的特点也决定了这一进程必然面临重重困难。

(1) 经济发展的失衡。从亚洲各国的情况来看,中、日、韩与东盟十国的经济发展差别很大。除了日、韩是发达国家之外,其他各国都是发展中国家。与欧盟的情况相比,亚洲各国的人均GDP不仅居于不同的层次,而且各层次相差很大,经济一体化程度比较低。

(2) 经济结构的相似。亚洲各国大部分都具有相似的经济结构,比如劳动密集型产业在国内经济中的比重较高,出口产品相互替代、经济增长对投资和出口的依赖较大等,这势必会造成各国在国际市场上的激烈竞争,且极易产生矛盾,这也必然会成为亚洲货币合作进程的一大障碍。

(3) 历史文化的差异。亚洲是一片具有丰富的历史、文化、宗教和民俗的古老大陆,区域内各国家的政治制度和意识形态呈现出极大的差异,并存在很多矛盾与隔阂,这在一定程度上也严重阻碍着各国的货币合作。

(4) 合作机制的主导。由谁来主导这样一个合作机制也同样是一个值得注意的问题。由于亚洲缺少强势货币,因此就没有一个能够承担起核心责任的货币作为后盾。

扩展阅读 10-2
人民币国际化进程

本章小结

国际货币体系也称国际货币制度,它是指国际进行各种交易支付所采用的一系列安排和惯例以及支配各国货币关系的一套规则和机构。国际货币体系的基本内容包括:汇率制度的确定、国际储备资产的确定、国际收支调节机制与国际货币事务的协调和管理。国际货币体系随着历史的发展而不断演变,主要经历了国际金本位制时期、布雷顿森林体系时期和牙买加体系时期。

国际金本位是世界上最早出现的一种国际货币体系,它以一定成色及重量的黄金作为本位货币。在国际金本位制下,金币可以自由铸造、自由兑换、自由输出输入,黄金是主要的国际储备资产。

1945 年 12 月,随着《布雷顿森林协定》的生效,以及"国际货币基金组织"和"国际复兴开发银行"的成立,布雷顿森林体系正式形成。其基本内容为:黄金对美元的价格固定,美元与黄金挂钩,各国货币与美元挂钩,实行可调整的钉住汇率制。由于具有不可克服的内在缺陷,在经历过多次美元危机后,布雷顿森林体系最终走向崩溃。

现行货币制度是以"牙买加协定"为基本框架的,其主要内容有:浮动汇率合法化,黄金非货币化,增加基金份额,提高特别提款权的国际储备资产地位,扩大对发展中国家的资金融通。

区域性货币一体化是指一定区域内的有关国家和地区,在货币金融领域中实行协调与合作,通过不可逆的固定汇率平价和完全自由兑换或实施单一货币结成一个货币联盟,建立统一的货币体系。欧洲货币体系的建立以及欧元的成功出台,为世界区域货币合作起到了良好的示范作用。在金融全球化的背景下,东亚各国也正在为亚洲货币合作做出一系列努力。

思考题

1. 国际货币体系的概念和主要内容是什么?其划分标准是什么?
2. 结合国际货币体系的演变过程,分析一个稳定的国际货币体系必须具备的条件。

3. 简述国际金本位制的内容和特点。
4. 简述布雷顿森林体系的主要内容、特点及崩溃的根本原因。
5. 与布雷顿森林体系相比,牙买加体系有哪些积极作用? 存在哪些缺点?
6. 现行国际货币体系是否有必要进行改革? 改革的方向是什么?
7. 试述你对区域货币一体化的看法。

央行数字货币与国际货币体系

央行数字货币(Central Bank Digital Currencies,CBDC)指的是由一国货币当局基于国家信用发行的具有数字化形态和法偿性的法定货币,也是法定货币在数字经济时代的延伸。长期以来,国际金融组织和主要国家央行密切关注法定货币数字化的演进动态和发展趋势。近年来,各国相继提速央行数字货币研发,寻求国际货币格局重塑过程中的主动权,央行数字货币成为国际货币竞争的重要领域,全球货币体系和数字经济格局或将迎来深度变革。央行数字货币的诞生和应用不仅是国家维护货币主权的着力点,更是在数字经济领域打造国际竞争优势的重要手段。

国际清算银行于2020年8月发布的工作报告显示,截至2020年7月,全球至少有36家中央银行发布了其数字货币工作进展。在参与调查的66家中央银行中(所属国家涵盖全球75%的人口、90%的经济产出),约80%的中央银行正在从事数字货币的研究、试验或开发。报告还指出,在目前所有的CBDC项目中,中国人民银行DC/EP(Digital Currency Electronic Payment,数字货币和电子支付工具)项目处于最先进的发展阶段。2014年,时任中国人民银行行长的周小川便提出构建数字货币的想法,中国人民银行也成立了全球最早从事法定数字货币研究的官方机构——中国人民银行数字货币研究所,开始研究法定数字货币。2020年4月,中国人民银行宣布第一批数字人民币计划在深圳、苏州、成都、雄安和北京冬奥会封闭场景测试与试点。

随着数字经济的崛起和私人数字货币的快速发展,越来越多的央行愈加重视央行数字货币的研发。2021年5月3日,埃森哲方面发布消息称,其与数字美元基金会(Digital Dollar Foundation)合作的数字美元项目(Digital Dollar Project,DDP)将与感兴趣的利益相关者和DDP参与者,在未来12个月内推出至少5个试点项目,以衡量美国中央银行数字货币或"数字美元"的价值并为其未来设计提供参考。2020年10月,欧洲中央银行发布了首份数字欧元报告,为其即将启动的数字货币项目奠定政策基础。2021年1月,欧洲央行行长拉加德在演讲时表示,希望在5年内使数字欧元成为现实,这一表态相当于欧洲央行的"政策宣示",数字欧元的推出已经是箭在弦上。2021年4月5日,日本央行表示为了确认数字货币发行和流通等基本功能,开始对中央银行数字货币进行试验,试验时间预计为1年。2021年4月16日,英国央行宣布,将联合英国财政部成立中央银行数字货币工作组,根据官方声明,该工作组旨在确保英国当局在探索数字货币时采取符合其法定目标的战略方法,同时促进二者的密切协调。

点　评

尽管主要经济体的央行数字货币均尚在酝酿阶段,但其对国家经济效率、金融安全的积极意义是显著的。此外,数字货币或将开启国际货币体系下主权博弈新模式。

首先,货币数字化促生了公共部门和私人部门的新型竞合关系。数字化时代大量的线上零售、跨境互联网平台以及便捷的私人支付正在解构货币的内在属性,降低货币切换的成本。随着交易场景的数字化、网络化,大量国际支付正从银行、政府、进出口商进行的大宗国际贸易和金融交易转移到以消费者、劳动者为基础的互联网跨境零售上。数字货币能以单一功能实现其价值,传统的集账户价值、价值尺度和交换媒介于一体的货币职能被解构,在一定程度上加剧了法定货币面临的竞争。

其次,各国在加速央行数字货币研发、回应私营数字货币的同时,围绕国际货币体系的重塑及权力分配展开的主权博弈呈现竞合交织态势。

一方面,各国在根据自身诉求与局势变化加速构建本国的央行数字货币体系。美元在全球跨境支付、结算系统内占据中心地位,为延续美元在国际货币体系中的霸权地位以及西方金融制度的话语优势,美联储和美国财政部对法币数字化的态度由抗拒转变为开放。2019年,美国财政部长史蒂芬·姆努钦(Steven Mnuchin)与美联储主席杰罗姆·鲍威尔(Jerome Powell)都认为"美国无须考虑发行央行数字货币",但其后美联储理事莱尔·布雷纳德(Lael Brainard)表示,美联储正在就电子支付和数字货币的相关技术展开研究与实验,已开始研究数字货币发行的可行性。欧盟出于保障金融安全、维持欧元稳定的考量,对发展央行数字货币持谨慎立场,但新冠疫情等多重因素增加了欧盟在地缘政治变动和国际经济金融系统转型中维持传统权力的难度,促使"数字欧元"计划加快揭开帷幕。同时,疫情期间,美联储滥发信用的行为再度暴露出美元体系与公平开放的国际经贸合作发展趋势之间的矛盾。削弱美元作为中介货币的特殊地位和SWIFT系统的影响力,推动国际清算体系的转型,建立一个更加中立的国际货币体系已成为许多国家的共同诉求。

另一方面,对央行数字货币规则制定和技术标准的话语权的竞争正逐渐过渡至多国联合阶段。2020年10月9日,国际清算银行与七家央行(加拿大银行、英格兰银行、日本银行、欧洲中央银行、美联储、瑞典中央银行、瑞士国家银行)组成的央行数字货币小组发布了题为《CBDC:基础性原则和核心功能》(*Central Bank Digital Currencies: Foundational Principles and Core Features*)的联合报告,称将对央行数字货币的原则进行规范;G20(二十国集团)也在当月14日发布声明,称将加强与其他国际经济组织的合作,研究新的多边平台、全球稳定币安排和央行数字货币。

参 考 文 献

[1] 梅尔文,诺尔宾.国际货币与金融[M].何青,译.8版.北京:中国人民大学出版社,2016.
[2] 克鲁格曼,奥伯斯法尔德,梅里兹.国际经济学:理论与政策[M].丁凯,黄剑,黄都,等,译.11版.北京:中国人民大学出版社,2021.
[3] 艾特曼,斯通西尔,莫菲特.国际金融[M].刘园,等,译.12版.北京:机械工业出版社,2012.
[4] 科普兰.汇率与国际金融[M].刘思跃,叶永刚,等,译.5版.北京:机械工业出版社,2011.
[5] 皮尔比姆.国际金融[M].汪洋,等,译.4版.北京:机械工业出版社,2015.
[6] 塞尔居.国际金融:理论与实务[M].柴鹏,译.北京:中国人民大学出版社,2014.
[7] 米什金.货币金融学[M].王芳,译.12版.北京:中国人民大学出版社,2021.
[8] 穆萨.汇率预测——技术与应用[M].刘君,李红枫,范占军,等,译.北京:中信出版集团,2016.
[9] 叶耀明,周平海.国际金融与管理教程[M].上海:同济大学出版社,2010.
[10] 姜波克.国际金融新编[M].6版.上海:复旦大学出版社,2018.
[11] 陈雨露.国际金融[M].6版.北京:中国人民大学出版社,2019.
[12] 奚君羊.国际金融学[M].3版.上海:上海财经大学出版社,2019.
[13] 杨培雷.国际经济学[M].4版.上海:上海财经大学出版社,2021.
[14] 黄达.金融学[M].4版.北京:中国人民大学出版社,2017.
[15] 朱新蓉.货币金融学[M].5版.北京:中国金融出版社,2021.
[16] 陈彪如,马之騆.国际金融学[M].成都:西南财经大学出版社,2000.
[17] 王雅杰.国际金融:理论、实务、案例[M].北京:清华大学出版社,2006.
[18] 黄卫平,彭刚.国际经济学教程[M].4版.北京:中国人民大学出版社,2022.
[19] 马君潞,陈平,范小云.国际金融[M].北京:科学出版社,2011.
[20] 史燕平,王倩.国际金融市场[M].3版.北京:中国人民大学出版社,2020.
[21] 王志军.国际银行学[M].北京:科学出版社,2007.
[22] 刘舒年,温晓芳.国际金融[M].5版.北京:对外经济贸易大学出版社,2017.
[23] 易纲,张磊.国际金融[M].上海:格致出版社,2008.
[24] 杨胜刚.国际金融学[M].长沙:中南大学出版社,2010.
[25] 李贺,赵昂.国际汇兑与结算[M].成都:西南财经大学出版社,2015.
[26] 吴晓灵.中国外汇管理[M].北京:中国金融出版社,2001.
[27] 管涛.汇率的本质[M].北京:中信出版集团,2016.
[28] 郭庆平,王爱俭.汇率政策与利率政策协调机制研究[M].北京:中国金融出版社,2007.
[29] 涂永红.外汇风险管理[M].北京:中国人民大学出版社,2007.
[30] 王爱俭.20世纪国际金融理论研究:进展与评述[M].北京:中国金融出版社,2005.
[31] 潘国陵.国际金融理论与数量分析方法——汇率决定理论与国际收支理论研究[M].上海:上海人民出版社,2000.
[32] 彭友轩.国际直接投资理论与政策研究[M].北京:中国财政经济出版社,2003.
[33] 罗宁.21世纪资本布局:从资本流动看未来金融趋势和经济格局[M].北京:人民邮电出版社,2014.
[34] 赵春明,等.跨国公司与国际直接投资[M].3版.北京:机械工业出版社,2020.
[35] 何曼青,马仁真.列国志:世界银行集团[M].北京:社会科学文献出版社,2011.

[36]　李若谷.国际货币体系改革与人民币国际化[M].北京:中国金融出版社,2009.

[37]　黄薇.汇率制度与国际货币体系[M].北京:社会科学文献出版社,2014.

[38]　巴曙松,牛播坤,等.2010年全球金融衍生品市场发展报告[M].北京:北京大学出版社,2010.

[39]　国家外汇管理局国际收支分析小组.2020年中国国际收支报告[M].北京:中国金融出版社,2021.

[40]　徐苏江.全球外汇储备结构的变化趋势[J].中国货币市场,2023(3):36-39.

[41]　何曼青,朱福林,孙宇.利用外资这十年:成就、趋势与困难[J].中国外资,2022(9):18-22.

[42]　翁东玲.人民币国际化的三大转变及其发展策略[J].亚太经济,2020(5):25-34,149.

[43]　黄友星,曲妍兵,赵艳平.海外交通基础设置布局、形成模式与中国对外直接投资区位选择[J].国际贸易问题,2022(4):38-55.

[44]　王晓泉.全球去"美元化"催生世界货币新秩序[J].人民论坛,2022(23):96-100.

[45]　王孝松,石微巍.多国央行数字货币跨境支付对美元本位的冲击及对中国的启示[J].国际贸易,2023(2):72-78.

[46]　丁津平,刘依凡.新发展格局下"一带一路"建设的推进策略[J].江苏社会科学,2023(3):136-146.

[47]　刘伟.国际货币体系与世界经济金融危机的爆发——兼论人民币国际化战略选择[J].华南师范大学学报(社会科学版),2022(2):83-92.

[48]　卞志村,卞维渭,沈雨田.中国全面开放资本账户的条件成熟了吗?[J].现代财经,2022(12):17-31.

[49]　中国人民大学国际货币研究所.人民币国际化报告2021:双循环新发展格局与货币国际化[M].北京:中国人民大学出版社,2020.

[50]　中国人民银行.2022年人民币国际化报告[R].北京:中国人民银行,2022.

教师服务

感谢您选用清华大学出版社的教材！为了更好地服务教学，我们为授课教师提供本书的教学辅助资源，以及本学科重点教材信息。请您扫码获取。

❯❯ 教辅获取

本书教辅资源，授课教师扫码获取

❯❯ 样书赠送

财政与金融类重点教材，教师扫码获取样书

 清华大学出版社

E-mail：tupfuwu@163.com　　　　　　网址：http://www.tup.com.cn/
电话：010-83470332 / 83470142　　　传真：8610-83470107
地址：北京市海淀区双清路学研大厦 B 座 509　　邮编：100084